数字中国战略背景下的档案数字化转型年度报告

刘越男　主　编
周文泓　副主编

图书在版编目（CIP）数据

数字中国战略背景下的档案数字化转型年度报告/刘越男主编；周文泓副主编. —北京：知识产权出版社，2024.6
ISBN 978-7-5130-9374-3

Ⅰ.①数… Ⅱ.①刘… ②周… Ⅲ.①档案管理—数字化—研究报告—中国 Ⅳ.①G271-39

中国国家版本馆 CIP 数据核字（2024）第 106262 号

内容提要

本报告针对我国档案领域各方面的数字转型进程展开调查、分析和研究，其中主要涉及档案管理政策、法规与标准，档案管理方法与策略，档案治理体系、档案资源体系、档案利用体系和档案安全体系的建设等。本报告全面系统地梳理和总结了我国档案数字化转型的重点路线、进展、成绩、特点，分析存在的问题和不足，展望未来档案领域的发展趋势和方向。

责任编辑：王玉茂	责任校对：王 岩
封面设计：乾达文化	责任印制：孙婷婷

数字中国战略背景下的档案数字化转型年度报告

刘越男　主　编　周文泓　副主编

出版发行	知识产权出版社有限责任公司	网　　址	http://www.ipph.cn
社　　址	北京市海淀区气象路 50 号院	邮　　编	100081
责编电话	010-82000860 转 8541	责编邮箱	wangyumao@cnipr.com
发行电话	010-82000860 转 8101/8102	发行传真	010-82000893/82005070/82000270
印　　刷	北京中献拓方科技发展有限公司	经　　销	新华书店、各大网上书店及相关专业书店
开　　本	787mm×1092mm　1/16	印　　张	17.25
版　　次	2024 年 6 月第 1 版	印　　次	2024 年 6 月第 1 次印刷
字　　数	378 千字	定　　价	90.00 元

ISBN 978-7-5130-9374-3

出版权专有　侵权必究
如有印装质量问题，本社负责调换。

学科使命和青年行动

1. 档案学科与档案信息化建设、国家信息化建设同频发展

我国的档案信息化建设始终与国家信息化建设整体部署同频共振。20 世纪 80 年代初，适逢办公自动化推进初期，档案界积极响应，以中央档案馆的革命历史档案目录数据库、河北省档案馆的机读目录数据为代表的单机版应用拉开了我国档案信息化的序幕。上海市政府开发的跨处室的"文档一体化"计算机综合应用系统、吉林省的档案管理系统都是单机办公自动化发展阶段的典型应用。1992 年，国家 CAD 应用工程办公室设立"双甩"的目标，即"甩掉图板、甩掉图库"，这对 CAD 电子文件的生成和保存提出明确要求。1996 年，国家档案局成立电子文件归档与管理研究领导小组和电子文件归档及电子档案管理研究课题组，CAD 电子文件管理成为试点工作和标准规范的重要内容。2002 年（中共中央确定了国家信息化战略的两年后），国家颁布了第一个信息化重点专项规划——《"十五"信息化重点专项规划》；国家档案局紧随其后，发布《全国档案信息化建设实施纲要》，明确了以信息化带动全国档案事业的战略路线。档案信息化从此进入整体规划阶段。2020 年修订的《中华人民共和国档案法》明确规定"各级人民政府应当将档案信息化纳入信息化发展规划"。

档案学科发展亦与档案事业的信息化建设同频共振。20 世纪 80 年代开始，档案院校启动信息化建设方向的课程建设、教材建设、人才培养和科学研究。以中国人民大学信息资源管理学院为例，1981 年开始陆续开设"档案情报电子检索""档案图书情报自动化管理"等档案管理现代化课程；1996 年开始陆续开设"档案现代化管理技术""档案计算机管理系统开发"等课程；2001 年开设"电子文件管理"课程，后续陆续开设"文档自动化系统设计""电子政务系统与文档自动化""数字档案馆基础""档案网站建设""数字保存""社交媒体信息存档"等十余门课程。孙淑扬和丁志民主编的《档案计算机管理教程》、冯惠玲主编的《电子文件管理教程》等教材为相关课程提供了支持。冯惠玲教授领衔的电子文件管理研究团队陆续在电子文件管理方法、流程、系统、风险、战略、标准、法规等领域开展多项开拓性研究，推动理论和实践的发展。其创办的中国人民大学电子文件管理研究中心为我国唯一专注于档案信息化的研究机构，创办的中国电子文件管理论坛已经连续举办 13 届，引领国内包括电子文件管理在内的档案信息化学术交流。

2. 数字中国战略推动档案数字化转型的深入发展

2021年3月,《国民经济和社会发展第十四个五年规划和2035年远景目标纲要》颁布,明确要求"加快数字化发展,建设数字中国",要求"加快建设数字经济、数字社会、数字政府,以数字化转型整体驱动生产方式、生活方式和治理方式变革"。这预示了我国信息化建设从各领域推进、国家整体规划到引领全局发展的新历史阶段。2023年2月,中共中央、国务院印发《数字中国建设整体布局规划》,该规划明确指出"建设数字中国是数字时代推进中国式现代化的重要引擎",为实现伟大的历史使命,要求按照"2522"的整体框架进行布局,即"夯实数字基础设施和数据资源体系'两大基础',推进数字技术与经济、政治、文化、社会、生态文明建设'五位一体'深度融合,强化数字技术创新体系和数字安全屏障'两大能力',优化数字化发展国内国际'两个环境'"。

数字中国战略的制定和实施也将档案信息化推向档案数字化转型深入发展的新阶段。在这个阶段,无论是档案事业,还是档案学科,既面临新挑战、新要求,也潜藏着极大的发展机遇。如何与数字中国战略对接,进一步体系化、深度化地推动档案数字化转型,是档案学界需要集体思考的一个问题。

2.1 框架衔接,领域延展

一方面,档案领域应融入数字中国"2522"的体系框架中;另一方面,档案数字化转型也应形成自身的体系框架,并且该框架可以与数字中国"2522"的体系框架相映射。通过对照数字中国"2522"体系框架,结合档案实践的具体情况,可以初步构建档案数字化转型的"2522"体系框架,档案数字化转型的覆盖面由此展开,如图1所示。

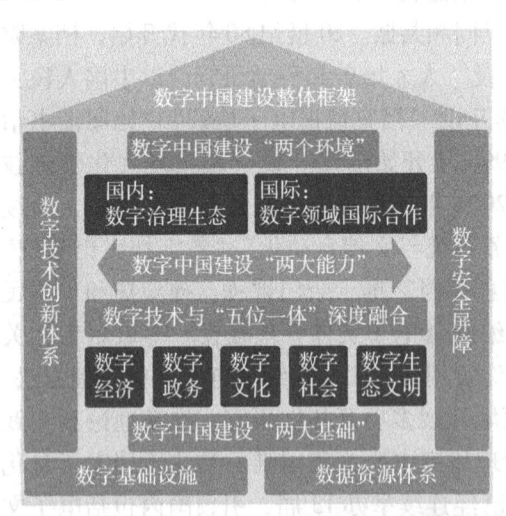

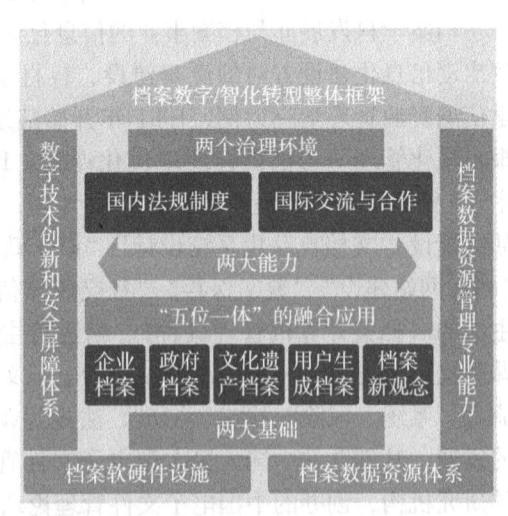

图1 数字中国建设整体框架与档案数字化转型整体框架

档案数字化转型的"2522"体系框架包含以下内容。

（1）底层的"两大基础"分别是档案软硬件基础和档案数据资源体系。档案软硬件是档案事业创新发展的基础支撑，数字空间档案科技成果的转化落地就表现为档案软硬件。档案产业的实力、规模与档案数字化转型的发展程度呈现正相关关系，关系到优质的档案软硬件供给，是夯实档案数字化转型的基础设施。没有强大的产业支撑，就没有坚实的档案产业，衷心期待档案领域可以产生有影响力的龙头企业。另一个基础是档案数据资源体系。对于数据资源的重要性已无须赘言。根据有限的观察，多年来各地区、行业、单位在建设各自范围内的"小体系"，尽管档案目录中心建设已有多年，档案资源共建共享仍是多年的焦点问题，国家层面尚未形成一体化的档案资源体系，档案资源的互联互通始终是资源体系建设的痛点。现阶段对档案资源的底子还缺乏系统了解，对社会开放利用相对有限。虽然档案资源体系的数字化初有成效，但后续数据化、智能化工作任务非常艰巨，档案文化历史价值和数据要素价值将双轮驱动档案数据资源体系的建设。

（2）两大基础之上是与数字技术深度融合的"五位一体"应用布局。档案数字化转型与数字中国的五大应用并非严格的一一对应关系。大致说来，面向数字经济，需要推动企业档案数字化转型；面向数字政务建设，需要加强政务档案数字化转型；数字文化中包含文化遗产档案管理；数字社会中则包含社群档案、用户生成类档案及其管理的数字转型；数字生态文明构建中，档案文明也是有机组成。关于档案定位、档案角色、档案权利责任的讨论将推动档案新理念与新观念的产生。

（3）"2522"框架中的第二个"2"是推进档案数字化转型"五位一体"布局的两大能力。数字中国体系框架中的两大能力是数字技术创新体系和数字安全保障，但笔者认为档案专业能力也很重要，任何事业的转型都是以人的自我转型为起点。如果专业人才队伍跟不上，档案事业很难转型。可以看到社会中快速发展的领域都能够充分利用资源吸引人才。所以笔者将技术和安全整合并归纳为以技术为主的体系，将专业能力作为另一大能力。

（4）框架顶层包括两大治理环境：一是国内的法规制度环境，二是国际的交流与合作环境。档案数字化转型意味着档案数据形态的改变、资源布局的改变、利益相关方格局的改变，要求建立与之适应的规则体系和合作环境。

2.2 档案数据，双向赋能

在档案数字化转型深化发展的过程中，处理好档案与数据、档案管理体系和数据管理体系的关系无疑是关键问题。陈永生教授认为，档案数据既可以理解为"档案这种数据"，也可以理解为"档案加数据"。无论哪种理解，都将档案这一由来已久的"信息记录"和数据这种数字时代"信息记录"直接关联起来。根据2021年9月施行的《中华人民共和国数据安全法》，数据是指"任何以电子或者其他形式对信息的记录"。在数字化转型的背景下，数据通常指电子形式的信息记录，在实践中有时特指结构化数据。按照此概念，数字空间中，数字档案是数字数据的重要组成，是经过精挑细选、整理有序的有价值的数据。虽然档案和数据在概念和内涵上的关系如此密切，但在实践中却形成了档案和数据两大管理体系。实践中既有某市档案馆和大数据中心联手开展数据治理的协同案例，也有某地大数据局不同意当地档案馆建设数字档案馆系统的割裂事实。在数据资源管理实践中互为补充、取长补短、双向赋能，共同推动数字中国战略，是共赢之举。

　　价值共识是双向赋能的前提。在2000年国家初步确立信息化战略阶段，信息资源作为信息化六大要素之一被提及和重视。2004年出台的《中共中央办公厅　国务院办公厅关于加强信息资源开发利用工作的若干意见》对信息资源予以明确定位："信息资源作为生产要素、无形资产和社会财富，与能源、材料资源同等重要"。这是信息资源生产要素地位的首次确认。10年后，2014年政府工作报告中首次写入大数据。此后的10年间，在政策用语中，大数据、数据、数据要素似有逐渐取代信息资源之势。数据作为生产要素首次出现在党的十九届四中全会通过的《中共中央关于坚持和完善中国特色社会主义制度、推进国家治理体系和治理能力现代化若干重大问题的决定》。2022年，中共中央、国务院颁布《中共中央　国务院关于构建数据基础制度更好发挥数据要素作用的意见》。2023年10月，国家数据局正式挂牌成立，由专门主管部门推动数据要素价值发挥的历史从此开启。国家信息中心原副主任胡小明指出："信息化发展过程中会不断出现新名词、新用语，对这些新名词、新用语不能望文生义……每个信息化新名词、新用语的出现都意味着一个历史事件，它是信息环境出现巨大变化之后的产物。"数据要素这个概念体现的是20多年来党和国家对于信息资源价值的政策认可和工作推动。冯惠玲教授在《档案学概论（第三版）》中首次阐述档案的数据要素价值："作为生产要素，档案信息与其他资源集成后，通过数据分析、处理和挖掘等手段，进入生产过程，实现知识生产和资产增值。"

　　档案方法可以赋能数据管理和治理，数据的档案化治理是其典型应用。数字档案的真实性、完整性、可用性和安全性管理要求完善数据治理的质量目标，档案集中管理机制充实数据治理机制构建，档案生命周期管理方法丰富数据治理的方法。归档范围和归档要求有助于数据采集范围、采集要求的确定，其中，关于数据关联、元数据、格式的细致规定为众多数据资源统一登记和管理所缺失；档案元数据对资源的描述有助于数据的统一发现，*Information and documentation—Metadata for managing records*（ISO 23081）所规定的元数据概念模型有助于丰富面向资源管理的元数据描述；基于业务关联的档案分类为数据分级分类提供专业视角；档案鉴定为数据退役提供方法论支持，档案凭证为数据救核等。

　　数据方法赋能档案开发和利用，档案的数据化开发是其集中体现。共享、开放、利用是发挥数据价值的关键环节。在大数据、人工智能技术的支撑下，数据共享开放的场景日益多元，价值发挥日益重要。国家青藏高原科学数据中心年均访问量为550万人次，符合科学数据领域推崇的FAIR原则，即可发现（findable）、可访问（accessible）、可互操作（interoperable）、可重用（reusable）的管理原则的结果。该中心将可复用数据产品的开发及智能方法创新作为本职工作，这提醒档案部门在数据时代也需要再定位。

2.3 产学研用，协同发展

档案数字化转型涉及多方利益相关者。从资源链条来看，包括资源形成者、资源持有者、资源保管者、资源利用者；从管理系统供给来看，包括系统开发者、系统使用者；从人才供给来看，包括人才培养方、人才需求方；从制度供给来看，包括制度研究方、制度制定方和制度实施方。单靠某一方的努力并不能回应档案数字化转型在人才、技术、制度等全方位的挑战，唯有产学研用合作，构建良性发展的生态系统，形成发展合力，才能推动整个行业的快速发展。

2023 年 10 月 14 日，由中国人民大学信息资源管理学院倡导，联合高校、档案馆和企业，共 36 家单位组成的档案数据产教融合发展平台在宁波宣告成立。该平台的成立旨在面向国家科教兴国战略、人才强国战略、创新驱动发展战略的需要，促进档案数据领域高等教育与相关产业发展的深度融合，不断推动档案数据行业高层次人才的培养，提升档案数据从业人员的专业素养和能力水平，助力我国档案数据产业竞争力的持续提升。该平台的成立是高等教育机构、档案管理部门和产业界协同共推档案数字化转型的重要举措。该发展平台未来的主要工作包括促进档案数据领域学术交流与合作、建设档案数据案例库、推动档案数据产业高价值品牌的培育和成长，以及开展档案数据行业研究等。

3. 档案青年是档案数字化转型未来发展的中坚力量

档案学的未来在年轻人，档案事业的未来也在年轻人。在此社会背景和学科使命背景下，积聚档案领域的青年学者力量以形成合力，推动档案数字化转型成为学科发展应有之义。2023 年 6 月 10 日，恰逢国际档案周，中国人民大学电子文件管理研究中心在北京召开档案青年学者沙龙，践行"Archives United"（档案团结）的主题。此次青年学者沙龙聚焦"数字中国建设背景下的档案数字化转型"，19 名档案学青年学者参与会议，积极探讨当下的研究兴趣，畅谈档案数字化转型的未来，缔结集体研究之约。《档案与建设》2023 年第 7 期刊登了实录摘编，微信公众号"档案那些事儿"连载每位参与人的发言全文。这些青年学者构成了本报告的主要编写群体，其中，16 位教授领衔其他 32 名青年合著，共同完成本报告。这些学者来自 15 个单位，包括高校、科研机构和档案馆。

青年行动也是档案数据产教融合发展平台上最引人注目的行动，本报告也是该发展平台的首个行动成果。尽管不是每位青年都以档案信息化为最主要的研究方向之一，但几乎每个研究领域、研究问题的开展都以信息化为背景。尽管大家的研究取向、兴趣会有所不同，但依托档案数字化转型的体系框架，每篇成果都通过独特的专业视角与当下的数据时代相连接。47 位站在时代前沿的学者，或关注法规制度，或触及企业、城建、文化、智慧城市、期刊出版等领域，或专注存证出证、信创等技术工作，或聚焦展览服务，或放眼开放、国际化和智能化，他们以敏锐的触角、开放的学术态度和年轻的臂膀共同承担推动档案学与时代共向前进的学科使命。

本报告得以快速完成、顺利出版，除了归功于同向而行的档案青年之外，还要感谢广州历康信息科技股份有限公司李新功女士的大力支持，感谢知识产权出版社编辑专业、细致、高效的工作。

从历史的长河来看，本报告的出版，仅仅是数字化转型这个时代洪流之下微小的努力，但也折射出档案青年对时代关切和档案需求的积极回应，记录下档案青年的成长和思考。希望未来能够为档案青年搭建更大的学术交流和争鸣的平台，吸引更多青年学者参与其中，提供展示研究成果的机会。希望我们可以通过更多的方式保持更为长久的连接，进而推动学科和个人的持续成长。未来一起努力！

刘越男

中国人民大学信息资源管理学院

中国人民大学电子文件管理研究中心

目　录

1　文件（档案）管理标准化赋能数字中国建设的现状、
　　趋势与展望/白文琳　宋姗姗 …………………………………… 1

2　数字中国建设背景下的城建档案治理：环境、进展、
　　问题与趋势/高大伟　严睿倩　张一帆 ………………………… 17

3　我国电子档案存证技术理论与实践发展调研/李姗姗 ………… 30

4　我国文件档案管理评估的发展现状和优化策略/李思艺　宋晶晶 …… 54

5　数字中国建设背景下的数字档案文化资源建设：实践、
　　挑战与转型/吕文婷　李冰馨　沈　悦 ………………………… 65

6　数字中国建设背景下企业档案工作数字转型
　　研究/潘未梅　刘　杨　高熙杰　韩禹荣 ……………………… 77

7　数字中国背景下的档案领域国际合作/祁天娇　周一诺 ……… 96

8　基于自主可控的数字档案馆建设研究/苏焕宁
　　翁灏纯　邓文慧　包惠敏 ……………………………………… 109

9　数字中国战略背景下电子文件管理政策法规建设
　　基于对2022—2023年公开发布数据的分析/王　宁　苏依纹　赵婧羽 …… 124

10　2022—2023年档案出证利用：调查与思考/许晓彤　章伟婷　樊　华 ……… 136

11　数字中国背景下的档案智能化管理与服务发展/杨建梁　黄思诗
　　张茜雅　赵　璇 ………………………………………………… 151

12　智慧城市建设中档案数字化转型的发展现状与展望/杨茜茜 ………… 179

13 数字中国建设背景下档案学术期刊数字化转型的现实状况与
发展路径/张 帆 杨晴晴 李倩楠 刘鸿浩 ……………………………… 202

14 综合档案馆网上展览建设/赵 跃 郭玉祥 马晓玥 潘雪萍
李 琪 马园懿 ……………………………………………………………… 217

15 我国档案开放数据资源的建设进展与展望/周文泓 吴一凡
刘鹏超 代林序 ……………………………………………………………… 234

16 数字中国建设背景下我国省级档案馆重特大事件档案资源建设与
服务现状调查/祝 洁 ……………………………………………………… 251

数据环境中亦喜亦忧的档案事业发展之路 …………………………………… 262

1 文件（档案）管理标准化赋能数字中国建设的现状、趋势与展望

白文琳[1]　宋姗姗[2]

1. 天津师范大学；2. 中国科学院武汉文献情报中心

摘　要：文件（档案）管理标准化建设在赋能数字中国建设发展中发挥着重要价值。本研究构建了文件（档案）管理标准化赋能数字中国建设分析框架，并对相关国家标准和行业标准进行了赋能维度的统计分析。结果显示，近年来文件（档案）管理标准侧重于数字化转型背景下的标准内容制修订，呈现了重资源建设、重安全建设、重自身治理体系完善的特点与问题。本研究提出，文件（档案）管理标准纳入各大中心可信数据管控治理中，加强各个来源、各个类别、各个场景等数据资源归档，加强标准在经济、政务、文化、社会、生态各个领域的渗透，加强标准与其他安全标准的对接，加强新技术背景下标准的制定，加强对自身标准的完善与更新以及加强本土标准国际化移植与增强对话等建议。

关键词：文件（档案）标准；标准化赋能；数字中国；可信；展望

1.1 背景与问题提出

随着数字化转型时代的不断更迭，我国各个领域都在朝着信息化、数字化、智能化的方向推进。数字中国战略已成为我国政府制定的一项重要战略部署，旨在实现数字经济强国的目标，打造数字化、网络化和智能化的现代化国家。

党的十八大以来，以习近平同志为核心的党中央高度重视数字经济发展，明确提出数字中国战略；"十四五"规划纲要中提出"加快数字化发展，建设数字中国"；党的二十大报告提出要"加快建设制造强国、质量强国、航天强国、交通强国、网络强国、数字中国"；2023年全国"两会"召开前夕，中共中央、国务院印发了《数字中国建设整体布局规划》（以下简称《规划》）。可以看出，数字中国战略从概念提出到落地实施，逐步深入且融入国家发展的方方面面，数字中国战略的建设与推进将与中国式现代化发展等战略任务齐头并进，并凭借其引擎作用不断助力国家长期远景目标实现。

数字中国建设是多维赋能的一个过程，其中，标准化赋能是保障数字中国建设中重要的一环，其凭借确保沟通高效性、管理系统性、规则一致性、实施可持续性等优势成为数字中国提质增效的一个重要抓手。在《国家标准化发展纲要》的指引下，我国在经

济发展、社会发展等各个领域都紧抓标准化工作,并取得了显著的成效。相关报道显示,标准化工作已经在《规划》的各个维度中彰显了特殊价值。例如在数字政府建设领域,第一届中国新型智慧城市建设峰会上首次发布的《标准化支撑政府数字化转型评估报告》明确指出,标准化在数字政府建设中作用明显;[1]在数字经济建设领域,广域协同计算标准,数据汇聚标准,信息安全和数据的合法使用标准以及人工智能、芯片、区块链等一些关键领域技术标准等的颁布都为数字产业化以及产业数字化提供了良好的生态发展基础,为数字经济推波助力,实现跨越式发展奠定了基础。[2]

数字中国的建设发展在一定程度上是基于数据驱动的发展。文件(档案)作为一类特殊的数据,凭借其真实性、完整性、可用性、安全性等特殊属性,成为数据资源体系中的重要战略资源,在保障数字中国高质量发展中发挥了重要价值。在标准化建设过程中,加强对文件(档案)管理标准的制定势在必行。

1.2 现有文件(档案)管理标准化赋能数字中国建设的现状与问题分析

1.2.1 文件(档案)管理标准化赋能数字中国建设分析框架构建思路

《规划》是具体实施数字中国战略的指引性、纲要性规划,明晰了数字中国建设的重要战略方向,也明确了数字中国建设的战略实施步骤。因此,本研究以此为基础,在所提出的数字中国建设主要维度的基础上,构建文件(档案)管理标准化赋能框架,具体如图1所示。

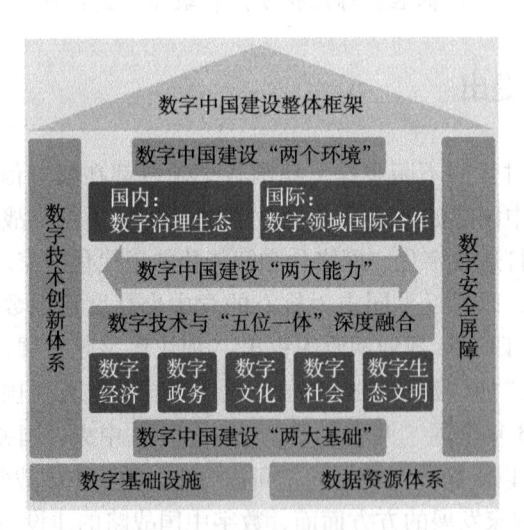

图1 数字中国建设整体框架[3]

首先,明晰数字中国建设的主要维度。根据《规划》要求,数字中国按照"2522"的整体框架进行布局,分别包括了数字基础设施和数据资源体系"两大基础",数字经济、数字政务、数字文化、数字社会、数字生态文明"五大应用场景",数字技术创新体系和数字安全屏障"两大能力",国内数字治理生态和国际数字领域国际合作"两个环境"。在"2522"整体框架中,将建设环境、基础、能力以及应用场景都考虑在内,能全面回答数字中国建设的方向,为标准化赋能的对象提供了明确且细化的指引。

其次,明晰文件(档案)管理标准化赋能数字中国建设的具体维度和内容。根据"2522"整体框架,同时结合文件(档案)管理标准的赋能特点,该研究提出以下分析维度,如表1所示。

表1 文件(档案)管理标准化赋能数字中国建设分析框架

数字中国建设维度	具体维度	具体表述	编码规则
"两大基础"	数字基础设施	文件(档案)管理标准化赋能数字基础设施大动脉打通	G1
	数字资源体系	文件(档案)管理标准化赋能畅通数据资源大循环	G2
数字技术与"五位一体"深度融合	数字经济	文件(档案)管理标准化赋能数字经济做强做优做大	R1
	数字政务	文件(档案)管理标准化赋能数字政务高效协同	R2
	数字文化	文件(档案)管理标准化赋能数字文化自信繁荣	R3
	数字社会	文件(档案)管理标准化赋能数字社会普惠便捷	R4
	数字生态文明建设	文件(档案)管理标准化赋能数字生态文明绿色智慧	R5
"两大能力"	数字技术创新体系	文件(档案)管理标准化赋能数字技术创新体系自立自强	N1
	数字安全屏障	文件(档案)管理标准化赋能数字安全屏障可信可控	N2
"两个环境"	国内数字治理生态	文件(档案)管理标准化赋能数字治理生态公平规范	H1
	国际数字领域国际合作	文件(档案)管理标准化赋能数字领域国际合作开放共赢	H2

一是文件(档案)管理标准化赋能数字基础设施大动脉打通。文件(档案)管理

标准能助力数字基础设施大动脉的打通，助力系统优化算力基础设施布局，促进传统基础设施数字化、智能化改造等。二是文件（档案）管理标准化赋能畅通数据资源大循环。文件（档案）管理标准能推动公共数据汇聚利用，建设国家数据资源库，并加速数据要素价值潜能与作用发挥。三是文件（档案）管理标准化赋能数字经济做强做优做大。文件（档案）管理标准能助力数字经济发展，助力数字经济核心产业、数字产业集群壮大，助力数字技术和实体经济深入融合。四是文件（档案）管理标准化赋能数字政务高效协同。文件（档案）管理标准能助力数字政务规则制度更新，提升政府数字化运营、服务水平。五是文件（档案）管理标准化赋能数字文化自信繁荣。文件（档案）管理标准能助力优质网络文化产品、推动文化数字化发展、提升数字文化服务能力。六是文件（档案）管理标准化赋能数字社会普惠便捷。文件（档案）管理标准能促进数字公共服务普惠化，在教育、医疗、社会治理、乡村发展、生活智能化等生活方式上助力改善。七是文件（档案）管理标准化赋能数字生态文明绿色智慧。文件（档案）管理标准能推动生态环境智慧治理，加快数字化绿色化协同转型。八是文件（档案）管理标准赋能数字技术创新体系自立自强。文件（档案）管理标准能助力核心技术攻关、强化企业科技创新主体地位、促进知识产权转化。九是文件（档案）管理标准赋能数字安全屏障可信可控。文件（档案）管理标准能助力可信可控数字安全屏障。十是文件（档案）管理标准赋能数字治理生态公平规范。文件（档案）管理标准能助力建立健全适应数字化发展的法律制度、数字化转型发展、产业交叉等技术标准体系、网络综合治理体系等。十一是文件（档案）管理标准化赋能数字领域国际合作开放共赢。文件（档案）管理标准能助力数字领域国际交流合作体系建立，相关国际规则构建等。

1.2.2 文件（档案）管理标准化赋能数字中国建设现状梳理与分析

1.2.2.1 数据收集与处理

本研究以国家档案局网站的档案标准库（https：//www.saac.gov.cn/daj/gjbz/dabz_list.shtml）为数据获取来源，重点分析已颁布的国家标准和行业标准。本次数据共收集国家标准20个、行业标准123个。在筛选过程中，考虑到赋能数字中国建设更多体现在电子文件（档案）的管理内容，因此，笔者一是剔除了完全针对物理载体类文件（档案）管理的标准，例如纸质档案、银盐感光照片档案、缩微档案、岩心档案等相关标准，包括《纸质归档文件装订规范》（DA/T 69—2018）、《文书档案案卷格式》（GB/T 9705—2008）、《岩心档案管理规范》（DA/T 72—2019）、《照片档案管理规范》（GB/T 11821—2002）、《磁性载体档案管理与保护规范》（DA/T 15—1995）等；二是剔除了完全针对档案馆实体库房管理、档案装具以及实体档案保护技术的标准，例如《档案馆建筑设计规范》（JGJ 25—2010）、《档案馆建设标准》（建标103—2008）、《直列式档案密集架》（DA/T 7—1992）、《档案馆空调系统设计规范》（DA/T 87—2021）、《档案装具》（DA/T 6—1992）、《档案防虫剂防虫效果测定法》（DA/T 27—2000）等，最终筛选出国家标准16个、行业标准61个。

根据各标准的研究对象与内容，结合表1赋能分析框架，对上述77个标准进行编码。在编码过程中，为了保证编码的信效度，由2人进行联合编码，最终达成如下一致性意见，如表2和表3所示。

表2 现有文件（档案）管理国家标准赋能数字中国建设现状分析

序号	标准号及标准标题	编码
1	（GB/T 41207—2021）《信息与文献 文件（档案）管理体系 实施指南》	H1
2	（GB/T 34112—2022）《信息与文献 文件（档案）管理体系 要求》	H1
3	（GB/T 34840.3—2017）《信息与文献 电子办公环境中文件管理原则与功能要求 第3部分：业务系统中文件管理指南与功能要求》	N2
4	（GB/T 34840.2—2017）《信息与文献 电子办公环境中文件管理原则与功能要求 第2部分：数字文件管理系统指南与功能要求》	N2
5	（GB/T 34840.1—2017）《信息与文献 电子办公环境中文件管理原则与功能要求 第1部分：概述和原则》	N2
6	（GB/T 34110—2017）《信息与文献 文件管理体系 基础与术语》	H1
7	（GB/Z 32002—2015）《信息与文献 文件管理工作过程分析》	H1
8	（GB/T 26163.1—2010）《信息与文献——文件管理——文件元数据 第1部分：原则》	H1
9	（GB/T 26162—2021）《信息与文献 文件（档案）管理 概念与原则》	H1
10	（GB/T 15418—2009）《档案分类标引规则》	G2
11	（GB/T 39784—2021）《电子档案管理系统通用功能要求》	N2
12	（GB/T 39362—2020）《党政机关电子公文归档规范》	G2，R2
13	（GB/T 18894—2016）《电子文件归档与电子档案管理规范》	N2
14	（GB/T 17678.2—1999）《CAD电子文件光盘存储、归档与档案管理要求 第二部分：光盘信息组织结构》	N2
15	（GB/T 17678.1—1999）《CAD电子文件光盘存储、归档与档案管理要求 第一部分：电子文件归档与档案管理》	N2
16	（GB/T 11822—2008）《科学技术档案案卷构成的一般要求》	H1

表3 现有文件（档案）管理行业标准赋能数字中国建设现状分析

序号	标准号与标准标题	编码
1	（DA/T 98—2023）《商业银行业务档案管理规范》	G2，R1
2	（DA/T 2—2023）《科学技术研究项目档案管理规范》	G2
3	（DA/T 97—2023）《电子档案证据效力维护规范》	N2

续表

序号	标准号与标准标题	编码
4	（DA/T 96—2023）《档案征集工作规范》	G2
5	（DA/T 95—2022）《行政事业单位一般公共预算支出财务报销电子会计凭证档案管理技术规范》	R2
6	（DA/T 94—2022）《电子会计档案管理规范》	G2，R1
7	（DA/T 93—2022）《电子档案移交接收操作规程》	N2
8	（DA/T 92—2022）《电子档案单套管理一般要求》	G2，N2
9	（DA/T 89—2022）《实物档案数字化规范》	G2，H1
10	（DA/T 88—2021）《产品数据管理（PDM）系统电子文件归档与电子档案管理规范》	G2，N2
11	（DA/T 86—2021）《财产保险业务档案管理规范》	G2，R1
12	（DA/T 85—2019）《政务服务事项电子文件归档规范》	G2，R2
13	（DA/T 83—2019）《档案数据存储用LTO磁带应用规范》	N2
14	（DA/T 82—2019）《基于文档型非关系型数据库的档案数据存储规范》	G2，N2
15	（DA/T 80—2019）《政府网站网页归档指南》	G2，R2
16	（DA/T 79—2019）《证券业务档案管理规范》	G2，R1
17	（DA/T 78—2019）《录音录像档案管理规范》	G2
18	（DA/T 77—2019）《纸质档案数字复制件光学字符识别（OCR）工作规范》	H1
19	（DA/T 75—2019）《档案数据硬磁盘离线存储管理规范》	N2
20	（DA/T 74—2019）《电子档案存储用可录类蓝光光盘（BD-R）技术要求和应用规范》	N2
21	（DA/T 73—2019）《档案移动服务平台建设指南》	G2
22	（DA/T 71—2018）《纸质档案缩微数字一体化技术规范》	H1
23	（DA/T 70—2018）《文书类电子档案检测一般要求》	N2
24	（DA/T 66—2017）《城市轨道交通工程文件归档要求与档案分类规范》	G2
25	（DA/T 63—2017）《录音录像类电子档案元数据方案》	H1
26	（DA/T 62—2017）《录音录像档案数字化规范》	H1
27	（DA/T 58—2014）《电子档案管理基本术语》	H1
28	（DA/T 57—2014）《档案关系型数据库转换为XML文件的技术规范》	N2
29	（DA/T 56—2014）《档案信息系统运行维护规范》	N2
30	（DA/T 54—2014）《照片类电子档案元数据方案》	H1
31	（DA/T 53—2014）《数字档案COM和COLD技术规范》	H1

续表

序号	标准号与标准标题	编码
32	（DA/T 52—2014）《档案数字化光盘标识规范》	H1
33	（DA/T 51—2014）《电影艺术档案著录规则》	H1
34	（DA/T 50—2014）《数码照片归档与管理规范》	G2
35	（DA/T 48—2009）《基于 XML 的电子文件封装规范》	N2
36	（DA/T 47—2009）《版式电子文件长期保存格式需求》	N2
37	（DA/T 46—2009）《文书类电子文件元数据方案》	N2
38	（DA/T 44—2009）《数字档案信息输出到缩微胶片上的技术规范》	N2
39	（DA/T 43—2009）《缩微胶片数字化技术规范》	H1
40	（DA/T 42—2009）《企业档案工作规范》	G2，H1
41	（DA/T 41—2008）《原始地质资料立卷归档规则》	G2
42	（DA/T 39—2008）《会计档案案卷格式》	H1
43	（DA/T 38—2021）《档案级可录类光盘 CD‑R、DVD‑R、DVD+R 技术要求和应用规范》	N2
44	（DA/T 36—2007）《人身保险业务档案管理规范》	G2，R1
45	（DA/T 34—2019）《国家档案馆爱国主义教育基地工作规范》	R3
46	（DA/T 32—2021）《公务电子邮件归档管理规则》	G2
47	（DA/T 31—2017）《纸质档案数字化规范》	H1
48	（DA/T 30—2019）《满文档案著录名词与术语汉译规则》	H1
49	（DA/T 28—2018）《建设项目档案管理规范》	G2
50	（DA/T 23—2000）《地质资料档案著录细则》	H1
51	（DA/T 22—2015）《归档文件整理规则》	H1
52	（DA/T 20.1—1999）《民国档案目录中心数据采集标准 民国档案著录细则》	G2，H1
53	（DA/T 18—2022）《档案著录规则》	H1
54	（DA/T 17.2—1995）《全国革命历史档案数据采集标准 革命历史资料著录细则》	G2
55	（DA/T 17.1—1995）《全国革命历史档案数据采集标准 革命历史档案著录细则》	G2
56	（DA/T 14—2012）《全宗指南编制规范》	H1
57	（DA/T 13—2022）《档号编制规则》	H1
58	（DA/T 12—2012）《全宗卷规范》	H1
59	（DA/T 9—1994）《明清档案档号编制规则》	H1
60	（DA/T 8—2022）《明清档案著录细则》	H1
61	（DA/T 1—2000）《档案工作基本术语》	H1

1.2.2.2 数据统计与分析

从表4的数据统计分析结果来看，当前文件（档案）管理标准化赋能数字中国建设现状和特点如下。

第一，从发布时间和内容来看，近五年的文件（档案）管理标准中明显侧重于数字化转型背景下的标准内容制修订。

国家标准中大部分是由国际标准转化而来的，随着近两年国际标准的不断修订，我国也在实时调整国家标准的内容。据笔者参与国际标准制定的经历来看，由于国际标准是规定了任何环境（包括纸质环境和电子环境）下的文件（档案）管理的要求，近几年的制修订趋势越来越体现数据环境下、新技术环境下的文件（档案）管理要求，例如区块链、云计算、人工智能、结构化数据环境下的文件（档案）管理标准等，也正好迎合了数字中国背景下的管理标准需求。在行业标准方面，近年来也充分体现了数字化转型背景下各行各业的文件（档案）管理转型需求，例如《电子会计档案管理规范》《电子档案移交接收操作规程》《电子档案单套管理一般要求》《实物档案数字化规范》《产品数据管理（PDM）系统电子文件归档与电子档案管理规范》《政务服务事项电子文件归档规范》《基于文档型非关系型数据库的档案数据存储规范》《政府网站网页归档指南》等，均体现了对电子档案、数据环境下的档案管理的要求，体现了数字化转型背景下文件（档案）管理领域的与时俱进。

第二，从发布的主题来看，呈现了重资源建设、重安全建设、重自身治理体系完善的总体特点。

在赋能"两大基础"的维度，当前的标准体系明显体现了文件（档案）管理标准侧重数据资源建设的维度。24个标准都体现了促进我国数据资源大循环方面的价值，总体体现了我国在加强各行各业各类电子文件的归档总体要求，例如对党政机关电子公文的归档，对电子会计档案、政务服务事项电子文件、政府网站网页的归档等。归档是将在业务中分散的有价值的重要文件进行集中安全管理的重要手段，也是数据资源进行汇聚的具体体现。归档的管理要求使得数据资源汇聚、流转、利用成为可能，体现了文件（档案）管理标准在促进我国重要数据资源大循环的价值。但是也可以看出，当前对各行各业各类的业务数据归档范围还较为局限，对很多场景下的重要数据关照缺失。

在赋能数字技术与"五位一体"深度融合维度，当前的标准体系在赋能数字政务方面有4个标准，在数字文化方面有1个标准，其他方面均没有相应标准体现。从中也可以看出，受到历史原因、我国《档案法》导向、档案管理体制机制等的影响，我国更为重视对政府机关形成的档案的管理要求，所以在数字政务方面的标准较为集中。此外，档案馆具备的"五位一体"功能之一为爱国主义教育基地，促使产生了《国家档案馆爱国主义教育基地工作规范》这一标准，体现了其在赋能文化方面的价值。但是，在数字经济、数字生活、数字生态文明方面都尚未制定相关标准。

在赋能"两大能力"维度，当前的标准体系体现了明显的重安全建设的特点。鉴于档案的凭证价值、利用价值和资产价值，我国历来重视对档案的安全管理，从管理手段、技术手段等方面加强对档案的安全性保障。安全体系建设也是我国档案管理的重要建设内容。从标准制定的现状来看，有23个标准充分体现了这一点，特别是在数字化转型背景下，档案管理者认识到了数字化环境给档案安全问题带来的挑战，所以从不同维度加强管控，例如《电子档案管理系统通用功能要求》中对安全功能的特殊强调、《档案信息系统运行维护规范》对档案信息系统运行安全的管控要求、《档案数据硬磁盘离线存储管理规范》和《电子档案存储用可录类蓝光光盘（BD-R）技术要求和应用规范》中对存储介质的安全管控要求等。在赋能数字技术创新体系自立自强维度，现有标准尚未有所贡献，更多是依托现有数字技术来加强对档案的管理。

在赋能"两个环境"维度，当前的标准体系体现文件（档案）管理标准偏重于对自身体系的完善和建设。有32个标准都是偏重于对自身档案事业发展、档案业务规范等的基础标准，不断促进自身事业生态的良好发展，特别是在以往纸质环境时代产生的标准不适应时代发展需求的问题上进行了标准的完善与更新。但是在赋能整体数字生态发展上，略显不足。此外，当前标准在数字领域国际合作开放共赢方面的赋能尚未体现。

表4 数字中国建设相关标准制定数据统计

数字中国建设维度	具体表述	编码规则	数量/个
"两大基础"	文件（档案）管理标准化赋能数字基础设施大动脉打通	G1	0
	文件（档案）管理标准化赋能畅通数据资源大循环	G2	24
数字技术与"五位一体"深度融合	文件（档案）管理标准化赋能数字经济做强做优做大	R1	0
	文件（档案）管理标准化赋能数字政务高效协同	R2	4
	文件（档案）管理标准化赋能数字文化自信繁荣	R3	1
	文件（档案）管理标准化赋能数字社会普惠便捷	R4	0
	文件（档案）管理标准化赋能数字生态文明绿色智慧	R5	0
"两大能力"	文件（档案）管理标准化赋能数字技术创新体系自立自强	N1	0
	文件（档案）管理标准化赋能数字安全屏障可信可控	N2	23
"两个环境"	文件（档案）管理标准化赋能数字治理生态公平规范	H1	32
	文件（档案）管理标准化赋能数字领域国际合作开放共赢	H2	0

1.3 文件（档案）管理标准化赋能数字中国建设展望

1.3.1 文件（档案）管理标准化赋能数字基础设施大动脉打通展望

在赋能数字基础设施大动脉打通维度中，虽然在文件（档案）管理赋能视角下，得出当前赋能数字基础设施大动脉打通方面并未有所涉及。由于在《规划》中强调引导通用数据中心、超算中心、智能计算中心、边缘数据中心等合理梯次布局，以及物联网的布局，文件（档案）管理标准在文件档案的合规性、可信性方面的规则优势应该考虑纳入各大中心可信数据管控治理之中。首先，从治理规则来看，文件（档案）数据治理的高效有序进行有赖于完备的实施细则，主要包含数据标准、数据模型、数据质量和数据安全四个方面。其中，数据标准面向文件（档案）数据全生命周期，通过制定数据标准、统一数据格式、强化元数据管理，确保档案数据的真实完整、准确可靠、规范一致和可联可控。[4]面向各大数据中心的数据治理实践，可将多年来档案部门在可信数据维护、数据合规性方面的经验应用其中。文件（档案）的数据治理框架对其数据标准建设具有一定的启发意义。其次，可信治理的关键在于基础设施。为了保障数据资源质量层面上的可用性，以及对数据质量可追溯的责任认定提供辅助方法，文件（档案）管理标准提出利用以区块链为代表的技术措施来实现。区块链技术在防篡改、可追溯等信任能力建设方面的巨大优势，可以对各大中心数据流动的运行过程进行赋码并上链，实现数据资源的可信留痕和固定，从源头上保证数据的真实性和有效性。

1.3.2 文件（档案）管理标准化赋能畅通数据资源大循环展望

在赋能畅通数据资源大循环维度中，当前文件（档案）标准已经认识到了来自各个来源、载体的数据资源归档的必要性，但在推进档案数据标准体系建设和实施的过程中，还需要不断探索新的数据资源来源并对其进行归档标准的制定。开放吸纳来自不同行业领域对档案数据的需求，且对元宇宙、社交媒体等新环境下的数据进行及时归档，加快制定文件（档案）业务数据标准和档案数据整合标准，充实和完善文件（档案）数据标准体系参考模型，为文件（档案）数据标准体系建设奠定扎实基础。此外，当前文件（档案）对象空间正经历着从"模拟态""数字态"到"数据态"的嬗变，但目前文件（档案）信息化标准中的数据态标准体系尚未建立，文件（档案）利用体系建设作为档案工作的最终环节，也要迅速实现语义层面的档案数据化开发利用标准的制定，语义表达、语义关联、语料库和知识库建设等方面的标准亟待出台，以便于打通数据资源大循环。将文件（档案）语义资源纳入整个资源体系，发挥文件（档案）信息资源内容的潜在价值；将"档案库"变成"知识库""思想库"。[5]需要注意的是，在如今"一网查档""一网通办"的全国信息资源共享服务平台的大力建设背景下，为了实现更大规模的数据共享和各个地区业务平台顺利接入的可操作性，相应的平台端口接入标准、数据流转标准也亟待研制。

1.3.3 文件（档案）管理标准化赋能数字经济、政务、文化、社会、生态各应用场景展望

在赋能数字经济、政务、文化、社会、生态各个应用场景下，要加强文件（档案）管理标准在各个领域的渗透。当下，我国正在加速推进覆盖人民群众的文件（档案）资源体系建设，也对数字经济、政务、文化、社会、生态等各个领域的数据资源管理与再利用工作提出了新要求。然而我国相关领域的数据资源管理工作依然面临着众多挑战，包括相关法律法规依据不健全、数据结构不规范、数据标准不统一等。从各国档案事业发展的现状和规律来看，档案部门在各国数字化发展进程中都有所行动，主要表现形式为主导数字连续性行动计划来参与整体的数字政府和治理体系构建。因此，我国档案部门也应主动融入数字中国、国家大数据战略，积极参与相关领域的顶层规划与标准制定，承接数智治理任务，拓展档案管理职能和场域，在赋能数字经济、政务、文化、社会、生态发展的数据治理领域发出档案的声音。例如以档案主管部门作为主导，将数字连续性行动计划嵌入数字中国建设规划，通过有关数据连续性治理机制、数据管理活动规范、数据资源全面质量管理等一系列标准的制定，深度参与国家数据资源全生命周期、全流程、全要素集成管理活动，进一步加强档案管理标准在各个领域的渗透，提升数字中国建设下各领域数据资源的安全力、证据力、服务力和控制力。[6]值得一提的是，特别要加强文件（档案）在数字经济发展背景下作为权威、可信可用的数据资源的优势，加强文件（档案）在促进数据化开发利用方面的机制、方式、模式标准制定，真正促进数据要素的价值实现。

1.3.4 文件（档案）管理标准化赋能数字安全屏障可信可控展望

赋能数字安全屏障可信可控，要加强文件（档案）标准的出台以及与其他安全标准的对接。大数据环境下，开放文件（档案）信息资源的需求越加强烈，文件（档案）作为国家的核心信息资源，安全体系建设是档案事业"四个体系"建设的重要构成之一，守好文件（档案）信息安全本身就是维护国家信息安全的重要方面。文件（档案）安全的迫切需求呼唤严密规范的标准出台。标准体系设计既要考虑传统载体档案的保护与抢救，又要关注数字时代信息环境的安全性问题，因此标准体系的设计、规划和实施都要基于安全保障的考虑，不仅关注文件（档案）多样化载体的安全问题，而且关注文件（档案）管理的全过程安全，将安全理念融入标准化工作的全过程，构建结构完整、功能协调的档案安全标准体系，确保档案信息资源的持续开发和长久可用。同时，要促进文件（档案）安全标准体系与其他安全标准的对接，信息安全标准体系建设中的相关模式和经验（安全防护体系建设、信息通报机制、安全建设预警、应急处理机制、数字资源备份工作等）都能对数字中国建设维护好文件（档案）信息安全提供参照。

1.3.5 文件（档案）管理标准化赋能数字技术创新体系自立自强展望

赋能数字技术创新体系需要加强新技术发展背景下文件（档案）管理标准的制定。技术应用能力的提升和深化为档案事业的数字化转型提供了强大的技术支撑和动力源泉，人工智能、区块链、云计算、隐私计算等新一代信息技术被更加深度地应用到档案管理工作之中，并通过优化数据管理体系、创新档案管理手段、吸取新兴技术优势、提升数字业务能力等路径建设，助力文件（档案）工作创新发展和档案事业智能化、智慧化升级。标准作为一种技术手段，要发挥其技术手段的作用就必须实现与技术的深入融合。[7]对此，档案部门需要立足新一代信息技术蓬勃发展的大趋势，结合档案管理的实际需求，充分借鉴国际以及其他行业相关标准体系，积极尝试文件（档案）管理工作在新一代信息技术发展前沿领域的标准化布局，增强文件（档案）领域标准的先进性和前瞻性。例如可将人工智能、数据挖掘等技术融入档案服务标准，在服务功能上添加个性化和定制化功能；建立档案服务平台的建设指南和智能化设备的技术规范，使文件（档案）信息服务更加便捷化和智慧化；建立文件（档案）信息服务评价标准，在新兴技术的加持下逐步完善档案服务工作的"闭环"。此外，也要重视将文件（档案）可信规则融入数字技术创新体系，确保数字技术所产生数据的真实、可信、完整、可用。例如将文件（档案）管理标准嵌入可信人工智能技术的开发建设中，确保人工智能产生、处理、利用的数据符合权威可信规则，真正为人类工作生活提供便利。

1.3.6 文件（档案）管理标准化赋能数字治理生态公平展望

在数字治理生态公平维度，要加强对自身基础性标准的完善与更新。虽然当前在档案领域，国家层面和行业层面都围绕档案事业发展、档案管理需求等制定了若干基础性标准，例如术语标准、管理原则标准、管理流程标准等，但是在使用过程中对数字化转型背景的回应和对实践领域的指导还略显不足。因此，本研究提出在几个方面要加强基础性标准的制定。首先，需要进一步在理论界和实践界明确数据与文件（档案）在内涵外延、属性特点等的区别，并在相关文件（档案）标准内中有所体现。目前我国档案领域，国家标准中的基础性标准主要是从国际标准转化而来，对文件（档案）的定义和属性有较为明确的界定，但是在国内的配套管理政策与标准中，并没有对定义、属性、特征有很连贯的坚守，在制定管理要求时泛泛处理，彰显不出文件（档案）的特殊价值，这也使文件（档案）在数据时代被淹没，不被重视。所以，在基础性标准制定中要坚守档案的真实性、完整性、可靠性、可用性、安全性等属性，特别注重文件（档案）在凭证价值、可用价值、资产价值等核心价值的发挥机理说明，并在配套标准中具体体现。只有明晰了最本质的内容，才能在赋能数字化转型、数字中国中论证清楚为什么要坚持做档案工作，要坚守数字档案管理等，并通过对最有价值最权威的档案数据资源的管控，更好地支持各行各业的发展。其次，要加强文件（档案）管理标准与业务标准的沟通与协同。从历史沿革来看，文件（档案）管理工作从纸质时代转向数字时代,为管理工作带来了很大的挑战。在纸质时代,业务环节和档案环节有较大的分割性。业务办理完毕,经过鉴定,值得保存的文件才进入归档环节。纸质环境下的签字、盖章等流程,再加上载体内容合一的形式,也确保了纸质档案符合四性要求。但是在数字时代,如何保证数据具备文件(档案)的特征,需要加强业务端的联络,例如参与业务系统的共建与设计。但是当前的文件(档案)管理标准还是末端思维,在参与前端的标准、前端与后端过度衔接的中间段的管理标准尚不健全,有待进一步完善。只有完善之后才真正使档案工作通过标准实现全流程参与、前端控制和全生命周期管控,使档案管理能与数据治理协同并进,共同促进我国数字资源质量提升以及数据赋能效果。

1.3.7 文件(档案)管理标准化赋能数字领域国际合作开放共赢展望

在赋能数字领域国际合作上,要加强对先进标准的本土化转化,也要将本土先进的标准进行国际化推广,增强国际对话机会。国际化是我国文件(档案)标准体系建设的目标与方向,也是在标准领域内建立话语权的重要方式。我国文件(档案)标准化体系的国际化工作主要包含三个方面。一是增强国内国际文件(档案)标准化协同发展。加大对符合我国档案事业发展趋势的现有国际标准的采标力度,及时掌握国际标准化组织、欧美等发达国家档案标准化工作发展动态,学习国外先进经验,在促进国家标准体系建设吸收国际标准的同时,输出我国文件(档案)标准化的理念和经验。[8]从当前采标情况来看,如表5和表6所示,我国已经对大部分文件(档案)的国际标准进行了采标工作,但是对新技术环境下的关注还不够,今后要多关注云计算、区块链、人工智能、元宇宙领域的文件(档案)管理标准并及时采标。另外,国际上的部分标准可能在管理术语和内容上跟国内有所出入而不被采标,但是可以酌情考虑相关先进经验,纳入相关标准制定过程中。二是聚焦深化文件(档案)标准国际化交流与合作。选派中国专家参与各类档案国际标准工作组的标准研制工作,推出中国标准的多语种版本,从而提升我国在国际标准化活动中的影响力,争取在标准国际化舞台上拥有更多话语权。三是注重档案标准国际化复合型人才队伍建设,建议以高校、研究院所为试点单位,尽快培育出一批掌握国际标准规则、精通档案专业、熟练运用外语的人才队伍,为我国档案标准的国际化发展持续注入新生力量。

表5 已经发布的文件(档案)管理类国际标准(截至2023年9月)

序号	标准号及标准名称	采标状态
1	ISO 13008:2022 *Information and documentation—Digital records conversion and migration process*	立项

续表

序号	标准号及标准名称	采标状态
2	ISO/TR 13028：2010 Information and documentation - Implementation guidelines for digitization of records	—
3	ISO 15489—1：2016 Information and documentation—Records management—Part 1：Concepts and principles	已采标 GB/T 26162—2021
4	ISO 16175—1：2020 Information and documentation—Processes and functional requirements for software for managing records—Part 1：Functional requirements and associated guidance for any applications that manage digital records	GB/T 34840.1—2017 （采旧版）
5	ISO/TS 16175—2：2020 Information and documentation—Processes and functional requirements for software for managing records—Part 2：Guidance for selecting, designing, implementing and maintaining software for managing records	GB/T 34840.2—2017 （采旧版） GB/T 34840.3—2017
6	ISO 17068：2017 Information and documentation—Trusted third party repository for digital records	GB/T 42745—2023
7	ISO/TR 18128：2014 Information and documentation—Risk assessment for records processes and systems	—
8	ISO/TR 21946：2018 Information and documentation—Appraisal for managing records	—
9	ISO/TR 22428—1：2020 Managing records in cloud computing environments—Part 1：Issues and concerns	—
10	ISO 23081—1：2017 Information and documentation—Records management processes—Metadata for records—Part 1：Principles	GB/T 26163.1—2010 （采旧版）

续表

序号	标准号及标准名称	采标状态
11	ISO 23081—2：2021 *Information and documentation—Metadata for managing records—Part 2：Conceptual and implementation issues*	GB/T 26163.2—2023
12	ISO/TR 23081—3：2011 *Information and documentation—Managing metadata for records—Part 3：Self-assessment method*	—
13	ISO/TR 26122：2008 *Information and documentation—Work process analysis for records*	GB/T 32002—2015
14	ISO/TR 26122：2008/Cor 1：2009 *Information and documentation—Work process analysis for records—Technical Corrigendum*	—
15	ISO 30300：2020 *Information and documentation—Records management—Core concepts and vocabulary*	GB/T 34110—2017（采旧版）
16	ISO 30301：2019 *Information and documentation—Management systems for records—Requirements*	已采标 GB/T 34112—2022
17	ISO 30302：2022 *Information and documentation—Management systems for records—Guidelines for implementation*	GB/T 41207—2021（采旧版）

表6　正在研制的国际标准（截至2023年9月）

序号	标准号及标准名称	采标状态
1	ISO/CD TS 7538 *Disposition*	—
2	ISO/CD TR 8344 *Issues and considerations for managing records in structured data environments*	—

续表

序号	标准号及标准名称	采标状态
3	ISO/DIS 18128 *Information and documentation – Records risks – Risk assessment for records management*	—
4	ISO/WD TR 24332 *Blockchain and Distributed Ledger Technology in relation to authoritative records, records systems, and records management*	—
5	ISO 30302：2022/CD Amd 1 *Information and documentation – Management systems for records – Guidelines for implementation – Amendment 1*	—

参考文献

[1] 标准化为智慧城市建设铺平赛道［EB/OL］.［2023 - 08 - 11］. https：//baijiahao. baidu. com/s? id = 1722455991922385912&wfr = spider&for = pc.

[2] 数字时代的标准化：技术、标准、产业的互融互促［EB/OL］.［2023 - 08 - 11］. https：// www. cjlu. edu. cn/info/1101/29772. htm.

[3] 一图读懂《数字中国建设整体布局规划》［EB/OL］.［2023 - 08 - 11］. http：//www. cac. gov. cn/2023 - 02/28/c_1679227156006490. htm.

[4] 李宗富, 董晨雪. 档案数据治理：概念解析、三重逻辑与行动路向［J］. 档案管理, 2022（5）: 36 - 39.

[5] 金波, 杨鹏, 宋飞. 档案数据化与数据档案化：档案数据内涵的双维透视［J］. 图书情报工作, 2023, 67（12）: 3 - 14.

[6] 加小双. 档案事业现代化与数字中国战略［N］. 中国档案报, 2023 - 08 - 10 (1).

[7] 倪晓春, 王英玮. 中国档案标准体系建设回顾与思考［J］. 北京档案, 2020 (1): 20 - 24.

[8] 加小双, 王文斐. 我国档案标准化体系建设：现状、问题与对策［J］. 档案与建设, 2022 (11): 20 - 25.

2 数字中国建设背景下的城建档案治理：环境、进展、问题与趋势

高大伟　严睿倩　张一帆

郑州航空工业管理学院

摘　要：数字中国建设是城建档案治理优化提升的重要背景，也是以"城市信息中心"为定位的城建档案部门锚定其在数字时代发展目标的行动指引。当前城建档案治理制度环境整体向好，实践进展不断加速。推进数字中国建设背景下的治理发展，应审视城建档案资源建设与共享、档案管控能力等方面存在的现实问题，把握协同化、规范化、数智化三维并进的发展趋势。

关键词：城建档案；数字中国；档案治理

2.1　引　言

近年来，我国数字政府、数字经济、新型智慧城市、数字乡村、城市数据大脑及新型基础设施建设等政策密集出台，数智技术应用更为广泛，数字中国建设动能优势更为鲜明，城建档案治理的数智语境越发凸显。

迅猛发展的数字建造产业催生了以工程审批类政务服务事项电子文件、建筑信息模型（BIM）等为代表的新型档案管理对象，数据归档、长期保存与有效利用的档案化治理挑战显现，工程数字化交付与城市智慧化运营等新业态也已成为城建档案治理转型与价值提升所要面对的全新课题。可以说，数字中国建设既是当前城建档案治理优化提升的重要背景，也是以"城市信息中心"为定位的城建档案部门锚定其在数字时代发展目标的行动指引。审视数字中国建设背景下城建档案治理问题，分析城建档案治理制度环境、实践进展与现实问题，探明其发展趋势将具有重要的理论与实践价值。

2.2　整体向好：数字中国建设背景下城建档案治理的制度环境

以数字化助推城乡发展和治理模式创新是数字中国建设的关键任务，也是加强城建档案治理顶层设计的关键。2020年3月，习近平总书记指出要"运用大数据、云计算、区块链、人工智能等前沿技术推动城市管理手段、管理模式、管理理念创新，从

数字化到智能化再到智慧化,让城市更聪明一些、更智慧一些,是推动城市治理体系和治理能力现代化的必由之路,前景广阔"。[1]《中华人民共和国国民经济和社会发展第十四个五年规划和2035年远景目标纲要》(以下简称"'十四五'规划")指出,要"建设智慧城市和数字乡村……以数字化助推城乡发展和治理模式创新……构建城市数据资源体系,推进城市数据大脑建设""全面开展工程建设项目审批制度改革……推进线上线下一体化监管"等。[2]中共中央 国务院印发的《数字中国建设整体布局规划》强调要促进数字经济和实体经济深度融合,发展高效协同的数字政务,构建普惠便捷的数字社会,优化数字化发展环境等,[3]明确了城乡发展数字化推进的相关要素。

在管理对象和任务上,一方面,近年来国家为转变政府职能、改善营商环境,出台了一体化政务服务、助企纾困等政策,实施了"一网通办""一网通管""一网协同"及工程审批制度改革,不仅引发了城建档案部门跨平台、跨部门获取政务服务事项电子文件的新任务,也取消了档案质量监督与进馆控制的传统"抓手"——"档案预验收、专项验收"及"档案移交后再出具验收证明"等手段,提出了多部门"联合验收""线上线下监管"等新要求。国务院办公厅印发的《政务服务电子文件归档和电子档案管理办法》规范了政务服务电子文件归档有关要求,也为城建档案部门接收有关政务服务电子文件提供了制度保障。

另一方面,《"十四五"建筑业发展规划》强调,要"加快推进建筑信息模型(BIM)技术在工程全寿命期的集成应用……推动工程建设全过程数字化成果交付和应用"。[4]住房和城乡建设部、工业和信息化部和中央网信办《关于开展城市信息模型(CIM)基础平台建设的指导意见》也指出,要"不断夯实CIM基础平台数据基础……充分利用……城建档案数字化、日常城市管理等途径,建立健全数据的生产、管理、质检、汇交、更新、归档、应用等同步更新机制"。[5]《"十四五"全国档案事业发展规划》将"研究解决三维电子文件及数据文件归档等难题,促进各类电子文件应归尽归"设为档案信息化建设关键课题。[6]以上政策表明,以建筑信息模型(BIM)应用为核心的工程数据管理新场景,以及以城市信息模型(CIM)应用为代表的城市治理新需求,正不断促使城建档案治理迈上数智转型新台阶。

在地方探索上,上海市、北京市、浙江省等地纷纷以"数字驱动""数字治理"等为突破口,加快数字政策制定(见表1),不断拓展城乡发展的数字化新空间。同时,智慧城市、城市数据大脑及数字建造等领域相关标准规范的不断健全(见表2),也为城建档案治理的数智转型提供了有利条件。

表1 城乡发展数字化转型部分政策示例

时间	地区	政策名称
2020年4月	上海市	《上海市城市运行"一网统管"建设三年行动计划》
2020年4月		《上海市促进在线新经济发展行动方案(2020—2022年)》
2020年5月		《上海市推进新型基础设施建设行动方案(2020—2022年)》
2021年1月		《关于全面推进上海城市数字化转型的意见》

续表

时间	地区	政策名称
2020年6月	北京市	《北京市加快新型基础设施建设行动方案（2020—2022年）》
2022年5月		《北京市数字经济全产业链开放发展行动方案》
2022年11月		《北京市数字经济促进条例》
2018年4月	浙江省	《杭州城市数据大脑规划》
2018年10月		《杭州市全面推进"三化融合"打造全国数字经济第一城行动计划（2018—2022年）》
2020年5月		《浙江省"城市大脑"推广工作方案（征求意见稿）》
2019年6月		《浙江省"城市大脑"建设应用行动方案》
2020年7月		《浙江省新型基础设施建设三年行动计划（2020—2022年）》
2020年7月		《中共杭州市委关于做强做优城市大脑打造全国新型智慧城市建设"重要窗口"的决定》
2021年3月		《关于"数智杭州"建设的总体方案》
2021年3月		《杭州城市大脑赋能城市治理促进条例》
2021年6月		《浙江省数字政府建设"十四五"规划》
2020年6月	安徽省	《"数字江淮"建设总体规划（2020—2025年）》《2020年"数字江淮"建设工作要点》
2020年10月		《安徽省"数字政府"建设规划（2020—2025年）》
2020年8月		《合肥市推进新型基础设施建设实施方案（2020—2022年）》
2021年5月		《合肥市"城市大脑"建设方案（2021—2023年）》
2022年1月	河南省	《河南省"十四五"新型基础设施建设规划》
2022年3月		《2022年河南省数字经济发展工作方案》
2022年3月		《郑州市新基建建设示范区发展规划（2021—2025年）》

表2 智慧城市、城市大脑及数字建造等领域相关标准规范

类型	名 称
智慧城市有关标准（部分）	《智慧城市 顶层设计指南》（GB/T 36333—2018）
	《智慧城市 术语》（GB/T 37043—2018）
	《智慧城市 领域知识模型核心概念模型》（GB/T 36332—2018）
	《智慧城市 数据融合 第1部分：概念模型》（GB/T 36625.1—2018）
	《智慧城市 数据融合 第2部分：数据编码规范》（GB/T 36625.2—2018）
	《智慧城市 数据融合 第3部分：数据采集规范》（GB/T 36625.3—2021）

续表

类型	名 称
智慧城市有关标准（部分）	《智慧城市 数据融合 第4部分：开放共享要求》（GB/T 36625.4—2021）
	《智慧城市 数据融合 第5部分：市政基础设施数据元素》（GB/T 36625.5—2019）
	《智慧城市 技术参考模型》（GB/T 34678—2017）
	《信息安全技术 智慧城市建设信息安全保障指南》（GB/Z 38649—2020）
城市大脑有关标准	《城市大脑建设管理规范》（DB 3301/T 0273—2018）
	《城市信息模型基础平台技术标准》（CJJ/T 315—2022）
BIM有关标准	《建筑信息模型应用统一标准》（GB/T 51212—2016）
	《建筑信息模型施工应用标准》（GB/T 51235—2017）
	《建筑信息模型分类和编码标准》（GB/T 51269—2017）
	《建筑信息模型设计交付标准》（GB/T 51301—2018）
	《建筑工程设计信息模型制图标准》（JGJ/T 448—2018）
	《制造工业工程设计信息模型应用标准》（GB/T 51362—2019）
	《工程信息模型数据存储标准》（T/CREA 018—2022）
IFC有关标准	《建筑和设施管理行业数据共享的行业基础（IFC）第1部分：数据架构》（ISO 16739—1：2018）
	Industry Foundation Classes, Release 2x, Platform Specification（ISO/PAS 16739：2005）
产品数据有关标准（部分）	《工业自动化系统与集成 产品数据表达与交换 第1部分：概述与基本原理》（GB/T 16656.1—2008）
	《工业自动化系统与集成 产品数据表达与交换 第28部分：实现方法：EXPRESS模式和数据的XML表达》（GB/T 16656.28—2010）
	《工业自动化系统与集成 产品数据表达与交换 第11部分：描述方法：EXPRESS语言参考手册》（GB/T 16656.11—2010）
	《工业自动化系统与集成 产品数据表达与交换 第41部分：集成通用资源：产品描述与支持原理》（GB/T 16656.41—2010）
	《工业自动化系统与集成 产品数据表达与交换 第42部分：集成通用资源：几何与拓扑表达》（GB/T 16656.42—2010）
	《工业自动化系统与集成 产品数据表达与交换 第46部分：集成通用资源：可视化显示》（GB/T 16656.46—2010）
	《工业自动化系统与集成 产品数据表达与交换 第43部分：集成通用资源：表达结构》（GB/T 16656.43—2008）

在此背景下，城建档案治理应立足数智转型大势，积极融入数字中国建设布局和发展框架，把握新发展机遇，应对环境、对象及任务等变化挑战，探索构建适应工程建设数字化交付、城市管理智慧化运营服务等新业态的治理体系。

2.3 加速推进：数字中国建设背景下城建档案治理的实践进展

城建档案治理数智转型实践也在不断提速。2021年，南宁市城建档案馆探索建立了包含快速检索、地图精准定位和城建档案知识图谱等模块，支持多维数据自动关联、图谱网格多元联系、空间信息协同分析等功能的城建档案大数据平台。[7]2022年，中国服务贸易协会、中国测绘学会、中国遥感委员会等承办了第十五届中国智慧城市大会，旨在凝聚共识，推动城建档案智慧化发展，探索档案资源共享新途径。珠海市、重庆市、广州市、东莞市等地城建档案馆分享了智慧城建档案馆建设等经验。[8]2022年，杭州市城建档案馆依托馆藏档案数字化基础，推进"GIS + 档案"，不仅完成了对一些地区相关城建档案的收集整理，还围绕"数智杭州 宜居天堂"目标，探索了档案数据价值挖掘的新路径。[9]为推进城建档案数字资源建设，住房和城乡建设部科技与产业化发展中心、重庆市城建档案馆等单位编制了《建设工程档案信息数据采集标准》（DBJ 50/T 275—2017），日照市城建档案馆起草了《建设工程电子文件与电子档案管理标准》（DB37/T 5177—2021），郑州市自然资源和规划局、郑州市城乡建设局和郑州市大数据管理局联合印发了《郑州市建设工程档案电子化工作实施细则》（郑自然资〔2022〕320号）等。

加快数字技术创新应用，夯实数字数据资源体系是《数字中国建设整体布局规划》的重要内容，三维数字化协同设计和BIM、CIM等应用则是数字中国建设背景下城建档案治理数智转型的着力点。2023年，苏州市城建档案馆在智慧"档"建工作中，通过研究制定工程竣工和后期运维BIM归档标准，逐步实现新建项目BIM标准化同步归档，同时推进智慧档案馆建设，开展智慧化数据利用，为"新城建"夯实了城市数字底座。[10]上海市浦东新区档案局也积极开展"基于BIM技术的三维城建档案接收保管和应用模式研究"并积极推广应用。[11]在更广泛的城建档案信息化上，据中国政府采购网信息服务平台不完全统计（2020—2023年），城建档案部门信息化建设项目投资达3000余万元，有关项目如表3所示。

表3 部分城建档案部门信息化建设项目（2020—2023年）

序号	时间	城市	项目名称
1	2020年3月	天水市	天水市住房和城乡建设局天水市城建档案馆档案移交管理系统及人事档案管理建设采购项目
2	2020年3月	珠海市	珠海市城建档案馆新馆专业配套设备采购
3	2020年4月	温州市	温州历程招标有限公司关于城建档案馆数字化加工服务
4	2020年4月	北京市	北京市城建档案数字化

续表

序号	时间	城市	项目名称
5	2020年5月	龙岩市	龙岩市城建档案馆馆藏档案数字化服务类采购项目
6	2020年5月	惠州市	惠州市住房和城乡建设局惠州市城建档案馆智慧档案密集架设备及库房管理系统
7	2020年5月	惠州市	惠州市住房和城乡建设局惠州市城建档案馆信息化集成服务
8	2020年7月	杭州市	城建档案馆馆藏档案数字化和工程资料整理组卷、数字化服务采购
9	2020年7月	珠海市	珠海市城建档案馆新馆信息化及专用设备采购
10	2020年8月	佛山市	佛山市规划城建档案馆佛山市城市展览馆新馆会议系统建设
11	2020年10月	南京市	城建档案馆档案服务器、存储、网络安全、数据超融合等设备、档案数字化设备、办公电子设备、档案管理软件
12	2020年11月	海口市	海口市城建档案馆信息化建设项目
13	2021年2月	东莞市	东莞市城建档案馆档案整理及数字化加工服务
14	2021年4月	龙岩市	龙岩市城建档案馆2021年馆藏档案数字化（三期）服务类采购项目
15	2021年4月	福州市	福州市城市建设档案馆传统载体档案数字化加工（含监理）项目
16	2021年9月	佛山市	2021年佛山市规划城建档案馆综合业务管理系统运维项目（第二次）
17	2021年9月	温州市	温州市城市建设档案馆城建档案馆数字化加工服务（二期）
18	2021年11月	佛山市	佛山市规划城建档案馆互联网+建设工程档案在线验收系统建设项目
19	2021年11月	任丘市	任丘市城市建设档案馆城建档案馆数字化建设系统
20	2022年1月	泰兴市	泰兴市市政公用事业服务中心（市园林绿化服务中心、市城建档案馆）泰兴市地下管网综合管理系统项目
21	2022年5月	西安市	西安市城建档案馆馆藏档案电子化扫描
22	2022年5月	兰州市	兰州新区城乡建设和交通管理局城建档案馆运行维护及库存档案管护（智能密集架采购）项目
23	2022年5月	西安市	西安市城建档案馆双活存储采购
24	2022年7月	襄阳市	襄阳市城建档案馆2022—2023年度档案整理与加工服务项目采购
25	2022年7月	西安市	西安市城建档案馆双活存储采购（二次）

续表

序号	时间	城市	项目名称
26	2022年8月	龙岩市	龙岩市城建档案馆2022年馆藏档案数字化（四期）服务类采购项目
27	2022年9月	兰州市	兰州新区城乡建设和交通管理局城建档案馆运行维护及库存档案管护（智能密集架采购）项目（二次）
28	2022年9月	佛山市	2022年佛山市规划城建档案馆综合业务管理系统运维项目
29	2022年11月	佛山市	佛山市规划城建档案馆佛山市城市展览馆（2022—2024年度）物业管理服务
30	2023年5月	西安市	西安市城建档案馆馆藏档案电子化扫描项目
31	2023年7月	简阳市	简阳市住房和城乡建设局简阳市城建档案馆智能档案馆设备采购项目

2.4 问题导向：数字中国建设背景下城建档案治理的现实问题

2.4.1 城建档案资源建设与共享问题

2.4.1.1 城建档案资源建设问题

第一，完整性问题。尽管我国多数城建档案部门已在积极推进档案数字化工作，一些地区也开始了原生电子档案接收进馆等数字化接收，但数字资源建设完整性不足的问题仍较为普遍。例如，政务服务事项电子文件、建筑信息模型及工程其他电子文件的归档收集进展还需加快，跨部门数据流动亟待推进。一些城建档案部门或以库房空间不足等为由，只进馆档案数字化副本而不接收原始档案，误将前者等同于原生电子档案，或局限于数字化加工处理，数据深度识别和关联组织工作较为滞后等。一些城建档案部门信息化基础设施建设也较为滞后，声像档案数字化、三维全景信息采集等技术能力提升不足，无法通过更为全面系统的数字化手段、电子档案接收渠道建设形成完备的城建档案资源体系。

第二，真实性问题。由于建设工程档案具有形成主体多元、工程运转周期较长、内容专业性强、种类数量繁冗等固有特点，再加上现实利益诱惑、过程监控与协同管理困难、跨专业能力要求不断提升以及重"外业"轻"内业"现象多发等原因，建设工程档案不真实、不准确等现象仍较为普遍和突出，这对城建档案资源真实性产生了不利影响。此外，城建档案治理关联档案、建设、自然资源与规划等主管部门和项目所属领域的其他主管部门、投资主管部门等，涉及城乡规划、建设和管理的各类时空数据、部门数据、主题数据等，档案数据处理、存取标准不协调现象较为突出，不仅影响了城建档案的数据一致性，也对城乡有关管理部门的数据整合、分类统计和集中利用造成了不利影响。

第三，及时性问题。城乡规划、建设和管理是一个动态过程，各类数据往往处于不断更新和变化之中。然而，受建设工程档案归属流向不清、进馆控制力度不强、地下管廊信息报送更新不及时等影响，城建档案数据更新和维护往往无法及时跟进，使得城建档案无法及时准确反映城乡发展最新状态。

2.4.1.2 城建档案共享服务问题

第一，服务理念有待提升。目前城建档案整体利用水平仍有较大发展空间，尤其是融入数字中国、数字城市等格局的数据管理、知识服务理念还不够深入。随着党和国家机构改革、工程审批制度改革等的深入，新时代城建档案事业发展与文化建设仍亟待推进，城建档案部门往往更为重视档案验收、收集和存储等资源"入口"问题，对多元化利用关注相对较少。在有关地方制度建设上，也更为关注工程项目档案验收、进馆，对城建档案开放鉴定、利用服务等内容的着墨不足。

第二，利用方法有待更新。传统档案利用方式与日益增长的海量城建档案信息、智慧便享的利用需求之间的矛盾日益突出。目前，多数城建档案部门利用服务方式依然以传统线下检索查询为主，在桌面和移动互联网平台上建有信息服务窗口的机构偏少，嵌入当地政务服务平台的利用场景滞后，支持线上查询利用的城建档案数量和种类也较为有限。以关键词为核心的检索查询功能有限，基于 BIM、GIS、CIM、知识图谱、虚拟现实等技术的应用较少，无法实现多维度档案数据服务和用户深度查询需求，数字档案资源服务效能和数字档案馆（室）平台优势未有效发挥。

第三，数据共享有待加强。随着以数字孪生建造为基础的数字孪生体系建设快速发展，定位为"城市信息中心"的城建档案部门应把握其在数字孪生体系中的新坐标，加强其在从工程数字化交付到城市智慧化运营新业态链条中的节点地位。然而，目前面向档案管理的工程数字化交付和面向城市智慧化运营的档案数据共享服务仍需加快探索，无论是建筑三维模型原始数据，还是以 SETP、IFC 等代表的中性数据格式、轻量化数据格式，也都需在全生命周期管理制度规范、技术方法上取得更大认同。城建档案与城市数据大脑等数字孪生相关数据资源体系的双向数据共享也亟待推进。

2.4.2 城建档案管控能力问题

2.4.2.1 城建档案制度建设亟待加快

制度建设是城建档案管控能力提升的基础，为更好地把握当前城建档案制度建设情况，本研究调查统计了除港澳台地区外的 27 个省（自治区）和 4 个直辖市的城建档案管理主要制度建设情况。

部分省（区、市）城建档案管理主要制度建设情况如表 4 所示。调查中未见城建档案领域专门性地方法规建设成果；全国共有 19 个地区制定了政府规章或行政规范性文件，其中政府规章 16 项，行政规范性文件 3 项，8 项政府规章和 1 项行政规范性文件在2018年及以后进行了修改，2项政府规章进行了清理；福建省、山东省、广东省、湖南省、海南省、陕西省、甘肃省、青海省、河南省、广西壮族自治区、新疆维吾尔自治区、西藏自治区等12个省（区、市）未检索到相关专门制度。据进一步调查，这些地区以转发建设系统《城市建设档案管理规定》等制度文件，以及下发加强城建档案工作有关通知文件为主。

表4　部分省（区、市）城建档案管理主要制度建设情况

序号	省（区、市）	规范名称	制度层次	实施时间（最近变化情况）
1	北京市	北京市城市建设档案管理办法	政府规章	2003.10.01
2	天津市	天津市城市建设档案管理规定	政府规章	2003.10.1（2020.12.10）
3	上海市	上海市城市建设档案管理办法	政府规章	1987.6.1（2023.5.1）
4	重庆市	重庆市城乡建设档案管理办法	政府规章	2010.11.1
5	山西省	山西省城市建设档案管理办法	政府规章	1996.8.31（2020.2.20）
6	辽宁省	辽宁省城市建设档案管理规定	规范性文件	2000.9.7
7	吉林省	吉林省城市建设档案管理规定	政府规章	2005.8.30
8	湖北省	湖北省城市建设档案管理办法	政府规章	1997.8.1（2014.12.31）
9	江苏省	江苏省城建档案管理办法	政府规章	2002.12.1（2022.5.1）
10	安徽省	安徽省城市建设档案管理办法	政府规章	1994.6.28（已清理失效）
11	江西省	江西省城市建设档案管理办法	规范性文件	2001.6.11（2020.7.15）
12	四川省	四川省城乡建设档案管理规定	规范性文件	2009.6.11
13	贵州省	贵州省城乡建设档案管理办法	政府规章	2011.2.1（2021.8.1）
14	云南省	云南省城市建设档案管理规定	政府规章	2000.6.15
15	浙江省	浙江省城市建设档案管理办法	政府规章	2006.9.1（2019.8.2）
16	河北省	河北省城市建设档案管理规定	政府规章	2000.1.24（2018.10.6）
17	黑龙江省	黑龙江省城乡建设档案管理办法	政府规章	2012.2.1（2018.5.21）
18	内蒙古自治区	内蒙古自治区城镇建设档案管理办法	政府规章	2010.8.1
19	宁夏回族自治区	宁夏回族自治区城市建设档案管理办法	政府规章	1996.3.1（已清理失效）

省（区、市）城建档案制度建设具有区域性引领和支撑作用。根据上述调查可知，城建档案管理的区域性制度建设上存在较大短板，超过1/3的地区未建立专门制度，且针对2018年以来机构改革、2019年以来工程审批制度改革和在线政务服务改革等情况的配套性修改完善成果不多，数字政府、城建电子档案进馆、数据共享服务等领域

制度设计较少，关键制度内容建设存在空白点和薄弱点。这一情形是当前我国大多数地区城建档案治理基础不扎实、规范化建设滞后的真实写照，体现出"条块结合"实践中存在地方政府"块"的"松散""滞后"问题，制约了城建档案管控能力的全面提升。

2.4.2.2 城建档案治理协调存在裂隙

自国家建设、档案主管部门 1987 年联合发布《城市建设档案管理暂行规定》后，至今 30 余年来，两部门协作产出的制度成果大幅减少，兼之其他行业领域主管部门主要参考档案系统的有关制度细化落实，这就导致当前我国建设项目档案治理逐渐形成了档案和建设系统"两套"制度体系——事实上在档案、建设等系统各自的制度体系中也存在协调性不足的问题。[12]例如，针对建设领域国家政策的调整，尤其是针对 2019 年工程审批制度改革变专项验收为联合验收的情形，国家建设主管部门及时调整了《城市建设档案管理规定》《城市地下管线工程档案管理办法》等文件，但目前档案系统《重大建设项目档案验收办法》《建设项目档案监督指导工作指南》等仍未做出跟进调整，不仅降低了这些制度的实际效力，同时由于这些制度常作为其他行业主管部门拟定其文件的依据，客观上对建设项目领域档案监管的规范性产生了不利影响。

在标准化建设上，档案系统《建设项目电子文件归档和电子档案管理暂行办法》（国家档案局，2016）、《建设项目档案管理规范》（DA/T 28—2018）与建设系统《建设电子文件与电子档案管理规范》（CJJ/T 117—2007）、《建设工程文件归档规范（2019 年版）》（GB/T 50328—2014）在规范术语、管理要求上有多处不一致。研究者认为，项目档案验收已事实形成了分别以 GB/T 50328—2014 和 DA/T 28—2018 为核心的两个"标准族"，[13]所给出的建议是除在合同中明确约定外，若档案需向城建档案馆移交，则使用 GB/T 50328—2014；若建设单位自己保存，则使用 DA/T 28—2018，即需要整理"两套"不同的档案，这与当前政务服务"坚持整体协同""坚持以人民为中心""利企便民"[13]的要求背道而驰。

应当看到，当前建设工程档案跨行业领域治理挑战正逐步加剧。由于社会管理环境的变化，建设系统城建档案管理工作逐渐分化为建设、规划两个序列，而随着数字中国布局、数字政府建设和数字经济发展的加速推进，数据治理制度供给逐渐加快，这将导致已存在的"两套"制度体系有向档案、建设、规划、数据等系统"多套"制度体系进一步变化的趋势。弥合治理裂隙任重道远。

2.5 三维并进：数字中国建设背景下城建档案治理的趋势和任务

2.5.1 协同化

城建档案治理协同化指在城建档案治理体系建设中，注重城建档案馆与不同部门、机构及社会其他主体之间的协同合作和信息共享，以打造更为科学高效、具有系统韧性的治理生态。这种趋势既发自对协同解决城建档案资源建设与服务问题的关键需求，如城市规划建设和运行管理有关机构档案归属流向梳理与资源整合、社会力量参与城建档案事业等，也源于健全城建档案管控能力、弥合治理裂隙的底层逻辑，如统一协调规范建设、提升事前事中事后档案监管能力等，更是融入数字中国全局，落实"数据赋能""整体协同"等数字政府建设原则的导向聚焦，体现了城建档案治理体系建设中多元治理主体价值目标集中化的过程。

就实践探索要点而言，主要包括以工程审批政府服务电子文件、建设工程各类电子文件归档为基础的城市基础数据有序归集、高效共享；工程档案联合验收组织及档案事项事前告知、过程监管、进馆控制和信用评价等；城建档案涉及各类档案资源跨行业、跨部门、跨领域、跨地区制度规范建设协调化；社会力量参与城建档案事业及城建档案利用服务的开放共享内涵建设等。

以数字政府框架下的协同治理为例，城建档案部门可构建与政务服务网、工程建设项目审批管理系统等无缝对接的管理系统，打通城市规划、建设、数据、发改、人防等部门数据链条，探索业务管理和业务技术电子文件、审批事项电子文件、电子证照等原生电子文件在线归档、移交进馆，馆藏档案线下数字化加工、数据化处理和在线传输，建设工程规划建设数据采集汇总及档案事项告知、验收、进馆、制发接收凭证、信用信息登记等全过程在线监管，依托城市综合运营平台手机客户端的城建档案查阅、预约等。例如，杭州市城建档案馆结合"互联网＋政务服务""最多跑一次""一次办好"工作要求，启动全市建设工程声像档案在线报送系统，实时上报从工程原址地貌到竣工验收全周期的照片录像，让建设单位"零跑腿"的同时，也大大提高了声像档案归集率。又如，郑州市城建档案馆借助数字档案馆平台，实现了档案告知、验收、进馆等流程信息化及 BIM 档案在线接收、轻量化展示。同时，依托"郑好办"城市综合运营平台提供开放档案在线查询和基于 GIS 的建设工程规划许可证可视化利用等。

2.5.2 规范化

城建档案治理规范化指夯实数字中国建设背景下城建档案治理制度基础，完善有关法规制度、健全标准规范、创新管理机制，解决城建档案管控能力短板弱项，固化支撑数智时代城建档案部门前瞻探索。针对数字中国建设背景下城建档案治理的现实挑战，规范化建设任务主要有三个方面。一是协调，即消弭制度体系的抵牾冲突；二是强基，即调整完善已有制度设计的某些惯例与不足；三是更新，即实施满足治理新需求的制度设计，突出时代主题下的改革创新。

在实践探索中，一方面，应坚持党对城建档案工作的领导，加强顶层设计、系统谋划和合智共商，统筹协调城建档案活动中政府内部、"政府－市场"及"政府－社会"关系，摒弃狭隘部门思维，以"数据赋能""以数字化驱动生产生活和治理方式变革"等数字中国、数字政府建设新理念，凝聚价值共识，协调制度制定，打破数据壁垒，推进以依法治档为主线，以数据共享共用为特征的体制机制建设。另一方面，应加快城建档案管理关键制度创新，加快建设适应工程数字化交付趋势的 BIM 归档和进馆制度，适应"运用数字技术支撑构建新型监管机制"的档案"互联网+监管"制度，适应档案进馆重点问题解决要求和信用信息管理特点的参建单位工程档案信用管理制度，适应城市智慧化运营的城建档案数据整合和共享制度等，进而打破城建档案资源建设和共享瓶颈，提升城建档案管控能力。

以城建档案管理办法建设为例，在管理体制上，应结合所在地区有关机构"三定方案"、城建档案部门隶属关系等因素，确定自然资源与规划、住建等省级城建档案工作主管部门，并明确省级档案主管部门监督指导职能，还应放权，由地市、县区级地方政府灵活确定当地城建档案主管部门；在数据共享上，应规定行政审批和政务服务机构归档审批事项电子文件的职责，要求其对当地城建档案管理机构开放工程审批与验收数据的收集渠道或开通、预留通用数据接口等。

2.5.3 数智化

城建档案治理数智化指充分激发数智技术关键变量，推进城建档案数据全生命周期管理补链固链强链，以科技创新引领城建档案治理效能提升。做好城建档案治理数智化转型应把握技术应用、系统融合和服务提升的信息化建设基本逻辑，不仅要紧跟数智技术发展趋势，夯实城建档案治理的技术应用基座，还要强化系统集成，推进政府、企业内各业务信息系统与档案管理系统集约建设、互联互通，促进城建档案数据合规高效流动，更要注重工程数字化交付与城市智慧化运营中城建档案部门关键数据节点建设，实现城建数字档案馆（室）与政府数据服务平台、智慧城市、城市数据中心、城市数据大脑等数据治理体系的双向数据共享，达成城建档案数据便享利用。

数智化转型是一个动态、长期的系统工程，一方面要有整体智治的系统观念。例如，规划建立区域城建数字档案馆（室）网络，构建跨区域、跨部门、跨行业的建设工程档案一体化在线监管平台，融入政府服务平台打造城建档案移动服务窗口等。另一方面也要有以点带面的重点布局，即围绕某一时期某一方面城建档案治理问题、关键需求和潜在优势，明确技术应用场景，针对性提升城建档案数据管理能力，凸显信息化建设的特色性、创新性。例如，以时间戳、完整性校验等数字存证技术管控原生电子档案形成质量；以内容识别、人工智能、可视化等技术提升工程档案检查、验收效率；以RFID标签化管理、知识管理等技术优化档案资源实体管控和知识内容"再组织"；以物联网、智慧化等手段推进城建智慧档案管库建设；以BIM、GIS、知识标注等手段建立工程档案空间、时间、建筑、事件等多维度检索索引；以虚拟现实、三维建模、数字叙事、新媒体艺术等元宇宙技术创新城建档案数字陈展、虚拟馆员和数字文创；以在线学习系统、虚拟仿真实验系统等形式推进建设工程档案人员继续教育等。

以建设工程档案智慧可视归集为例，可利用人工智能技术，通过文件编码、文件标题、产生部门等关键信息与预置的文件归档范围、分类方案、保管期限比对，判断文件是否需归档，实现电子档案自动收集和整理；运用空间可视化、知识图谱技术，为构筑物结构、工程部位等建立知识标签，将档案智能关联至构筑物结构、工程部位等轻量化信息模型上，支撑可视化档案验收等。在面向数字文旅的智慧服务上，城建档案所记录的城市发展历程和规划建设信息是文化旅游的合意对象，现实中也有一些城建档案部门兼管城市规划展览馆等实体资源的情况。城建档案部门可运用虚拟现实、三维建模、GIS等技术将城建档案中记载的"人、事、物、景"要素等打造成虚拟互动的数字文旅产品。

综上所述，协同化、规范化、数智化三种趋势彼此关联、相互促进，共同反映了数智时代城建档案治理发展的必然方向，是数字中国建设背景下城建档案治理优化和高质量发展的重要趋势。城建档案部门应把握数字中国建设背景下整体向好的制度环境，加强相关领域实践成果的交流借鉴和总结反思，聚焦城建档案治理现实问题和发展趋势，推进数字中国建设背景下城市档案治理协同化、规范化、数智化三维并进，建立健全新时代城建档案治理体系。

参考文献

[1] 江南. 让智慧城市更聪明更暖心［N］. 人民日报，2021-03-22（6）.

[2] 中华人民共和国国民经济和社会发展第十四个五年规划和2035年远景目标纲要［N］. 人民日报，2021-03-13（1）.

[3] 中共中央 国务院印发《数字中国建设整体布局规划》［N］. 人民日报，2023-02-28（1）.

[4] 住房和城乡建设部关于印发"十四五"建筑业发展规划的通知［EB/OL］.（2022-01-19）［2023-08-16］. https：//www.gov.cn/zhengce/zhengceku/2022-01/27/content_5670687.htm.

[5] 住房和城乡建设部 工业和信息化部 中央网信办关于开展城市信息模型（CIM）基础平台建设的指导意见［EB/OL］.（2020-06-29）［2023-08-16］. https：//www.mohurd.gov.cn/gongkai/zhengce/zhengcefilelib/202307/20230724_773333.html.

[6] 国家档案局 中办国办印发《"十四五"全国档案事业发展规划》［EB/OL］.（2021-06-09）［2023-08-16］. https：//www.saac.gov.cn/daj/toutiao/202106/ecca2de5bce44a0eb55c890762868683.shtml.

[7] 南宁市住房和城乡建设局. 风雨兼程谱华章 馆藏珍档话百年［EB/OL］.（2021-06-09）［2023-08-16］. http：//zjj.nanning.gov.cn/dtzx/gzdt/t4771735.html.

[8] 推动城建档案智慧化发展，探索档案资源共享新途径：第十五届中国智慧城市大会城建档案智慧化管理分论坛圆满落幕［EB/OL］.（2022-10-17）［2023-08-16］. http：//www.zhujianz.com/zhujianz/jzdydtinfo3480.html.

[9] 城建档案助力我市地下隐患智防系统建设［EB/OL］.（2022-08-30）［2023-08-16］. http：//cxjw.hangzhou.gov.cn/art/2022/8/30/art_1229665541_58915699.html.

[10] 苏州市城乡建设档案馆党支部深化"三务"融合创建"档建先锋"党建品牌［EB/OL］.（2021-09-24）［2023-08-16］. https：//www.mohurd.gov.cn/xinwen/dfxx/202109/20210924_762257.html.

[11] 新看点！展新浦东风采 聚新征程伟力：2023年浦东新区"国际档案日"系列宣传活动精彩呈现［EB/OL］.（2023-06-19）［2023-08-16］. https：//www.pudong.gov.cn/019015001/20230619/761553.html.

[12] 谷丽莹，丁华东. 我国档案法制化建设发展管窥：以"国家档案局令"发布的行政规章为分析对象［J］. 山西档案，2020（5）：24-34.

[13] 王毓慧，王红琴. 关于建设项目档案"标准族"的几个问题［J］. 机电兵船档案，2020（5）：34-36.

3 我国电子档案存证技术理论与实践发展调研

李姗姗

西北大学公共管理学院

摘　要：在数字中国建设背景下，提升技术创新能力是支撑档案数字化转型和实现档案事业现代化的根本路径，而电子档案存证技术作为数字时代档案价值实现的关键支撑，尤其需要加快创新。本研究拟通过追踪和分析电子档案存证技术的研究主题演化、技术生态现状、市场竞争态势动态等，探索我国电子档案存证技术创新发展的现存问题、制约因素及对策建议。一方面，从年发文量、作者数量、研究机构数量、关键词共现、关键词突破、关键词时序、作者与机构合作网等方面系统分析我国电子档案存证技术研究知识图谱；另一方面，在梳理我国电子档案存证技术发展历程的基础上，设计包括功能、场景、效度三个维度的电子档案存证技术描述元数据方案，并按照电子档案生命周期及其应用场景等，分生成认证类、传输检测类、长期存储类、利用验证类四大类对我国主要电子档案存证技术进行调查分析。国内电子档案存证技术在经历二十余年发展后已初具规模，并呈现出细分格局。但是，仍然有待多元并举地规范电子档案存证技术产品与服务市场，促进电子档案存证技术产学研一体化，构建电子档案存证技术内生与外驱相结合的创新发展生态等。此次调研以网络调查为主，未来有待面向研发人员、研究学者及档案馆电子档案相关工作人员等开展更为深入的调研和访谈，以更全面、系统地获取电子档案存证技术从需求方到供应方的整个链路数据。

关键词：电子档案；电子文件；电子存证；数字存证；研究现状；发展调研

3.1 引　言

2023年2月，中共中央、国务院印发的《数字中国建设整体布局规划》指出，建设数字中国是数字时代推进中国式现代化的重要引擎，是构筑国家竞争新优势的有力支撑。《数字中国建设整体布局规划》提出"2522"的数字中国建设整体框架，强调"数字技术创新体系""数字安全屏障"是强化数字中国的两大关键能力。档案作为真实可靠的原始记录，是国家的重要信息资源，在数字中国建设背景下亟待释放其价值潜能，尤其是提高增长快、体量大、密度高的电子档案资源的可用度与利用率，加快档案数字化转型，为中国式现代化提供重要支撑。为此，《"十四五"全国档案事业发展规划》的主要任务之一是"加快推进档案科技创新,助力档案工作转型升级"。其中,"电子档案长期安全保存"被列为重大研究课题,并强调加大"电子档案凭证价值保障"的攻关力度。

然而,与传统档案相比,电子档案因其载体与信息的可分离性而面临真实性判定较难、凭证性保障复杂、安全性风险较高等价值实现的障碍与问题。确保电子档案真实可靠的各类存证技术成为档案部门继续保管和提供最具凭证价值信息的重要保障,[1] 也是档案数字化转型的首要任务和档案事业现代化的根本保障。2020年修订的《中华人民共和国档案法》第37条规定"电子档案与传统载体档案具有同等效力,可以以电子形式作为凭证使用",但是应确保电子档案"来源可靠、程序规范、要素合规"。

随着档案信息化建设的推进,电子档案存证技术已经取得长足发展,技术类型日益多元、细分,附配产品与服务日益丰富,市场业态正在快速形成。但是,与金融、司法、公证、电商等关注数字信息凭证价值的领域相比,内生性的电子档案存证技术仍不多见,难以适应未来大范围单轨制后电子档案凭证价值实现的特殊需求。为此,以服务于数字中国建设背景下的档案数字化转型为宗旨,梳理我国电子档案存证技术的发展历程、研究现状,并从功能、场景、效度三个维度分门别类地对现阶段的主流电子档案存证技术进行统计分析,尝试分析电子档案存证技术创新发展的市场动态、现存问题、制约因素及应对措施等,以期为推动我国电子档案存证技术形成内生与外驱相结合的良性发展生态提供参考。

3.2 电子档案存证技术基本问题阐释

3.2.1 电子档案真实性再界定

电子档案被定义为"具有凭证、查考和保存价值并归档保存的电子文件",由于容量大、占地小、便于检索和管理,逐渐成为当代常用且与时俱进的档案形式。[2] 电子档案凭证价值是指电子档案提供证据的价值,主要取决于电子档案真实性的认定。然而,电子档案真实性具有档案学、法理学、信息学三个学科的交叉理论基础:根据档案学中原始真实性原则,电子档案真实可靠有赖于其内容、背景、结构三要素齐全,即元数据的客观捕捉和全面采集;根据民事诉讼中证据的"三性"原则,其实现需要具备合法性、客观性和关联性,以确保证据资格、证据真实性以及证据与待证事实的密切关系;[3] 根据信息学中绝对真实原则,电子档案真实性取决于其生成制作系统在设计之初的安全模块构建。相对而言,法理学的真实更依赖结果的真实,档案学的真实更依赖过程的真实,信息学的真实更依赖前端的真实。为此,电子档案存证技术研究将融合三个学科对其"真实性"的解读而展开。

3.2.2 电子档案存证概念与内涵

根据行业标准《电子数据存证技术规范》(SF/T 0076—2020)的规定,电子数据存证是指"通过互联网向用户提供电子数据证据保管和验证的服务。"而档案行业标准《电子档案证据效力维护规范》（DA/T 97—2023）中"术语与定义"部分将"电子档案存证"定义为"对电子档案或体现其真实性、完整性的相关信息实施固化、保存和验证的操作。"由此可见，电子数据存证更注重法理上的"证据"事实，而电子档案存证更注重其原始性、真实性、完整性等依据的保全和维护。

从内涵看，电子档案存证包括"存"与"证"两个过程："存"是将电子档案的证据信息保存在安全稳定的数据库中，并采用特定技术记录这种过程数据，以便在需要时调用；"证"是通过出具相关证书或借助各种验证方式证明电子档案来源可靠、程序规范、要素合规，证明电子档案在存储、传输、利用等过程中未被篡改，维护电子档案证据效力。

3.2.3　电子档案存证技术的含义与作用

电子档案存证技术是指通过电子签名、加盖时间戳、提取并固化电子档案完整性校验值、上传区块链保存等法律认可的技术手段，对电子档案原始性予以固定、保存和验证的操作，有效保护电子档案及其元数据的安全存储与完整可用，并在长期保存中维护电子档案的证据效力。一方面，由于电子档案的载体与内容可分离性，存在易拷贝、易更改、易破坏、易删除且不易被察觉等安全风险，制约其真实性、完整性与长期可用性的实现；另一方面，电子档案存储环境多为动态技术环境，极易被非法访问、病毒攻击、恶意篡改。[4]为此，在电子文件与电子档案的全生命周期中，都需要借助数字签名、数字摘要、区块链技术、可信时间戳等存证技术，对其数据的真实性、完整性、安全性、可用性进行及时证明与固化，提取凭证性数据并存储于数据保管平台，辅以存储数据监测、错误修订、保管过程追溯等，确保电子档案的真实、完整、安全、可用。

3.3　电子档案存证技术的发展背景与发展历程

3.3.1　孕育起步阶段（20世纪80年代）

20世纪70年代末80年代初，随着我国国家信息化战略启动，档案信息化建设进程也随之开启，但是主要借助计算机技术改善和辅助内部档案管理业务，即"档案管理自动化"或"计算机辅助档案管理"。在此过程中，数字信息真实性维护、规范化管理的需求逐步显现，电子档案存证技术也随之孕育和起步。1979年8月，全国档案工作会议首次将"逐步实现档案管理的科学化和现代化，为社会主义现代化建设服务"[5]确定为档案工作的基本任务。1980年5月，新中国档案事业开拓者曾三在全国省级以上档案馆工作会议上再次强调"积极开放历史档案，为社会主义现代化建设服务"。1985年8月，全国档案工作会议要求省级以上档案馆"积极、稳妥、注重实效"地实施计算机档案检索。1987年9月，第六届全国人民代表大会常务委员会第二十二次会议通过《中华人民共和国档案法》，尽管未专门针对电子档案而制定相关安全要求，但指出"国家对档案实行保护制度"。截至20世纪80年代末，已有部分档案馆成功开发并运行计算机辅助档案管理系统、文档一体化管理系统等，借助计算机模拟传统档案的著录、编目、统计、检索等功能。为此，国家档案局陆续出台了一系列针对档案机读目录数据库建设及新型载体档案管理的规范标准，如《档案著录规则》（GB/T 3792.5—1985）、《中国档案分类法》（1987）、《中国档案主题词表》（1988）、《照片档案管理规范》（1989）等，开始推动档案传统理论与档案工作方法的创新探索。

3.3.2 初步发展阶段（20世纪90年代）

进入20世纪90年代，全球掀起信息化浪潮。1993年，我国启动以"金桥""金关""金卡""金税"等为代表的国家信息化战略的重点系统工程，并于1997年4月召开首次全国信息化工作会议并通过《国家信息化"九五"规划和2010年远景目标（纲要）》。在此背景下，各行各业推广和普及信息技术应用，电子文件的类型和数量迅速增加，这对传统档案工作提出了严峻挑战。电子档案的安全保管与长期可用成为亟待解决的难题。为此，我国档案事业管理体制围绕档案信息化、档案管理现代化等开展了一系列改革工作，由此推进了电子档案存证技术的初步发展。

一是以档案目录数据库建设为切入点完善标准体系。针对档案信息化建设前期面临的问题和实际需求，国家档案局先后制定了一系列更具针对性的规章制度、标准规范等，为全国历史档案资料目录中心建设、电子文件归档及档案数据长期保存等工作规范化奠定基础。例如制定《档案交接文据格式》（GB/T 13968—1992）、《档案资料目录报送方案》（1992）、《档号编制规则》（DA/T 13—1994）、《全宗卷规范》（DA/T 12—1994）、《全宗指南编制规范》（DA/T 14—1994）、《明清档案著录细则》（DA/T 8—1994）、《明清档案档号编制规则》（DA/T 9—1994）、《革命历史档案著录细则》（DA/T 17.1—1995）、《革命历史资料著录细则》（DA/T 17.2—1995）、《革命历史档案资料主题标引规则》（DA/T 17.3—1995）、《革命历史档案资料分类标引规则》（DA/T 17.4—1995）、《革命历史档案机读目录软磁盘数据交换格式》（DA/T 17.5—1995）、《磁性载体档案管理与保护规范》（DA/T 15—1995）、《档案主题标引规则》（DA/T 19—1999）、《民国档案主题标引细则》（DA/T 20.2—1999）、《民国档案机读目录软磁盘数据交换格式》（DA/T 20.4—1999）等，修订《档案著录规则》（DA/T 18—1999）使其更适应档案目录数据库的需求。

二是紧锣密鼓筹备电子文件归档与电子档案管理工作。1996年9月，第十三届国际档案大会在北京召开，国家档案局随即成立了电子文件归档与电子档案管理研究领导小组，正式拉开我国电子文件与电子档案理论研究和实践探索的大幕，相关工作紧锣密鼓开展。1998年8月，国家档案局召开电子文件管理研究专家研讨会，讨论修订《办公自动化电子文件归档及电子档案管理办法》《CAD电子文件光盘存储、归档与档案管理要求》两个标准的征求意见稿。同月，国家档案局科学技术研究所和外事办联合举办电子文件归档管理国际学术研讨会。1999年1月，国家档案局编著出版《电子文件归档与电子档案管理概论》。此外，一批各具特色的档案信息系统如雨后春笋般出现，并尝试将多媒体、CAD、条形码、数字水印、图像处理等技术应用于电子文件归档与电子档案管理。

但是，鉴于此阶段仍未实行文档一体化管理，为确保电子文件与电子档案的真实性、可用性、安全性等，推行以传统纸质档案为主、电子档案为辅的"双套制"管理模式，并且大多数电子文件管理系统是基于单位内部局域网环境的C/S架构。在此背景下，电子档案存证技术主要针对档案目录数据库、电子文件与电子档案脱离保管而展开，例如档案级光盘技术、电子文件容灾备份技术、防病毒技术、迁移技术等。

3.3.3 快速发展阶段（2001—2015年）

进入21世纪，我国信息化建设步伐加快，逐步进入网络化发展阶段。2000年12月，《全国档案事业发展"十五"计划》首次明确提出"加快档案信息化建设"的目标，并部署制定电子文件归档和电子档案管理制度办法、电子档案接收进馆与保护利用、现有档案数字化、档案利用服务数字化和网络化等具体任务。2001年11月，首届中国档案学博士论坛在中国人民大学召开，专设"电子文件研究"专题，重点探讨电子文件真实性、可读性问题。2002年10月，国家信息化领导小组颁布《国民经济和社会发展第十个五年计划信息化发展重点专项规划》，提出"统筹规划，资源共享，应用主导，面向市场，安全可靠，务求实效"的总方针。2002年11月，国家档案局发布《全国档案信息化建设实施纲要》，重点部署"加强电子文件归档管理""制订电子档案管理办法""积极推进档案数字化进程""加强档案管理软件开发"等任务，启动开展电子文件归档、电子档案接收、档案数字化的试点工作，并要求"加强对本单位电子文件积累、鉴定、著录、归档等工作的监督、指导，保证各单位产生的有保存价值的电子文件真实、完整、有效"。2006年3月，中共中央办公厅、国务院办公厅印发《2006—2020年国家信息化发展战略》，将"推进国民经济信息化""推行电子政务""加强信息资源的开发利用"等定为战略重点，为电子档案存证技术的快速发展创造了良好环境。2006年，《全国档案事业发展"十一五"规划》要求按照"统一领导、标准先行、利用优先、分步实施"的原则，有序推进传统载体档案数字化进程，建立和完善国家档案信息目录数据库、纸质档案全文数据库和多媒体档案数据库。2011年，《全国档案事业发展"十二五"规划》明确提出"加快数字档案馆及电子文件（档案）备份中心建设"的目标，"有条件的要完成数字档案馆建设，开发档案数据库管理系统、数字档案信息发布利用系统"。

一是电子文件（备份）中心建设如火如荼开展。电子文件中心建设成为新时期加强档案事业"三个体系"建设、实现档案馆"五位一体"功能、确保电子档案安全及容灾备份、链接电子政务与数字档案馆等的重要举措。2004年，江苏省常州市电子文件中心率先建成运行。2005年，安徽省电子文件中心启动建设，以期通过制定统一的电子文件交换格式和存档格式等实现电子文件长期存用。2007年4月，国家档案局召开全国电子文件中心建设经验交流会，时任中共中央政治局候补委员、中央书记处书记、中央办公厅主任王刚对电子文件中心建设作出重要批示"以建设电子文件中心为突破口全面建立有中国特色的电子文件管理体系"。2009年6月中国人民大学与国家自然科学基金"我国电子文件管理国家战略的基础理论与框架体系研究"项目组举办电子文件管理国家战略国际学术研讨会。2010年10月国家档案局在辽宁省电子档案备份中心举办全国档案馆电子文件（档案）备份中心经验交流会。

二是数字档案馆建设工作逐步开启。2000年8月，国家档案局召开数字化档案管理技术暨数字化档案馆建设研讨会，开启了我国数字档案馆建设工作。根据《全国档案信息化建设实施纲要》部署，深圳市、青岛市作为试点先行，探索数字档案馆建设。2002年，深圳市数字档案馆建设取得阶段性成果，并于2003年编写出版我国第一本相关专著《数字档案馆概论》。2003年，青岛市数字档案馆建成运行并向社会开放，共包括550多万条目录信息的档案目录数据库、70多万页的档案全文数据库、1.6万余张的照片档案数据库和2000多张光盘、5万多分钟的多媒体档案数据。此后，多地成功探索出特色鲜明的数字档案馆建设模式，例如杭州模式、萧山模式等。2010年，国家档案局发布《数字档案馆建设指南》；2014年发布《数字档案馆系统测试办法》；2017年发布《企业数字档案馆（室）建设指南》。

三是电子文件与电子档案相关规范标准出台。国家档案局出台一系列针对电子文件归档与电子档案管理具有里程碑意义的规章、标准，例如《归档文件整理规则》（DA/T 22—2000）、《档案管理软件功能要求暂行规定》（2001）、《电子文件归档与管理规范》（GB/18894—2002）、《电子公文归档管理暂行办法》（2003）、《中国档案机读目录格式》（GB/T 20163—2006）、《文书类电子文件元数据方案》（DA/T 46—2009）、《版式电子文件长期积存格式需求》（DA/T 47—2009）、《基于XML的电子文件封装规范》（DA/T 48—2009）、《档案关系型数据库转换为XML文件的技术规范》（DA/T 57—2014）、《档案信息系统运行维护规范》（DA/T 56—2014）等。《中华人民共和国电子签名法》（2004）等的陆续颁布也为电子档案存证技术的快速发展提供了法律支撑。

此阶段的电子档案存证技术逐渐丰富、多元，以服务文档一体化管理、前端管理、"双套制"等为主，逐渐覆盖电子档案管理系统、电子文件（备份）中心、数字档案馆等不同层级电子档案安全、真实、可用等问题的解决，并向规范化、标准化发展。

3.3.4 融合发展阶段（2016年以来）

随着以数字化、网络化、智能化为特征的信息化浪潮蓬勃发展，2016年，中共中央办公厅、国务院办公厅印发《国家信息化发展战略纲要》，作为规范和指导未来10年国家信息化发展的纲领性文件。《全国档案事业发展"十三五"规划纲要》要求"全面推进档案资源存量数字化、增量电子化、利用网络化"，要求地市级以上国家综合档案馆要全部建成数字档案馆，50%的县建成或启动数字档案馆建设，建成一批高水平数字档案馆（室），并提出要在有条件的部门率先开展"单套制"管理试点，这些都对电子档案存证技术的集成融合发展提出了要求。2020年6月修订的《中华人民共和国档案法》明确电子档案与传统载体档案具有同等效力,为电子档案单套制的推行提供了法律支撑,同时要求"积极推进电子档案管理信息系统建设,与办公自动化系统、业务系统等相互衔接","保障电子档案、传统载体档案数字化成果等档案数字资源的安全保存和有效利用"。2021 年,《"十四五"全国档案事业发展规划》提出"档案工作实现数字转型"的目标,要求继续做好存量档案数字化、加快档案资源数字转型及建立以档案数字资源为主导的档案资源体系。2023 年 8 月,国务院办公厅印发《政务服务电子文件归档和电子档案管理办法》,旨在推动各行业、各领域政务服务电子文件从形成办理到归档管理全流程电子化管理,加强数字政府建设,其中要求"在政务服务电子文件归档、政务服务电子档案移交等环节进行真实性、完整性、可用性、安全性检测"。

此阶段的电子档案管理系统逐步与电子政务、电子商务、企业信息化、办公自动化相连接,向着功能综合化、性能成熟化、管理专业化、传播网络化方向发展。为此,国家档案局密集发布《政务服务事项电子文件归档规范》(DA/T 85—2019)、《电子档案存储用可录类蓝光光盘(BD-R)技术要求和应用规范》(DA/T 74—2019)、《档案数据存储用 LTO 磁带应用规范》(DA/T 83—2019)、《档案数据硬磁盘离线存储管理规范》(DA/T 75—2019)、《基于文档型非关系型数据库的档案数据存储规范》(DA/T 82—2019)、《电子档案管理系统通用功能要求》(GB/T 39784—2021)、《电子档案管理系统通用功能要求》(GB/T 39784—2021)、《公务电子邮件归档管理规则》(DA/T 32—2021)、《电子档案管理系统通用功能要求》(GB/T 39784—2021)等。此外,档案数字化转型正全面、有序、系统地开展,各级档案部门在目录数据库建设、馆藏档案数字化、档案网站建设、数字档案馆建设方面均取得了长足进展,这些都对电子档案存证技术的集成融合发展提出了要求。电子档案保全系统等集成技术出现电子档案存证技术的全产业链生态正在生成。

3.4 我国电子档案存证技术研究知识图谱分析

电子档案存证技术涉及的领域范围较广,相关概念不断扩展。为确保检全率与检准率,在中国知网(CNKI)中以"主题=(电子档案或电子文件、电子数据等)+(存证或凭证、真实、可靠、四性监测等)"为检索条件,分为三组进行专业检索,时间限定于 2000—2023 年,人工剔除会议、通知、人物介绍等文献后共得到 843 篇相关文献。知识图谱(knowledge graph)是以图的形式表现客观世界中的实体(概念、人、事物)及其之间关系的知识库,是语义搜索、智能问答、决策支持等智能服务的基础技术之一。[6]借助 ITGInsight 软件,对上述文献进行数据清洗,从发文趋势、主题内容、合作网络等进行可视化分析,以了解当前我国电子档案存证技术的研究重点与研究热点,并探寻电子档案存证技术的发展趋势和未来方向。

3.4.1 电子档案存证技术研究动态分析

图 1 为电子档案存证技术相关研究论文年度发表数量趋势。2000—2005 年为初步

发展阶段，年均发文量在 20 篇以下；2006—2010 年快速增长阶段，年均发文量为 20—40 篇，但保持较高增速；2011—2022 年稳定发展阶段，保持 40—60 篇的年发文量，其中 2011 年、2013 年、2016 年、2020 年出现小高峰。

图 1　电子档案存证技术相关研究论文数量年度分布

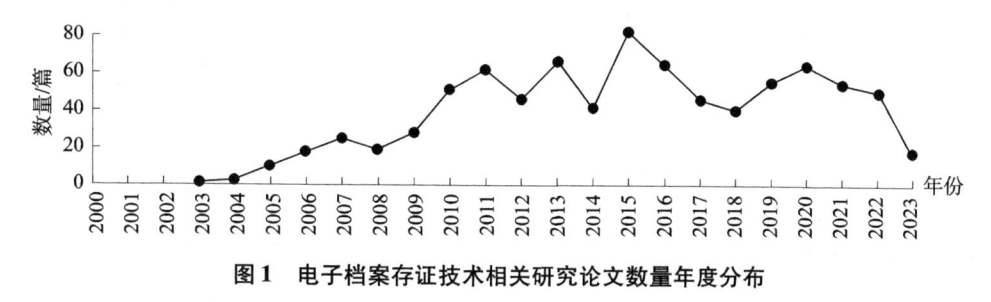

图 2 为 2003—2023 年发文作者和发文机构数量变化情况。总体而言，二者均处于正增长状态，且比较一致，但增长率不稳定，其中，2013 年、2015 年、2016 年出现增长高峰，但近几年有所下滑。

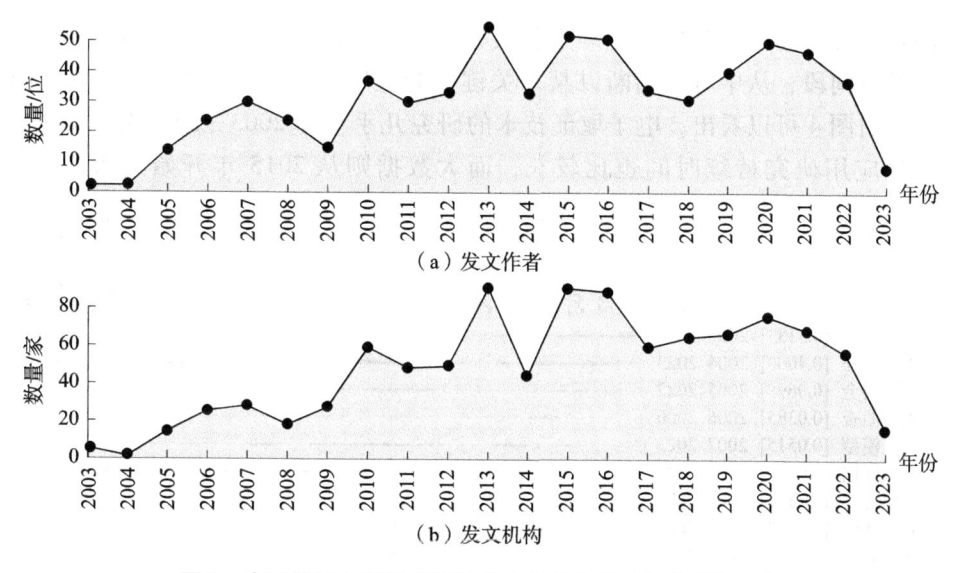

（a）发文作者

（b）发文机构

图 2　电子档案存证技术相关发文作者与发文机构数量变化

3.4.2　电子档案存证技术研究主题分析

共词分析法是一种内容分析的方法，主要是通过对能够表达某一学科领域研究主题或研究方向的专业术语共同出现在一篇文献中的现象的分析，可判断学科领域中主题间的关系，从而展现该学科的研究结构。[7] 为此，借助 ITGInsight 统计上述相关文献的高频关键词，选取前 50 组关键词进行关键词同现分析，如图 3 所示，节点数就是关键词个数，边数代表关键词之间的关联数；圆圈大小代表的是关键词频次，圆圈越大说明出现频次越高。可见，电子档案存证技术领域的研究主要围绕数字取证、电子取证、电子证据等热点展开，在信息安全与网络犯罪领域应用较为频繁。

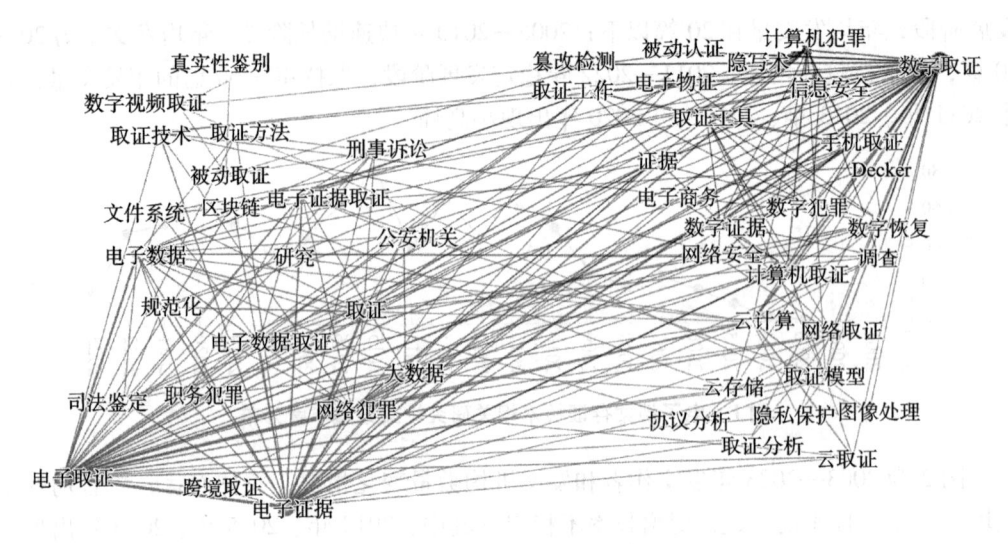

图 3 关键词共现分析示意

图 4 为关键词突破分析，原理是将关键词与出现的时间联系，呈现关键词出现到结束的时间段，从中可以判断以某一关键词为主题的研究论文是否具有时间上的连续性。由图 4 可以看出，电子取证技术的研究几乎贯穿 2003—2023 年，计算机犯罪领域的应用研究持续时间也比较长，而大数据则从 2015 年开始进入学者们的视野。

图 4 关键词突破分析示意

图5为关键词演化分析,将关键词与出现的时间、文章篇数联系,呈现关键词随时代变化的特征,从中可以判断以某一关键词为主题的研究论文在时间上的发文数量变化趋势。

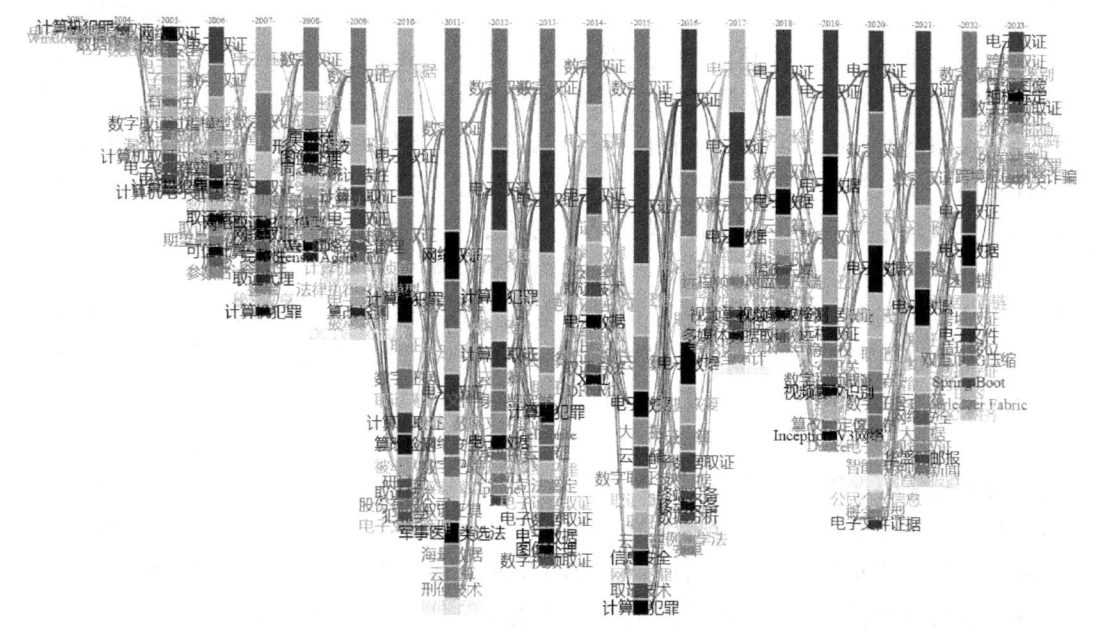

图5 关键词演化分析示意

由上述几项分析可知,对于数字取证、电子取证和电子证据的研究持续时间较广,同时在研究的文献中比例较大,且研究主题较为多样化。李恩乐、张照余[8]提出以电子档案管理系统为基础,结合区块链及其相关衍生技术,通过哈希校验值存证与数据实时监测构建电子档案数据保全模式,以应对现阶段档案信息化建设中电子档案数据安全保障的需求。薛晓歌[9]针对传统电子档案管理所面临的问题,提出了区块链技术在电子档案管理中的具体应用及前景展望,为区块链技术在电子档案管理中的发展提供有益参考。张照余、宁文琪[10]阐释了档案凭证效力的内涵,强调了电子档案作为证据的证明力取决于对其内容真实性的审查判断,梳理了完整性校验算法用于电子档案真实性及其证据效力维护的法律依据,介绍了其技术特点,解析了维护电子档案凭证效力的校验存证技术方案,包括提取、锁定归档电子文件的哈希值,对比验证电子档案原始性等。蒋宏、曾潮缤、侯帅等[11]基于杭州国家电子商务产品质量监测处置中心的工作情况,重点研究云存证技术在电子商务产品质量监管过程的应用,以解决证据有效存证的问题,确保监管工作公正高效。

3.4.3 电子档案存证技术研究述评与展望

从现有研究成果看,电子档案存证技术的研究热度持续攀升,电子档案、电子文件、数字档案等概念交替使用,信息化、真实性、分布式、可信性、可靠性、开放性、公信力、管理系统、互联网、信息安全等主题词高频共现,研究内容从数字签名、时间戳、智能合约、完整性检验等电子档案存证的关键技术，到电子档案长期存取的存储技术、数字化技术、迁移技术、容灾技术等不断延伸和深化。

总体而言，内生性电子档案存证技术研究有待加强。一方面，"拿来主义"的研究占比较大，充分结合电子档案凭证价值实现需要与安全管理需求的原创性技术缺失；另一方面，司法、金融等其他领域的数据存证技术发展迅速，形成强劲的植入态势，威胁档案理念与方法在确保数据真实性和凭证性中的必要性。通过对发文趋势、关键词及合作网络的分析，可总结出我国电子档案存证技术研究的一些特点：①发文数量总体不多，增长较慢且不稳定；②研究方向多样化，应用研究较多；③研究学者人数在增长，但合作关系较少；④研究热点不断创新，与技术进步密切相关。

为此，结合档案事业现代化和档案数字化转型的长远目标，电子档案存证技术研究可以从以下四个方面拓展和完善其理论体系。①组织或个人数据的隐私保护问题。电子档案存证可能涉及组织或个人数据的存储和处理，涉及隐私保护和数据主权的问题，在保证电子档案的可信度和可追溯性的同时，保护数据隐私成为新的挑战与难题。②数据存证的多种形态拓展问题。随着数字化信息的多样性和复杂性增加，电子档案存证技术也需要支持多种形式数据的存证，包括文本、图像、音频、视频等不同类型的数据。③技术安全与抵御攻击问题。电子档案存证技术本身面临黑客攻击、数据泄露和恶意篡改等安全威胁和攻击风险，影响存证的真实性和可信度，而且随着档案数据规模的快速增长，新型风险和威胁会日益增多。④标准构建与法律体系完善问题。电子档案存证技术的应用缺乏统一的标准体系，相关法律法规的建设也不够全面。

3.5 我国电子档案存证技术实践发展现状调研

从实践发展现状看，我国电子档案存证技术正进入以行业主导与市场驱动相结合的快速发展时期，各类电子档案存证技术层出不穷、百花争艳。根据功用属性、应用场景等，电子档案存证技术可以划分为生成认证类、传输检测类、长期存储类、利用验证类四大类。各类技术相辅相成、相互交织共同构成"电子档案存证技术生态"。

为系统、规范地追踪分析我国主要电子档案存证技术的研发、应用、运维等基本情况，以准确把握电子档案存证技术的发展现状、问题、趋势与动向，本研究参照《电子数据存证技术规范》和《电子档案证据效力维护规范》，设计包括基本描述信息、功能属性信息、技术参数信息、专利信息四部分的电子档案存证技术分析元数据方案（见表1）。本研究将据此对当前市场上部分电子档案存证技术产品与服务进行梳理、统计和分析。

表 1 电子档案存证技术分析元数据方案

描述对象	核心元素	子元素	元素定义
基本描述信息	技术名称	—	该数字存证技术的名称
	技术编号	—	该数字存证技术的唯一编号
	技术描述	—	对该数字存证技术的内容概述
	技术分类	—	该数字存证技术的细化类别
	时间	—	关于该数字存证技术的开发、更新等日期和时间的描述信息
		开发时间	—
		更新时间	—
	责任人	—	该数字存证技术的所属机构和机构责任人的相关描述信息
		所属机构	—
		机构责任人	—
功能属性信息	功能用途描述	—	该数字存证技术的功能用途描述
		功能定位	—
		功能构成	—
	适用领域	—	功能用途描述所适用的领域
技术参数信息	硬件配置	—	运行该数字存证技术所需的硬件配置
	软件配置	—	运行该数字存证技术所需的软件配置
	技术管理维护	—	关于该数字存证技术管理维护的机构、联系方式、联系地址相关信息
		管理维护机构	—
		联系方式	—
		联系地址	—
专利信息	是否申请专利	—	该数字存证技术是否已申请国家专利
	著录项目	—	该数字存证技术专利的描述信息
		专利 ID	—
		专利名称	—
		专利类型	—
		专利权人	—
		发明人	—
		申请人	—
		申请号	—
		申请日	—
		公开日	—
		申请人所在国家/地区/组织	—
	法律状态	—	该数字存证技术专利是否公开

3.5.1 生成认证类电子档案存证技术

生成认证类电子档案存证技术主要包括可信数字身份技术、电子签名（章）技术、权限控制技术。

3.5.1.1 可信数字身份技术

身份管理是最基础的管理制度，在数字中国建设中亦是如此。可信数字身份技术是以权威数字身份证书为支撑的严密身份认证手段，由法定信任、第三方作证、业务凭证三级组成。技术手段也从早期的预置信息卡片式认证逐步发展到人脸识别、指纹和虹膜等多类型活体检测技术，即通过活体检测算法、3D重建、屏幕重放等将采集的用户面部特征与权威数据进行比，为组织、个人用户提供真实身份认证和核验服务，确保用户身份可信。

可信数字身份技术既可以为电子档案用户在平台注册、登录、查询、下载等提供身份认证，也可以为电子档案管理员在电子档案管理系统中登录、编辑、处理、审批、用印等提供可信身份支撑。上海泛微网络科技股份有限公司的"文书定"档案管理系统可以提供微信、人脸、人工、Ukey、三要素等多种数字身份认证服务，全过程在第三方司法机构存证，更加安全可信，保障电子文件归档的合规和唯一性。蚂蚁集团的"蚂蚁链"提供可信身份认证、多因子身份认证、分布式身份服务等产品和服务。可信身份认证支持客户端 SDK 人脸采集、身份证 OCR 识别，通过"端+云"活体检测和权威数据库人脸对比，验证用户真实有效；多因子身份认证支持身份证二要素核验、运营商三要素核验、银行卡四要素核验等，可以毫秒级核验用户真实身份信息；分布式身份服务是利用生物识别、移动终端、区块链和密码学等多元技术构建的联合可控的数字身份管理体系，将用户身份信息安全地永久存储于"蚂蚁链"，在保护隐私的情况下由身份所有者管理和授权身份使用方使用其身份标识。

3.5.1.2 电子签名（章）技术

电子签名（章）技术是指依托 CA 认证机构，以可信数字身份证书为支撑，提供与实体印章具有同等法律效力的电子签章产品，满足电子档案管理过程中的在线签字、盖章等需求。2019 年修正的《中华人民共和国电子签名法》。第 2 条第 1 款规定："本法所称电子签名，是指数据电文中以电子形式所含、所附用于识别签名人身份并表明签名人认可其中内容的数据。"电子签名（章）的实现需要物联网、CA 认证、加密、时间戳、第三方公证等多种技术集成支撑。

早期电子签名（章）技术主要用于电子合同业务领域，在电子档案存证业务中主要可以支撑生成环节责任者、生成机构等背景信息的保真、完整与可信，通过生成标准化的个人签名、机构印章取代传统纸质签署方式，并通过有效封装和绑定可以检测电子档案是否被非法篡改。一旦电子签名（章）失效，可快速识别电子档案签署者的权限，从而保障电子档案的完整性与可靠性。此外，电子签名（章）技术可对电子档案的数据信息实现全程跟踪，提供身份认证、数字签名、数据加密、多方或批量签署等一系列服务。

上海亘岩网络科技有限公司的"契约锁"提供第三方电子签约云平台、私有化电子签章系统、业务系统开发集成平台、移动签章、便携式 UKey 电子签章等多种电子签章产品和服务。其中,第三方电子签约云平台提供"契约锁"为中大型组织提供更安全、更符合法律法规要求的第三方电子签约 SaaS 服务云平台,核心功能包括认证服务、签署服务、模板、文件管理、存证服务等,其优势是部署成本低、周期短、自动归档等,更适用于跨部门、战线长、大批量的基建项目电子档案、电子合同、电子财务档案等。私有化电子签章系统是通过标准接口将电子签章系统与 OA、HRM、CRM 等业务系统集成,赋予其电子签章功能,核心功能包括电子合同签署、防伪打印、证书管理、签名验签等,其优势是按需配置系统、本地化存储文件、海量处理、数据更安全等,更适用于部门单一、年度结办的电子公文、科技档案等。业务系统开发集成平台是通过标准 API/SDK 接口服务,在业务系统中快速集成电子签署、身份认证、存证服务和时间戳服务,其优势是接口丰富、响应快、易用可定制、支持多种开发语言等,更适用于人事电子档案。便携式 UKey 电子签章适用于在网络不好、断网、内网环境下签署电子文件,更安全可控。

上海泛微网络科技股份有限公司的电子签章及印控平台借助电子签名技术,为待归档的电子文件加盖电子印章,赋予每份文件防篡改的能力,确保电子档案数据更加安全合规(见表2)。

表2　电子签章及印控技术

描述对象	核心元素	子元素	元素定义
基本描述信息	技术名称		电子签章及印控技术
	技术描述	—	数据电子文档中以电子形式所含用于识别签名人身份,同时确认签名人授权的数据。电子文档签章与电子文件有效绑定,当文件发生改变,如非法篡改、签章失效,便可快速识别电子文件签署者权限,从而保障文件的完整性与可靠性。电子签名技术可对信息数据实现全程跟踪,提供身份认证、数字签名、数据加密等一系列服务
	技术分类	—	非对称密钥加密技术与数字摘要技术
	时间	开发时间	1988 年
		更新时间	2013 年
	责任人	所属机构	上海泛微网络科技股份有限公司
		机构责任人	韦利东

续表

描述对象	核心元素	子元素	元素定义
功能属性信息	功能用途描述	功能定位	鉴别数字信息
		功能构成	数字签名是一个加密的过程，数字签名验证是一个解密的过程
	适用领域	—	网上银行、电子商务、电子政务、网络通信
专利信息	是否申请专利	—	是
	著录项目	专利ID	CN116599998A
		专利名称	一种双屏签字系统及方法
		发明人	瞿建
	法律状态	—	该数字存证技术专利已公开

3.5.1.3 权限控制技术

通过后台分级分权、精准匹配的权限分配、管理、检测等，严格区分电子档案管理系统的角色权限，确保电子档案信息被前台安全调阅，且每一次借阅档案均具有痕迹追踪。档案系统管理用户组应当配备系统管理员、安全管理员、安全审计员并实行"三员分立管理"。这是电子档案管理中的特殊权限控制方式之一。

3.5.2 传输检测类电子档案存证技术

传输类电子档案存证技术代表性技术主要包括"四性"检测技术、区块链技术、数据安全交换技术、数字加密技术等覆盖电子档案全生命周期的安全防控技术。本文介绍以下三种安全防控技术。

3.5.2.1 "四性"检测技术

2009年，中共中央办公厅、国务院办公厅发布《电子文件管理暂行办法》，首次要求电子文件归档时要进行真实、完整、可用与安全四个方面的鉴定、检测。2018年4月，国家档案局发布由上海中信信息发展股份有限公司作为第一起草人完成的《文书类电子档案检测一般要求》（DA/T 70—2018）。该标准制定了贯穿电子文件归档、电子档案移交接收、电子档案长期保存三大环节的"四性"检测标准，包括真实性、完整性、可用性、安全性四大类和45个分项。其中，真实性检测包括来源、元数据、内容、元数据与内容关联、归档信息包等16项，完整性检测包括数据总量、元数据完整、内容完整、归档信息包完整等11项，可用性检测包括元数据可用、内容可用、软硬件环境、归档信息包可用等9项，安全性检测包括归档信息包病毒、载体安全、归档过程安全等9项。

上海中信信息发展股份有限公司旗下的光典信息发展有限公司作为电子档案工作组组长单位，综合磁盘、磁带和光盘等的优劣势构建电子档案多介质分级存储平台

（电子档案长期保存系统）。该平台通过电子档案"四性"检测、多介质自动备份、保存过程自动巡检、设备监控预警、跨介质智能数据恢复等技术，实现海量电子档案存储备份、电子档案安全检测、存储设备监控预警的功能，能够保障电子档案在长久保存过程中的真实性、完整性、可用性与安全性。2017年，光典信息发展有限公司面向各级各类档案部门的电子档案长久安全保存需求而研发的软硬件一体机产品——海量电子档案安全保存一体机，采用磁光电存储融合设计，通过多介质分级存储、电子档案"四性"检测、设备监控预警等手段，为用户提供电子档案长期保存过程中的自动备份、定期巡检、智能恢复、问题追踪及处理等一体化功能。

3.5.2.2 区块链技术

区块链存证技术是利用块链式数据结构来验证和存储数据，利用分布式节点共识算法来生成和更新数据，利用密码学的方式来保证数据传输和访问安全，利用自动化脚本代码组成的智能合约来编程和操作数据的一种数据库技术，包括全新的分布式基础架构与计算方式。区块链技术具有去中心化、开放性、独立性、安全性和匿名性等特点，可有效支持跨机构的可信交易，是解决数据信任问题的有效工具，对保障电子档案的真实性起到重要作用。例如"蚂蚁链"是由阿里巴巴集团旗下公司蚂蚁金服推出的一种基于区块链技术的联盟链平台，其中面向政务与公共服务业务领域提供区块链发票流转、区块链电子证照、医疗健康数据可信协作、数据全生命周期安全合规等产品和服务。

安徽宝葫芦信息科技集团股份有限公司2020年推出"宝葫芦G6系列区块链应用系统"，旨在以区块链为核心重塑档案生态圈，为数字档案室、馆室一体化、馆际共享、企业数字档案馆（室）、高校数字档案馆（室）、查阅利用与自助查档等多重应用场景下的电子档案管理，提供全生命周期管理、防篡改、长期保存、可信认证、档案大数据治理等服务。其中，与浪潮集团合作研发的"G6区块链档案一体机（V8.2）"可以实现电子档案上链、安全保密、可信传输、可点可扩展、文档一体化等。

上海信联信息发展股份有限公司推出基于区块链的档案出证区块链技术（见表3），由多家档案馆和民生服务机构组建民生档案跨馆出证联盟，档案馆节点的权责包括：根据联盟要求上传民生档案目录信息、查询本馆以及全区域档案目录信息、在线申请其他档案馆全文数据等；查档服务节点可查询档案目录信息，在线申请档案全文数据；办事机构节点可在区块链上对档案证明进行验证，社会公众可就近到联盟中的任一档案馆或查档服务节点查询档案、申请出证，并核验档案证明的真实性。

表3　档案出证的区块链技术

描述对象	核心元素	子元素	元素定义
基本描述信息	技术名称	—	档案出证区块链技术
	技术描述	—	利用块链式数据结构来验证和存储数据、利用分布式节点共识算法来生成和更新数据、利用密码学的方式来保证数据传输和访问安全、利用自动化脚本代码组成的智能合约来编程和操作数据的一种数据库技术，包括全新的分布式基础架构与计算方式

续表

描述对象	核心元素	子元素	元素定义
基本描述信息	技术分类	—	公有区块链 行业区块链 私有区块链
	时间	开发时间	1997年
	责任人	所属机构	上海信联信息发展股份有限公司
		机构责任人	张曙华
功能属性信息	功能用途描述	功能定位	具有去中心化、开放性、独立性、安全性和匿名性等特点，可有效支持跨机构的可信交易，是解决数据信任问题的有效工具，对保障电子档案的真实性起到重要作用
		功能构成	区块链核心分别由共识机制、密码学原理和分布式数据存储构成
	适用领域	—	食品安全信息化领域、档案信息化领域、政务信息化领域

3.5.2.3 数据加密技术

北京海泰方圆科技股份有限公司的"电子文件安全验证系统（密码模块）"以密码技术为核心，为每一件电子文件的元数据和原文件生成唯一的可以用于证明数据"真实可信"的凭证性标签，并准确验证数据在上述各环节中是否被恶意篡改，实现电子档案防篡改、日志文件完整性保护、门禁记录完整性保护、重要数据文件完整性保护等多种功能，从而为电子文件的收集、保管、存储、利用提供全生命周期的凭证性保障和风险控制。此外，还研发"大容量存储智能密码钥匙"，将USBKey和大容量存储介质高度融合，内置SM1、SM2、SM3、SM4等国密算法，内置硬件随机数发生器和协处理器，可作为数字证书和私钥的安全载体，并能在Key硬件内部进行加密、解密、签名、验签等运算，私钥永远不可导出。

上海鸿翼软件技术股份有限公司的"鸿翼FEX文件安全交换系统"通过文件交换前制定满足复杂业务规则的策略、交换过程中严格管控人员权限和审核文件内容、交换后对交换内容进行一致性与安全性审核等系统化措施，为电子文件与电子档案建立标准、合规、稳定、可控、可溯、可审计的安全数据交换通道。

3.5.3 长期存储类电子档案存证技术

存储类电子档案存证技术主要包括数据安全管理技术、数据长期存储技术、数据防篡改技术、数据容灾备份技术等。

3.5.3.1 数据安全管理技术

上海鸿翼软件技术股份有限公司的"翼存电子档案安全保存光磁库"专门针对电子档案长期安全保存而设计的软硬件一体机，在对在线传输或离线数据包方式进入电子档案库房的电子档案进行"四性"检测后，以磁盘阵列在线存储和光盘库近线、离线存储备份的方式保存，并在保管过程中定期对电子档案、备份数据及设备等进行检测，发现问题及时进行数据恢复、维护。"鸿翼 SDMS 电子文档安全管理系统"是专门针对具有涉密性质、需要满足分保测评的电子档案安全管理而设计的产品，可以实现文档一体化访问控制与数据安全、可信数字身份鉴别、全生命周期密级管控、全方位访问控制、三员分立管理、完整日志追踪与审计溯源等完整的电子文档安全管控功能。

3.5.3.2 数据长期存储技术

苏大苏航档案数据保全有限公司的苏大苏航档案数据保全中心采用自主研发的数据保全系统、数据仓库管理系统、数据接收系统、数据调取系统，利用数据校验技术、数据保全技术等对文件级电子档案数据进行高于国家标准的实时监测、实时预警、实时保全、实时修复、异质异地保存，并利用数据流校验机制进行对称性监测，从而为档案数据提供保全服务，确保电子数据长久保存的真实性、安全性、可用性。该公司于 2022 年提交完成一项档案行业标准《电子档案证据效力维护规范》，能够有效解决现有电子档案数据在保管过程中出现的载体过时、数据丢失损毁、数据状态无法获知等问题，实现对电子档案数据的安全监管。

3.5.3.3 数据防篡改技术

数据防篡改技术是指基于可信数字身份技术、电子签名（章）技术等，对电子档案全生命周期的所有数据进行加密处理，使得电子档案的内容、背景、结构三要素信息以及系统操作日志、用户行为日志等具有防篡改能力，并为电子档案管理系统每一位用户配置可信数字身份认证技术，通过密码验证、人脸识别等进行安全认证，确保每一次操作均是出自用户的真实身份、真实数据和真实意愿。代表性产品有上海泛微科技有限公司的"文书定"中"存档数据防篡改"服务。

3.5.3.4 数据容灾备份技术

上海鸿翼软件技术股份有限公司的"鸿翼备份软件系统"通过"时间导航"前沿技术，对电子档案数据进行多级存储，是异构平台以及分布式环境的自动备份/恢复的解决方案，兼容 SAN、NAS、NDMP、对象存储、云等数据架构，操作便捷，采用直观的 UI 界面来管理备份数据，按照时间点击即可完成数据恢复，无须编写任何额外脚本指令。

厦门市美亚柏科信息股份有限公司的"介质修复塔（FL-710）"是集介质修复、介质检测和数据恢复于一体的实验室级数据恢复及取证设备，可通过各类数据存储卡只读接口进行逻辑数据恢复，可通过分析软件发现隐藏、被删除、损坏的数据，并支持修复硬盘、U 盘、光盘、Flash 存储设备、介质固件等多种存储介质。"恢复大师（CR-2000）"支持数据库类型、主流压缩文档、音视频、JPG 图片、记录仪删除文件、即时通信文件、电子邮件等的数据恢复。"精灵（DC-8680 精灵计算机快取系统）"

"多通道高速获取（DC－8670 多通道高速获取系统）"等专门针对快速调查及提取计算机电子数据而设计的便携设备，可以借助电子数据采集、删除数据恢复、易失数据恢复、计算机快速筛查等技术，在短时间内全自动完成用户使用痕迹、电子证据等的提取、恢复、分析。

3.5.4 利用验证类电子档案存证技术

广义的电子档案存证技术包括电子档案凭证数据取证、质证等环节所需要的支撑性技术，以及电子取证技术、可信时间戳技术等。

3.5.4.1 电子取证技术

厦门市美亚柏科信息股份有限公司的"取证大师（FM－2008 C 取证大师电子数据分析系统）"是一款全国产化的智能型电子数据取证分析产品。它基于 PKS 安全体系，适配银河麒麟系统及飞腾 CPU，软硬件全面实现自主可控，集自动取证、高速搜索、报告生成等功能于一体。而"取证魔方（DC－8811 取证魔方系统）"便携式装备引入智能取证模式，在接入存储介质后可一键完成计算机现场快速勘查、电子证据固定、取证分析、系统仿真等工作。此外，该公司还面向不同场景的电子数据取证推出"超级魔方（DC－8830 超级魔方取证系统）""擎天（FS－3600 电子数据分析战训一体化平台）""金刚""航母""取证塔""自助取证一体机""物联取证"等产品和服务。

3.5.4.2 可信时间戳技术

时间戳分为普通时间戳和可信时间戳，区别在于是否有权威机构进行授时和守时保障。由于每个能显示时间的机器都可能存在不同的误差，故可信时间戳中时间准确性的保证是非常重要的一环。中国科学院国家授时中心是可信时间戳的权威来源。北京联合信息技术服务有限公司与国家授时中心合作提供"可信时间戳"服务（见表4）。国家授时中心负责时间戳服务系统的国家标准时间溯源及系统时间同步与分配。北京联合信息技术服务有限公司负责系统的建设、应用开发、技术支持以及商业化运营。用户使用"可信时间戳"所取得的电子证据可以在法庭上通过登录北京联合信息技术服务有限公司的网站进行验证是否被篡改过。

表4 可信时间戳技术

描述对象	核心元素	子元素	元素定义
基本描述信息	技术名称	—	时间戳技术
	技术描述	—	用于记录文件创建、修改和访问时间，以便在未来进行审计和调查时确定事件发生的时间
	技术分类	—	普通时间戳 可信时间戳
	时间	开发时间	1990 年
	责任人	所属机构	北京联合信息技术服务有限公司
		机构责任人	杜均

续表

描述对象	核心元素	子元素	元素定义
功能属性信息	功能用途描述	功能定位	通过生成可信时间戳可确定电子文件生成的精确时间，并防止电子文件被篡改，为电子数据提供可信的时间证明和内容真实性、完整性证明，作为证据使用具有权威性和可信赖性，符合《中华人民共和国电子签名法》要求，在法律上具备证明效力
		功能构成	可信时间源、签名系统和时间戳数据库
	适用领域	—	电子证据取证 知识产权保护 电子签名 可信区块链服务
技术参数信息	硬件配置	—	机房安全、设备安全和记录介质安全
	软件配置	—	Linux PTP
专利信息	是否申请专利	—	该数字存证技术已申请国家专利
	著录项目	专利ID	CN116582209A
		专利名称	数据同步的监测方法、装置、存储介质及电子装置
	法律状态	—	该数字存证技术专利已公开

3.6 电子档案存证技术创新发展的路径与对策

我国电子档案存证技术的研究历久弥新，实践发展也初具规模并呈现出细分格局。但是，从数字中国建设的长期愿景和要义来看，有待多元并举地提升电子档案存证技术的创新能力，打造内外双向循环的良性生态与新业态。

3.6.1 加强电子档案存证平台的安全监管

电子档案存证技术平台的安全性是用户选择平台服务的重要基础，只有平台自身的安全性得以保障，用户才能信任该平台，才愿意选择该平台的存证技术服务。根据《电子数据存证技术规范》（SF/T 0076—2020）的规定，电子数据存证平台应达到国家标准《信息安全技术 网络安全等级保护基本要求》（GB/T 22239—2019）的第三级基本要求，其安全性包括系统安全、运行环境安全、存储安全、通信网络安全、数据安全、系统软件安全等。为此，电子档案存证服务平台应从全流程、全方位视角，采用多种技术确保对电子档案生成、收集、传输、存储和展示过程的合法合规、安全可靠。①在系统安全方面，电子档案存证平台应采取必要措施确保系统的稳定性和安全性,包括对服务器和数据库进行安全配置、限制系统访问权限、防止未经授权的系统修改和入侵,做好防护措施和应急预案。②在运行环境安全方面,要对存证平台的服务器和存储设备配备完善的监控系统和安防措施,同时也要配置可靠的供电系统,确保供电的稳定和永不中断。③在存储安全方面,平台应具备冗余备份和存储扩展能力,并具备异地容灾能力。④在通信网络安全方面,平台应定期检查,防止网络攻击、病毒和网络代理的使用。⑤在数据安全方面,平台要采取安全可靠的密码技术对数据进行加密传输和存储,并对密钥采取必要的保护机制。⑥在系统软件安全方面,平台应定期更新和维护系统软件,及时修补存在的漏洞,确保系统软件的安全配置。

3.6.2 严控电子档案存证技术提供方的资质

一是相关运营主体要合法合规。电子档案存证技术提供者在其运营过程中应严格遵循国家相关法律法规设计开发,通过安全标准和合规认证,为用户提供全面的安全合规的存证服务。以数字可信服务平台"契约锁"为例,契约锁平台严格遵循《中华人民共和国民法典》《中华人民共和国电子签名法》《中华人民共和国电子商务法》等相关法律法规的规定,联合公安部网络身份识别系统、权威CA机构、公证处、区块链平台等,确保在"契约锁"平台签署的电子文件与纸质签约文件具有同等法律效力,实现全链路数据存证,确保签署人身份真实、不可抵赖、合同真伪可验、不被篡改,保证文件签署效力,保障用户合法权益。

二是从业者专业技术水平要达标。根据《电子数据存证技术规范》规定,电子档案存证技术提供者应具备与服务规模相适应的技术人员和专业能力,并且具有完善的管理机制,以确保能够提供高质量的存证服务。以苏大苏航档案数据保全中心为例,其拥有多项先进数据保全专利技术,采用自主研发的数据保全系统、数据仓库管理系统等,利用数据校验技术、数据保全技术等对文件级的电子档案数据进行实时监测、预警、保全、修复。同时,苏大苏航档案数据保全中心依托苏州大学档案数据保全研究所建立了专业运维团队,能够实行7×24小时全天候技术支持和安全运维服务,确保电子数据长久保存的真实性、安全性、可用性。专业技术水平是电子档案存证技术提供者的核心竞争力,决定了其在该行业能走多远。拥有完备的服务管理机制体系至关重要,包括规范的操作流程、安全的数据存储和传输机制、灵活的服务响应能力以及客户支持体系等,确保高效、准确地为客户提供电子档案存证服务。

在符合上述两大主要标准的基础上,还要确保配备高规格的软硬件设施设备、完善的安控措施、稳定的电力保障等,共同保障电子档案存证技术产品或服务的安全性、可靠性、可持续性。

3.6.3 提升电子档案存证技术使用方的素养

电子档案存证技术使用者的自身素养对于正确、安全、有效地运用电子档案存证技术至关重要。

一是提高档案意识与档案素养。依据罗素的哲学分析理论,档案意识包含档案认知、档案观念和档案信念三种方式,且三种方式之间具有递进性。[2]档案意识影响着多元主体对于档案和档案工作的认知和行为,在电子档案存证技术的实际应用中,各主体要充分理解档案的价值、档案工作的使命及档案事业的崇高意义。同时树立正确的档案安全观,理解档案信息资源的保密与安全需求,在此基础上便可以形成学习和掌握电子档案凭证技术前沿理论、应用方法的内在驱动力,并充分结合自身档案工作实际,科学合理地选择和运用电子档案存证技术,确保档案信息的安全、真实、可用。

二是树立档案法治与保密意识。在档案安全体系中,人防是核心,物防和技防是两翼。篡改、泄密、病毒植入等一些非法操作仍持续存在,使档案信息具有泄露风险。[3]因此,电子档案存证技术的开发与应用都需要以人为本,充分发挥一线使用者与开发者、供应商的双向能动性。同时各主体树立高度的档案法治意识和档案保密意识,持续排查电子档案现存的安全隐患,在硬件和软件上做好风险防范,在电子档案存证技术实践应用时更加注重档案内容的保护,确保电子档案资源不流失、单位信息不泄密。

三是提升信息素养和数字素养。在数字中国建设全面推进以及新一代信息技术飞速发展的社会背景下,电子档案存证技术更新迭代加快,其使用者应具备一定相关凭证技术操作能力,在电子档案存证技术实践应用中能够正确运用、熟练操作,保证电子档案的安全性与规范性。同时,树立学习新事物新技术的观念,主动关注行业的最新发展和技术趋势,积极探索将新技术运用于自身工作的方法,提升工作效率。使用者要掌握电子存证技术的相关背景知识,比如了解电子签名、区块链、加密技术、时间戳等基本概念和原理,提升自身技术素养,正确理解和有效使用存证技术工具,更好地应对存证技术的风险和挑战。此外,使用者也应明确自身责任,妥善保护相关的隐私信息,如私钥和个人身份信息等,防止泄露和滥用。遵守相关法律法规和道德伦理,正确识别电子档案存证技术的适用范围和局限性,合法合规地使用电子档案存证技术。

3.6.4 拓展电子档案存证技术的适用场域

随着档案信息化建设推进,电子档案单套制逐渐推行,电子档案存证技术服务于档案领域的同时,还可以通过拓展创新,为医疗、司法、金融、电子商务、知识产权、教育等行业提供支撑。在医疗领域,电子签名技术可以应用于电子病历系统,为患者提供报销用的完整可靠的电子病历,从入院到出院都有可信的标签全程跟踪,对多个环节进行全面监督与管理,最大程度保障业务流程规范化,并减少人为差错,对医疗数据的管理、医疗纠纷的解决和医疗研究都具有重要的作用。在司法领域,可以借助应用区块链技术等将诉讼服务过程中的电子材料、业务数据、用户行为等信息进行固证,实现防篡改、可验真、可追溯,确保诉讼服务数据的生产、存储、传播和使用全流程安全可信,确保电子证据的可信度和法律效力,提升电子诉讼服务的权威性、专业性和司法公信力。2018年9月,最高人民法院发布的《最高人民法院关于互联网法院审理案件若干问题的规定》第11条在实质层面推进了区块链技术存证在证据领域的适用;2021年6月发布的《人民法院在线诉讼规则》确定了区块链存证电子证据的效力范围和审查标准；2022 年 5 月发布的《最高人民法院关于加强区块链司法应用的意见》明确了人民法院区块链平台建设的要求。未来，电子档案存证技术使用范围将不断扩大，成为保障各类电子业务和电子交易的信任基础。

3.6.5 搭建电子档案存证技术良性发展生态

电子档案存证技术的效度需要时间予以检验，无论是电子档案存证的单一技术或技术生态都应确保长期运营、持续服务并不断适应市场变化。为此，只有宏观战略规划与微观创新能力的双向保障，才能在快速变化的技术市场中保持竞争力，形成可持续发展的良好生态。

一是形成内外双向驱动的技术创新能力。电子档案存证技术的可持续性关键在于其能否跟随技术的演进不断更新，以应对现实新的安全挑战和威胁，也要满足新的安全标准和法规要求。电子档案存证技术提供者为了在电子存证技术领域保持竞争力，就要密切关注新的技术趋势，例如人工智能、区块链等前沿技术，使其与电子档案存证技术进一步融合，开发新功能，改进原有性能。同时要积极听取用户的反馈，根据用户的需求来更新改进其技术，以满足不断变化的用户期望和市场需求。此外，电子档案存证技术提供者还可以与其他研究机构建立合作关系，促进知识共享和创新，形成良性竞争共同进步。

二是加强电子档案全生命周期安全管理。电子档案存证技术提供者需要建立可靠的存证数据长期保存策略，采用安全可持续的存储介质，做好数据备份、多地备份，定期检查数据，保证存证数据的完整性和可访问性。存证技术更新迭代之后，确保数据迁移过程的可靠性以及新旧版本数据的兼容性也很重要。提供者需要提前做好迁移策略、数据备份等，确保数据可以在不同版本和系统之间平稳迁移。在进行技术升级或更换之前，应进行兼容性测试，验证新版本或系统与现有数据的兼容性，避免因兼容性问题导致的数据损坏或无法读取，减少数据丢失风险。上海中信信息发展股份有限公司推出的"电子档案全生命周期管理解决方案"即以电子文件全生命周期理论为基础，以"单套制"归档目标，综合运用区块链、数字签名、数字摘要、格式转换、数据封装、"四性"检测等多种先进技术，实现电子档案从归档到长期保存全过程的规范化管理和数据畅通完整，确保电子档案的真实性、完整性、可用性和安全性。

3.6.6 引导电子档案存证技术形成新业态

新业态是指基于不同产业间的组合、企业内部价值链和外部产业链环节的分化、融合、行业跨界整合以及嫁接信息及互联网技术所形成的新型企业、商业乃至产业的组织形态。

一是搭建电子档案存证技术全产业链。随着计算机科学和互联网技术的不断发展，电子档案存证将会融合更多技术继续创新、演进和集成。①自动化和智能化：随着人工智能和机器学习的发展，数字存证技术正在向自动化和智能化方向发展。自动化的数字存证工具和平台可以帮助提高效率，减少人工操作的错误和主观性。②大数据和云存储：随着数据量的不断增长，数字存证技术需要处理和分析大规模的数据。同时，云存储的普及也为数字存证提供了更加便捷和可扩展的存储解决方案，未来，这些技术的应用范围还会不断扩大。③区块链技术：区块链技术的出现为数字存证带来了新的机遇。通过使用区块链可以确保数字证据的可信度和完整性。区块链存证技术已经成为数字存证领域的热点研究方向，未来的研究还会不断深入。④标准化和国际化：数字存证技术的发展需要国际合作，研究的不断发展和创新有助于提升我国在该领域的核心技术水平，通过原创研究成果产出，提高我国在数字存证核心技术研发和标准制定中的话语权。2022 年 6 月，上海鸿翼软件技术股份有限公司举办鸿翼档案全产业链产品与服务发布会，聚焦电子档案规范收集、长期保存、价值挖掘三大难题，构建一站式解决方案。

二是考量电子档案存证技术长期效益。电子档案存证技术平台的经济效益也是其可持续性的重要考量因素，确保平台的商业模式可行，并能够为其运营和维护电子档案存证技术提供足够的经济效益，才能保证平台长稳地发展。为此，可以提供数据分析、报告生成、咨询业务等额外的增值服务，用多样化的服务来吸引更多的客户；为不同行业客户提供定制化解决方案，以满足客户特定需求；提供电子档案存证技术培训课程，提升客户技术素养，增加收入来源等。然而，最核心的还是要不断提升原生性、内生性电子档案存证技术创新能力，切实保障电子档案电子数据的安全可靠，提升行业竞争力。为此，可以搭建电子档案存证技术产学研平台，构建电子档案存证技术智库，确保充分结合电子档案的特殊需求而研发不同细分环节或模块的内生性技术，从根本上提升电子档案存证技术的创新能力，加快电子档案存证技术成果转化。

参考文献

[1] 中共中央 国务院印发《数字中国建设整体布局规划》[N]. 人民日报，2023 - 02 - 28 (1).
[2] 赵钰婷. 电子档案管理的元数据方案探析 [J]. 档案天地，2023 (3)：36 - 39.
[3] 王平，李沐妍，姬荣伟. 基于区块链技术的电子文件可信保护框架研究 [J]. 档案学研究，2019 (1)：101 - 107.
[4] 闫军玲. 总体国家安全观下电子档案单轨制安全风险治理研究 [J]. 兰台内外，2023 (15)：34 - 35，38.
[5] 张中. 张中同志在全国档案工作会议上的报告 [J]. 档案工作，1979 (1)：15 - 24.
[6] 黄恒琪，于娟，廖晓，等. 知识图谱研究综述 [J]. 计算机系统应用，2019，28 (6)：1 - 12.
[7] 张勤，马费成. 国外知识管理研究范式：以共词分析为方法 [J]. 管理科学学报，2007 (6)：65 - 75.
[8] 李恩乐，张照余. 基于区块链技术的电子档案数据保全模式探析 [J]. 浙江档案，2023 (3)：37 - 39.
[9] 薛晓歌. 区块链技术在电子档案管理中的应用初探 [J]. 兰台内外，2021 (24)：25 - 26.
[10] 张照余，宁文琪. 校验存证技术应用于电子档案凭证效力维护 [J]. 档案与建设，2023 (1)：59 - 61.
[11] 蒋宏，曾潮缤，侯帅，等. 云存证技术在电子商务监管中的应用 [J]. 价值工程，2017，36 (33)：74 - 76.

4 我国文件档案管理评估的发展现状和优化策略

李思艺　宋晶晶

上海大学文化遗产与信息管理学院

摘　要：在数字技术被广泛应用于政府管理活动的数字转型过程中，文件档案管理凭借其独特的资源优势和职能优势，被视为数字政府建设不可或缺的组成部分。全面、科学的文件档案管理评估体系是衡量政府机构文件档案管理工作水平、监测存在不足、确定下一步发展方向的重要途径之一。本文采用网络调研与文献分析的方法，梳理国内外文件档案管理评估现状，从外部需求、内生动力、业务驱动、资源竞争四个方面分析文件档案管理评估的动力机制，初步搭建涵盖意识层、行为层、技术层、价值层的文件档案管理评估概念框架。在此基础上，从组织机构项目管理视角提出文件档案管理评估优化策略，即构建完备的文件档案管理评估工作机制、明确文件档案管理评估原则、科学规划文件档案管理评估周期、嵌入文件档案管理风险评估模型。本文对文件档案管理评估的探讨仅停留在初步调研和理论梳理的层面，关于评估方法、评估要素、评估标准等细节性的内容仍有待深入挖掘。

关键词：文件管理评估；档案管理评估；政府信息资源管理

4.1　引　言

　　数字政府、数字经济、数字社会是数字中国建设的三大基石。数字政府在整体布局中发挥着牵引的作用，占据核心地位。2022年6月，国务院发布《国务院关于加强数字政府建设的指导意见》（以下简称《指导意见》），为全面开创数字政府新局面作出重要战略部署。我国逐步进入以"立体全方位应用——业务与技术融合重构"为核心的数字政府2.0建设阶段，但历史系统散乱、建设运营脱节等问题日益凸显，且尚未构建有效的平台监管和考核评估机制，缺乏运营效果绩效评估标准，对数字政府建设效果无法客观、准确地衡量。[1,2]

　　政府信息、数据是数字政府建设的重要组成部分。政府文件与档案管理是国家管理的基础性工作，对提高机构工作效率、创新工作方式具有重要意义。作为一门管理职能，为使其在机构运作中产生的效益最大化、职能模式不断完善，对文件档案管理开展评估势在必行，这既是文件档案工作的动力来源也是效果保障。文件是政府信息管理的核心对象。2011年，中共中央办公厅、国务院办公厅印发的《国家电子文件管理工作规划（2011—2015年）》明确提出要发布电子文件管理评价体系标准，显示出国家层面对文件管理评估工作的战略重视。2021年，国家标准《电子文件管理能力体系 第2部分：评估规范》（GB/T 39755.2—2021）出台，为机构进行电子文件管理能力的自查自评提供依据，也适用于对机构电子文件管理能力的监督、检查和评估，[3]给机构信息管理评估工作提供了有益参考。目前国内对政府文件和信息管理评估的相关研究主要聚焦在以下几个方面。第一，关注国外电子文件管理评估工具、评估体系、评估内容的研究；[4-8]第二，基于系统功能视角，对管理系统的评估进行探讨，[9,10]如国际文件管理委员会开发的文件管理能力评估系统（Records Management Capacity Assessment System，RMCAS）等；第三，以风险和信息安全为切入口，对文件管理的风险因素、评估原则等内容开展研究。[11,12]本文基于数字政府建设背景对文件档案管理评估展开讨论，从文件档案管理评估的现状、动力机制、概念框架和优化策略四个方面对文件档案管理框架进行高层面梳理和探讨。

4.2 文件档案管理评估现状

4.2.1 文件档案管理评估主体

世界范围内，文件档案管理领先的主要国家均开展了文件档案管理评估项目，尽管叫法不同，但其本质一致，都是对政府机构（一些延伸至公共机构）的文件管理、档案保管❶活动开展的评估，且这些评估项目无一例外由国家档案馆（署）负责。例如英国国家档案馆（The National Archives，TNA）发起的信息管理评估项目（Information Management Assessment，IMA）❷已开展近15年，作为较早在政府层面开展机构文件信息管理评估的国家，该项目的推进与发展为世界各国政府机构的文件管理评估工作提供了有益参考。IMA由英国内阁办公室牵头，与TNA和数字服务局共同建立，是英国跨政府文件管理项目的有力补充，旨在提高数字信息管理效率、推进实施新型政府信息管理系统、改善和加强政府机构的文件信息管理文化。澳大利亚国家档案馆（National Archives of Australia，NAA）的文件信息管理评估项目Check-up启动于2007年，旨在衡量澳大利亚政府机构在管理其信息资产（文件、信息和数据）方面的成熟度和绩效。美国的文件管理评估项目（Records Management Assessment，RMA）由美国国家档案与文件管理署（National Archives and Records Administration，NARA）于2008年正式建立，旨在评估影响美国联邦政府文件管理规划、政策、流程和工作的具体因

---

❶ 为作英文语境下的概念区分之用，这里的文件管理指在文件生成机构（非档案馆）所开展的管理活动，如文件生成、留存期限设置、处置等；档案保管指文件移交至档案馆后所进行的一系列管理活动，如长期保存、提供查阅等。后文中的文件档案管理则泛指关于文件和档案的所有管理活动。

❷ IMA虽名为信息管理评估，但其评估内容都是围绕政府机构内部的文件管理工作，并且在英国政府环境下，文件信息管理（records and in information management）通常作为文件管理的同义词使用。我国与之相对应的职能为机关文件材料和档案管理，该研究统称为文件档案管理。

素。与国外不同，我国文件档案管理以移交为节点可划分为两个阶段。前端涵盖电子文件的形成、办理、传输、保存、利用销毁的全过程管理，以确保电子文件始终处于受控状态，[13]由文件生成机构负责。后端则包括移交至档案馆后的收集、整理、保护、利用及其监督管理活动，[14]由档案保管单位负责。

4.2.2 文件档案管理评估内容

从评估内容来看，英国 IMA 的评估框架由信息的价值、信息及其支撑性技术、信息风险与治理、信息管理政策与监管、文件的审查与移交五个方面构成。澳大利亚最新的 Check-up 项目评估涵盖信息管理治理与文化、信息资产的生成、著录、保管（留存与长期保存）、鉴定与处置（销毁或移交档案馆）、使用（再利用）与互操作、政策环境及其对信息管理的影响、信息管理的资源与能力等多个细分维度。值得一提的是，近年来，Check-up 项目的调查结果作为 NAA 向其主管部门及澳大利亚联邦政府资源竞争的重要依据，发挥了不可替代的作用。与英国和澳大利亚的文件档案管理评估项目都不同的是，美国的 RMA 是对特定主题的简明研究和审查，问题导向性十分明确。例如 2018 年、2019 年关注美国联邦政府的电子邮件管理，2021 年则以美国联邦政府机构的历史资源保管情况为主题，2022 年、2023 年聚焦数字文件管理的软硬件等。

我国文件档案管理评估内容由两部分组成，分别为对电子文件管理的评估和对档案馆业务的评估。对于电子文件管理的评估，我国 2021 年发布了国家标准《电子文件管理能力体系 第 1 部分：通用要求》（GB/T 39755.1—2021）《电子文件管理能力体系 第 2 部分：评估规范》，前者构建了电子文件管理能力框架，包括组织运作、技术实现、信息服务、文件管控四个领域，确定了真实、完整、可用、安全的目标。其中，组织运作包括管理决策、组织建设、制度管理、运行管控；技术实现包括电子文件管理信息技术（Electronic Records Management，ERM-IT）架构设计、ERM 系统建设、系统运维与治理；信息服务包括信息服务规程、用户管理、业务开展；文件管控包括 ERM 业务架构、ERM 资源管理、ERM 业务开展。[15]后者则制定了 ERM 能力等级模型、能力评估指标与评估实施的具体步骤等。[3]对于后端的档案馆业务评估，我国国家档案局于 2017 年印发《副省级以上综合档案馆业务建设评价标准》，主要内容分为五大部分：建筑与设备、经费与人员、档案基础业务、开发利用服务、工作落实。其中档案基础业务板块涵盖档案资源建设、档案保管与保护、检索工具、数字化工作四个模块，由 33 个指标项构成。开发利用服务板块包括档案开放、档案利用、档案编研、社会服务功能、决策参考、档案宣传六个模块，由 27 个指标项构成。[16]

4.2.3 文件档案管理评估方式

从评估方式来看，英国 TNA 不仅通过问卷调查、访谈、座谈会等方式对政府机构的文件档案管理情况进行调查，还根据该评估框架开发了清晰易用的文件信息管理自评工具，供公共机构免费使用。根据网络调研，英国文件信息管理评估工作具有广泛性、动态化、可持续的特点。其中广泛性主要体现为评估对象的宽泛化，动态化主要表现为评估内容不断增进完善，可持续性主要体现在评估模式的逐渐稳定。澳大利亚 NAA 的 Check-up 调查为各政府机构提供线上入口，通过在线问卷的方式收集调查数据，通过对调查数据的分析结果来评估澳大利亚联邦政府的信息管理成熟度。Check-up 调查由各政府机构专设的信息管理负责人来协调和完成，以保证能够全面掌握政府文件档案管理的总体情况。与英国不同的是，澳大利亚的文件档案评估项目每年开展，密切关注澳大利亚联邦政府文件管理的动态，评估框架也保持更新。

尽管我国实行"统一领导、分级管理"的档案工作原则，但是现有的文件档案管理评估工作并未以统一、集中的方式开展。相较于档案馆业务建设评估，电子文件管理评估适用主体广泛，并不具备强制性。档案管理评估虽然由国家档案局主导，具有强制性，但评估内容不能体现其"对机关各种文件材料的形成、积累和归档工作进行监督和指导"的机关档案工作基本任务。[17]因而，建立档案主管部门主导，并涵盖以文件管理和机关档案管理为核心的政府信息资源管理的评估框架，具有一定的现实意义。

4.3 我国文件档案管理评估的动力机制

4.3.1 外部需求：数字政府评估

数字政府评估是衡量数字政府建设发展情况和现状的重要方式，通过数字政府评估来确定发展中存在的问题，并以问题为导向来制定改进方案，明确未来发展方向。国际数据公司 IDC 在 2023 年发布的数字政府评估体系中，将数据安全和数据治理分别纳入安全保障和数据赋能的一级发展指数。可见，评估政务数据的质量及其安全性是数字政府治理和数字政府评估的关注领域之一。

在数字政府建设过程中，对政务数据进行大规模整合存储、开放流动，在汇聚发挥价值的同时也更容易成为攻击目标。这些数据一旦泄露，可能对个人生活、企业经营，乃至政府的市场调控都造成不可逆的严重影响。因而，这些数据是否处于安全的技术环境，能否保证政务数据的完整性、可靠性、可用性等都是数字政府评估的重要维度。文件档案作为政务数据的重要组成部分，其质量和安全也是数字政府评估的范围。文件档案管理部门所掌握的数据是一批高价值密度的政务数据，面对新技术所催生出的多种范围广的攻击手段，其承担更大的安全管理责任，面临更高的安全风险。中共中央办公厅、国务院办公厅印发的《"十四五"全国档案事业发展规划》中明确指出加强档案安全风险评估和排查工作。因此，文件档案管理的风险评估既是我国档案事业发展要求，也符合数字政府评估的现实需要。

4.3.2 内生动力：政务服务数字化转型

近年来，我国数字政府建设取得了显著成就，在最新发布的《2022 年联合国电子政务调查报告（中文版）》中，中国的电子政务发展水平排名跃至全球第 43 名。我国电子政务步入政务服务数字转型的新阶段，政务服务数字转型是数字政府建设的内在要求。数字转型背景下，政府所提供的数字服务已经不仅是服务理念、服务方式的转变，更多体现在业务流程再造与资源价值重塑。以文件档案为核心的政府信息或数据是链接业务的纽带，是政务服务的资源基础。在国家电子政务标准体系中，除了基础设施标准、安全标准、业务标准之外，还包括政府信息资源方面的标准，涵盖元数据、数据库、信息资源目录、数据管理等多个方面。《指导意见》强调，要"加大数字政府标准推广执行力度，建立评估验证机制"，[18]仅有落于纸上的标准还不够，需要评估验证以确保标准的落地执行。

我国文件档案管理不断颁布标准与政策以适应政务服务数字化转型。2019 年底，国家档案局发布《政务服务事项电子文件归档规范》，规定了在全国一体化政务服务平台上办理政务服务事项过程中形成的电子文件归档的一般方法，包括工作流程、信息包、命名规则、存储格式等。[19] 2023 年，国务院办公厅印发《政务服务电子文件归档和电子档案管理办法》，为政务服务电子文件从形成办理到归档管理的全流程的电子化提供了业务路径与操作步骤，是落实数字政府建设、深化政务服务决策部署的重要举措。[20]因此，对政务服务过程中信息和数据的管控是文件档案管理的主要任务，文件档案管理评估是监督和检查政务服务标准是否有效执行的途径之一。

4.3.3 业务驱动："文件档案管理+"价值共创模式

在数字转型的社会背景下，文件档案领域必须在数字信息和数据影响日趋增大的环境中进一步深化和拓展自己的价值发挥路径。政务协同是文件档案管理拓宽专业价值的机遇之一，借助协同机制深度参与政府机构业务活动的开展，赋能数字政府治理，实现"文件档案管理+"的价值共创模式。在实践中，各地的文件档案领域已经开展了一些政务协同的尝试，如长三角地区通过建设民生档案一体化协同服务平台，实现"异地查档、便民服务"；上海市建立"一网通办"平台，通过档案机构与政府部门的协作、档案资源与政务信息资源的整合，实现了服务主体与服务内容的协同等。然而，在数字政府建设与治理中，文件档案管理处于何种地位、如何评价和衡量文件档案管理对具体业务或职能的贡献，在现有政府机构的考评体系中并未体现。

事实上，文件档案管理作为政府基础性服务职能，与政务公开、政府信息公开等承担信息提供服务功能的职能都可以实现价值共生。无论是在大环境，即国家整体协同理念的指导下，还是在具体业务场景的驱动下，文件档案管理与这些职能的互动将成为发展之必然。而这"必然"的前提是双方各自意识到对方的价值和作用，实现方式则是通过评估来识别和确定合作效果。从这个角度来看，"文件档案管理+"的价值共创模式是扩大文件档案领域影响力的必然选择，通过文件档案管理评估来量化职能贡献是实现该模式的必要辅助。

4.3.4 资源竞争：文件档案管理数字转型

为文件档案管理数字转型创造更好的环境，需要文件档案管理评估来确定资源差距、能力差距与技术差距，锁定未来发展方向与资源竞争领域。基于对现有实践和文献的调查分析，文件档案管理数字转型可以从两个维度审视。从文件档案管理维度来看，文件档案管理数字转型涵盖两个层次：一是文件档案管理在数字转型中所发挥的作用；二是文件档案管理机构、业务的数字转型。二者相辅相成，呈正向相关。简言之，若文件档案管理在数字转型中发挥重要作用，具体体现为其所占据地位越突出，相关资源在文件档案领域的集中越明显，那么文件档案管理机构、业务实现数字转型并成为最佳实践案例的可能性就越大。反之则相反。从这个角度来看，文件档案管理数字转型的实质是资源竞争能力，而非技术。资源竞争的前提是充分了解自身和目标的差距。因而，通过客观的文件档案管理评估明确资源差距和技术差距，为资源竞争提供科学依据，是文件档案管理数字转型的需求之一。

从数字转型维度来看，在世界范围内数字转型的深入推进中，数字技术不再被简单视为实现效率的工具，其赋能和再造特征逐渐明显，政府更加强调数字技术在普惠公平、新发展等理念的价值塑造中发挥重要作用。[21]在这个角度上，文件档案管理数字转型的关注点可以落在技术应用对公共价值的塑造作用。随着人工智能、云计算、区块链等新一代技术在文件档案管理领域的深度应用，在量化其提升的工作效率和经济效益之外，也需要衡量服务创新价值与社会价值。这些价值要素在现有的评估标准体系中并未涉及，因而需要一个更加广泛的文件档案管理评估框架。

4.4 文件档案管理评估概念框架

基于国内文件档案管理评估相关政策标准，参考国外文件档案管理评估项目，本文尝试从意识、行为、技术、价值四个层面搭建文件档案管理评估概念框架。

4.4.1 意识层

文件档案管理意识指机构全体员工，包括领导层对文件档案及其管理的认知，或称之为机构文件档案管理文化。数字政府建设背景下，以文件档案管理为核心的政府信息资源管理不应只是文件档案部门的工作，而是应当融入政府机构的工作方式和全体人员的行为模式。在日常办公环境下，机构所有员工应当意识到文件档案等政府信息或数据是机构资产的一部分，并且将其作为资产进行重视并管理。除了资产价值外，还应知晓部分政府信息具有历史保存价值，作为档案被移交至档案馆长久保存。领导层则应当了解文件档案管理对于提升工作效率、增强公共问责的重要作用，将文件档案管理提升至战略层面进行规划。

因而，文件档案管理意识评估包括以下内容。第一，是否开展文件档案管理培训。可以在员工入职培训中纳入文件档案管理培训相关内容，也可以是独立的文件档案管理培训项目。第二，是否制定了政府信息管理工作手册，用于指导员工在日常办公环境下的信息管理行为。第三，机构档案部门是否与主管领导保持定期汇报与沟通。领导层是否知晓文件档案管理工作的开展情况。第四，机构文件档案管理负责人是否与其他业务领导建立有效的沟通机制，了解机构的业务架构与信息管理需求。第五，是否构建文件档案管理经验交流与反馈机制。其中交流主要指同级机构文件档案管理部门之间的经验分享，反馈主要指机构工作人员向文件档案管理主管部门的意见反馈。

4.4.2 行为层

文件档案管理行为指具体的文件档案管理活动，以及围绕文件档案管理活动所开展的制度安排、机制设计、战略规划等宏观举措。文件档案管理活动的主要内容和具体工作以《中华人民共和国档案法》《机关档案管理规定》《电子文件管理暂行办法》《政务服务电子文件归档和电子档案管理办法》等法律法规、政策规章的具体条款为依据确定评估内容。文件档案管理宏观举措行为由两部分构成，分别为文件档案管理政策、文件档案管理治理。法律政策的制定是职能确立的法定基础，因而对政策制定、更新、实施的评估应当被纳入文件档案管理评估框架。此外，若将文件档案管理视为一个专业性、服务性职能领域，那么有关文件档案管理治理结构、内容、范围、目标也应当属于文件档案管理宏观行为的一部分。

由上，文件档案管理行为的评估内容包括两大模块，分别为文件档案管理具体工作、文件档案管理宏观行为。其中，文件档案管理具体工作评估模块可以根据相关法规政策和规章制度、实践经验、机构以及业务特色进行设计，涵盖文件生成（捕获）、分类、留存、利用、移交，档案鉴定、著录、保管、提供查阅等全流程的具体工作内容。文件档案管理宏观行为评估模块，包括以下两个方面：一是文件档案管理政策，即是否根据文件档案管理相关政策确定适用于机构业务环境的文件档案管理工作流程、具体实施情况如何、是否有常规性会议讨论政策落实情况等。二是为文件档案管理治理，即文件档案管理治理结构与机制是否建立，包括治理委员会的确立、治理目标与治理内容的明确，以及文件档案管理在机构治理框架中的定位等。

4.4.3 技术层

数字政府是技术广泛集成于政府业务活动的结果，任何一项政府职能或业务环境都离不开数字技术。因而，文件档案管理评估框架必须纳入技术层面的评估要素。文件档案管理领域发展至今，既有领域内已经十分成熟的信息系统及其功能标准，如电子文件管理系统等，也有诸如通用数字技术，如人工智能、区块链等。文件档案管理技术与通用数字技术在评估中的侧重不同。ERMS 等信息系统以文件档案管理理论与方法为基础开发，具有鲜明的专业特色，能够以成熟且标准化的功能需求作为评估依据。通用数字技术在文件档案管理领域的应用则需要根据技术适用条件、应用场景、实际效果、经济效益等设置不同的评估要素。

因此，对文件档案管理的技术层评估包括两个模块，分别为文件档案管理专业技术和通用数字技术。对文件信息管理专业技术的评估可以参照《电子文件管理能力体系 第 2 部分：评估规范》中的评估指标、国际标准《信息与文献 电子办公环境中文件的原则和功能要求 第 2 部分：数字文件管理体系的指南和功能要求》（ISO – 16175）

等相关标准设置评估要素。对通用数字技术的评估有两个方面，一是对通用数字技术应用场景的评估，即应用性评估，如是否对技术风险有应对措施、引进新技术前的可行性报告和测试情况等。二是通用数字技术广泛应用于各类业务所产生的新型数据及其管控方式的评估，即适应性评估，如文件档案管理功能需求是否嵌入新技术环境、是否能够应对新技术环境下的信息安全风险等。

4.4.4 价值层

从数字经济角度来论，作为政府所掌握的高价值数据，以文件档案为核心的政府信息资源是数字经济的重要生产资料，有待开放与共享以反哺数字经济发展。从数字社会角度来看，文件档案是政府履职与决策的凭证，有效的管理以确保其真实性、完整性，具有现实的问责价值和（或）永久的历史价值。从数字政府角度来看，文件档案管理作为基础性服务职能，具有为政务服务提供支持、为业务创新提供保障的价值。因而，文件档案管理评估的价值层主要指提供信息利用服务，如共享、开放等所带来的多元价值。

文件档案管理的价值层评估从两个维度展开，分别为价值拓展与价值实现。价值扩展指文件档案管理与其他业务活动联动所带来的赋能价值，如机构的文件档案管理部门在政务信息资源共享中的参与程度；文件档案管理部门对国家文化数字化战略的响应程度等。价值实现指文件档案管理原生价值及其拓展价值在具体业务活动中的体现。以文件档案管理与政府信息公开为例，若文件档案管理参与到信息公开工作流程中，是否提高了信息主动公开的效率、是否有助于加快信息申请处理的速度等。对文件档案管理价值层的评估可预留空间设置弹性评估内容，根据国家战略、档案主管部门、机构特色实践等动态调整和补充评估要素。

4.5 我国文件档案管理评估的优化策略

4.5.1 构建完备的文件档案管理评估工作机制

任何类型的评估工作都需要一套体系完备的评估机制来保障实施，包括由谁主导、评估内容界定、评估对象划定、评估方式选择、评估结果呈现，以及评估效用的发挥等。同时，评估机制的建立也意味着评估工作固化成一套具有可持续性的规定动作。对于我国政府机构信息管理评估工作来说，可以由国家档案局及地方各级档案局主导，具体工作的开展可依托以"统一领导、分级管理"为原则的档案管理体制。在评估内容方面，可根据各机构文件档案管理职能要求划定评估维度、确定评估量表。评估要素的构成可以涵盖两个层面，包括基本要求和附加要求。基本要求的制定主要针对常规性、日常性的文件档案管理流程的执行和完成，附加要求则需要衡量某一具体工作内容对机构其他业务部门和相关职能的支持作用。将附加要求列入评估内容的目的在于发挥信息管理职能的主观能动性，最大程度实现信息及其管理工作赋能机构运作。

评估对象的范围可以政府机构为入口，逐渐扩大至企事业单位，原则是依据国家档案事业发展规划目标确定评估规模。同时，可以采用灵活的评估方式，多样化展示评估结果，包括单独出具报告或者将评估情况纳入机构年报编制范围。评估结束后，基于评估结果邀请多方专家参与提供建议，由被评估机构确定采纳方式，这样可以确保评估效果能够得到最大程度的发挥。

4.5.2 确立文件档案管理评估原则

评估内容的确定是评估工作的核心，是评估效果实现的决定性因素。由于以文件档案为核心的政府信息管理工作具有很强的实践性，因而，在确立评估内容时需要以应用为导向。以应用为导向意味着评估维度和评估要素的确定不单单是基于理论，还要尊重实践，从实际工作中提取。确立应用导向型评估内容需要遵循以下三个原则。第一，多方参与，即以档案机构或部门为主，邀请各部门和各领域的专家共同完善评估内容。档案机构负责根据日常工作职责初步拟定评估内容和评估方案，通常列为基本要求，各部门则对文件档案管理工作提出其他要求和建议，可根据实际情况进行选择性接受并列为附加要求。第二，灵活可调，即由国家档案局制定评估内容模版，具体评估内容由被评估机构结合其机构特色和工作内容进行灵活变更，但调整后的评估内容和评估方案仍需由国家档案局确认。第三，关联绩效，即评估内容和评估方案的制定要与各机构和各部门的工作绩效相关联，将信息管理评估纳入机构、部门，甚至个人的绩效考核。

4.5.3 科学规划文件档案管理评估周期

从英国的经验来看，对于某一具体政府机构的信息管理评估周期通常为三个月至半年，由于没有明确的规定评估周期，受其他因素影响时也可能延长至一年。这样给评估工作和被评估机构带来了很大的困扰和负担。特别是对于政府机构来说，科学规划评估周期是评估方案制定过程中必不可少的一环。评估周期的制定可以从两个方面考虑。首先，在执行层面的可操作性，在不影响被评估机构正常运作的情况下，尽可能快速有效地完成评估工作。一般来说，对具体机构信息管理工作的评估周期通常可以确定为三个月。其次，在决策层面的贡献性，在合适的时间进行评估工作，确保评估结果可供机构适时参考。确定评估开始时间和结束时间需要结合具体机构或部门的信息管理工作时间线，所要遵循的原则是评估结果能够及时得到响应。也就是说，评估周期需要与机构文件档案管理工作规划保持一致，不能造成时间脱节，从评估起始点的确定来保障评估结果发挥效用，例如本年度评估结果及时供机构制定下年度工作规划时参考，其中待改进之处成为下年度工作规划的重点关注对象。

4.5.4 嵌入文件档案管理风险评估模型

社会和政府的风险管理和控制是健全国家治理体系、推进国家治理能力现代化的任务之一。在英国政府机构的信息管理评估工作中发现，大多机构定义了文件信息管理风险，并且将其嵌入机构风险管理框架。与信息相关的风险不仅包括信息安全风险，还包括信息管理风险。这一做法对我国具有一定的借鉴意义，从我国发布的数个有关电子文件、档案、信息的政策中，重点强调了信息安全风险，对政府信息管理的相关风险并未明确详尽地涉及。政府风险框架可分为内控和外防，将以文件和档案为核心的政府信息管理风险纳入政府风险内控框架，识别具体的文件档案管理风险并构建信息管理风险评估模型是对信息管理评估工作的有力补充。

4.6 结　　语

文件档案管理评估虽然已经在法规政策中被多次强调，但始终未在实践中提上日程。以文件和档案为核心的信息管理职能是政府机构的基础性服务职能，维持着机构的日常运转，例如人事、财务等部门。文件档案管理评估既是对职能价值和贡献的衡量，又是档案主管机构和档案管理机构获得业务部门和领导层双向反馈的机制。无论是从实践还是理论层面，对我国文件档案管理评估的关注度都有待提升，希望本文对文件档案管理评估的探讨可以为后续研究提供切入点，关于评估方法、评估要素、评估标准等细节性的内容仍有待深入挖掘。

参考文献

[1] 中国信息通信研究院产业与规划研究所，政务服务中心. 数字政府发展趋势与建设路径研究报告［R/OL］.（2022 – 11 – 24）［2023 – 08 – 31］. https：//dsj. guizhou. gov. cn/xwzx/gnyw/202211/t20221124_77211401. html.
[2] IDC，中国电子云. 2023 中国数字政府建设与发展白皮书：建设高安全的政府数字化基础体系［R/OL］.（2023 – 05 – 06）［2023 – 08 – 31］. https：//www. idc. com/cn/home.
[3] 国家市场监督管理总局，国家标准化管理委员会. 电子文件管理能力体系第 2 部分：评估规范 非书资料：GB/T 39755. 2 – 2021［S］. 北京：中国标准出版社，2021：4.
[4] 马双双，韩彤彤. 美国政府文件管理评估内容分析及启示［J］. 浙江档案，2020（12）：22 – 25.
[5] 胡露旖. 澳大利亚政府数字信息与文件管理评估：基于 Check – up Plus 的研究［J］. 浙江档案，2020（10）：20 – 22.
[6] 王宁. 澳大利亚国家档案馆业务系统文件管理评估框架研究［J］. 档案学通讯，2018（2）：91 – 96.
[7] 陈慧. 集成视角下的电子文件管理规范评估研究：中英两国电子文件管理规范案例分析［J］. 兰台世界，2005（11）：6 – 8.
[8] 陈珲夏，傅荣校. 英、美、加、澳文件管理评估体系比较研究［J］. 浙江档案，2013（8）：18 – 22.
[9] 陈艳. 浅析文件管理能力评估系统 RMCAS［J］. 山西档案，2007（5）：18 – 21.
[10] 蒋术，邓鹏. 关于电子文件管理系统评价指标的几点思考［J］. 兰台世界，2014（8）：26 – 27.
[11] 张健. 电子文件信息安全管理评估体系研究［J］. 档案学通讯，2011（4）：65 – 69.
[12] 刘越男，张宁. 电子文件风险评估：基于中外专家调查结果的比较研究［J］. 中国档案，2006（11）：25 – 28.

［13］中共中央办公厅，国务院办公厅. 电子文件管理暂行办法［EB/OL］.（2009 - 12 - 08）［2023 - 08 - 31］. https：//www.pkulaw.com/chl/a1f37535661b2e35bdfb.html? keyword = 电子文件管理暂行办法 &way = listView.

［14］全国人民代表大会. 中华人民共和国档案法［EB/OL］.（2020 - 06 - 21）［2023 - 08 - 30］. https：//www.gov.cn/xinwen/2020 - 06/21/content_5520875.htm.

［15］国家市场监督管理总局，国家标准化管理委员会. 电子文件管理能力体系第 1 部分：通用要求 非书资料：GB/T 39755.2—2021［S］. 北京：中国标准出版社，2021：4.

［16］国家档案局. 副省级以上综合档案馆业务建设评价工作拉开帷幕［EB/OL］.（2018 - 06 - 10）［2023 - 08 - 31］. https：//www.saac.gov.cn/daj/ywgzdt/201809/2a90ed75c40443ed977174af6d4ed167.shtml.

［17］国家档案局. 机关档案管理规定［EB/OL］.（2019 - 01 - 01）［2023 - 08 - 31］. https：//www.saac.gov.cn/daj/xzfgk/202112/6e4f1d909e2443fc85111b8f82973e37.shtml.

［18］国务院. 数字政府建设指导意见［EB/OL］.（2022 - 06 - 23）［2023 - 08 - 31］. http：//www.cac.gov.cn/2022 - 06/23/c_1657599988283555.htm.

［19］国家档案局. 政务服务事项电子文件归档规范 非书资料：DA/T 85 - 2019［S］. 北京：中国标准出版社，2019.

［20］国务院办公厅. 政务服务电子文件归档和电子档案管理办法［EB/OL］.（2023 - 07 - 30）［2023 - 08 - 31］. https：//www.gov.cn/zhengce/content/202308/content_6899493.htm.

［21］李晓方. 政务服务数字转型过程中的职责体系演进：基于政策文本的回溯分析［J］. 中国行政管理，2022（10）：46 - 53.

5 数字中国建设背景下的数字档案文化资源建设：实践、挑战与转型

吕文婷　李冰馨　沈　悦

湖北大学历史文化学院

摘　要：数字中国建设整体布局规划和国家文化数字化战略为数字档案文化资源建设带来了现实挑战和转型机遇，档案部门应主动融入并服务数字中国总体战略。本文在阐述数字档案文化资源建设的概念、意义、主要内容的基础上，对省级综合档案馆数字档案文化资源建设情况进行网络调研。调研结果显示，当前数字档案文化资源建设存在数字资源颗粒度和整合度较低、数字产品生产力和流通性不足、数字服务缺乏集成性和推广度等问题，档案部门需重构数字档案文化资源建设转型理念，从资源数据化转型、产品市场化转型、服务集成化转型等方面探索转型策略。相关研究还需进一步扩展调研对象和调研范围，并配合数字中国的建设进程及时紧跟和反馈。

关键词：数字档案文化资源；数字文化建设；数字中国；国家文化数字化战略

5.1　引　言

档案馆是党和国家的科学文化事业机构，是文化强国和中国特色社会主义文化建设的重要阵地。当前，包括《中华人民共和国档案法》《"十四五"全国档案事业发展规划》在内的国家层面档案法律和规划已为档案文化建设提供了依据和方向。档案文化资源因其原始记录性而区别于其他类型的文化信息资源，其中蕴含着反映党和国家成长发展历程的珍贵历史记忆，承载着千百年来的中华优秀传统文化，是中华文化资源不可取代的重要组成部分。覃兆刿教授曾指出，"档案具有得天独厚的文化价值，在实体文化产品中是纯'天然'的原始信息，是很多文化产品的'母资源'"。[1]因此必须加强对档案文化资源建设的重视，以档案文化资源建设助推国家文化建设和中华文化传承与发展。

在数字时代背景下，加快数字文化建设，以数字化转型驱动文化生产和活动方式的变革，已成为新时代发展的重要主题。2023年2月，中共中央、国务院印发了《数字中国建设整体布局规划》（以下简称《规划》），不仅为数字中国未来高质量发展指明了方向，也为我国经济、政治、文化、社会、生态等全方位数字化转型升级提供了有力指导。其中，在数字文化方面，《规划》提出了深入实施国家文化数字化战略、形

成中华文化数据库、提升数字文化服务能力、加快发展新型文化消费模式等意见。这些意见对于加速档案文化资源建设的数字化转型，释放档案文化资源开发活力，提高数字档案文化服务水平具有重要指导意义。

目前，针对数字档案文化资源建设的研究主要集中在资源整合、开发利用两个层面，相关研究从数字化转型、社会记忆、数字人文、关联数据、内容管理、公共文化服务[2-7]等视域出发探讨数字档案文化资源建设问题和策略，均为本研究奠定了基础。本文将基于对我国数字档案文化资源建设现状的调研，结合数字中国建设整体布局对数字文化建设的目标要求，阐释数字档案文化资源建设的现实挑战和转型策略，以期推动我国档案文化数字化转型进程，融入并服务数字中国总体战略。

5.2 数字中国背景下数字档案文化资源建设的内涵、意义与主要内容

5.2.1 数字档案文化资源建设的内涵

明确建设对象的内涵是将其映射到具体文化建设实践的前提，也为本文在理论层面的探讨划定了概念范畴。从已有相关研究来看，"数字档案文化资源"的概念通常从两种路径进行理解：一是档案系统内的数字档案文化资源，即馆藏档案资源中数字化的或原生数字形式的文化资源，以资源的载体特征是否是数字形式为定义依据。此概念定义以"档案文化资源"为种概念，强调其电子化、数字化、数据化的形式，相关研究立足于档案机构，在档案学研究中较为常见。[8-10]二是档案系统外的数字档案文化资源，即具有原始记录性的数字文化资源，以是否具有档案的本质属性——原始记录性为定义依据。此概念定义以"数字文化资源"为种概念，强调其档案属性，如数字化的手稿、文物、文化遗产、古代建筑、民俗风俗以及关于文化资源的数字档案资源等，相关研究立足于公共文化资源建设或馆际合作的视角，研究视野更为开阔。[11-12]

理解概念的两种路径皆为合理，但从两种路径出发进行研究，阐释的方向和得出的结论将完全不同。由于档案事业与文化事业体制机制之间的差异，后者的概念内涵比前者更适应数字中国和国家文化数字化战略对于公共数字文化建设的相关表述。本文立足于档案工作和档案事业，旨在探讨数字中国背景下档案工作数字化转型中的数字档案文化建设，尤其要指出相较于其他类型的文化资源和文化机构，档案及档案事业的特殊性对数字文化资源建设的特殊要求。因此，本文将基于较为微观的视野，从前一概念路径出发展开研究，即立足于档案机构谈数字档案文化资源建设问题。

另外，广义上的文化资源泛指人们从事一切与文化活动有关的生产和生活内容的总称，因此，除了档案文化"资源"本身之外，加工后的档案文化"产品"和相关服务也在此概念范畴内，主要包括资源收集、存储、加工、利用和共享等活动中产生的成果和使用的方法方式，此为广义层面的档案文化资源。[13-14]因此，本文所指的数字档案文化资源是指档案机构内数字形式的档案文化资源及其所形成的产品和相关服务。

5.2.2 数字档案文化资源建设的意义

其一,适应国家文化建设总体趋势,进一步发挥数字档案文化资源价值。进入21世纪,我国信息化建设与数字化转型加速发展,各级局馆部门积极推动档案信息化,数字档案馆室、档案网站陆续建设。众多高校档案馆、综合档案馆、档案杂志等相继开通微信公众号、微博、抖音等,运用多媒体技术将文字、图像、音视频等形式的数字档案文化资源进行整理加工,以可视化的形式呈现给公众。可见,当前数字档案文化资源建设已经初有成效。而数字中国等国家战略的提出,则对档案文化资源建设在数字化时代的纵深发展提出了更高的要求。因此,推进数字档案文化资源建设是档案事业对国家文化建设战略的回应,针对文化数据、文化服务、文化产业、文化治理等方面的新战略要求采取有效转型措施,能够使档案文化资源的价值在更大范围内得到发挥。

其二,有力推动建立档案资源体系,促进档案事业现代化建设。档案文化资源建设不仅是文化事业的重要组成部分,也是档案事业发展的重要推动力量。《"十四五"全国档案事业发展规划》明确提出,"加强国家档案数字资源规划管理,逐步建立以档案数字资源为主导的档案资源体系"。[15]数字档案文化资源是档案资源体系的重要组成部分,数字档案文化资源建设将从资源角度有力推进档案工作数字化转型整体进程,进一步有利于促进档案资源保护、社会记忆建构和文化服务创新,从而赋能档案事业高质量发展和现代化建设。

其三,满足社会公众对数字档案文化内容和服务的需求。一方面,在信息技术和互联网急速发展的时代,公众在满足基本档案信息需求的基础上,需要接受多元生动、内容丰富、互联互通的数字形式档案文化资源,以满足其更高层面的精神和文化需求;另一方面,随着移动通信技术和社交媒体平台的发展,与传统形式的线下展览、到馆阅览等服务方式相比,公众的文化服务需求逐渐趋向于基于网络空间的数字化、集成化、便捷化的文化服务形式。数字中国建设背景下,数字档案文化资源建设可进一步挖掘档案文化内容,丰富档案文化产品形式和服务手段,逐步满足社会公众日益增长的文化需求,为社会公众提供正确、积极的文化导向。

5.2.3 数字档案文化资源建设的主要内容

从文献检索结果来看,档案学领域有关数字化的研究从1995年开始,随着纸质档案数字化工作、数字档案馆和智慧档案馆建设、电子文件单套制、档案信息数据化等理论研究和实践工作的开展,我国档案工作数字化转型已取得一定成就。而在《规划》这一国家层面的战略布局下,档案工作数字化转型面临着新的机遇和挑战,这要求档案机构必须顺应数字中国建设的主流趋势,主动融入其中。

在数字文化方面,《规划》指出:"打造自信繁荣的数字文化。推进文化数字化发展,深入实施国家文化数字化战略,建设国家文化大数据体系,形成中华文化数据库。提升数字文化服务能力,打造若干综合性数字文化展示平台,加快发展新型文化企业、文化业态、文化消费模式"。[16]可见，《规划》中对数字文化建设的要求与2022年5月中共中央办公厅、国务院办公厅印发的《关于推进实施国家文化数字化战略的意见》（以下简称《意见》）密不可分。《意见》从文化数据、基础设施、文化服务、文化消费、文化产业、文化治理等方面阐述了文化数字化战略重点任务。[17]结合《规划》和《意见》对数字文化的建设要求，以及上文得出的数字档案文化资源概念内涵，本文将数字档案文化资源建设的主要内容总结为三个方面：档案文化数据（资源）、数字档案文化产品和数字档案文化服务。

5.3 我国数字档案文化资源建设现状调查研究

5.3.1 调查方法

本文采用网络调研法，于2023年7月15日至8月9日对31个省级行政区（其中包括22个省、5个自治区和4个直辖市，不包含港澳台地区）的数字档案文化资源建设情况进行网络调研。调研数据来源如下：①各省市档案馆官方网站的档案文化栏目，档案网站建设历程长，栏目设置和内容结构较为成熟，能够集中反映馆藏数字档案文化资源的内容和形式；②各省市档案馆官方微信公众号，微信公众号是相对较新、传播范围更广的宣传平台，相较于网站更容易受到大众关注，微信公众号中文化相关的栏目和推文能够反映各馆在数字档案文化建设方面的最新成果和特色；③国家档案局官网中有关各馆数字档案文化建设的新闻，能够在一定程度上反映我国档案文化建设的较高水平，可作为前两种数据来源的补充。调研的主要内容包括数字档案文化资源、产品、服务三个方面。

5.3.2 调查结果

5.3.2.1 数字档案文化资源

1）资源内容

总体而言，各省市数字档案文化资源内容可概括为红色档案、自然景观、文物古迹、民风民俗、生产生活、名人档案六大类（见表1）。通过分析可知，红色档案是档案文化最大的资源来源，31个省级行政区都制作了有关红色档案的栏目。例如陕西档案信息网的"长征长征""西安事变""红星耀中国"等栏目，这是历史档案中最为重要的文化资源，也是档案事业受党的领导在档案资源层面的体现，是做好新时代档案工作的重要任务。自然景观和文物古迹是宣传本地特色文化的重要资源，具有鲜明的地方文化色彩和风格，如西藏自治区档案网的"雪域文化"栏目展示了河西走廊、西藏特色建筑等文化内容，贵州省档案方志信息网的"多彩贵州"栏目展示了省内的诸多名胜古迹。民风民俗和生产生活事关民生，是保障社会稳定和谐发展的重要文化资源，如黑龙江省档案馆的"黑土风情"栏目展示了黑龙江省的独特的饮食文化和节日习俗，上海信息档案馆的"档案里的上海"栏目展示了上海的老字号和各个领域的经济发展资料。名人档案则因名人的突出事迹、卓越贡献和优良品质而独具文化价值，例如"甘肃档案"微信公众号的"档案史话""口述史料档案"栏目展示了地方名人的相关档案资料。整体而言，数字档案文化资源内容符合当下相关政策导向和发展趋势，地域色彩浓厚，主题同质性高。

表1 数字档案文化资源内容

资源内容	省级行政区数量（网站）	省级行政区数量（微信公众号）
红色档案	31个	28个
自然景观	17个	8个
文物古迹	23个	16个
民风民俗	21个	17个
生产生活	26个	25个
名人档案	27个	28个

2）资源整合

资源整合可从纵向整合深度和横向整合广度来调查。纵向整合深度指省级档案馆与本地市、区、县级档案馆合作实现数字文化资源整合。横向整合广度指本地档案馆与其他地区档案馆、其他文化机构或其他数据库合作实现数字文化资源整合。从纵向整合深度来看，例如河南省档案馆制作了"全省数字档案信息资源共享系统"，将河南省内大量数字档案资源整合到一起；河北省、山东省和上海市在各自微信公众号中菜单页面下设"微信矩阵"能够快速定位到省内各个地级市的档案公众号，也在一定程度上体现了档案资源整合。

从横向整合广度来看，具有代表性的实践成果：16个省级档案馆（四川省、山西省、内蒙古自治区、上海市、江苏省、安徽省、江西省、山东省、河南省、湖南省、重庆市、西藏自治区、陕西省、甘肃省、青海省、宁夏回族自治区）在2023年6月共同推出的"6·9"国际档案日精品力作"江河奔腾 红色追寻——长江黄河流域红色珍档线上线下联展"；河南省和山东省联合讲述黄河故事，制作系列视频"档案里的黄河故事"；江苏省联合长三角地区档案馆联合推出"'书信家园，尺牍情深'——弘扬伟大建党精神长三角档案展"等。横向整合广度能够直观地反映各地档案馆之间的资源整合广泛性以及馆馆之间的合作密切度。从统计结果来看，横向整合广度较高（至少参加两次及以上联展活动）的有6个省级行政区，分别是河南省、河北省、重庆市、四川省、江苏省、广东省。

3）资源形式

各省市数字档案文化资源形式（此处的资源形式是指狭义的档案文化资源本身的形式，不包括基于档案文化资源形成的产品和服务的形式）以照片档案、口述档案为主，通常辅以故事性的文字描述。少数省份的档案馆在网站上展示了文书档案，例如山东档案信息网的"专题档案"栏目下设的"抗战专题档案""战时邮政档案""黄河归故档案"等均可查看相关主题的文书档案原件影像。

在资源数据类型方面,只有极少数省份的档案信息网站上展示了结构化档案数据,例如云南省的"云南讲武堂名录""南桥机工名录""云南吐司世系名录""滇军抗日阵亡将士名录",档案数据多以表格和文字形式出现。结构化数据拥有被数据系统理解和智能化处理的能力,档案文化资源的数据化是融入数字中国和国家文化数字化战略的基础,但目前数字档案文化资源建设中体现出的数据化工作水平还相对落后。

5.3.2.2 数字档案文化产品

数字档案文化产品是指基于档案文化资源、依托数字技术加工而成的不同类型的文化产品。从调研结果来看,主流数字档案文化产品类型包括图文和视频两种。第一,图文形式的数字档案文化产品。如前所述,数字档案文化的展示形式以"照片档案+文字叙述"为主,即形成相关图文推文,或通过网上展厅等形式更为直观地展示图文资源。第二,视频形式的数字档案文化产品,即以档案馆独立承担或与其他机构合作的形式制作系列视频,包括影音资料编纂成果、纪录片、影视作品、电视节目等,也有部分省份联合电视台以"直播"形式提供视频资源,例如河南档案信息网中的"兰台一课 开讲啦"栏目联合大象新闻 App 和河南广播电视台,通过直播的形式向大众讲述河南文化;陕西省档案局馆与西安电视台联手打造的"互联网+档案"直播,通过央视新闻移动网对"长征 长征——红军长征到陕北"主题展进行网络直播。[18]此外,还有部分较为小众的产品类型,如电子书刊、音频、漫画、动漫、文创等,但未调查到纯数字形式的文创产品或数字藏品。

5.3.2.3 数字档案文化服务

数字档案文化服务是指基于档案文化资源形成的以数字形式提供的文化服务,包括线上数字服务和线下数字服务。线上数字服务指通过手机、笔记本、平板电脑等电子设备实现的档案文化服务,线下数字服务指在现场展览活动中使用数字化技术和设备提供的档案文化服务。本研究通过网络调研获取了有关线上数字服务的相关数据。最常见的形式是页面浏览式,即通过屏幕显示的页面浏览相关图文和视频资源,例如微信端推文浏览、官方网站网页浏览。此外,还形成了更丰富的数字浏览形式,例如吉林省档案网站的"网上展览"栏目制作了 3D 照片墙,辽宁省档案网站则将图文设计成动态 PPT 的样式。也有部分省份借助 App 宣传档案文化,如云南省档案馆推出的"红色档案·云南省全国劳模口述历史"系列微视频可在"学习强国""抖音"等 App 上观看。

另一种线上数字服务形式是动态交互式,即通过交互功能实现用户的动态参与。据统计,有 17 个省级行政区在网络平台运用了 VR、AR 等新兴技术实现线上档案文化服务。天津市河西区档案馆推出"河西历史展"全景 VR 网上展厅,搭建三维互动虚拟空间,具有自动导览、地图导航、文字介绍、场景还原、热点缩放、分享、VR 体验等功能。[19]北京市档案馆微信公众号推出了"奥林匹克教育数字孪生馆",设置了虚拟讲解、线上合影、录制视频、AR 智慧阅读、奥运知识答题等功能。上海市档案馆等综合运用人工智能、人机交互、知识图谱、数据库等技术打造了"跟着档案观上海"数字人文平台等。[20] 这些线上数字服务形式都为档案用户提供了优质便捷的数字文化服务,使公众能够足不出户、随时随地感受档案文化的底蕴和魅力。但与利用网站、微信公众号平台提供简单的页面浏览形式相比,动态交互式的服务模式尚未普及,数字档案文化服务和宣传能力仍需提升,需要在数字档案文化服务实践中加强档案文化资源与数字化技术和多种媒介相融合的观念。

5.4 数字档案文化资源建设现实挑战

5.4.1 资源层面:数字资源颗粒度和整合度较低

调研结果显示,档案部门普遍利用网站、微信公众号等平台向公众呈现文字、图像、音视频等形式的数字档案文化资源,且资源内容既凸显地域特色,又具有历史价值和人文关怀,这说明档案文化资源已得到一定程度的整理、开发和加工,为国家文化建设积蓄了重要的档案资源力量。在此基础上,档案文化资源的价值亟待进一步挖掘,以在数字时代得到更大范围的发挥。

一方面,数字档案文化资源的颗粒度过粗。目前较多扫描形成的数字化资源以图片、视频等非结构化的形式存在,较少建立档案文化资源全文数据库,也未形成统一的数据标准,数据异构性强,计算机能够自动识读的内容较少。对数字档案文化资源价值的挖掘和表达大多停留在宏观层次,未能使用数据挖掘、信息组织等方法对档案数据内容进行精细度提取与组织,文本数据中隐含的潜在价值信息无法获取。另一方面,数字档案文化资源的整合度较低。虽然调研结果已呈现出部分纵向资源整合和横向资源整合的相关实践,但从整体来看,资源整合度有限,只有部分地区基于共同资源主题实现了数字档案文化资源的部分整合,全国规模的档案文化数据库建设还未成体系和规模。此外,由于档案的特殊性,数字文化资源与图书馆、博物馆、美术馆、文化馆等外部文化机构的文化数据资源关联和集成尚未开展,导致数字档案文化资源零星散落,从更大范围来看,档案文化"资源孤岛"现象仍然存在。

5.4.2 产品层面:数字产品生产力和流通性不足

调查结果显示,数字档案文化产品包括图文、视频、音频、电子书刊、漫画、动漫等形式,产品类型较为丰富。但从产品生产力来看,数字档案文化产品远不如纸质刊物、实体文创等传统档案文化产品,也缺乏融入文化市场的资质和条件。

一方面,数字档案文化产品生产力不足。文化生产力是指创作和创造文化产品及提供文化服务的社会能力,是社会生产力的重要构成部分。[21] 当前数字档案文化产品虽然呈现出多种类型,但图文和视频仍占较大比重,且产品品质参差不齐,例如存在图文内容编辑和格式排版质量较差、某些视频或 Flash 页面显示无法打开的情况。此外,档案部门普遍缺少对社会公众文化需求特点和趋势的关注,缺乏更具创意性和流行性的数字产品类型,对社会产生的实际影响力和服务力有限。另一方面,数字档案文化产品流通性欠缺。近年来,文化产品消费方式逐渐由线下转移到线上,文化消费是国家文化数字化战略强调的重要内容之一。然而,由于体制机制、政策制度等制约因素,即使一些档案馆已经在开发档案文化产品方面取得一定成果,也无法使其在文化市场或数字交易平台上流通,数字档案文化资源转变成生产要素程度较小,数据变现能力弱,难以融入文化交易市场。例如,中国丝绸档案馆推出的"第七档案室"解谜书开发过程中由于缺乏政策支持无法授权,不能通过商业平台扩大传播,开发资金全部由档案馆承担。[22]

5.4.3 服务层面:数字服务缺乏集成性和推广度

调查结果显示,近年来线上数字档案文化服务除了有传统的页面浏览模式外,也出现了使用新兴技术给用户带来沉浸式体验的动态交互式服务形式,但仍需加强数字档案文化服务的内部集成和外部推广。

一方面,数字档案文化服务缺乏集成性。如前所述,目前数字档案文化资源的整合度较低,不同网站、微信公众号之间的档案文化资源是割裂的,这导致数字服务内容以推送本机构馆藏文化资源为主,缺乏"一站式"的数字档案文化服务集成平台,难以满足档案用户多样化的档案文化需求。另一方面,数字档案文化服务推广度较低。无论是页面浏览式服务,还是动态沉浸式服务,大多仅为档案"圈内人"所了解,而对外宣传力度不足,未得到广泛且高热度的社会关注,难以"破圈""出圈"。另外,从文化惠民的角度出发,部分偏远或落后地区受到观念和技术限制,缺乏档案利用意识或基础设施,无法接收丰富的数字档案文化服务,造成了地区间服务资源的不均衡,数字档案文化服务缺少持续向乡村推广的考量。

5.5 数字中国背景下数字档案文化资源建设转型策略

5.5.1 重构数字档案文化资源建设转型理念

理念转型是数字档案文化资源建设实践转型的思想基础和前提条件。随着我国档案数字化工作的逐步发展,以及数字中国、数字政府建设等战略的实施,档案工作数字化转型不再只是为了达到档案资源的完全数字化,也不是仅为实现档案工作从线下到线上的单一管理。[23]在此背景下,数字档案文化资源建设的工作理念也需随之转型。第一,由内部自生走向外部融合,数字档案文化资源建设不再是档案部门内部的工作,而是数字中国建设的重要组成部分,必须认识到数字档案文化资源在"中华文化数据库"建设和数字公共文化服务中的重要地位和独特作用;第二,由封闭被动走向开放共享,必须改变过去封闭、消极、被动的工作观念,表现出积极融入数字中国建设的主动姿态,打破资源荒岛,实现多元共建,扩大档案文化影响范围。具体而言,数字档案文化资源建设的工作内容随之由档案文化资源的扫描挂接转向资源内容的深度挖掘和关联辐射,由档案文化产品的实体开发转向档案文化产业新业态融合发展,由档案文化网站和微信公众号建设转向线上线下集成式、一体化档案文化服务平台建设。

5.5.2 数字档案文化资源的数据化转型

数据化是指档案管理对象由基于数字信号的数字态向以数据驱动为核心特征的数据态转化的过程。[24]根据调查结果,目前数字档案文化资源的态别为数字态,其表现出粗粒度、数据异构性强、整合度低等特点,不能适应数字中国建设中"建设国家文化大数据体系,形成中华文化数据库"的需要,亟须推进数字档案文化资源的数据化转型,聚焦档案资源的内容层面,对各类型、各主题的档案文化数据进行内容挖掘、语义抽取和转换,建立档案文化语义数据集,加强对档案资源客体微观内容的解读、理解与语义化再编排能力,形成一系列高质量、高容量的档案文化数据库。[25]因此,对馆藏档案文化资源进行数据化加工和整合,实现档案文化数据的机器可读和语义组织,是档案文化资源融入中华文化数据库、接入国家文化专网的基础性工作。

在资源数据化的过程中,还需确立统一的资源标识提取与资源集聚标准,实现数字档案文化资源的跨馆际、跨区域、跨行业集成与整合。国家文化大数据体系和中华文化数据库的建设首先需要解决文化数据复杂性、异质性的问题,即必须按照一致的标准规范进行,因此制定适用于各类文化资源的科学分类体系和规范标识、语义描述和转换标准成为实现数据关联的关键。档案馆应会同图书馆、博物馆、文化馆等文化机构,联合制定出协调统一、有助于各领域数据相互联系的关联标准,推进档案馆内外部的文化数据关联融合,从宏观调控层次在跨越"数据鸿沟"、贯通"数据孤岛"现象方面做出努力。

5.5.3 数字档案文化产品的市场化转型

随着个人终端的普及,文化市场已初步跨入数字化、虚拟化时代。在国家文化数字化战略中,使文化数据转化为可溯源、可量化、可交易的资产,依托全国文化大数据交易体系实现文化数据交易,从而获得数据变现收入,是文化数字化的核心驱动力。[26]由于档案馆的公益性和非营利性,馆藏档案文化资源本身不能通过交易获利,但基于大量原始档案资源塑造的优质数字内容原创产品可以被赋予商品属性。《"十四五"全国档案事业发展规划》指出,应"加强档案文化创意产品开发,探索产业化路径",[27]也为数字档案文化产品市场化转型指明了方向。

为了融入文化市场,需要改变以往档案文化产品刻板严肃的形式,创新文化表达方式和呈现方式,激发数字档案文化产品生产力,科学研究与预测文化市场动向,关注公众的数字文化需求,扩大受众面,研发出既具有大众性、文娱性,又具有正向的、积极的中华文化建设导向的档案文化产品。档案界可采取"档案+文化产业"的发展模式,整合以档案部门为主导者,以文化企业为实施者,以其他文化机构、民间组织、公众等为合作者的多元主体,形成迎合市场用户需求的档案文化产品,将其投入市场进行文化消费后效益反哺档案事业高质量发展。

受到种种因素的影响，数字档案文化产品的市场化转型必然面临诸多挑战，在此过程中需要明确以下问题：首先，必须坚持档案馆的事业属性不改变，不可抛弃社会效益，盲目追求经济效益；其次，市场化转型必须建立在档案工作本身完整、安全进行的基础上，严格执行档案开放审核和解密制度；最后，相关政策法规还存在较大缺口，必须建立起完备的保障体系，解决档案文化产品开发过程中的档案内容保密问题、版权归属与保护问题等。

5.5.4 数字档案文化服务的集成化转型

国家文化数字化战略提出了文化服务平台集成化的要求，即鼓励多元主体依托国家文化专网，共同搭建文化数据服务平台，将文化数据信息和与文化生产适配的各类应用工具和软件集成在同一平台上，这为数字档案文化服务的集成化转型指引了方向。服务的集成不同于资源的整合，不仅要关注呈现出的档案内容的深度和广度，更要强调呈现形式的多样性和新颖性。档案部门一方面可发展线上档案文化服务场景，不断完善在线档案服务平台，分区域、分阶段逐步实现档案系统内部的数字文化服务集成，并充分利用有线电视网络基础设施、广电移动5G网络和互联互通网络系统等重要基础设施，融入全国文化数据服务平台，满足社会公众"一站式"获取数字文化资源和服务的需求；另一方面应加强线下档案文化空间数字化建设，将全息显示、数字孪生、多语言互动、高度逼真、跨越空间的新兴互动技术融入档案展览、档案宣讲等线下文化服务场景，搭建数字化文化体验的全新线下场景，探索不同场景下的档案数字文化服务供给方式。还可将线上"小屏"服务与线下"大屏"服务相结合，发展线上线下一体化的数字化文化艺术生活新体验，并通过新闻媒体和社交平台加大宣传推广力度，努力为公众提供便捷高效、形式多样的数字档案文化服务。除此之外，还应加强数字档案文化服务的均等化考量，不断完善基层数字档案文化服务网络，使用新媒体等技术促进数字档案资源的广泛传播，扩大服务覆盖面，开展各种形式的档案文化惠民服务。

5.6 结　语

数字中国建设和国家文化数字化战略背景为数字档案文化资源建设带来了全新的挑战，也提供了推进转型的机遇。在中国式现代化推进过程中，档案部门应积极融入文化数字化转型的时代潮流，加快工作理念、工作方法、工作模式的转型，为公共文化服务发展、中华文化传播、社会记忆全景构建贡献应有的力量。本文基于网络调研提出了数字中国建设背景下数字档案文化资源建设的现实挑战和转型策略，但仅是初步研究成果。数字化转型是一项长期推进的工作，相关研究还需进一步扩展调研对象和调研范围，并配合数字中国的建设进程及时紧跟和反馈，在数字档案文化资源建设方面给予更多探索和思考。

参考文献

[1] 覃兆刿. 档案文化建设是一项"社会健脑工程": 记忆·档案·文化研究的关系视角 [J]. 浙江档案, 2011 (1): 22–25.

[2] 吴金燕, 房小可. 数字化转型背景下的档案文化资源建设研究 [J]. 北京档案, 2022 (10): 14–18.

[3] 冯惠玲. 档案记忆观、资源观与"中国记忆"数字资源建设 [J]. 档案学通讯, 2012 (3): 4–8.

[4] 张卫东, 张天一, 陆璐. 基于数字人文的档案文化资源整合研究 [J]. 兰台世界, 2018 (2): 17–20, 16.

[5] 左娜, 张卫东, 贾琼. 基于关联数据的档案文化资源整合研究 [J]. 兰台世界, 2018 (2): 21–25, 16.

[6] 陆璐, 张卫东, 何蕾. 基于内容管理的档案文化资源整合研究 [J]. 兰台世界, 2018 (2): 26–29, 16.

[7] 聂云霞. 公共文化服务视阈下数字档案文化资源整合的问题与策略 [J]. 兰台世界, 2017 (9): 15–20.

[8] 吕文婷, 向钰洁, 马双双. 国家文化数字化战略下数字档案文化资源建设: 契机、困境与逻辑进路 [J]. 档案与建设, 2023 (1): 41–45.

[9] 沈慧瑛. 新时代背景下档案文化资源的开发与传播: 以苏州市档案馆为例 [J]. 档案与建设, 2022 (9): 69–71.

[10] 倪代川, 蔡丽华. 数字档案资源文化软实力建设探析 [J]. 山西档案, 2021 (6): 31–37, 14.

[11] 李艳霞. 基于数字人文的档案文化资源赋能研究 [J]. 档案管理, 2022 (6): 63–66.

[12] 赵琛. 文旅融合背景下公共图书馆档案文化资源的开发利用 [J]. 浙江档案, 2022 (8): 52–54.

[13] 王健. 互联网视角下档案文化建设新思考 [C] //第十五届沈阳科学学术年会论文集 (经管社科), 2018: 217–200.

[14] 吴金燕, 房小可. 数字化转型背景下的档案文化资源建设研究 [J]. 北京档案, 2022 (10): 14–18.

[15] 中共中央办公厅、国务院办公厅印发《"十四五"全国档案事业发展规划》[EB/OL]. [2023-08-15]. https://www.saac.gov.cn/daj/yaow/202106/899650c1b1ec4c0e9ad3c2ca7310eca4.shtml.

[16] 中共中央 国务院印发《数字中国建设整体布局规划》[EB/OL]. [2023-08-07]. https://www.gov.cn/xinwen/2023-02/27/content_5743484.htm.

[17] 中共中央办公厅、国务院办公厅印发《关于推进实施国家文化数字化战略的意见》[EB/OL]. [2023-08-07]. http://www.gov.cn/xinwen/2022-05/22/content_5691759.htm.

[18] 陕西网上直播档案展览创新宣传方式 [EB/OL]. [2023-08-14]. https://www.saac.gov.cn/daj/c100270/201710/82a5080b6ede4ee5b8b00aa18f688d2f.shtml.

[19] 天津河西区档案馆推出全景 VR 网上展厅 [EB/OL]. [2023-08-14]. https://www.saac.gov.cn/daj/c100170/202012/cdbcbc32bba874dc3adaeb9df5a4100a4.shtml.

[20] 上海"跟着档案观上海"数字人文平台上线 [EB/OL]. [2023-08-07]. https://www.saac.gov.cn/daj/xwdt/202306/d7c8e3583893424baeb61fc46b5a4d05.shtml.

[21] 丹增. 文化力与文化生产力：文化经济发展的立足点 [J]. 思想战线，2007（3）：86-93.

[22] 陈鑫，杨韫，谢静，等. 档案文化"破圈"传播实践路径：以中国丝绸档案馆"第七档案室"项目为例 [J]. 档案与建设，2022（2）：51-54.

[23] 马双双，谢童柱. 数字中国建设背景下档案工作数字化转型：内涵、困境与进路 [J]. 档案学研究，2022（6）：115-121.

[24] 钱毅. 技术变迁环境下档案对象管理空间演化初探 [J]. 档案学通讯，2018（2）：10-14.

[25] 周林兴. 档案事业现代化与国家文化数字化战略 [N]. 中国档案报，2023-08-11（1）.

[26] 高书生. 国家文化数字化战略：背景与布局 [J]. 河北师范大学学报（哲学社会科学版），2022，45（5）：11-18.

[27] 中共中央办公厅、国务院办公厅印发《"十四五"全国档案事业发展规划》[EB/OL]. [2023-08-15]. https://www.saac.gov.cn/daj/yaow/202106/899650c1b1ec4c0e9ad3c2ca7310eca4.shtml.

6 数字中国建设背景下企业档案工作数字转型研究

潘未梅　刘　杨　高熙杰　韩禹荣

天津师范大学

摘　要：为了解我国当前企业档案工作数字转型的基本情况，本文在构建企业档案工作数字转型评价指标体系基础上，运用内容分析法对国家和省级"十四五"档案事业规划、国家档案局科技项目立项以及企业电子文件归档和电子档案管理试点相关文本进行分析，利用问卷调查法开展调研。研究发现，我国企业档案工作数字转型正从试点探索阶段过渡到全面展开阶段，目前面临的主要困境包括缺少宏观层面的战略规划，数据态档案电子化归档带来的挑战以及缺少系统推进的有力支撑条件。最后，本文提出未来应从政策、支撑条件以及相关学术研究层面着力推进企业档案工作数字转型。

关键词：企业；档案工作；数字转型；数字中国

6.1 引　言

2015年12月，习近平在第二届世界互联网大会开幕式上的讲话中指出，中国正在实施"互联网+"行动计划，推进数字中国建设。此后，在"十三五"规划、"十四五"规划、政府工作报告以及数字中国建设峰会等的推动下，数字中国建设稳步推进。2023年2月27日，中共中央、国务院印发《数字中国建设整体布局规划》指出，要全面赋能经济社会发展，推进数字技术与经济、政治、文化、社会、生态文明建设"五位一体"深度融合。

根据《"十四五"数字经济发展规划》，数字经济是继农业经济、工业经济之后的主要经济形态，是以数据资源为关键要素，以现代信息网络为主要载体，以信息通信技术融合应用、全要素数字化转型为重要推动力，促进公平与效率更加统一的新经济形态。档案是重要的数据资源，档案工作是企业管理工作的基础和重要支撑。推动档案工作数字转型是档案事业发展的必然选择，同时也是档案部门融入和服务数字经济继而推动数字中国建设的重要举措。[1]

我国档案界在2019年启动电子发票电子化报销、入账、归档试点工作，以加速赋能数字经济发展。随着数字中国建设的持续推进，亟待加速档案工作数字转型。在此背景下，本文旨在深入了解和分析我国企业档案工作数字转型的现状，发现存在的问题，明确下一步方向，持续推进我国档案工作数字化转型，服务数字中国发展战略。

6.2 文献综述

随着数字中国概念的提出和实施，企业档案工作面临着新的挑战和机遇。已有基于数字中国建设背景的企业档案工作研究集中在档案工作数字转型[2,3]、档案管理的提质增效[4]和数字档案馆建设[5,6]三方面。对档案工作数字转型的研究尤为深入，包括转型的理论框架、案例评估分析、转型内容、困境以及转型路径等。例如，王强以中国石油天然气集团公司为案例介绍了其档案工作数字转型的实践探索，设计了整体转型框架，并从背景、方向、策略三方面分析了中国石油天然气集团公司的数字转型实践。[7,8]蔡盈芳[9]分析了企业档案工作数字转型的概念、背景，并在已有问题的基础上梳理了转型内容，设计了转型路径。马双双[2]、蒋术[5]等探讨了数字中国背景下企业档案工作数字转型的现状、问题与对策。王昱[10]则通过分析企业档案管理现状与数字技术深度整合过程中存在的问题，提出了相应的数字转型实施路径。

企业档案工作数字转型[11]指企业利用人工智能、云计算、大数据等现代技术和通信手段实现档案工作业务的数字化，将档案工作的管理对象、管理手段等由传统向数字化转变并以此提升档案管理水平和效益的过程。马双双和蔡盈芳均强调档案工作数字化转型是一个动态过程，而非一个静态状态；是一个系统工程，而非构成要素的简单集合及其单向作用。企业档案工作数字转型的主要特征表现为档案资源数字化、业务流程数字化、管控模式数字化、利用服务数字化及管理能力数字化，其范围覆盖文件的形成、捕获、利用、处置及保存的整个生命周期。[5,7,9,12]

当前，我国关于企业档案工作数字转型的研究主要集中于转型的理论框架、案例评估分析、转型内容、困境以及转型路径等。[2,7-9,12-18]其中，对转型内容、困境及转型路径的研究较为深入。不同研究在转型内容上观点基本一致，即认为转型内容主要包括存量档案数字化、增量档案电子化、电子档案管理系统建设、制度规范的建设、服务理念的转变与服务能力的提升及人才保障。

转型的困境则主要包括制度体系不完整，[2,10,17]新旧制度衔接不完全、标准不统一[16]等问题，业务全流程数字化尚未实现且数据割裂严重，[16]档案服务水平有待提高，人才保障能力有所欠缺。[2,16]向宇基于29家企业的调查研究发现，当前企业文件管理数字转型存在转型意识保守、管理制度欠缺系统性、管理系统与技术有待完善、组织管理缺乏协同、专业性与评估机制效力不足等问题。[19]

此外，部分研究认为，应该从以下方面着手开展档案工作数字转型，包括健全完善档案工作数字化转型制配套制度体系，[10]做好数字转型规划，[17,20]贯彻前端控制思想，[12]建立统一的元数据捕获标准及"四性"检测方案，推进电子文件全生命周期管理，[7,12]将档案管理全过程融入企业管理，[17]采用多种方式提供档案利用，[12]重视档案的编研利用，形成知识服务体系，[15]建立专业人才队伍，[18,19]培养其专业素质素养。在转型过程中应完善信息化基础设施，[9,16]加大资金投入，[13]引入必要的技术手段，[1,2]当然要尽可能减少第三方引入，实现自主可控。[16]

综上，尽管我国档案界已开展对企业档案工作数字转型的探索，但基于实践调查确定我国企业档案工作数字转型现状的研究较少。在数字转型提速之时，有必要了解我国企业档案工作数字转型所处阶段、取得的成果、面临的挑战等，从而有针对性地开展下一步的工作。

6.3 企业档案工作数字转型评价指标体系

本文以王强提出的企业档案工作数字转型整体框架[7]为基础，参考数据指标体系搭建方法 OSM（object – strategy – measure）模型构建企业档案工作数字转型评价指标体系。OSM 模型是数据分析和业务分析领域的基础方法论，适用于目标清晰，行动方向明确的场景，主要由业务目标（object）、业务策略（strategy）、业务衡量（measurement）3 个要素构成。该模型把宏大的目标拆解，对应到各个具体的、可落地的、可度量的行为上，表现为确定业务目标、细分业务策略和确定衡量指标。该模型同样适用于评价指标体系的建立，在评价指标体系建立时，明确了企业档案工作数字转型作为核心目标，其实现的策略在于内容、过程和支持条件的转型，进而将每个方面拆分为可衡量的指标，如图1所示。

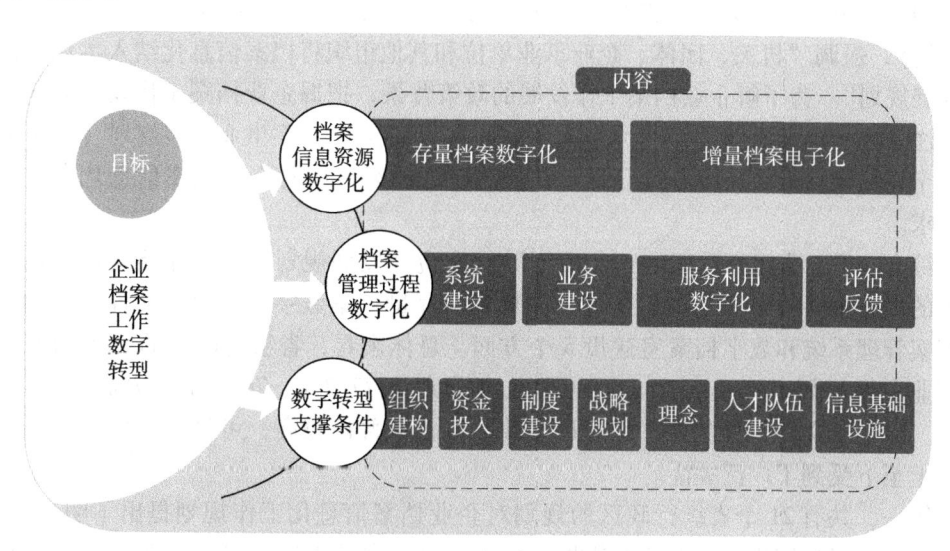

图 1 企业档案工作数字转型指标体系

企业档案工作数字转型的路径包括档案信息资源数字化、管理过程数字化，以及数字转型支撑条件。每条路径又包括具体的建设内容。其中，档案信息资源数字化包括存量档案数字化与增量档案电子化；管理过程数字化包括系统建设、业务建设、服务利用数字化和评估反馈；数字转型支撑条件包括组织架构、资金投入、制度建设、战略规划、人才队伍建设和信息基础设施。该评价指标体系将为本文的调研和分析提供参考。

6.4 数据收集

本文采用了问卷调查法与内容分析法。为了解企业档案工作数字转型的政策背景及具体转型焦点，本文收集了各省级行政区"十四五"档案事业发展规划、国家档案局科技项目立项中有关企业档案工作的项目以及国家档案局发布的 3 批企业电子文件归档与电子档案管理试点名单中 40 家企业的相关文本，并采用内容分析法进行分析。

本文采用问卷调查法开展直接调查。具体而言，本文参考企业档案工作数字转型评价体系，撰写了调查问卷，问卷共包含 25 个问题，涉及内容包括档案工作数字转型的理念、所处阶段、资助力度、制度建设、数字化率等。通过在"档案那些事儿"发推文、微信群转发等方式进行发放问卷，问卷开放时间为 2023 年 8 月 7 日至 2023 年 8 月 22 日，共收回问卷 317 份，其中有效问卷 238 份。

针对问卷中的量表类，本文利用 SPSS 的信度分析与效度分析进行了分析。其中，Cronbach's α 系数为 0.987，表明量表内部的一致性非常高，数据较为可靠；并且所有量表类问题在单个维度上的载荷皆高于 0.5，可见所有量表类问题皆属于有效题目。

6.5 企业档案工作数字转型政策背景

2021 年 6 月，中共中央办公厅、国务院办公厅印发《"十四五"全国档案事业发展规划》，强调"机关、团体、企业事业单位和其他组织将档案信息化纳入本单位信息化发展规划"。为了解企业档案工作发展的政策背景，把握企业档案工作发展方向和重点关注领域，本文梳理了 27 个省级行政区的"十四五"档案事业发展规划（除了河南省、宁夏回族自治区、青海省、四川省及港澳台地区）中对企业档案信息化工作的相关要求。

综合来看，省级行政区的"十四五"档案事业发展规划中与企业档案信息化工作相关的内容主要集中于档案信息化工作规划、存量档案数字化、电子文件单套制、电子档案管理系统和数字档案室建设 5 个方面。总体来看，省级行政区的"十四五"档案事业发展规划对以上 5 个方面的覆盖率分别为 77.7%、70.4%、37%、55.5% 和 63%。除电子文件单套制外，均超过半数，覆盖率普遍较高，可见企业档案信息化建设从上至下受到了广泛关注。

第一，共有 21 个省级行政区的规划对企业档案信息化工作规划提出了明确要求，其均沿用了《"十四五"全国档案事业发展规划》中的内容，强调"各单位应将档案信息化纳入本单位信息化发展规划，保障档案信息化建设依法依规开展"。

第二，在存量档案数字化方面，共有 19 个省级行政区的规划对省属企业提出了传统载体档案数字化的要求，明确了数字化率的目标（见图 2）。其中，北京市、山西省、山东省、新疆维吾尔自治区、海南省、湖南省、黑龙江省 7 个省级行政区要求企业存量档案数字化率达到 90%，吉林省、广东省、内蒙古自治区、上海市为 80%，天津市、重庆市为 70%，甘肃省、广西壮族自治区为 60%，西藏自治区、山西省为

50%。辽宁省和安徽省并未明确规定企业档案数字化率，仅提出"普遍开展传统载体档案数字化工作"。除了规定档案数字率，广西壮族自治区和安徽省的规划中还要求企业在移交纸质档案时，同步移交数字化成果。

第三，在电子档案管理系统建设方面，共有15个省级行政区的规划响应了《"十四五"全国档案事业发展规划》对于企业搭建电子档案管理信息系统的内容，强调要建设"与业务系统相互衔接"的电子档案管理信息系统。江西省、湖南省、海南省3省甚至提出推动企业电子文件在线归档工作。江苏省提出"推进机关、团体、企业事业单位建设与办公自动化系统、业务系统等相互衔接的电子档案管理信息系统，积极推广国家级企业数字档案馆（室）试点经验。有条件的地区适时开展智慧档案馆（室）建设，探索智慧档案应用场景。"由此可见，企业电子档案管理系统建设的重点已经从"是否有"转向"是否与业务系统相衔接"，开始着眼于企业电子文件的电子化归档。

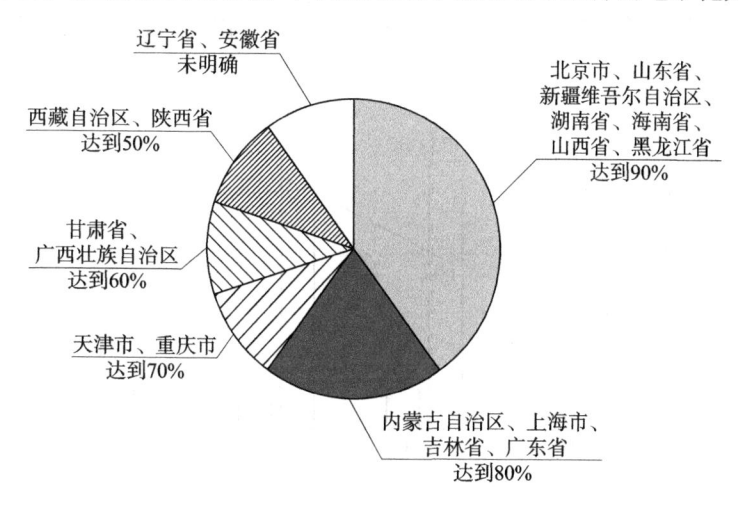

图2 各省级行政区存量档案数字化率目标统计

第四，17个省级行政区的规划提出建设企业数字档案馆（室），但具体目标差异比较大。西藏自治区、江西省、江苏省、安徽省、黑龙江省和陕西省6省规划提出"积极参与""加大""推进"企业数字档案馆（室）建设，但并未言明具体要建设的企业数字档案馆（室）的数量。天津市、北京市、上海市、吉林省、辽宁省、湖北省6个省级行政区的规划对各级政府、机关、企事业单位建设数字档案馆（室）的总数量提出了具体要求，但未明确建设企业数字档案室的数量。以天津市为例，规划中提出"要加大机关、企业数字档案室建设力度，新增20家数字档案室"。其他省份则对具体要建设的企业数字档案馆（室）的数量提出了明确要求，比如，云南省、内蒙古自治区、山西省、山东省分别提出要建设2—5家企业数字档案馆（室），广东省除要求新建30家省级企业数字档案室，还提出争取2家企业集团数字档案室纳入国家级试点。此外，多地规划中提出数字档案馆（室）要借助大数据、区块链等新兴技术智慧升级，探索智慧档案馆（室）应用场景。

第五，10个省级行政区的规划提出将单套制管理从会计系统向"管理系统、工程技术系统、科研系统等更广泛领域推广"。其中，云南省还特别强调"切实推动来源可靠、程序规范、要素合规的电子文件以电子形式单套制归档"。

6.6 国家档案局科技项目立项分析

国家档案局科技项目立项工作对于全国档案科技工作具有重要的引导示范意义。对科技项目立项的分析可以帮助我们窥见企业档案信息化工作的重点和发展方向。本节在对2019—2023年（缺失2020年）国家档案局科技项目立项中有关企业档案工作的项目进行梳理的基础上，对企业档案工作的科技发展状况、趋势等进行分析。由于国家档案局对于立项项目具体内容公布较少，且项目推荐企业官网与省级档案局官网对项目内容也公布较少，笔者仅基于项目名称、承担单位以及推荐单位分析。

在492项科技项目立项中，共有95项与企业档案工作有关，占比20%。立项项目数量呈逐年增加的趋势，但在每年项目总数中所占比例整体趋于稳定，保持在20%左右（见图3）。

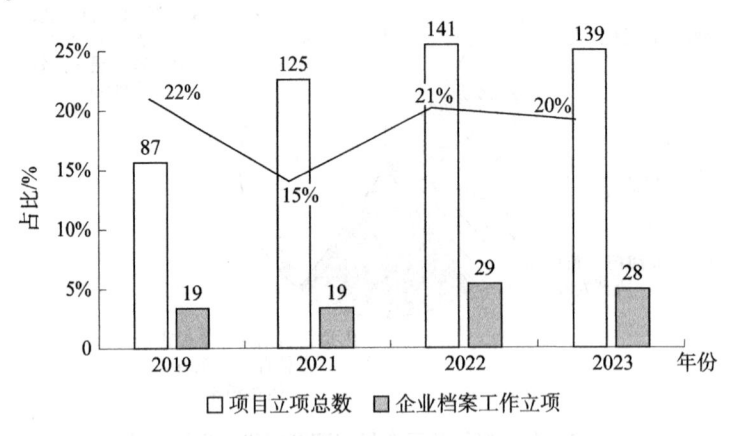

图3 国家档案局科技项目立项数量统计

在95项企业档案工作相关立项项目中，有20项关注新兴技术在企业档案管理工作中的使用，所涉及技术包括AI、区块链、RFID、数字孪生和可视化技术、DNA数据存储技术、VR技术、物联网技术等。具体到推荐单位的性质，95项项目中超过一半（50项）的项目由企业推荐，共涉及26家企业，全部为中央企业。其中，中国广核集团有限公司（7项）、国家电网有限公司（5项）以及中国核工业集团有限公司推荐的项目较多（5项）。42项项目由国家及省级档案局推荐，共涉及17个省级档案局，其中，广东省档案局（6项）、安徽省档案局（5项）、浙江省档案局（4项）推荐的项目较多。剩下的3项分别由中国科学院、水利部以及中共江苏省委办公厅推荐。

95项企业档案项目中涉及档案管理过程数字化的项目最多（78项），涉及数字转型支撑条件的项目次之（15项），涉及档案信息资源数字化的项目最少（2项）。在涉及档案管理过程数字化的78项项目中，系统建设（28项）与业务流程（27项）涉及较多，服务利用数字化（12项）与评估反馈（11项）涉及较少。在涉及数字转型支撑条件的15项中，信息基础设施（11项）涉及较多，组织架构（1项）、制度建设（2

项）以及人才队伍建设（1 项）涉及较少。涉及档案信息资源数字化的 2 项则都与增量档案电子化有关。

6.7 企业电子文件归档与电子档案管理试点分析

为贯彻落实《全国档案事业发展"十三五"规划纲要》《国务院关于大力发展电子商务加快培育经济新动力的意见》等文件精神，国家档案局、国家发展和改革委员会于 2016 年开始分批组织开展企业电子文件归档和电子档案管理试点研究，并取得了阶段性成果。试点工作分三批完成，共 47 家企业通过验收。通过验收的企业中，有 27 家企业属于地方国有企业，占比 57%；中央企业有 18 家；民营企业仅有 2 家（见表 1）。

表 1　通过验收的试点企业类型统计

企业类型	数量/家	占比/%
中央企业	18	38.30
地方国有企业	27	57.45
民营企业	2	4.25

试点企业涉及的行业集中在制造业、金融业、租赁和商业服务业等，行业覆盖率为 40%。[1] 各企业单位所选取试点系统主要集中于产品数据管理（Product Data Management，PDM）、OA、ERP、财务系统等。其余系统则是根据企业实际工作内容进行选取，共实现了 20 类、71 家企业主营系统的电子文件归档与管理，解决了一大批企业主营业务信息系统的归档难题，有效推进了试点单位档案信息化水平（见图 4 和图 5）。

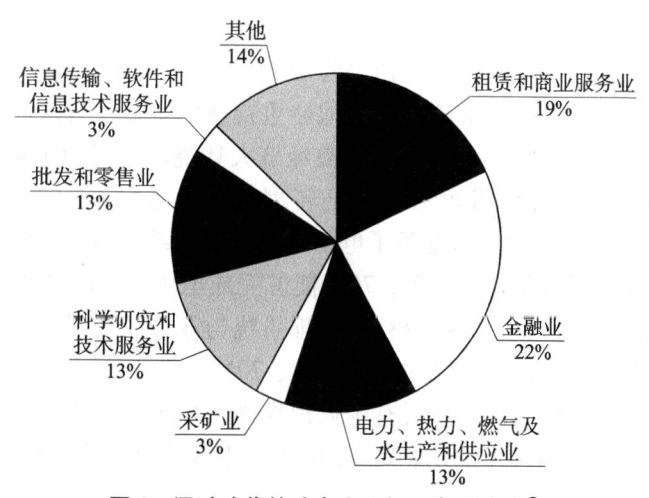

图 4　通过验收的试点企业行业类型统计[2]

---

[1]　我国《国民经济行业分类》（GB/T 4754—2017）将职业分为 20 大类，在企业电子文件归档与电子档案管理试点中企业的行业类型覆盖 8 种，覆盖率为 40%。

[2]　"其他"部分是未在企查查平台明确其所属行业，多为研究院、研究中心等类型的试点。

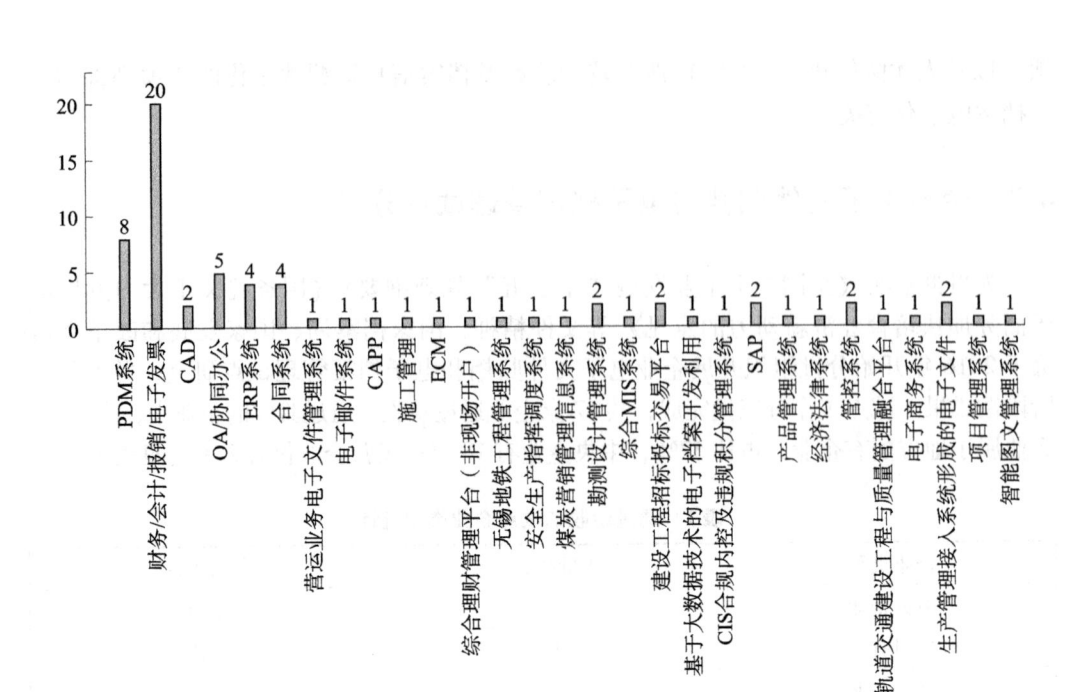

图5 通过验收的企业试点建设内容的统计

按照国家档案局发布的企业电子文件归档与电子档案管理试点名单,分别对不同试点企业的相关电子档案管理建设内容进行查找,最终找到40家企业公开发布的相关信息,❶ 包括企业官网发布的新闻动态、企业或合作商微信公众号发表的宣传类文章、各期刊发表的论文成果等(详略有差别)。其中12家企业参考了《企业电子文件归档与档案管理试点案例集》的管理系统卷和技术系统卷。

关于开展电子文件归档以及电子档案管理试点的驱动力,统计分析发现,超过一半(55%)的企业是因为自身的档案工作战略重视或电子文件管理需求的推动,接近一半(47.5%)企业是为响应国家政策或被经济大环境影响。❷ 10家企业没有明确提到主要驱动力。明确提到有档案工作数字转型相应人才队伍(技术团队)的占比27.5%。在40家企业中,82.5%配备了电子档案管理系统,57.5%实现了对试点系统电子文件归档的元数据捕获、移交等,75%能够完成电子档案的"四性"检测并有具体的检测方案。在试点企业中,提及档案管理系统与业务系统对接、相应的接口规范等与实现全流程电子化的企业分别占比72.5%、70%。

在实行电子文件管理后,几乎所有企业都提高了档案利用效率,收获了经济效益和社会效益。然而,仅17.5%的企业有专门的数字档案利用平台,5%的企业提供数字

---

❶ 未找到相关信息的企业名单如下:中国航天科工飞航技术研究院、内蒙古电力(集团)有限责任公司、山西潞安矿业(集团)有限责任公司、长沙市轨道交通集团有限公司、大连船舶重工集团有限公司、中国航发西安航空发动机有限公司、上海航空工业(集团)有限公司。

❷ 由于有些企业进行档案工作数字转型的驱动力涉及企业自身需求和国家政策两部分,故二者相加 >100%。

化产品，其余多数企业在电子档案管理系统上设置了提供服务利用的功能模块。❶

6.8 企业档案工作数字转型问卷分析

6.8.1 基本信息

超过一半（52%）的被调查者所在工作单位为中央企业，29%的被调查者所在工作单位为地方国有企业，14%的被调查者所在工作单位为民营企业，外资企业、合资企业以及中外合资企业占比极少（见图6）。

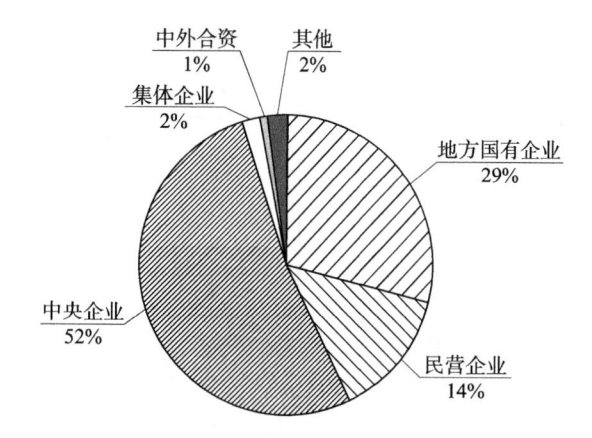

图6 被调查企业经济性质分布

不到一半（46%）的被调查者是所在单位档案部门工作人员，16%的被调查者是档案部门的负责人，96%的被调查者的工作职责中包含档案工作，保证了问卷结果的有效性（见图7）。

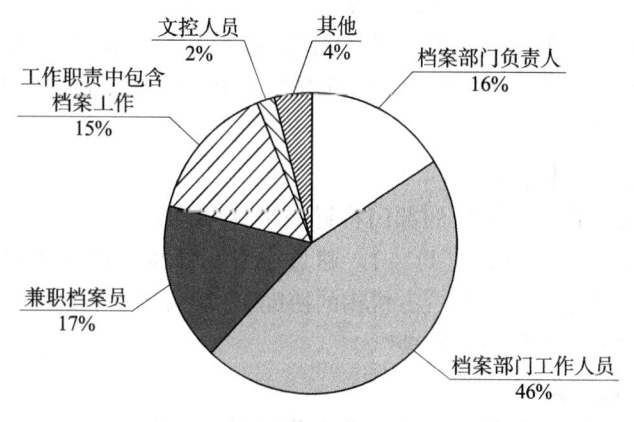

图7 被调查者工作岗位分布

---

❶ 以上数据统计均以现有资料的数据为准，但可能现有资料不够全面，故实际数据的统计比例可能比文中所列的高。

6.8.2 企业档案工作数字转型总体情况

6.8.2.1 企业档案工作数字转型内容

1) 企业档案工作数字转型理念

对档案管理理念的调查发现,仅有1%的被调查单位认为"应以纸质方式进行档案管理",认为应采用"双套制"管理模式的占比30%,"认为一部分档案可以以数字方式进行管理,一部分档案应同时以数字方式和纸质方式进行管理"占比最高,约占49%,20%的被调查单位则认为应"以数字方式对档案进行管理"(见图8)。这意味着,大部分企业正在从"双套制"管理模式向"单套制"转变,一定比例的企业正在实现完全的"单套制"管理。

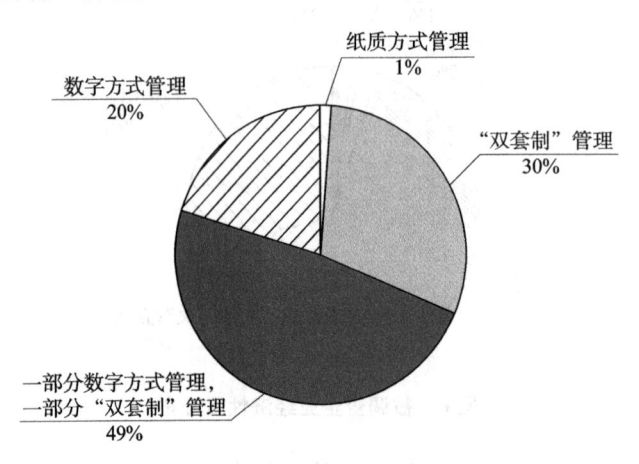

图 8 企业档案工作数字转型理念统计

2) 档案工作数字转型战略规划及资金投入

64%的被调查企业在档案工作战略规划中提及数字转型。其中,超过一半(52%)的企业对档案工作数字转型的资助力度"比较大"或"非常大",且较高比例的企业选择"存量档案数字化"(74%)、"软件配置"(70%)及"硬件建设"(63%)作为当前的主要投资领域。

3) 组织支持及人才配备

推动企业档案工作数字转型的部门将近一半(48%)为办公室,接下来依次是档案部门(31%)和信息化部门(11%)。超过一半(55%)的企业档案工作数字转型的开展"一定程度上依赖外部第三方机构的协助",29%的企业则"仅依靠本单位档案工作人员即可开展档案工作数字转型"。

4) 档案资源数字化

图9展示了被调查单位的存量档案数字化情况,一半以上(59%)的企业存量档案数字化率达到70%以上,26%的企业存量档案数字化率不到50%,整体数字化率较高。

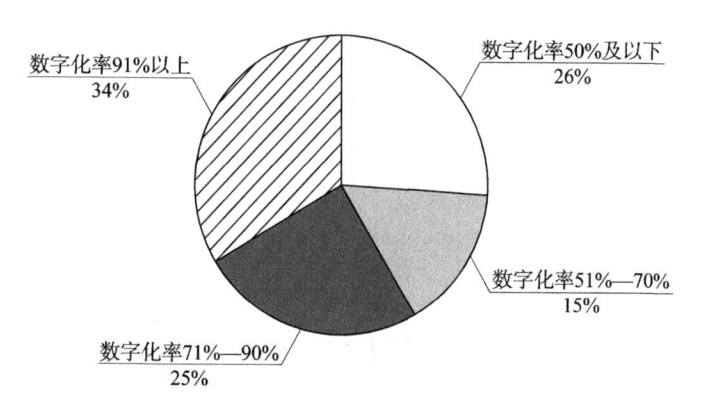

图9 企业存量档案数字化情况统计

当被问及单位档案"单套制"(全电子化)归档的情况时,22%的被调查者表示其所在单位尚没有系统实现电子化归档,38%的被调查者表示其所在单位一部分系统实现了电子化归档,32%的被调查者表示其所在单位大部分系统实现了电子化归档,仅有8%的被调查者指出其所在单位所有系统都实现了电子化归档。实现"单套制"归档的系统所占比例某种程度上表征其数字转型的阶段,也呼应其对数字转型理念。从这三个问题的回答情况来看,整体趋势是一致的。

能够实现档案电子化归档的业务系统中,OA系统和财务系统出现频率较高,分别占比57%和29%。其余的系统因各企业的业务领域不同,类型各异,不能够量化。

5)电子档案管理系统

78%的被调查企业配备了电子档案管理系统。对电子档案管理系统所具有功能的调研显示,185个系统中,具备所列全部15项功能的占比14%,具备10项及以上功能的占比51%,具备5项及以上功能的占比91%。可见,目前大部分电子档案管理系统的功能处于较低水平。这15项功能中,存储(91%)、分类(87%)、提供利用(83%)、登记(78%)是普遍具有的功能;审计跟踪(28%)、配置元数据方案(37%)以及"四性"检测(42%)则在档案管理系统中缺失的频率比较高。除了电子档案管理系统,仅有35%的企业设计专门系统、程序为员工提供档案知识服务。

6)电子档案管理制度

17%的被调查企业没有制定电子档案管理配套制度,36%的被调查企业仅在档案管理规范中有档案信息化的内容,30%的企业制定了专门的电子档案管理办法,17%的企业具有一整套电子档案管理制度,包括元数据方案、"四性"检测方案等(见图10)。认为本单位的电子档案管理配套制度建设完善、比较完善、一般、比较不完善、不完善的分别占比12%、30%、30%、16%、12%。

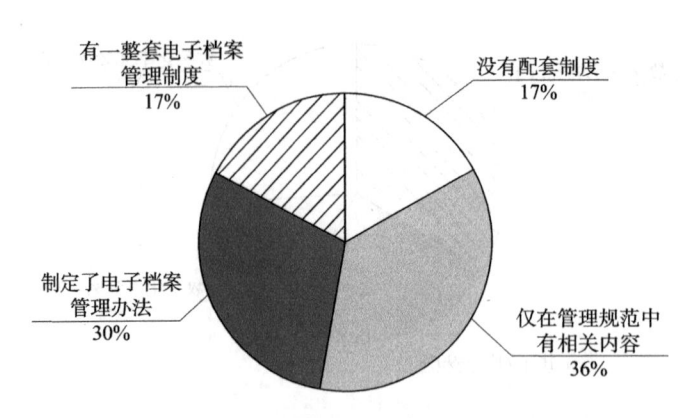

图10 企业电子档案配套管理制度建设情况统计

（饼图数据：有一整套电子档案管理制度 17%；没有配套制度 17%；制定了电子档案管理办法 30%；仅在管理规范中有相关内容 36%）

7)"单套制"（全电子化）管理成效

185家有业务系统实现电子文件"单套制"归档与管理的企业中，75%的被调查者认为这些档案"既可以发挥证据价值，也可以发挥信息价值"，17%的被调查者则认为这些档案"主要发挥信息价值，尚不能发挥证据价值"。仅有35%的被调查企业设计了专门的系统或程序，为员工提供档案知识服务。

6.8.2.2 企业档案工作数字转型驱动力及面临的困难

如图11所示，档案工作数字转型的主要驱动力包括公司战略驱动、行业趋势、经济环境以及国家政策要求，分别占比1/4左右。因竞争压力而开展档案工作数字转型的企业占比较小。可见，多维复合型驱动力是企业当前开展档案工作数字转型的态势，这也意味着档案工作数字转型已成为大趋势，而非受单一因素影响的决策。

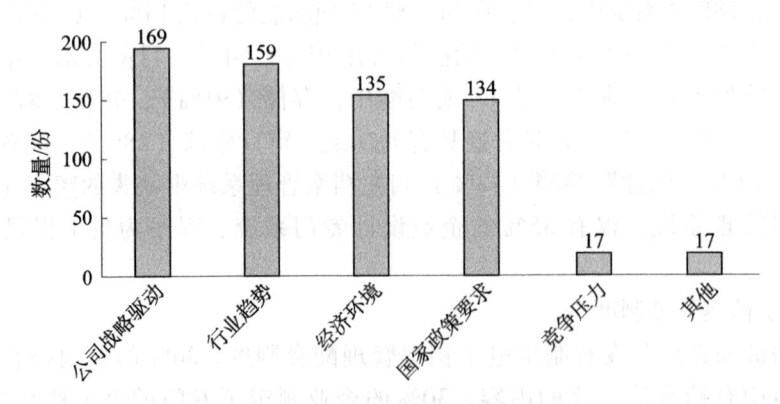

（柱状图数据：公司战略驱动 169；行业趋势 159；经济环境 135；国家政策要求 134；竞争压力 17；其他 17）

图11 企业档案数字转型驱动力统计

对于转型过程中面临的困难，"技术支撑不到位"是选择频率最高的选项，超过一半（59%）的被调研者选择了此选项。"缺少整体战略和切实可行的路线"（50%）、"缺少资金支持"（49%）、"缺少组织持续的推动"（47%）以及"业务价值体现不足"（45%）也是选择频率相对较高的选项。"缺少领导的支持和参与"的选择频率反而相对较低，占比35%（见图12）。这意味着，企业档案工作数字转型面临的主要困难是如何切实推进和实现，而不是是否需要开展的决策问题。

图12 企业档案数字转型困难统计

本调查问卷的最后设置了一道开放性的题目，请被调查者"分享其单位档案工作数字转型的情况，包括但不限于贵单位档案工作数字转型的现状、遇到的问题、取得的成绩等"。238份有效问卷中，共有41份问卷的被调查者填写了该题。其所填内容中，涉及档案信息资源数字化方面的评论最少，仅提及了2次"存量档案数字化"，并且均提到"目前单位仅完成了存量档案数字化工作，增量档案数字化工作还未考虑"。涉及档案管理过程数字化方面的评论也较少。涉及"规划"和"系统建设"方面，具体来说，调查者认为其所在单位"缺少统一规划""正在进行档案系统建设"。而对档案工作数字转型支撑条件的评论最多，共有37份问卷，提及了"观念""制度""接口""组织""人才""不重视""技术"等方面。这些问卷普遍表示"系统接口问题难以解决""缺乏相关人才""单位对于档案数字转型工作不重视""关键技术难以突破"等。总体来看，这些开放式评论暴露了目前企业档案工作数字转型中面临的诸多问题，表现最突出的是数字转型支撑条件严重不足。

6.8.2.3 企业档案工作数字转型所处阶段

对于档案工作数字转型所处阶段，不到一半（45%）的企业目前处于"局部试点"阶段，占比最高；32%的企业处于"全面展开"阶段；仍在"观望中"的相对占比较少（18%）；"成功转型"的最少（5%）（见图13）。

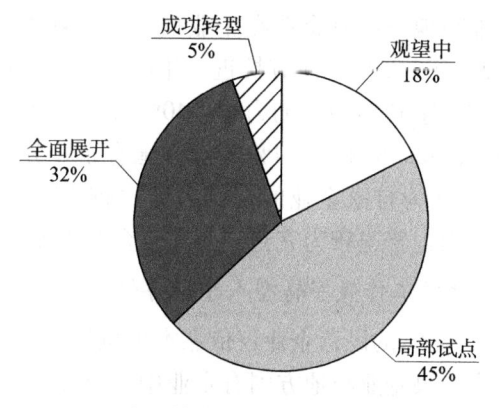

图13 企业档案数字转型工作阶段统计

6.8.2.4 企业档案工作数字转型的成熟度及未来发展

39%的被调查者认为其所在单位的档案工作数字转型成熟度"一般",占比最高;认为"比较成熟"和"非常成熟"的分别占比25%和7%;认为"比较不成熟"和"非常不成熟"的分别占比18%和12%。

对企业业务流程数字转型的调研显示(见图14),56%的企业"前端业务流程大部分实现电子化,少部分需要纸质文件",占比最高;"前端业务流程少部分实现电子化,大部分需要纸质文件"占比23%;"全部实现电子化,不需要纸质文件"与"未实现电子化,仍需要纸质文件"的分别占比10%与11%。参照目前已实现"单套制"归档业务系统的情况,仍有一部分实现电子化的业务流程尚未实现"单套制"归档,这也成为接下来一段时间档案工作数字转型的主要对象。

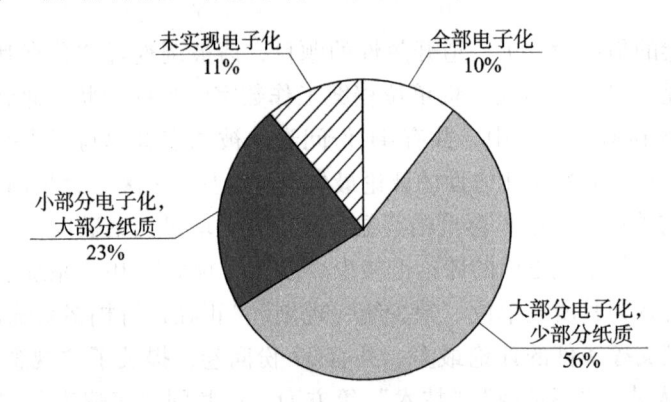

图14 企业业务流程数字转型情况

6.8.3 不同经济性质企业档案工作数字转型情况

对不同经济性质在数字转型阶段及数字转型内容的分析显示,其目前所处阶段差异较小,主要区别体现在对档案工作数字转型的重视程度、相关人才配备以及档案管理系统所具备功能上。

6.8.3.1 民营企业对档案工作数字转型支撑条件较弱

超过六成的中央企业与地方国有企业在企业档案工作规划中都涉及数字转型的相关内容,中央企业更是超过了75%,而有接近一半的民营企业则没有制定档案工作规划。对于企业对档案工作数字转型的资助力度,40%和23%的中央企业员工分别认为力度"较大"和"一般",32.8%和31.4%的地方国有企业分别认为力度"较大"和"一般",民营企业则普遍认为自家企业的资助力度"较小"。中央企业和地方国有企业在企业配套制度建设方面也普遍较为完善,而民营企业则配套制度建设不够完善。

6.8.3.2 民营企业档案工作数字转型人才配备较为完善,较少依赖第三方机构

在34家民营企业中,47%的民营企业仅依靠本单位档案工作人员即可开展档案工作数字转型,而在193家中央企业与地方国有企业中仅有23%和31%可以仅依靠自身

进行档案工作数字转型。17%的中央企业与地方国有企业则主要依赖或完全依赖第三方机构才能进行档案工作数字转型，民营企业为12%。

6.8.3.3 民营企业配备电子档案管理系统的占比较低

对不同经济性质企业拥有电子档案管理系统的比例，及具有不同数量电子档案管理系统功能所占比例的统计发现，相比于中央企业（81%）与地方国有企业（83%），民营企业具有电子档案管理系统的比例较低（62%）。

6.9 讨 论

6.9.1 从试点探索到全面展开：企业档案工作数字转型即将进入攻坚阶段

结合转型的路径，围绕转型内容的深度和广度，企业档案工作数字转型推进过程可以分为观望、试点、全面展开和成功转型四个阶段（见图15）。根据本文调研的结果，绝大部分被调研企业都已开始档案工作数字转型，其中大部分仍处于局部试点阶段，少部分转向全面展开阶段，真正实现完全转型的尚少。且针对不同经济性质企业的交叉分析发现，不同经济性质企业档案工作数字转型所处阶段差异较小。对档案工作数字转型所处阶段、对档案工作数字转型的理念、数字转型主要投资领域等的分析发现，不同经济性质企业之间并不存在明显差异。

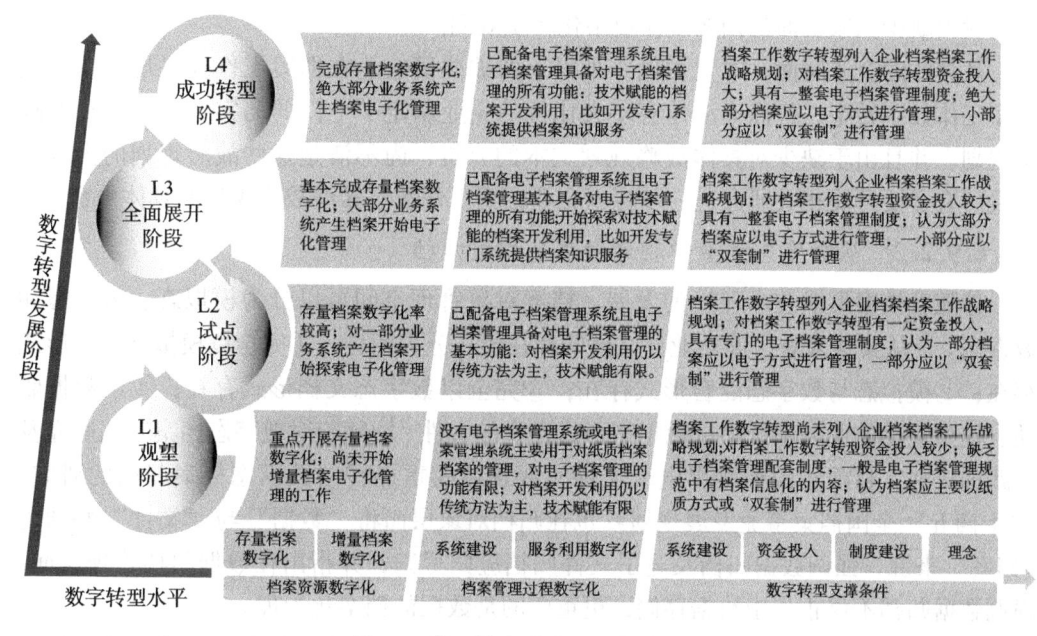

图15 企业档案工作数字转型过程

具体来说，大部分企业正从"双套制"管理模式向"单套制"转变，一定比例的企业正在实现完全的"单套制"管理，大部分企业有一定比例的系统实现了"单套制"归档。大部分企业已经将档案工作数字转型提升到战略层面,并在档案工作战略规划中(比如"十四五"规划)中提及档案工作数字转型,对档案工作数字转型的资助力度也比较大。存量档案数字化率在稳步提升,有相当比例的系统产生的档案实现了"电子化"归档和单套制管理,大部分单位已配备了电子档案管理系统,且电子档案管理系统的建设已经从"有没有"向档案管理系统是否与业务系统对接、能否实现对电子档案的合规管理转变。

6.9.2 企业档案工作数字转型所面临困境

6.9.2.1 企业档案工作数字转型工作的战略规划

档案工作数字转型涉及档案工作理念、目标、技术、结构、模式、能力等一系列要素的重构,[2]是一个系统工程,因而应加强顶层设计,自上而下推进,将档案工作数字转型纳入本单位数字转型战略规划之中。[16]好的规划在内容上应包括档案工作数字转型目标、约束条件和计划指标的分析,电子档案管理系统的功能结构,系统的组织、人员、管理和运行,以及档案工作数字转型的效益分析和实施计划等方面内容。[9]

从国家档案事业发展的宏观层面,本文发现国家及27个省级行政区的"十四五"档案事业规划尽管分别在档案信息化工作规划、存量档案数字化、电子文件单套制、电子档案管理系统和数字档案室建设5个方面提及企业,但对企业档案工作数字转型的专门性和针对性内容和要求较少,即宏观层面的规划内容缺少系统性。已有研究也提到我国缺少国家层面的档案工作数字化转型规划。[2]

从具体的企业层面,本文发现一半以上的被调研企业在档案工作战略规划中提及档案工作数字转型,但尚不清楚有多大比例的企业制定了专门的档案工作数字转型战略规划,并且由于缺少对具体战略规划文本的分析,尚不清楚这些战略规划的内容及质量。有必要开展相关研究进一步探索企业档案工作数字转型战略规划的具体内容。

6.9.2.2 从数字态档案归档到数据态档案归档

伴随着档案形成技术环境的发展,档案对象管理空间可以分为模拟态、数字态和数据态。[21]从实践来看,前端业务文件的存在形式分为四种:①完全以模拟态文件形式存在;②模拟态与数字态混合形式存在;③完全以数字态文档形式存在;④以数据驱动、模型驱动的业务系统中以数据态形式存在的文件。[22]随着对数字态档案归档研究及实践的成熟,目前我国档案界电子文件实践领域的重点转向数据态档案归档的研究,《"十四五"全国档案事业发展规划》也在归档对象层面将"数据"与"文件"并列为"档案"来源,强调数据归档及电子文件归档应归尽归,并指出在数据归档管理层面,强调数据归档不仅止步于数据存储,更重要的是数据的档案化管理。

国家档案局企业电子文件归档与电子档案管理试点分析与本文的调研问卷结果均显示,企业目前实现档案电子化归档和管理的系统中,OA系统以及财务系统占比较高,其他类型的业务系统占比较低。可能的原因之一是企业的业务系统往往具有独特性,占比较低。尽管如此,10个省级行政区的"十四五"档案事业发展规划中也指出，应"推进企业单位电子文件单套制归档从会计系统向更广泛领域推广"。可见，整体而言，目前大部分企业实现档案电子化归档的业务系统中，数字态形式为主的业务系统占比较高。本研究的调研也显示我国企业仍有一部分实现电子化的业务流程尚未实现"单套制"归档，其中相当比例属于数据态业务系统，这也将成为未来一段时间档案工作数字转型的主要目标。

6.9.2.3 企业档案工作数字转型的系统推进

企业档案工作数字转型涉及多方面内容，是一个系统工程，需要多维度的支撑条件。目前来看，我国企业档案工作数字转型面临的主要困难不再是需要开展数字转型的决策问题，而是如何切实推进和实现的路径问题，表现最突出的就是数字转型支撑条件严重不足。比如，对企业档案工作数字转型所面临困难的调研显示，相当比例的被调查单位提到了"技术支撑不到位""缺少整体战略和切实可行的路线""缺少资金支持""缺少组织持续的推动""业务价值体现不足"。对开放性题目的评论中，对档案工作数字转型支撑条件的评论最多，分别提及"观念""制度""接口""组织""人才""不重视""技术"等方面。再比如，国家档案局科技项目立项中，相当比例的项目聚焦档案管理过程数字化。

此外，对不同经济性质企业的交叉分析也发现，民营企业在档案工作数字转型的战略规划、资助力度、配套制度建设以及档案管理系统建设上比中央企业和地方国有企业弱。企业电子文件归档与电子档案管理试点中，中央企业、国有企业占绝大多数，民营企业占比较低。这意味着民营企业档案工作数字转型的支撑条件问题更为严峻。

6.10 对策与建议

结合我国企业档案工作数字转型当前取得的进展，我国企业档案工作数字转型即将全面展开，也将进入攻坚阶段。具体而言，在国家档案局相关试点工作的引导下，相当比例的企业已经在一定支持下开展了档案工作数字转型的具体工作，探索和完成了以数字态档案为主的业务系统电子化归档和管理工作，并带动了档案管理业务流程的转型和升级。

未来，企业档案工作数字转型将进入攻坚阶段，即从试点探索到全面展开，为保障企业档案工作数字转型的稳步推进，需要国家及地区层面的政策支持和引导，需要企业将档案工作数字转型纳入企业档案工作战略规划，从资金、制度保障、组织支持、人员配备、基础设施等方面提供有力支撑，并从多个维度系统推进企业档案工作数字转型的各方面工作。此外，还需要学界加强对以数据态档案为主的业务系统电子化归档和管理的研究，国家档案局建立相关试点作为参考，为企业相关实践提供参考。

6.11 结　　语

在数字中国建设背景下，为了解我国企业档案工作数字转型现状，发现存在的问题，从而进一步深化转型，本文构建了企业档案工作数字转型的指标体系，对国家及省级行政区的"十四五"档案事业发展规划、国家档案局科技项目立项和企业电子文件归档和电子档案管理试点的相关文本进行了分析，并利用问卷调查法对企业进行了调研。研究发现，我国企业档案工作数字转型正从试点探索阶段向全面展开阶段过渡，即将进入攻坚阶段。目前面临的主要困境包括缺少宏观层面的战略规划，未来电子化归档的系统将以数据态档案为主，缺少系统推进的有力支撑条件。鉴于此，未来应从政策、支撑条件以及相关学术研究层面着力推进企业档案工作数字转型。

参考文献

[1] 谢鹏鑫，谭必勇. 政策文本分析视角下档案工作数字转型内涵研究[J]. 档案管理，2023（2）：43-47，51.

[2] 马双双，谢童柱. 数字中国建设背景下档案工作数字化转型：内涵、困境与进路[J]. 档案学研究，2022（6）：115-121.

[3] 黄建峰. 积极融入数字中国建设 加快档案信息化战略转型[J]. 中国档案，2022（10）：32-33.

[4] 孙宇. 新形势下提升企业档案管理质量的策略探究[J]. 陕西档案，2023（2）：36-37.

[5] 蒋术. 数字档案馆建设探索与实践：以中国华能为例[J]. 北京档案，2021（12）：30-33.

[6] 王强，高强，郭晖. 数字时代企业集团数字档案馆建设实践[J]. 中国档案，2022（6）：54-55.

[7] 王强. 企业档案工作数字化转型：实践探索与理论框架[J]. 浙江档案，2020（9）：16-20.

[8] 王强. 企业档案工作数字化转型：背景、方向与策略[J]. 中国石油企业，2020（8）：69-72.

[9] 蔡盈芳. 企业档案工作数字化转型：概念、背景、内容与路径[C]//中国档案学会，中国文献影像技术协会. 2019年海峡两岸档案暨缩微学术交流会论文集. 出版者不详，2019：6.

[10] 王昱. 企业档案工作数字化转型浅析[J]. 浙江档案，2023（6）：56-58.

[11] 我国学术和实践界经常使用"档案工作数字化转型"表达同样含义，笔者选择使用"档案工作数字转型"。

[12] 石海燕. 企业档案管理数字化转型发展探究[J]. 城建档案，2021（8）：20-21.

[13] 郝春红. 企业数字档案资源建设现状评估分析：以某大型央企档案工作为例[J]. 机电兵船档案，2019（1）：50-52.

[14] 茅洁婷. 现代企业档案工作转型探索[J]. 黑龙江人力资源和社会保障，2022（12）：76-78.

[15] 卢国锋，韩阳，梁宇婷. "十四五"期间企业档案工作转型升级的思考[J]. 机电兵船档案，2022（3）：31-34.

[16] 蒋术. 企业档案工作数字化转型现状·问题·对策[J]. 档案天地，2021（5）：35-38.

[17] 王晶. 企业档案工作转型升级的研究[J]. 机电兵船档案，2021（5）：36-38.

[18] 邢变变，李欣钰. 强基·赋能·助力："十四五"时期档案工作数字转型的实现路径研究[J]. 档案管理，2022（2）：33-36.

[19] 向宇. 企业文件管理数字转型的问题与对策：基于29家企业的调查研究[J]. 浙江档案，2021（8）：52-54.

[20] 安妮鸽. 档案管理数字化转型的路径探究[J]. 兰台内外，2021（29）：1-3.

[21] 钱毅. 技术变迁环境下档案对象管理空间演化初探 [J]. 档案学通讯, 2018, (2): 10-14.
[22] 吴志杰, 王强. 组织机构视角下的业务系统电子文件归档: 问题、理念与策略框架 [J]. 档案学通讯, 2020 (4): 79-86.

7 数字中国背景下的档案领域国际合作

祁天娇[1,2,3]　周一诺[4]

1. 中国人民大学信息资源管理学院；2. 中国人民大学数字人文研究院；
3. 中国人民大学电子文件管理研究中心；4. 武汉大学信息资源管理学院

摘　要：数字中国建设战略推动下，档案领域的国际交流与合作面临新的挑战与机遇。为了探索数字中国背景下档案领域国际合作机遇与挑战，本文梳理了近年来档案领域学术成果、专业会议、档案实践等方面的国际合作中，有关数字转型的议题与现状，由此提出我国档案学需要以积极参与国际档案联盟与会议为抓手、以档案学研究与教育的国际合作为根基、以档案数字资源共建与共享为突破口、以档案联合展陈与数字叙事为转型重点，争取更多海外流失档案的数字回归，投身于新数字时代档案领域国际交流合作。

关键词：数字中国；档案；国际合作；数字资源建设

7.1 引　言

2023年，中共中央、国务院印发了《数字中国建设整体布局规划》，要求构建开放共赢的数字领域国际合作格局，统筹谋划数字领域国际合作，建立多层面协同、多平台支撑、多主体参与的数字领域国际交流合作体系。档案数字转型作为数字中国建设的题中之意，必然也要在数字领域国际交流合作中寻求新的突破。国际交流与合作一直是档案管理工作的重要组成部分。在中国档案学自主知识体系建构过程中，面向世界开展档案学研究尤为重要，对外传播中国档案思想和经验也是中国档案学界理论自信、文化自信的表现。[1] 2020年6月，新修订的《中华人民共和国档案法》从法律层面鼓励和支持档案领域开展国际交流与合作。《"十四五"全国档案事业发展规划》则明确了"十四五"期间档案领域国际交流与合作的形式，即在双边档案合作框架下，开展业务交流、联合举办展览、编辑出版文献汇编等。数字转型驱动下，档案国际交流与合作的形式必然更加多样，也将为更大范围内数字资源的共建与共享、世界文化遗产保护与传播、国际关系维护与创新发挥更大作用。

档案领域的国际交流与合作由来已久，如今在数字中国建设战略推动下，也面临新的挑战与机遇。1910年，来自23个国家的500名代表在比利时首都布鲁塞尔参加了第一届档案工作者与图书管理员国际大会，开创了国际档案合作之历史先河，为国际档案理事会的成立奠定了思想基础和组织基础。1948年，联合国教科文组织（United Nations Educational, Scientific and Cultural Organization, UNESCO）专家会议讨论决定成立国际档案理事会（International Council on Archives, ICA），标志着档案国际交流与合作从此有了稳固的组织规制。1960年，国际档案理事会第一个区域分会在东南亚成立（Southeast Asia Regional Branch of the International Council on Archives），极大地推动了亚洲档案工作的发展与合作。1993年，国际档案理事会东亚地区分会（East Asian Regional Branch of the International Council on Archives, EASTICA）成立，中国作为七大成员之一积极参与到地区档案工作合作与交流之中。进入21世纪，国际范围内的档案资源数字化合作拉开大幕。2009年，联合国教科文组织正式启用世界数字图书馆（The World Digital Library），包括中国在内的许多国家的档案馆、图书馆、博物馆和相关文化机构参与其中，为全球数字文化资源开放共享贡献了重要力量。

在档案领域，中国国家交流与合作中一直承担着大国责任、发挥着积极作用。中华人民共和国国家档案局先后与印度尼西亚、秘鲁、蒙古、波兰、阿联酋、葡萄牙、立陶宛、捷克、保加利亚、新加坡等国家的档案机构签署了双边合作协议或执行计划，通过举办专题展览、开展学术交流、出版档案资料汇编、交换档案复制件等形式开展合作。[2]中国的档案文献资源也为世界记忆项目贡献了巨大力量。目前已有13项档案文献遗产列入《世界记忆名录》、12项列入《世界记忆亚太地区名录》，并在国际和地区世界记忆项目事务中积极提出中国主张、贡献中国方案。2015年，联合国教科文组织世界记忆项目计划建立世界记忆项目学术中心体系，当前世界上已建立的7个学术中心有4个在中国。[3]

在已有国际交流与合作的成果基础上，中国档案资源的对外开放与互联、档案工作的涉外协同与合作，在数字中国建设过程中将面临新的议题。例如，面向档案领域的国际交流与合作中，有哪些议题值得学术探讨并进行理论引导与转化？中国数字档案资源将如何更好地与国际档案资源网络更好地联通，并在联通过程中保护中国档案资源权利与国家权益？如何通过国际档案管理协作，更好地服务中国档案资源的数字化建设与服务？如何通过档案领域的国际合作与交流，服务国家战略实施与国际关系发展？这些问题在当前的档案学界少有探讨。因此，本文希望通过梳理近年来档案领域学界与业界的国际合作中有关数字转型的议题与现状，探索新数字时代档案领域国际交流与合作的趋势、需求与挑战，为面向数字中国建设的档案学术与实践、档案建设与管理、档案开放与服务的多层面国际合作探讨新路径。

7.2 学术成果中的档案研究国际合作

学术研究是实践发展的先行探索或经验总结，因此学术领域的国际交流与合作能够很大程度上反映当前档案领域国际合作动态。为梳理近年来档案学术研究中的国际合作，本文对2021年以来的国际档案领域期刊文献进行了定量分析。

7.2.1 数据来源与分析方法

本文选择的国际文献来源包括 American Archivist、Archival Science、Archivaria、Archives and Manuscripts、Archives and Records: The Journal of the Archives and Records Association（原名 Journal of the Society of archivists）、Records Management Journal、Restaurator: International Journal for the Preservation of Library and Archival Material、African Journal of Library, Archives and Information Science。其中前6种期刊是澳大利亚研究理事会（Australian Research Council）公布的国际档案学期刊综合评分为A以上的期刊，后2种期刊是SSCI入选刊物，皆是当前档案领域最具代表性和影响力的国际刊物。本文对以上8种期刊自2021年1月1日至2023年8月25日已发表文献进行在线获取，删除其中的书评、综述等非第一手文献后，共提取285篇文献作为原始数据进行统计。本文利用CiteSpace对有效文献的发表时间分布、国家合作分布、共被引作者以及文献主题等进行了定量分析，发现数字转型议题在档案学术研究合作中被拆解为非常丰富的具体选题，且集中表现在不同国家作者共同探讨前沿数字技术在档案管理与服务中的应用。

7.2.2 档案理论研究国际合作现状

分析发现，285篇国际论文共来自28个国家和地区，其中美国作者发表文章最多，英语系国家的文章占据绝大多数。南非和尼日利亚的论文数量居于第五、第六位，也展现了良好的研究实力。观察国家和地区的合作关系网络可以发现，如图1所示，英美国家成为当前档案学术合作网络的中心，美国、加拿大、英国等国家表现出较为紧密的合作关系。此外，非洲地区的国家合作也形成地域性聚集态势。而亚洲国家在合作网络中的作用并不明显，也尚未形成一个具有代表性的区域性合作网络。

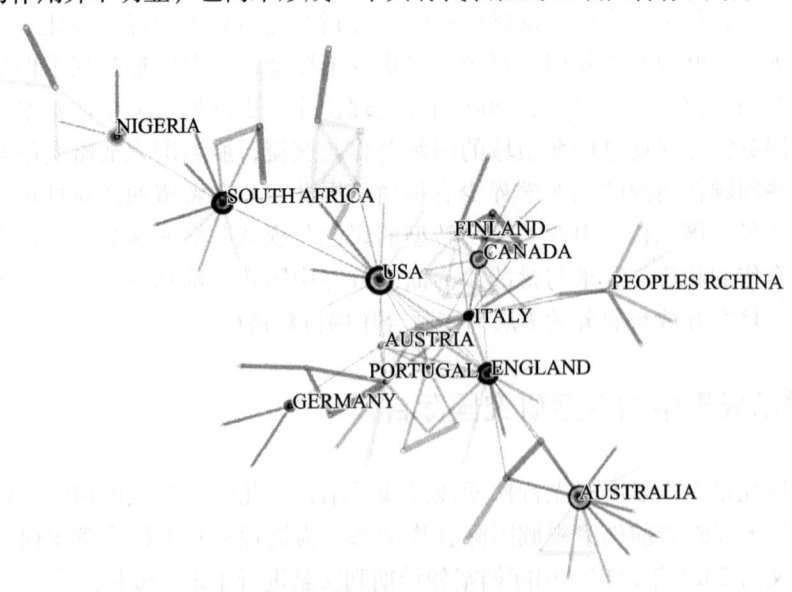

图1 2021—2023年国际档案学论文的国家和地区合作网络图

通过对这些合作网络的关键词进行分析发现，如图2所示，档案获取（access）、社群档案（community archive）、档案保存及数字化存储（preservation）等议题得到了较高关注。此外，现代信息技术在档案领域的运用，如人工智能（artificial intelligence）、元数据（metadata）等也成为学术讨论的焦点。

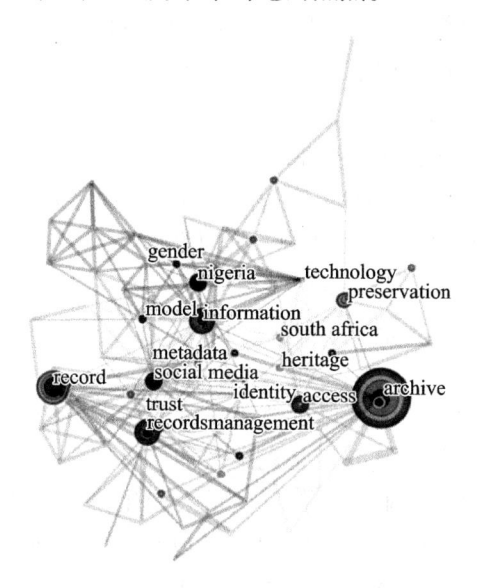

图 2　国际档案学论文关键词共现图谱

为进一步探究国际学术研究的主题分析，本文对关键词进行了主题聚类和人工分析，将近年来国际档案学理论研究的主题划分为五大领域，如图3所示，也从中一窥数字转型过程中，国际档案学界最关心的核心问题。

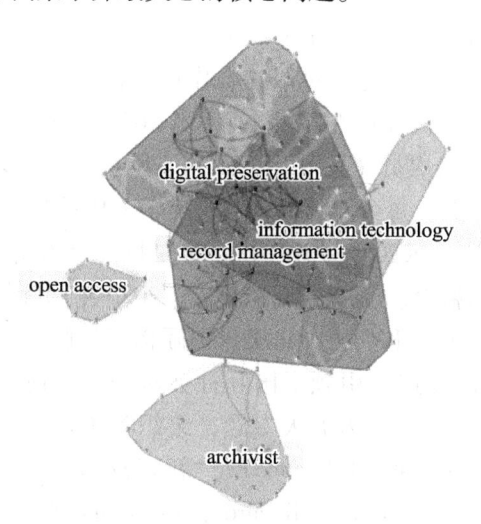

图 3　国际档案学论文主题聚类

①数字保存/网络信息存档（digital preservation/web archiving），该主题主要讨论在

社交媒体、网站等空间中原生数字档案资源以及文物文献遗产数字化资源的保存方法、保存技术与已有实践等问题。②文件管理（record management），该主题主要讨论在数据治理与数据管理的整体框架下，组织机构的文件管理、文件管理与社会公平正义、公共部门电子文件管理的保障措施等问题。③档案工作者（archivist），该主题主要讨论数字转型时代，尤其是新冠疫情期间以及后疫情时代的档案工作职能转变、档案工作者角色转变，以及在此过程档案工作者的价值、教育等问题。④开放获取（open access），该主题主要讨论在数字时代如何提高档案的可访问性、档案馆等公共文化机构如何更好地向公众提供服务、如何发挥档案资源的更大价值等问题。⑤信息技术（information technology），该主题主要讨论人工智能、机器学习、文本识别这些前沿技术在档案管理中的具体应用以及相关的政策、法规、伦理等问题。

7.3 专业会议中的档案研讨国际合作

新冠疫情对全球各领域交流合作都造成了巨大影响，档案领域过去五年的专业国际会议召开数量也有所下降，其间正是人工智能、机器学习、元宇宙等新数字技术快速发展的时期，国际关系与专业态势都发生重大变化，势必对后疫情时代的档案国际研讨与合作议题产生重要影响。本文对2022年以来的档案领域国际学术或实践交流会议进行了编码统计，截至2023年8月，共获取包括即将召开的国际档案大会在内的17项国际会议，其中以各级档案联盟机构的年会为主要形式，且基本采用线上交流方式，部分地区性跨国会议在有限条件下可开展线下交流。

7.3.1 国际档案理事会对档案国际交流与合作的引领作用

国际档案理事会（International Council Archives，ICA）成立于1948年，是非政府间的国际档案专业组织，其宗旨是通过国际合作促进档案学的发展、保护人类档案遗产不受损害、鼓励人们利用和研究档案。根据ICA 2022年度报告，目前ICA共有来自150个国家和地区的1528名成员，其中有53%来自欧洲、18%来自美洲、15%来自亚洲，其他来自非洲和大洋洲，每个洲的机构组织或个人成员都略有增加。[4]国际档案大会是ICA的最高权力机构，每四年召开一次，也是国际档案界层次最高、规模最大、议题最为广阔的专业学术盛会。受新冠疫情影响，2020年国际档案大会推迟举办，并于2023年10月在阿布扎比隆重召开。此次令国际档案界瞩目的大会主题为"赋能知识社会"（Enriching Knowledge），引领了国际社会对档案如何更好地为社会赋能的大讨论。2023年国际档案大会共分为五大专题，组织各国档案学者、专家与工作者分别就"和平与宽容"（Peace and Tolerance）、"新兴技术——电子文件、电子解决方案"（Emerging Technology：Electronic Records，Electronic Solutions）、"可持续知识、可支持地球——档案、文件与气候变化"（Sustainable Knowledge，Sustainable Planet：Archives，Records and Climate Change）、"信任与证据"（Trust and Evidence）、"获取与记忆"（Access and Memories）五大专题及47个子议题展开了丰富讨论。[5]从中可见，在社会数字转型过程中，除了应对前沿技术带来的挑战，档案角色及其管理的转型以及如何在转型中更好地服务于社会公平正义、赋能新型国际关系与人类可持续发展，是ICA希望引起国际档案界关注的重要命题。正如ICA 2022年国际档案理事会罗马年会的议题"档案：弥合鸿沟"（Archives：Bridge the Gap）所呈现的那样，数字转型时期的档案，正在以新的服务方式赋能社会公平正义、人道主义、集体记忆以及技术发展背后的文化与数字鸿沟。[4]

7.3.2 地区性档案工作联盟机构的主导作用

在近两年的国家档案交流会议中，由地区性档案工作联盟机构发起的会议占据了1/3。例如美国档案工作者协会每年会召开研究论坛（SAA Research Forum），该论坛以欧美档案工作者为中心，同时吸引全世界各地档案实务人员参加。2022年、2023年的线上论坛讨论的议题包括：全球挑战及其对档案馆和档案员的影响；公平、多样性、包容性和社会正义（EDISJ）作为档案馆和档案员的核心价值；跨领域合作——GLAM；档案馆数据；以用户为中心设计档案服务系统；扩大档案对社会的影响。这些议题与国际档案大会议题有高度重合之处，也更加聚焦特定实践场景下的档案实务工作。加拿大档案工作者协会年度会议（ACA Annual Conference）的议题则聚焦档案在社区建设、发展与平衡之间的作用。例如2022年会议主题为"动荡：重新定义档案权力"（Unsettled—Redefining Archival Power），主要讨论社群档案、档案社区合作、档案社会价值以及现代技术在档案领域的应用等话题；2023年会议主题为"归属：探讨档案联系与差异"（Belonging—Considering Archival Bonds and Disconnects），主要讨论特殊档案社区与档案归属等问题。美国、加拿大在档案工作社会价值议题上的一致性，与两国档案传统同源相关，也在一定程度上反映了两国档案实务发展节奏的趋同。相比之下，英国档案界更为关注数字时代档案工作的转型与变化问题。例如由英国国家档案馆、英国研究图书馆协会、英国教育支持机构等联合举办的"发现馆藏、发现社群"（Discovering Collections and Discovering Communities）大会，在2022年、2023年的议题分别为"数字档案的未来景象"（The Future Landscape of Digital Archives）、"彻底的重新想象：实体和虚拟之间的相互作用"（Radical Reimagining：Interplays of Physical and Virtual），以探索数字创新如何改变档案部门与其受众之间的关系、档案管理中如何应用数字技术等数字变革时代核心的档案工作命题。对这些问题的探索，俄罗斯档案领域也给出了自己的回答。2022年10月，俄罗斯联邦档案署联合全俄文书档案科学研究所、俄罗斯国立人文大学、莫斯科主档案馆等在线上线下共同讨论"信息社会中的文献：数字时代遗产的形成和保护"，引导欧亚大陆国家合作探讨数字时代档案科学理论的发展与档案管理实务的深度转型。

7.4 数字转型中的档案实践国际合作

7.4.1 档案数字资源的共建与共享

档案领域在资源建设方面的国际合作已有多年的实践积累。例如，1970—2001 年，尼泊尔国家档案馆与德国汉堡大学亚非学院印度学和藏学系合作开展"尼泊尔－德国写本保护项目""尼泊尔－德国写本编目项目"，在长达 30 年的合作中完成了 17 万本手抄文献、500 万片缩微胶卷入藏尼泊尔国家档案馆和德国柏林国家图书馆，一定程度上实现了尼泊尔档案的缩微胶卷异国备份，也为国际上藏学资源的共建共享开创了新模式。[6]中俄档案资源合作共建也经历了较长时间的磨合，自 2003 年中俄档案合作小组成立并纳入中俄政府间人文合作机制后，中俄档案工作交流一直在规律性开展。2016 年，中国国家档案馆提供 44 份有关中共六大会议的档案仿真复制件，参与俄罗斯莫斯科中共六大会址展览馆筹建，这也是迄今为止中国唯一在海外常设的中共党史展馆。2019 年，俄罗斯联邦档案署向中国国家档案局转交了俄罗斯国家影片照片档案馆保存的中华人民共和国开国大典珍贵彩色影像档案，国家档案局根据这些珍贵档案制作的开国大典影像，在国内外引起巨大反响。[7]中俄之间的档案资源共建，不仅为中俄国际关系的发展以及中共党史的循证贡献了重大力量，也为中国重大历史事件的档案展示与传播创造了更好条件。

数字转型时代，数字化档案资源突破了时空局限，为更多国际交流与合作创造了可能，档案数字资源的共建与共享也成为近年来国际档案合作项目的实施重点。一方面，国家间跨机构合作开展历史档案数字化，能够有效地整合某一主题下跨国分布的历史档案，并最大程度提升数字档案的利用效率、减轻数字化工作给档案机构带来的成本压力。2023 年，澳大利亚国家档案馆与全球最大的家谱网站 Ancestry.com 开展合作，将 9.5 万件第一次世界大战期间申请加入澳大利亚军队的人员档案进行了数字化处理。Ancestry.com 的工作人员专程赶赴澳大利亚国家档案馆位于维多利亚州东伯伍德的档案存储库，与国家档案馆的工作人员共同开展数字化工作，确保这些档案文件在安全条件下实现高质量数字化。[8]另一方面，国际合作数字档案资源建设的最终目的是更大范围共享和利用数字资源。例如，位于日内瓦的联合国图书馆（UN Archives Geneva）耗资 2500 万美元，启动了为期 5 年的国际联盟档案数字化项目——"国际联盟全面数字访问"（Total Digital Access to the League of Nations Archives Project，LONTAD），并于 2022 年 10 月底完成了核心任务。该项目完成了国际联盟 1420 万页档案的数字化，产生超过 220TB 的数字资源，并全部面向公众免费开放数字化在线访问，为历史学家和研究者利用国际联盟档案研究国际关系史提供了重要平台。[9]类似的项目还有欧洲 4 个国家 14 个高校与文化机构共同发起的"欧盟数字档案研究联合基础设施"（Collaborative European Digital Archival Research Infrastructure，CENDARI）项目。在 2012—2016 年通过整合开放欧洲上千家机构的数字档案资源，为历史学家提供坚实的数字档案研究平台，真正将数字档案资源融合转型为欧洲历史学术的重要基础设施。[10]

中国各级档案部门从 20 世纪 90 年代开始越来越多地关注数字档案资源的积累与保存，截至目前，全国已建成具有全国示范水平的数字档案馆（室）120 余家，各级各类数字档案馆（室）6000 余家，各级综合档案馆完成馆藏档案数字化达 24179TB，馆藏档案数字资源占比大幅提升。[11]未来在海外中国档案与跨国、跨地区档案汇集的数字资源建设与共享、中国开放档案资源数据集建设与挖掘利用等方面，我国档案领域与国际档案机构或其他文化机构的交流与合作还有广泛空间。

7.4.2 基于数字化的档案回归

历史档案归属争议问题一直是国际档案领域希望通过交流协作来共同解决的重大问题，不仅关系到国际历史档案遗产的主权归属，更关系到国际关系的持续维护。实体档案返还一直是历史档案回归的最直接方式。2017 年 7 月，澳大利亚国家档案馆向日本国家档案馆归还此前被扣押的第二次世界大战前在澳大利亚开办的日本企业的档案共 3327 箱，作为 2012 年日本主动将发现的大洋洲史上最严重海难的死者名单归还给澳大利亚政府的反馈，并持续推动两国在档案方面的长期合作。[12]然而当历史档案归属争议问题无法通过档案实体回归解决时，档案数字化与数字资源共享能够提供另一种有效方案即数字回归。

数字回归是指将文化遗产以数字形式归还给其原属地，是在文化遗产实体因各种原因无法回归原属地的情况下，借助数字副本先将文化遗产中所蕴藏和传承的历史与文化传统进行回归的一种文化选择。历史档案作为重要的文献遗产，其数字回归是当前国际文化遗产数字回归的最重要方式之一。第二次世界大战期间，苏联战俘被关押在纳粹集中营里，其间形成了大量档案，现被保存在德国科布伦茨联邦档案馆中，其中包含的个人文件与军事 ID 等信息，对于苏联战俘认定等问题的解决非常有价值。2020 年 5 月，德国将数字化后形成的苏联战俘档案副本移交俄罗斯，以保障争议双方对档案"共有"的权利。[13]这种通过移交档案数字化副本来解决历史档案归属争议的方法，在国际上已较为典型且广泛。2017 年以来，塞尔维亚伏伊伏丁那档案馆与耶路撒冷档案馆合作开展历史档案数字化与资源共享工作，致力于共同推进第二次世界大战之前、期间和之后犹太人命运的研究，两国突破国界共享数字资源、共建文化遗产、共研历史事实的做法，体现了各国档案馆之间的高度信任，也为历史档案的数字回归创造了良好的政治与专业环境。2021 年 3 月，荷兰与苏里南国家档案馆在已完成的苏里南奴隶登记册数字共享项目的基础上，通过视频会议签署了谅解备忘录，就未来 4 年两国历史档案的保护、数字化与在线利用达成协议，将进一步推进争议性历史档案的合作共建与开发共享。[13]

我国流失海外档案呈现数量大、时间跨度长、多线性和复杂性等特点，因此数字回归对于我国国家档案资源的完整性保护与建设尤为重要。近年来，我国也与其他国家就档案回归开展了合作，例如国家档案局与蒙古国国家档案局签订的合作协议中，就明确"为研究发掘有关两国历史方面的文献，以编辑史料汇编和开展档案史料展为宗旨，双方互派学者"。当前国际交流中，我国也常以出版的形式收集流失海外的珍贵文献史料。中国政府从 2017 年启动"中华古籍保护计划"，对数以百万计流失海外的典籍展开调查、建档，并自 2015 年起依托国家图书馆的国家古籍保护中心，对这些古籍开展数字化扫描和高清影印出版工作，并以"中华古籍资源库"的形式对古籍数字资源进行汇聚并提供集中利用，推动海外中华典籍为中国民众所享、为中国学界所用。但在国家大型历史文献遗产数字回归的工作中，档案馆国际合作与参与度尚不高，仍需通过更多的国际合作探索历史档案的数字回归之路。

7.4.3 档案联合展陈与数字叙事

档案展陈与叙事是讲好中国故事的重要方式。近年来，习近平总书记对做好涉外档案开发、深化档案外事交流合作、申报《世界记忆名录》等工作作出重要指示批示，更是强调"加强中外人文交流、以我为主、兼收并蓄。推进国际传播能力建设，讲好中国故事，展现真实、立体、全面的中国，提高国家文化软实力""要运用我国考古成果和历史研究成果，通过对外宣传、交流研讨等方式，向国际社会展示博大精深的中华文明，讲清楚中华文明的灿烂成就和对人类文明的重大贡献，让世界了解中国历史、了解中华民族精神，从而不断加深对当今中国的认知和理解，营造良好国际舆论氛围"。用档案讲好中国故事，努力塑造可信、可爱、可敬的中国形象，不断深化国际社会对中国特别是中国共产党的理解和认知，也成为近年来我国与国际社会共同开展档案展陈与联合叙事的工作重点。

2018 年 12 月，"锦瑟万里，虹贯东西——16 世纪至 20 世纪初中外'丝绸之路'历史档案文献展"在联合国教科文组织总部开幕，该展览由中国国家档案局和中国联合国教科文组织全国委员会主办、中国第一历史档案馆承办，来自捷克、土耳其、法国、匈牙利、印尼、日本、波兰、韩国、西班牙等"一带一路"国家和地区的档案馆或图书馆，以及 21 世纪水下遗产保护公约项目，都提供了珍贵的历史档案文献，百余件档案展品充分反映了丝绸之路沿线在外交、贸易、文化、艺术等领域的交往历史。[13] 2019 年 7 月，中俄档案国家交流系列活动在成都举办，"庆祝中华人民共和国成立 70 周年——中俄友好关系历史档案文献展"在成都市档案馆揭幕。[13] 目前，我国已与俄罗斯、美国、英国、欧盟、法国、印度尼西亚、南非和德国先后建立起八大副总理级人文交流机制。[14]

面对数字时代社会公众阅读和理解档案叙事的新方式与新需求，我国也需要积极探索档案数字展陈与数字叙事方面更多元化的国际交流与合作。近年来，欧洲时光机（Time Machine）项目通过国际档案合作，为历史档案的数据化处理与数字叙事创造了新的模式。该项目目前已获得欧洲各国学术研究机构、公共组织以及数字公司等 170 余家机构的广泛支持，通过数字化处理历史档案并进行数据化处理分析，将历史档案转化为随时可读取的图像信息，并通过 3D 建模技术模拟历史场景，关联多模态其他历史资源，构建起突破传统单一维度叙事的数字叙事体系，为公众提供更加直观、生动的档案感知与历史体验，为我国未来参与甚至主导类似的档案数字叙事合作项目提供了可参考范本。

7.5 数字中国建设背景下档案领域国际合作的机遇与挑战

7.5.1 以积极参与国际档案联盟与会议为抓手

中国国家档案局以及各级档案机构、档案学研究与教育机构一直是国际档案联盟与国际会议的重要成员。近年来，即使受新冠疫情影响，我国档案工作者与档案科研人员仍然积极参加了联合国教科文组织举办的保护濒危文献遗产政策对话会。例如，由国际档案理事会欧亚地区分会、俄罗斯联邦档案署、全俄文书档案科研所主办的第27届、28届国际科学实践大会，由印度尼西亚国家档案馆与印度尼西亚教育与文化部联合举办的"世界文献遗产——'香料之路'档案"国际协调会，由国际口述史协会和新加坡国家档案馆共同主办的第21届国际口述史大会，由意大利的里雅斯特—斯洛文尼亚马里博尔国际档案学研究所等五大机构联合举办的第32届"国际档案日"等重要国际会议，2023年国际档案大会。[15]国际档案联盟会议以及各级各类档案大会，能够以特定的会议主题引导国际交流与合作的方向，且近年来越发关注数字转型给档案与社会带来的深刻影响，包括数字档案业务的迭代以及数字档案社会职能的变迁。这些议题灵敏反映了国际档案领域视野的拓展与变焦，将对各国自身档案理论与实践发展方向及时起到引领作用，也为多元的档案背景下国际档案交流与合作的充分开展奠定了基础。我国在后疫情时代，面对数字转型给档案领域带来的深层次、多方面变革挑战，更应积极参与甚至主导国际档案联盟与会议，以此为抓手争取在更多国际联合行动或项目中提升中国档案的显示度，主动发出中国声音、推出中国方案、倡导中国标准。

7.5.2 以档案学研究与教育的国际合作为根基

国际交流与合作需要坚实的档案学理论研究、实践发展与人才培养基础，因此，国际国内档案领域在面对数字时代档案变革时，都需以档案学研究与教育为根基，在提升档案学理论与实践水平的基础上，争取更高质量的国际交流与合作。在当前国际档案核心期刊中，欧美国家档案学者形成了比较紧密的合作关系，也占据了国际发文的大半江山。在档案数字转型相关的前沿议题上，中国档案学者的国际发声尚不明显，且尚未与其他国家档案学者形成较为成熟的合作网络。在档案学教育上，中国档案高等教育一直有良好的国际交流与合作办学传统，近年来受国家留学基金管理委员会公派至美国、加拿大、英国等发达国家留学的档案学本科生与研究生，也较多关注档案多元理论、社群档案、网络归档、电子文件与数字人文等数字时代档案学前沿话题，这些留学生将国外不同档案传统与背景下形成的档案理论与方法，以及应对数字技术挑战时全球档案界共同面临的挑战与问题一同带回国内，在中国档案理念与传统的实际背景中开展针对性研究，一定程度上推动了中国档案学研究的发展。同时，由中国档案高等教育机构主办的各类国际档案会议，邀请国际档案学者共同参与讨论，也有助于将中国档案学理论与方法向国际社会进一步传播，为更多档案学者就档案数字转型开展国际项目合作研究搭建了平台。未来，中国档案学教育在"走出去"的同时，应更加注重"引进来"，吸引更多国际档案学者与学生来中国高校合作办学，有助于更多档案新兴力量了解中国档案、理解中国档案、传播中国档案。而中国档案学研究则在传统"引进来"学习思想的基础上，坚定中国档案理论与方法自信，建设中国档案自主知识体系，更加积极地"走出去"，与更多国家档案学者交流与合作，传播中国档案理念，让国际档案社会看到中国档案经验与方案。

7.5.3 以档案数字资源共建与共享为突破口

在档案国际会议、合作办学与共同研究这些基础性国际交流与合作内容外，数字时代档案实践层面的国际交流与合作目前大部分围绕着档案数字资源共建与共享开展。包括美国、英国、加拿大以及欧盟成员国在内的很多发达国家，都已建成国家级或者地区级数字档案资源体系与平台，以国家或地区记忆的形式面向社会公众广泛开放与共享，成为国家或地区历史学、社群学以及重大事件研究的重要基础设施。我国当前参与或主导的国际数字档案资源建设与共享项目还很少，也尚未形成具有国际通行或复用价值的数字档案建设模型、标准或方案，在数字档案资源建设与共享的国际合作体制机制、业务指南、工作方案、操作标准等方面还有待探索。另外，随着语义网、机器学习以及大模型等技术的发展，档案开放数据的关联建设、模型喂养以及开放挖掘，对于广集国际优秀力量参与中国数字档案资源体系的完整建设、智能开发与深层利用有重要意义，因此需要我国进一步在依照国际标准的前提下，开展数字档案资源开放数据集合作建设与关联挖掘，加强国际交流与合作。当然，在合作开展档案数字资源共建与共享时，也应注重国家档案资源的安全性与稳定性，确保数据时代中国档案数字资源的数据血缘与命脉始终清晰。

7.5.4 以档案联合展陈与数字叙事为转型重点

当今时代对数字资源建设后的利用需求不断深层化、多样化，在智慧 GLAM、数字人文、数字艺术、数字策展等新潮流推动下，档案数字展陈与多样化数字叙事的国际交流与合作也将成为未来国际档案领域的关注重点。档案数字展陈与叙事的基础在于充足的数字档案资源数量与质量，且需要在充分了解与认知历史档案文化内涵、政治背景、社会价值的基础上确定展陈主题与叙事维度。近年来，很多国际档案机构积极尝试使用数字人文方法开展档案展陈与叙事，例如芬兰国家级语义集体记忆 CultureSampo 项目，集中呈现记录了 19 世纪芬兰文化的各类历史档案，并通过地图视图、档案检索、语义搜索、集合视图、历史视图、流程视图、传记视图、民族史视图等维度，实现了地区级大规模历史档案的在线展陈与数字叙事。[16] 中国人民大学"北京记忆"项目，通过广泛采集北京历史文献遗产并开展数字化资源建设，以专题网站群的形式搭建出北京历史档案多维数字叙事网络，且每一个专题网站都是一个大型的档案数字出版。2023 年，"北京记忆"项目还在积极探索数字出版、数字展陈、出海展览等更多数字档案文化传播路径。[17] 未来在档案联合展陈与合作叙事中，国际交流与合作不仅将在档案领域内部开展，更多来自 GLAM 机构、艺术、史学、美学和专业策展团队的专家学者也将共同参与档案价值的挖掘与文化的传播，国际交流与合作的广度与深度都将持续强化。

7.5.5 争取更多海外流失档案的数字回归

国际交流与合作是国际行为主体基于相互利益的基本一致或部分一致，而在一定的问题领域中所进行的政策协调行为。档案领域的国际交流与合作中，国家关于档案的权利和利益也应受到尊重。中国流失海外的历史档案与文献遗产数量大、类型多、分布零散，实体回归难度大且周期长。通过国际交流与合作，围绕中国流失海外历史档案与文献遗产开展数字资源共建与共享，争取首先实现档案的数字回归，对于保护我国国有档案资源体系的完整至关重要。类似的做法在文化遗产领域已有成功范例。例如，2018 年法国国家图书馆馆藏敦煌遗书的数字化资源正式在"中华古籍资源库"发布，其中存世最早的拓本文献唐太宗《温泉铭》、欧阳询《化度寺故僧邕禅师舍利塔铭》、《沙州都督府图经》等重要书帖古籍都以影印出版的数字化方式实现回归。期待更多流失海外的珍贵档案资源，能够通过广泛的国际交流与合作，以数字回归的方式早日重回故土。

参考文献

[1] 冯惠玲. 关于建构中国档案学自主知识体系的几点想法 [EB/OL]. （2022 - 12 - 02）[2023 - 09 - 27]. http://www.saacedu.org.cn/war/xiangxi.html? id =429.

[2] 孙昊. 深化国际交流与合作 服务中国特色大国外交 [N]. 中国档案报，2022 - 10 - 10 (1).

[3] 中国档案报.《"十四五"全国档案事业发展规划》解读（八）：参与世界记忆项目 提升档案文献遗产影响力 [EB/OL]. [2023 - 09 - 27]. https://www.saac.gov.cn/daj/lhgjk/202111/44ec51486e68457095411fd26d07656f.shtml.

[4] 国际档案理事会. ICA Annual Report 2022 [EB/OL]. [2023 - 09 - 27]. https://www.ica.org/sites/default/files/ica_annual_report_2023_eng_final_compressed.pdf.

[5] 国际档案理事会. ICA Congress Abu Dhabi - Call for Papers [EB/OL]. [2023 - 09 - 27]. https://www.ica.org/en/ica - congress - abu - dhabi - call - for - papers.

[6] 徐亮. 尼泊尔国家档案馆的国际合作研究 [J]. 中国档案，2018 (8)：72 - 73.

[7] 岭南档案. 国际视野｜中俄档案交流实践与展望 [EB/OL]. [2023 - 09 - 27]. https://mp.weixin.qq.com/s/0L43CxV4XoL - fKL_299sIA.

[8] 何露彤. 澳大利亚国家档案馆联合家谱网站开展一战档案数字化工作 [N]. 中国档案报，2023 - 08 - 03 (3).

[9] United Nations archives Geneva. LONTAD：Total Digital Access to the League of Nations Archives [EB/OL]. [2023 - 09 - 25]. https://libraryresources.unog.ch/lontad.

[10] CENDARI. About Cendari. [EB/OL]. [2023 - 9 - 25]. http://www.cendari.eu/about.

[11] 陆国强. 新时代档案事业发展取得历史性成就 [J]. 中国档案，2022 (10)：19 - 21.

[12] 档案那些事儿. 档案外交最新案例：澳大利亚归还二战时期扣押的日本企业档案 [EB/OL].

［2023－09－27］. https：//www.sohu.com/a/198907809_734807.

［13］ 雒方莹，郭寒冰. 档案数字化对国际关系具有双重作用［N］. 中国档案报，2022－4－25（3）.

［14］ 中国档案报.《"十四五"全国档案事业发展规划》解读（七）：推进档案对外交流合作 提升国际影响力和贡献力［EB/OL］.［2023－9－27］. http：//www.zgdazxw.com.cn/news/2021－09/24/content_325549.htm.

［15］ 中华人民共和国国家档案局. 国际交流［EB/OL］.［2023－09－25］. https：//www.saac.gov.cn/daj/gjjldt/lmlist.shtml.

［16］ CultureSampo. CultureSampo－Finnish Culture on the Semantic Web 2.0［EB/OL］.［2023－09－27］. http：//www.kulttuurisampo.fi/index.shtml？lang＝en.

［17］ 人文北京研究中心. 北京记忆［EB/OL］.［2023－09－27］. http：//www.bjjy.cn/.

8 基于自主可控的数字档案馆建设研究

苏焕宁　翁灏纯　邓文慧　包惠敏

中山大学信息管理学院

摘　要：自主可控是建设数字中国的必要能力，基于自主可控的数字档案馆建设是我国档案数字化转型中贯彻总体国家安全观的重要体现。本文通过文献与实地调研，对我国基于自主可控的数字档案馆建设情况进行了梳理，总结了相关工作所包括的主要内容、所采用的普遍做法与关键技术。以珠海市档案馆为例，分析自主可控环境下数字档案馆系统各项功能的实现情况及特色亮点，包括人工智能辅助鉴定、网站网页自动化采集归档等。调研发现，近年来我国不少地区的数字档案馆建设都回应了自主可控的需求，基本实现国产环境下各项功能的运转，并逐渐析出必要软硬件产品的主流品牌，但普遍反映产品的适配改造方案有待优化，其性能仍需提升，有待标准规范的指引及成熟通用产品的形成。

关键词：自主可控；信息技术应用创新；数字档案馆；信息安全

8.1 引　言

随着社会数字化转型的不断深入，网络与信息安全对于国家总体安全的重要性越发突出。相继出现的微软黑屏、伊朗震网（Stuxnet）病毒、美国"棱镜门"、芯片断供、微软 Windows 7 停止服务等事件给我国敲响了安全警钟，必须通过信息技术应用创新来实现硬件到软件的自主可控，避免关键技术"卡脖子风险"而受制于人。为此，国家高度重视自主可控技术的研发和信息技术应用创新产业的发展，并部署了有关国家安全战略。档案作为人类活动的历史记录，在维护国家安全中发挥着重要的原始凭证和历史文化作用。档案安全是档案工作的底线与档案事业的根基。在数字中国建设的整体背景下，保障档案信息化建设全过程的安全，确保档案管理资源与技术的自主可控，是对《数字中国建设整体布局规划》中"强化数字技术创新体系和数字安全屏障'两大能力'，构筑自立自强的数字技术创新体系，健全社会主义市场经济条件下关键核心技术攻关新型举国体制"的直接回应，也是档案部门坚持总体国家安全观的重要体现。

近 10 年来，国家以分领域、分批次的试点方式推动自主可控战略的实施，各行各业在数字化转型的赛道上叠加了信息技术应用创新替代的任务。根据国家战略，信息技应用创新事业分为"2+8+N"三步走,即首先在党政机构,其次扩展到金融、电信等8个国计民生行业,最后实现其他行业的全替代。据调研,党政领域电子公文的信息技术应用创新改造至2022年已全面完成。2016年10月,习近平总书记在中共中央政治局第三十六次集体学习时提出"加快推进国产自主可控替代计划,构建安全可控的信息技术体系",再次强调自主可控战略实施的重要性与紧迫性。2022年9月,《关于开展对标世界一流企业价值创造行动的通知》全面指导并要求落实信息化系统的信息技术应用创新改造,成立推进领导小组,以倒计时的方式加速了不同领域信息技术应用创新替代的进程。该文规定,实施信息技术应用创新全面替代的范围包括门户网站、OA、邮件、档案管理、党群、纪检系统。至此,档案管理系统的信息技术应用创新替代正式纳入国家安全工作规划,也意味着档案领域构建自主可控信息生态的必要性。

事实上,自主可控档案管理系统的研发构建已成为近年来档案数字化转型中的持续内容。在前端业务系统已相继实现信息技术应用创新改造的情况下,档案管理系统也不得不完成相应替代改造,才能实现国产环境下与业务系统的对接及资源归集。因此,基于"被迫"的信息技术应用创新改造转型需求,档案部门高度重视,先由国有资产监督管理委员会发文"自发"地开展起自主可控环境下档案管理系统的研发适配。2021年6月,《"十四五"全国档案事业发展规划》提出要"提升档案信息化基础设施设备安全水平,实现系统和信息可管可控",并重点开展自主可控环境下档案数字资源管理等重大课题研究。2022年,"基于自主可控的电子文件归档和电子档案管理系统研究"列入国家档案局设立的首批重点科技项目,在评选出的10项重点科技项目中,有4项与自主可控档案管理系统建设相关。中山大学的陈永生教授和安徽省档案馆的黄玉明馆长承担了"基于自主可控的电子文件归档和电子档案管理系统研究"同名课题,足见学界和业界对这项工作的普遍关注。根据对公开报道的搜集,我国目前有29个地区的数字档案馆建设已从不同层面考虑自主可控战略需求。值得一提的是,2021年9月,中山大学与同略科技有限公司联合成立"中山大学－同略科技档案与信息技术应用创新联合研究中心",围绕档案管理信息技术应用创新展开攻关研究,在档案领域探索符合国家安全可控要求的各种技术路线,以期实现档案管理系统的适配改造、数据迁移和功能完善。该研究中心的成立是档案信息技术应用创新领域产学研深度合作的重要标志,也预示着自主可控档案管理系统建设在实践探索的基础上向科学化、标准化、产品化方向发展。

经过近年的探索,基于自主可控的档案信息化建设也取得了可喜成果,其中数字档案馆的改造升级是重点内容。围绕信息技术应用创新主要涵盖的几大板块,当前基于自主可控的数字档案馆建设在主流国产化产品的选用适配基础上,已可实现基础软硬件的信息技术应用创新替代,包括芯片、服务器、数据库、中间件等,满足档案馆收、管、存、用的基本功能需求。在此背景下,围绕数字中国建设的安全发展需求,本文重点关注我国基于自主可控的数字档案馆建设情况。在调研分析我国数字档案馆信息技术应用创新改造总体情况与特色亮点的基础上,总结基于自主可控的数字档案馆建设中的关键技术与主要做法，旨在从中提炼出共性关键问题与优化方向，为档案数字化转型中的自主可控安全保障提供一定参考。

8.2 研究与实践进展

8.2.1 研究进展

围绕自主可控数字档案馆建设这一重要课题，国内现有文献在理论层面主要探讨了两个方面的内容。

其一，数字档案馆国产化替代的思路和框架。康正从基础设施层、数据层、应用支撑层、应用系统层、客户端五个层面总结了城建档案系统的国产化发展适配思路，并推荐了相关的国产产品。[1]王飞将数字档案馆的系统架构总结为基础层、数据层、平台层、应用层、接入层、标准规范和安全运行保障体系七部分内容，并解析了各自的功能，旨在为建设自主可控的数字档案馆系统提供切实可行的架构解决方案。[2]谭朝松进行了基于国产CPU云环境下智能档案管理系统功能的研制，在架构上，该系统包括了辅助定制档案管理系统、应用基础支撑软件、技术和功能组件、工具软件、业务构件、系统配置、应用软件等部分。[3]总结来看，现阶段在理论层面对于自主可控数字档案馆建设的思路和框架形成了较为一致的认识，主要包括基础设施建设、应用系统建设、档案资源建设、安全保障建设和标准规范建设五个方面。

其二，数字档案馆国产技术探讨。在这一方面，目前主要聚焦于文件文档格式、电子档案资源的长期存储以及档案信息安全三个主题。第一，在文件文档格式方面，OFD（open fixed-layout document）版式文件技术的研究和讨论最成熟。当前，OFD格式对于全国产环境的支持相对于PDF格式有明显的优势，它同时也得到了国产厂商的广泛支持，在与CA认证、国产加密算法、电子印章等安全防护措施的结合上比PDF更有优势。因此，在自主可控档案系统中，OFD格式是自主可控档案系统的最好选择。[4]但是，OFD格式在数字档案馆中的应用也面临着缺少OFD版式文档标准族、描述能力不足、技术宣传不充分、应用试点较少以及研发投入不足等诸多困境。[5]第二，在电子档案资源的长期存储方面，蓝光存储技术具有数据安全性和技术可控性两大优势，具备建立先进、可靠、安全、自主可控的存储技术供应链的先行条件，在自主可控的数字档案馆建设中有较大的应用前景。[6]第三，在档案信息安全方面，许多文献研究了通过量子通信技术来解决档案（保密）信息传递，保障国家档案信息资源的战略安全。[7]同时，也有研究关注到运用量子身份认证技术来保护档案信息安全，认为量子身份认证技术易于实现，且具有可证明信息理论的安全性（安全性由量子不可克隆性和国产算法本身的动态特性保证），能够有针对性地解决数字档案馆国产化应用中存在的问题。[8]

目前，国际上虽然尚未出现统一的"自主可控"概念，但许多国家如美国、俄罗斯、韩国等都从国家战略层面以法规政策、标准等手段提升本国信息技术产品的安全水平，推进其"自主可控"。美国在设计与开发美国陆军档案信息管理系统时，高度重视其系统安全性，在兼顾信息公开、系统先进性的同时，严格按照国家制定的信息产品安全标准对系统进行网络安全风险评估，力求将系统缺陷和漏洞降至最小，但整体上可参考的案例不多。西方有关国家制定了诸多用以保障国家信息安全的产品和技术标准。例如，美国、加拿大、英国、法国、德国、荷兰王国共同提出了用以评价信息技术产品安全的标准《信息技术安全评价通用准则》（ISO/IEC 15408，以下简称 CC 标准）；美国国家标准与技术研究院制定了用于联邦政府选用基于加密系统的技术参数标准《加密模块的安全要求》（FIPSPUB 140-2）；俄罗斯制定了用于规范和定义 ICT 供应链所涉及的各个利益相关者和流程的国家标准《信息技术安全技术供应商关系的信息安全》（ISO/IEC 27036）等。[9]

综而观之，现有文献虽然对自主可控的数字档案馆建设进行了积极探讨，并就建设思路和框架、数字档案馆国产技术的应用前景和困境等问题形成了基本的认识，但整体上较为碎片化和模糊化，更多是对已有实践经验的总结，呈现出"实践先行、理论滞后"的状态，有关自主可控数字档案馆建设的理论探讨仍需进一步深入。

8.2.2 实践进展

由于国外可供参考的案例不多且借鉴意义不大，本文主要对国内基于自主可控的数字档案馆建设情况进行梳理总结。现有实践主要从软硬件基础环境建设、应用系统的设计与开发、标准规范体系建设、技术应用等方面开展。

在软硬件基础环境建设方面，配置符合自主可控要求的核心软硬件设备，为应用系统提供基础环境支撑，主要做法如表1所示。

表1 数字档案馆自主可控的软硬件基础环境建设主要做法

档案馆名称	主要做法
杭州市档案馆[10]	通过"杭州市域一体化数字档案平台"的建设，完成国产化服务器、操作系统、终端等适配
宁波市档案馆[11]	主动对接政府数字化转型工作，将档案信息化安全风险评估工作纳入常态化管理，稳步推进档案基础设施设备和系统软件自主可控
金华市城建档案馆[12]	在基础硬件方面，通过信息技术应用创新超融合服务器、云计算软件授权与配件等硬件设备建设，实现业务底座、数据存储等的国产化要求
甘孜州数字档案馆[13]	存储设备实现全国产化替代，档案管理终端使用国产统信 UOS 操作系统，全力保障档案数据存储、传输及使用达到安全自主可控

此外，厦门市档案馆、宁德市档案馆、无锡市档案史志馆明确以建设基于国产自主可控技术的数字档案馆为目标，致力于自主可控的数字档案馆的基础设施建设工

作。[14-16]安徽省档案馆、珠海市档案馆、北京市数字档案馆、黄山市档案馆、鹤壁市档案馆、承德市档案馆、德州市档案馆、丽水市档案馆、上海市浦东新区数字档案馆、普陀区数字档案馆均配置符合信息技术应用创新标准的服务器、交换机、存储设备、台式电脑及操作系统、数据库软件、应用软件等软硬件。[17-26]其中普陀区数字档案馆还同步探索研究基于开源、开放、标准化架构建设自主可控的信息系统。

在应用系统的设计与开发方面，基于自主可控构建档案业务应用系统，建设三网平台，选择安全可控的软件产品，为业务工作提供应用系统功能支撑。黑龙江省档案馆以国产化替代为契机，建成馆内网系统，进一步完善档案管理利用平台。[27]甘肃省档案馆坚持基础设施和安全设备自主可控的原则，及时完善局域网、政务网、公众网及其承载设备的参数配置和拓扑图。[28]宁夏回族自治区档案馆不仅对核心软硬件设备进行国产化升级，还适配改造档案业务应用系统，保护信息系统安全；[29]银川市档案馆也积极推动实施银川市档案业务信息技术应用创新应用系统应用试点工作。[30]龙岩市档案馆完成馆藏档案管理系统国产化替代，确保档案数据、信息系统及网络始终可用可控。[31]上海市长宁区档案馆选择相对适用的操作系统和应用软件，完成了档案数据的校核、迁移和系统软硬件的集成适配，实现自主可控环境下政务网办公自动化系统与档案系统的无缝对接。[32]虹口区档案馆开展了"集中式数字档案室系统国产化改造"的试点工作，建立了一套功能完整、配置灵活、操作简便的电子档案管理系统。[33]

在标准规范体系建设方面，围绕信息技术应用创新的顶层设计建立有效的标准规范体系，为数字档案资源的安全和应用系统及其网络平台的安全提供保障。长春市数字档案远程利用系统在国产自主可控环境的设计开发过程中，建立了包含数据存储、传输、对接、交换和安全技术应用以及管理等涉及安全管控方面的标准规范。[34]

在技术应用方面，将OFD、信息技术应用创新密码等技术应用于数字档案馆信息技术应用创新项目，保障数字档案资源长期可用、真实可靠。内蒙古自治区档案馆启动了信息技术应用创新替代工程应用适配项目，探索并实践了国产版式OFD技术在档案管理全业务环节中的应用，建设涉密与非涉密网络的全国产、强安全、高可靠数字档案馆。[35]四川省档案馆基于信息技术应用创新环境对OA协同办公系统多环境兼容、应用规范等方面进行升级改造，并结合信息技术应用创新密码产品技术要求，通过信息技术应用创新OFD电子印章系统对电子公文加盖电子印章。[36]

综上所述，自主可控信息技术在我国数字档案馆建设实践中有不少项目实施落地，得到了一定的应用与发展，但缺少通用模型，在技术改造路线、数据迁移方案、系统总体架构和配套安全技术架构等方面都有待更为深入和系统的研究。

8.3 主要策略

8.3.1 自主可控数字档案馆建设的主要内容

为全面构建自主可控的信息技术体系，切实提高数字档案馆的风险防范能力，保障数字档案馆的安全运行和数据安全,建设满足自主可控要求的数字档案馆具有紧迫性。总体而言,自主可控环境下的数字档案馆本质仍是"数字档案馆",只是强调将所有功能切换至国产环境中实现。因此,本文仍以《数字档案馆建设指南》(档办〔2010〕116号)、《数字档案馆系统测试办法》(档办发〔2014〕6号)为参照,主要围绕基础设施建设、应用系统建设、档案资源建设、安全保障建设四方面分析自主可控环境下数字档案馆建设的主要内容。

8.3.1.1 基础设施建设

基础设施建设是自主可控数字档案馆建设最核心、最底层的环节。根据《数字档案馆建设指南》的要求与自主可控安全需求,应当按照数字档案馆基础网络架构、主要技术路线,配置符合自主可控要求、适应馆藏档案数据保存管理和数字档案增长需求、满足数字档案馆各项管理与服务需求的软硬件基础设施,包括数据中心机房、网络设备、计算设备、存储设备、安全设备和密码设备等。其中,居于自主可控信息技术体系核心地位的是基础硬件和基础软件,包括服务器、PC终端、CPU、操作系统、数据库和中间件。

8.3.1.2 应用系统建设

应用系统建设以赋能档案业务创新、推进档案业务流程再造为目标,研发满足档案收集、管理、存储、利用等全面功能要求的数字档案馆系统。按照自主可控的系统建设要求,数字档案馆的所有应用系统,包括电子档案长期保存系统、电子档案接收移交系统、互联网档案服务系统等,都必须在自主可控的环境与框架之下进行兼容研发与适配改造。同时,为兼顾安全、保密、效率等多方面要求,还需对自主可控环境下的数字档案馆系统进行持续优化,不断完善相关业务功能,实现自主可控技术与档案业务的深度融合。

8.3.1.3 档案资源建设

档案资源是档案馆的核心资源与立馆基础。在档案资源建设方面,为保证数字档案的原始可靠与长期可用,减少数字档案对软硬件的依赖性,需要借助自主可控技术和相关管理手段,建设自主可控的档案数据资源总库,着重满足存量档案与数据的格式转换、封装、核验、迁移、备份及维护,以及增量档案和数据在自主可控环境下的自动/半自动归档移交、"四性"检测等需求。

8.3.1.4 安全保障建设

档案安全是档案工作的底线。无论是兼顾自主可控要求的数字档案馆建设还是基于现有数字档案馆的自主可控改造,都必须确保数字档案馆软硬件、应用系统以及数字档案信息的安全。除了数字档案馆系统安全评估、建立健全数字档案馆安全管理制度等安全保障措施之外,聚焦自主可控和技术创新,还应当探索数字档案馆系统与国产密码算法的集成,构建自主可控环境下的数字档案安全保障体系。

8.3.2 主要做法和关键技术

8.3.2.1 基础设施建设——产品选型与适配

自主可控的数字档案馆生态体系建设离不开各个环节产品的适配。根据目前可以查到的资料，早在2012年，吉林省长春市便开展了国家核高基2012年课题1-6"基于国产CPU/OS的数字档案信息系统应用研究及示范工程"的工作。按照核高基项目的要求，该项目使用"完全国产"的操作系统和数据库，实现了软硬件设备的自主可控，具体配置为浪潮服务器（飞腾CPU）、中标麒麟操作系统、达梦数据库、东方通中间件、浪潮PC终端（龙芯CPU）、中科方德桌面操作系统、永中Office。[37] 广东省珠海市档案馆采用华为鲲鹏+银河麒麟技术路线，上海市长宁区选用麒麟操作系统，浙江省杭州市使用Linux操作系统、达梦数据库等。整体而言，目前已完成或者计划开展自主可控数字档案馆建设项目的各级各类档案馆，较少在相关文献与报道中公布其国产化软硬件产品的具体配置，但无一例外地涵括了基于自主可控的基础设施建设与改造工作。

根据同略科技有限公司提供、光典信息发展有限公司公布[38]的国产化产品清单，在档案信息化建设领域，满足自主可控要求的、常用的、具有代表性的软硬件基础设施如表2所示。

表2 自主可控的国产软硬件代表性品牌

类 型		代表性产品
基础硬件	服务器	浪潮、同方、曙光
	PC终端	浪潮、新华三、戴尔、联想
	CPU	鲲鹏、飞腾（拟合并为"鹏腾"）、龙芯、兆芯、中科海光
基础软件	操作系统	中标麒麟、统信UOS、中科方德
	数据库	达梦数据库、人大金仓、南大通用、神舟通用
	中间件	东方通、金蝶、宝兰德
存储设备		浪潮
密码应用软件		海泰方圆、卫士通
电子签章		金格科技、方正、卫士通
OCR		文通、第四范式、百度
办公软件		WPS Office、永中、数科网维、福昕
浏览器		火狐

简而言之，基于自主可控的数字档案馆建设在基础设施设备选型时，必须先对服务器、客户端、操作系统、中间件、数据库的各类产品进行组合适配。但不同产品间组合适配的方式多样，难以在众多选择中精准定位最优解。因此，档案馆根据数字档

案馆建设的基础网络架构与主要技术路线，在充分研究与论证的基础上，大多优先采用市场主流的核心优质产品以及相对成熟的、可操作性强的适配技术路线，以降低产品适配试验的成本与难度，规避设备集成不适配、系统交互性差等风险。

8.3.2.2 应用系统建设——兼容研发与适配改造

建立功能完备、安全可靠的应用系统是数字档案馆建设的关键。在自主可控要求下，结合全国各级档案馆的数字档案馆建设进程，数字档案馆的应用系统建设大致可以划分出两条路径。

一是兼容研发。在数字档案馆系统从无到有或"另起炉灶"的建设过程中，应同步规划、同步设计、同步建设满足数字档案管理需求与自主可控安全要求的数字档案馆系统。一般而言，研发过程要采用兼容安全可控的框架技术体系，成果要兼容基于国产CPU、操作系统、数据库、中间件等安全可控环境，在共性工具软件选型过程中要采用兼容安全可控环境的软件产品，包括格式转换、电子印章、"四性"检测、全文检索等基础工具以及OCR识别、图像识别等智能工具。从相关实践来看，在自主可控要求下建设的数字档案馆系统，多选用与国产操作系统环境兼容性、适配性更高的JAVA开发语言，如上海市长宁区数字档案馆的档案系统软件便全部采用JAVA技术开发。

二是适配改造。针对已有数字档案馆系统的自主可控改造，重在对系统的适用性、可靠性、易用性、维护性、可移植性、兼容性、功能性、性能效率等进行适配和测试，确保数字档案馆系统在自主可控环境中，尽量在不改变原有使用习惯情况下满足应用需求。一般而言，数字档案馆的自主可控适配改造，需以前期的需求调研、流程梳理、接口申请等工作为基础。在具体实施时，则将原档案系统的功能"复制"到自主可控软硬件环境下运行的档案系统。例如，杭州市城市建设档案馆将开发语言由.Net变为JAVA，并重新开发原有系统中的图像查看控件、地图控件、接口标准等。[39]

考虑到自主可控环境下可能面临的系统性能降低、兼容性差、缺乏完整生态支持等问题，在初步改造完成后，还需进行持续的适配改进与优化调试，使系统运行稳定、功能正常。在此基础上，部分档案馆以此为契机，在自主可控技术条件下升级、优化相关系统的"四性"检测、接收移交、查询利用、开放鉴定等功能，集成电子签章、流程控制、全过程留痕等技术手段。例如珠海市档案馆便基于全新的自主可控环境，对数字档案馆局域网、政务外网、互联网各平台功能进行重新整合、迭代升级。[40]

8.3.2.3 档案资源建设——格式转换与数据迁移

基于自主可控的档案资源建设主要涉及新旧数据库间的数据迁移、文件格式兼容与转换等内容。

1）新旧数据库间的数据迁移

新旧数据库之间的数据迁移问题与数字档案馆的基础设施适配改造相伴而生。基于自主可控的数据库产品更换，意味着需要将应用系统存储的历史数据从原有非国产化数据库迁移到国产化数据库。一般而言，国产化数据库均支持数据从主流的非国产化数据库，如 My SQL、Microsoft SQL Server、Access、Postgre SQL、Oracle、DB2 以及 Maria DB 等迁移至自身。[41]历史数据迁移不是简单地将数据从一个地方移动到另一个地方，实质是新旧数据库表之间的一种映射过程。对数字档案馆而言，应用系统的适配改造难以完全保持与原系统的 1∶1 复刻，在系统功能和产品设计上难免存在一定差异，在数据层面则表现为数据更加丰富、关系更加复杂，故在数据映射阶段需要建立完善的字段映射规则以实现数据补齐。[42]同时，档案馆长期积累的档案数据时间跨度长、数据量大、数据种类多，数据迁移任务相对繁重且不容有失。因此，在实施数据迁移之前，需要根据数据规模、数据质量以及数据安全保障需求，拟定具体的数据迁移方案和迁移方式，开展必要的数据验证性测试、程序适配、做好相关应急预案等，以实现数据在新旧系统间的批量无损迁移，确保系统的成功切换。

2）基于 OFD 的文件格式兼容与转换

为确保数字档案的真实可靠与长期可读，需将数字文件格式纳入自主可控信息技术体系之内。长期以来，档案部门在选取保存格式时，通常根据长期保存需求选择开放的、标准化的文件格式。近年来，针对文件存储格式，我国已经自主研发了 OFD 版式文件，并发布了一系列标准加强其在数字档案馆项目中的开发与应用。

OFD 版式文档的内部结构和数据采用 XML 技术进行描述，文档安全、开放且易于扩展，同时采用二维矢量成像模型，可精确描述任何经过排版的图元对象，具有格式独立、呈现固化、版式固定、所见即所得的特点，被称为"数字时代的纸张"。[5]相比 PDF，OFD 具有中国完全自主知识产权、全面支持我国电子印章标准以及国密算法的技术优势，在自主性、安全性、兼容性等方面都优于其他版式标准。

针对馆藏存量数字档案，部分档案馆有意识地将馆藏纸质档案的数字化副本、非 OFD 格式电子档案、有链接关系的网页电子文件批量转化为 OFD 格式，并根据单位需求决定是否对原格式文件采取保留措施。[5]通过北京数科网维技术有限责任公司提供的 OFD 电子档案支撑平台"文件转换迁移系统"，还可以实现文件标识添加、批量盖章、水印/背景处理、文档组合拆分、字体嵌入、附加元数据、文件加解密等文档同步加工功能。[43]

针对增量电子文件，丽水市档案局研发了基于 OFD 的档案协同管理系统，实现了国产化 OFD 格式的封装、满足了 OA 电子公文和政务服务电子文件的实时归档和全程无纸化管理需求，充分发挥了 OFD 在保障文档真实可靠、长期保存方面的价值。宁波市档案局等采用 OFD 版式文档格式保存网页电子文件，既能固化网页原貌，也支持国密算法加密等特性，具有长期保存、有效读取与利用电子文件的优点。[44]

8.3.2.4 安全保障建设——国密算法与集成

为确保数字档案馆系统运行安全与数据安全，需要在自主可控运行环境中集成加密认证技术，研究解决跨平台技术应用、匹配的 USB key 驱动、针对国产环境的调试和磨合、算法调整等一系列问题。同时，还要在基于自主可控的数字档案馆的建设与升级完善过程中，探索国密算法在档案管理系统建设、档案数据存储传输中的集成运用，研究其与区块链等技术的融合开发与应用。

1）运用量子通信技术保障档案（保密）信息安全

例如，浙江省档案馆在现有数字档案馆的基础上，增加量子应用服务器，并搭建与数字档案馆应用服务器之间点对点的"档案利用"量子网络，通过量子通信加密技术管控档案信息利用，确保档案信息安全。[45]国科量子通信网络有限公司以国家档案局批准立项的"量子加密通信技术在数字档案馆与馆际互联互通平台应用"课题为基础，与宝葫芦集团签署战略合作协议，采用具备"自主可控"安全特性的核心技术、产品和服务，把"量子密钥分发"和"量子加密通信技术"引入数字档案馆和馆际互联互通平台解决方案，探索运用量子通信技术解决档案（保密）信息的传递问题。[46]

2）确保区块链软硬件环境与核心技术的自主可控

区块链具有去中心化、加密算法、时间戳、智能合约、共识机制等技术特征，[47]是维护与保障电子档案真实性的有效技术手段。中国电力建设集团有限公司将区块链技术与档案业务深度融合，在自主可控软硬件环境中搭建了区块链基础平台保障电子文件全生命周期的真实性。[48]此外，部分实践还采用国密算法来确保区块链核心技术自主可控。例如，中南民族大学电子档案联盟（SCUEC）区块链运用我国自主设计的SM2椭圆曲线公钥密码算法与SM3密码杂凑算法，实现SCUEC区块链的数字签名与数据加密功能，以及具体区块中的哈希算法，提供了基于区块链技术的电子档案安全存储与可信验证方案。[49]

8.4 珠海市档案馆案例介绍

2021年，珠海市档案馆按照国家战略部署，在总结自身数字档案馆历年应用实践的基础上，基于自主可控环境，从基础设施、应用系统、运行环境、体制机制等方面，推动数字档案馆全面迭代升级，全方位提升数字档案馆的牵引带动力、服务影响力、治理核心力。珠海市数字档案馆信息技术应用创新改造升级的创新成功，在全国范围内声名鹊起，笔者曾多次前往珠海市档案馆就其自主可控环境下数字档案馆的改造升级开展调研，通过汇报讲解与系统演示了解了其主要做法与系统创新功能。

8.4.1 信息技术应用创新改造实践

在充分比较各类国产产品性能以及生态环境的基础上，珠海市档案馆总体采用华为鲲鹏+银河麒麟的技术路线，在数字档案馆核心应用服务器集群、磁盘阵列、操作系统、数据库、应用中间件等基础软硬件，以及安全设施方面的国产化率达100%。其中，在生态环境和操作系统方面，珠海市档案馆选用了现阶段国内安全等级较高的华为鲲鹏芯片ARM生态和银河麒麟操作系统；在数据库方面，选用了融合分布式、弹性计算优势的达梦数据库；在中间件方面，则选用了金蝶中间件以增强数据及传输通道的加密。此外，统信UOS、奔图、360、WPS、福昕OFD、网神、宏杉、爱数、吉大正元等也是珠海市数字档案馆选用的主流产品品牌。在自主可控环境下，珠海市档案馆注重延长数字资源收集链条，大力推进政府网页、社交媒体等网络数字资源采集工作，为增量电子化开拓新路径。珠海市数字档案馆与珠海市 67 家单位政府门户网站对接，采用 WARC 和 OFD"双数据源"模式，全面收集网站中具有凭证和查考价值的原生信息。

在自主可控方面，除了软硬件改造升级与资源建设外，珠海市档案馆还注重构建一体化的档案安全防护体系，包括政务云安全与智能库房的安全。

一方面，在"三网三平台"的数字档案馆建设要求下，珠海市档案依托政务云部署数字档案馆有关功能的做法实属创新。在与珠海市政务服务数据管理局充分有效沟通后，珠海市档案馆硬件设备采取"集中托管＋政务云"方式，服务器集群部署，实现高性能、高可用、易扩展，确保档案资源的独立性和安全性。复用"数字政府"政务云机房的基础网络资源、网络安全基础防护设备、安全运维管理体系等，依托优质政务云，实现档案教育培训、档案云展厅等信息资源全面共享。

另一方面，围绕实体和电子档案保管需要，珠海市档案馆应用物联网技术，按照智慧城市"一张图""一张表"的建设模式，对档案密集架及监控、温湿度、门禁、消防、安防等设备进行二次整合设计，实现馆库大楼和档案安全智慧管理，为档案实体的安全可控搭起智能防护。

8.4.2　创新亮点

在现有国产产品性能一般的情况下，珠海市数字档案馆的成功之处不仅在于实现了全面的信息技术应用创新替代，更在于在国产环境下较好地实现了数字档案馆的核心功能，并在人工智能的应用方面有所突破。除了"存量数字化、增量电子化"、业务流程重组、推进"互联网＋"查档用档等常规内容外，珠海市档案馆创新人工智能在档案鉴定与知识库建设中的应用，构建"双厅"数智档案管理模式，在网站网页和社交媒体归档采集方面打造亮点。

8.4.2.1　聚焦整体智治，高标准推进档案治理体系现代化

强调内外联动，构建"双厅"数智档案管理模式，带动各区数字档案馆建设。面向内部，珠海市档案馆基于局域网构建"档案业务大厅"，应用扁平化架构，以工作流程为中心、简化纵向管理层次，提高决策效率，实现精准高效协同；面向公众，基于互联网构建"档案服务大厅"，一窗受理、一厅通办、一次办结，推动形成多跨协同、共享联动、智能便捷的档案利用服务体系。同时，将数字档案馆与全市档案行政管理信息化平台对接，基于数据提取辅助档案行政检查与业务督导，实现指数化管理和智能化监督。建立分布式索引，打通市数字档案馆与各区数字档案馆、单位数字档案室之间信息流通渠道，统一全市档案利用和发布渠道，实现系统互联、数据互通、资源共享。

8.4.2.2　聚焦数智转型，推进人工智能与档案业务深度融合

珠海市数字档案馆对人工智能技术的运用主要体现在鉴定与声像档案管理方面。其中，鉴定包括归档鉴定与开放鉴定。在档案整理归档中，通过机器学习，运用维特

比算法和隐马尔可夫模型，赋能归档范围和保管期限的智能化判定，实现以机器为主、人工为辅的自动化归档；在档案鉴定开放中，通过 DFA 算法进行敏感词过滤和关键信息筛选，实现精确辅助，规范高效、一站式完成 1984—1991 年馆藏档案的开放鉴定工作。在声像档案管理中，对口述档案、新闻影像进行自动编目、智能拆条，并通过语音识别、人脸识别实现照片、音视频档案的快速提取和利用等。在此基础上，推动实现档案资源"数据化"、档案管理"知识化"。珠海市档案馆积极开展数字化成果文字、语音及人脸识别，建立文书、声像、多媒体等多类型的档案全文数据库，围绕中心工作和城市特色，构建知识图谱化的疫情防控、脱贫攻坚、粤港澳大湾区、中国航空航天博览会等档案专题数据库。例如在重大活动和突发事件档案管理中，增加事件发现、演化、处置等重要时间节点管理，按专题时间轴方式，还原事件发生后 36 小时、72 小时等重要事项。

8.4.3 瓶颈问题

据调研，珠海市档案馆在自主可控环境下对数字档案馆进行迭代升级时，面临的最大瓶颈是国产产品的性能问题。由于数字档案馆的国产化替代仍处于早期探索阶段，许多问题并没有现成的解决方案，也没有集成式产品可供选择，只能由珠海市档案馆与不同厂商反复对接沟通。对此，珠海市档案馆采取"量体裁衣"的方法来解决问题，即针对具体问题进行深入分析，在充分了解问题背景、收集分析数据的基础上，不断与产品厂商进行沟通，制定、测试与实施定制化的解决方案，并根据实际情况对解决方案进行调整和优化。解决方案实施后，还需要持续监控产品性能，确保问题得到根本解决。目前，国产化产品逐渐从"能用"向"好用"迈进，不断优化，因此，改造升级后的数字档案馆还面临不断更新迭代的问题，争取在产品性能和用户体验上保持"最优"状态。

8.5 结　　语

党的二十大报告提出要"推进国家安全体系和能力现代化""必须坚定不移贯彻总体国家安全观，把维护国家安全贯穿党和国家工作各方面全过程"。实现关键信息技术的自主可控，是建设数字中国必不可少的能力，也是贯彻总体国家安全观的底气。数字档案馆作为长久保存党和国家数字档案资源的重要阵地，也必须坚定不移地向自主可控转型迈进，为保障档案资源的安全可控奠定硬基础。

总体来看，我国基于自主可控的数字档案馆建设，受到国家强政策的影响，在实践中也涌现出较为丰富的实践探索案例。档案部门对于各领域的国产转型具有一定的敏锐性，目前我国多个地区的档案馆都对其数字档案馆进行了信息技术应用创新改造，其核心在于基于国产环境对已有的功能模块与研发产品进行适配改造，重在技术选用而非研发，较为成功的有安徽省档案馆、福建省档案馆、珠海市档案馆、上海市长宁区档案馆等。但由于当前国产技术产品五花八门，导致难以形成自主可控环境下数字档案馆建设的通用模型，且各单位在改造摸索过程中适配不同产品的成本较高，一般通过产品的性能、可控程度、整体生态方面权衡选择。各有特色的实践基础也反映出基于自主可控的数字档案馆建设在当下缺乏标准化参照，尚未形成成熟的方案。目前尚未有政策法规明确档案管理系统的自主可控要求，在顶层指引上存在一定不足。为此，相关工作还可以从以下几方面努力：第一，密切关注信息技术应用创新产品的发展，选用"经时间沉淀"的主流产品进行适配改造，以减少成本与风险；第二，鉴于自主可控成为数字档案馆（室）建设的硬性要求，全国示范数字档案馆（室）应充分考量并增加相应的考核要求，建议推出一批自主可控的全国示范数字档案馆，给实践部门提供更多权威的参照案例；第三，在现行经验的基础上，围绕通用技术、接口建设、适配方案、存储格式等形成一套标准规范，以标准化、规范化推动相关工作的提质增效；第四，针对当前市场上已出现一体式信息技术应用创新档案服务机，在欣喜的同时也应注重对相关产品的持续验证与提升，构建自主可控环境下数字档案馆建设的通用模型并拓展应用范围。

参考文献

[1] 康正. 城建档案系统国产化发展适配思路探索 [J]. 建设科技，2022（17）：63-65，69.

[2] 王飞. 数字档案馆系统架构研究 [J]. 档案天地，2023（5）：35-38.

[3] 谭朝松. 基于信息技术应用创新平台的智能化档案管理系统的设计与实现 [J]. 机电兵船档案，2020（6）：60-62.

[4] 周枫，吕东伟，邓晶京，等. OFD 格式在档案领域的应用初探 [J]. 档案管理，2018（4）：35-37.

[5] 王姝，徐华，王少康. OFD 版式文档应用研究 [J]. 档案学研究，2019（1）：95-100.

[6] 史金. 档案数字资源长期保存场景下的蓝光存储技术分析和应用策略研究 [J]. 档案学研究，2022（5）：137-141.

[7] 许德斌，裴友泉. 运用量子通信技术实现档案（保密）信息传递的构想 [J]. 档案学研究，2019（5）：127-132.

[8] 陆永辉，芦振辉，王军伟. 量子身份认证技术在档案信息系统安全防护中的应用 [J]. 浙江档案，2022（10）：26-28.

[9] 王闯，王超. 信息技术产品安全可控内涵及其评价指标 [J]. 信息技术与标准化，2017（5）：10-14.

[10] 安铂数据科技. 案例分享 | 杭州市域一体化数字档案平台 [EB/OL]. [2023-07-25]. https://mp.weixin.qq.com/s/ypKNFZjvc9BRcx34pHeCwQ.

[11] 宁波档案. 宁波市档案馆多措并举推动数字档案馆迭代升级 [EB/OL]. [2023-07-25]. https://www.nbdaj.gov.cn/yw/bddt/202102/t20210224_34156.shtml.

[12] 罗帆，叶鸿飞. 打破城建档案数据孤立现象 提供信息共享便民利用服务：金华市城建档案馆按照数字档案馆建设标准改造项目分析 [J]. 未来城市设计与运营，2022（10）：76-78.

[13] 甘孜日报. 我州加快推进数字档案馆建设 [EB/OL]. [2023-07-25]. http://paper.kbcmw.com/pad/202304/21/content_62335.html.

[14] 厦门市档案局（馆）. 厦门市档案馆全力推进数字档案馆建设 [EB/OL]. [2023-07-25].

http：//www.xmda.gov.cn/shtml/10053/469299/detail_1.shtml.

[15] 福建档案.宁德市数字档案馆建设方案通过专家评审［EB/OL］.［2023-07-25］.https：// mp.weixin.qq.com/s/N-qyz7AuNMi4bN6gYb2cIQ.

[16] 无锡市档案馆.无锡市成功创建国家级数字档案馆［EB/OL］.［2023-07-25］.http：// www.zgdazxw.com.cn/news/2022-01/27/content_329899.htm.

[17] 安徽省档案馆.以批示精神为根本遵循推动安徽省档案馆创新发展高质量发展［J］.中国档案，2022（9）：10-11.

[18] 罗人芳.珠海市档案馆全力全速推进数字档案馆应用推广［EB/OL］.［2023-07-25］. http：//m.chinaarchives.cn/mobile/category/detail/id/41351.html.

[19] 安帅芸.基于云计算的北京市区域性数字档案馆建设模式探析［D］.昆明：云南大学，2018.

[20] 黄山市档案馆.数字档案纳入黄山市十四五数字政府建设规划和大数据产业发展规［EB/OL］. ［2023-07-25］.https：//www.huangshan.gov.cn/zwgk/public/6615745/10601246.html.

[21] 郑州量子伟业信息技术有限公司.我司助力鹤壁市档案馆高分通过全国示范数字档案馆系统测试［EB/OL］.［2023-07-25］.https：//mp.weixin.qq.com/s/eS58zQXT_74MYR5uYeQR_A.

[22] 承德市人民政府.存史 资政 育人：承德市档案馆跻身"十四五"首批"国家级数字档案馆"探源［EB/OL］.［2023-07-25］.https：//www.chengde.gov.cn/art/2021/12/8/art_360_815490.html.

[23] 德州新闻网.德州市档案馆推动档案事业高质量发展［EB/OL］.［2023-07-25］.http：// xj.dezhoudaily.com/dzsz/p/1437091.html.

[24] 浙江省档案馆.接续奋进谱写"存史鉴今"奋发有为绘就"资政育人"：丽水市档案工作20年成就综述［EB/OL］.［2023-07-25］.https：//mp.weixin.qq.com/s/TITGHaQSyoZP-dsbTcn9Fg.

[25] 档案春秋.全力打造社会主义现代化建设引领区的数字记忆殿堂：浦东新区档案馆高分创建"全国示范数字档案馆"［EB/OL］.［2023-07-25］.https：//mp.weixin.qq.com/s/BvwYx-PcUE7MplDMlyYwTBw.

[26] 朱建中，王玮.持续推进数字档案馆建设 提升档案管理现代化水平：以上海市各区数字档案馆建设为例［EB/OL］.［2023-07-25］.http：//www.zgdazxw.cn/news/2019-03/05/content_270230.htm.

[27] 薛永强.新时代龙江档案事业发展的优异答卷：黑龙江省档案馆事业发展综述［EB/OL］. ［2023-07-25］.http：//www.zgdazxw.com.cn/news/2022-11/28/content_338500.htm.

[28] 甘肃档案.加强信息化建设 助力档案治理现代化：记甘肃省档案馆科技信息处［EB/OL］. ［2023-07-25］.https：//mp.weixin.qq.com/s/hEYkDGM0NwgAOsv33o0bDQ.

[29] 李向南.奋力实现档案工作提质升级：宁夏回族自治区创建全国示范数字档案馆综述［EB/ OL］.［2023-07-25］.http：//www.zgdazxw.com.cn/news/2022-09/13/content_336688.htm.

[30] 银川记忆.银川市档案馆启动创建数字档案馆档案信息化事业迈上新台阶［EB/OL］.［2023-07-25］.https：//mp.weixin.qq.com/s/3qvYIN8x1haGjJQzKdvJVA.

[31] 福建档案.龙岩市档案馆档案信息化工作取得实效［EB/OL］.［2023-07-25］.https：// mp.weixin.qq.com/s/dmG2M05v37O_AnGZFtjh4g.

[32] 福州档案信息网.上海市长宁区国家级数字档案馆建设纪实［EB/OL］.［2023-07-25］. http：//daj.fuzhou.gov.cn/zz/daxw/yjdt/202106/t20210624_4127642.htm.

[33] 上海市虹口区人民政府.虹口区档案馆"集中式数字档案室系统国产化改造"完成试点工作

[EB/OL]. [2023 – 07 – 25]. https：//www.shhk.gov.cn/xwzx/002004/20220719/e3be9d74 – 6309 – 416a – ba5f – 722cde23dd21.html.

[34] 申龙哲，薛军. 对我国自主可控信息安全的思考与实践［J］. 信息安全与技术，2014，5 (10)：13 – 15.

[35] 黄岩，王威凯. 案例分享｜OFD 服务在国产化环境下数字档案馆系统中的应用［EB/OL］. [2023 – 07 – 25]. https：//mp.weixin.qq.com/s/ – GsQV3KNP00E8UK0fxmNoA.

[36] e 签宝. 携手四川省档案馆，实现档案管理数字化、规范化、智能化！［EB/OL］. [2023 – 07 – 25]. https：//mp.weixin.qq.com/s/K4Bm_GdQqKqgnFbtNujHqg.

[37] 聂云霞，张加欣，甘敏. 信息生态视域下数字档案用户信息安全保障系统构建研究［J］. 档案学研究，2017 (1)：66 – 72.

[38] 光典. 精彩回顾｜2022 年档案科技论坛：自主可控数字档案馆建设解析［EB/OL］. [2023 – 07 – 22]. https：//www.aesinfo.cn/news10/dakjlt.html.

[39] 刘申，余子丰. 探索建设工程档案数字化转型的杭州范例：以杭州市工程建设电子档案单套接收及管理试点为例［J］. 浙江档案，2021 (12)：47 – 49.

[40] 罗人芳. 珠海市数字档案馆迭代升级实践［J］. 中国档案，2022 (3)：46 – 47.

[41] 黄斌，王锋. 一种基于 ODBC 的数据库迁移方案［J］. 信息与电脑（理论版），2022，34 (12)：185 – 187.

[42] 陈晓，王健，姜铭敏，等. 基于国产数据库历史数据迁移的研究与实践［J］. 民航学报，2020，4 (5)：107 – 111，89.

[43] 数科网维. 数科文件转换迁移系统，提供多种文档格式转换服务［EB/OL］. [2023 – 08 – 28]. https：//www.suwell.cn/product/product_01.html.

[44] 张筠. 版式文档 OFD 格式及其在文档管理中的应用研究［D］. 沈阳：辽宁大学，2021.

[45] 吴新宇，喻斌. 量子通信加密技术在档案利用中的应用分析［J］. 浙江档案，2016 (11)：24 – 25.

[46] 许德斌，裴友泉. 运用量子通信技术实现档案（保密）信息传递的构想［J］. 档案学研究，2019 (5)：127 – 132.

[47] 张雅宁，吴品才. 北京互联网法院"天平链"建设及启示：兼论区块链技术对电子档案真实性维护的可行性［J］. 档案与建设，2022 (10)：63 – 65.

[48] 王洋. 基于优化共识的区块链在电子文件全生命周期真实性保障中的应用：以中国电力建设集团有限公司电子文件单套归档和电子档案单套管理试点为例［J］. 档案学研究，2022 (2)：89 – 96.

[49] 彭柳，张淼，高杰欣. 基于区块链技术的电子档案安全存储与可信验证方案［J］. 中南民族大学学报（自然科学版），2022 (6)：728 – 733.

9 数字中国战略背景下电子文件管理政策法规建设
——基于对2022—2023年公开发布数据的分析

王 宁[1]　苏依纹[2]　赵婧羽[1]

1. 山东大学历史文化学院；2. 中国人民大学信息资源管理学院

摘　要：电子文件管理工作是数字中国战略落地实施的支撑性要素，政策法规建设是其关键引擎。通过对近两年电子文件管理政策法规的网络调研和数据分析，发现在数字中国战略落地实施的过程中，我国电子文件管理政策法规建设取得显著进展，在单套制导向、数字政务支撑、全流程管理业务规范和专门业务类型电子文件管理等主题领域实现关键突破，正在驱动电子文件管理实践加速融入数字中国建设进程。然而，当前依然存在政策法规协调性不足、创新性不足、利用规定不足和应用业务场景有限等问题，亟须面向未来数字中国建设的战略需求，在体系化建设、全场景规划和应用性导向等层面继续探索优化。

关键词：数字中国；电子文件管理；政策法规；单套制

2023年2月，中共中央、国务院印发《数字中国建设整体布局规划》（以下简称《规划》），提出按照"2522"整体框架进行布局，从战略层面明确了数字中国落地实施的发展路径。电子文件资源是"数据资源体系"基础的重要构成，也是数字政府、数字经济、数字文化、数字社会、数字生态文明等运作发展的基础性要素，同时需要依托数字技术创新和数字安全屏障实现科学发展，因此其管理创新与《规划》框架有着千丝万缕的联系，是数字中国战略实施的支撑性要素。政策法规建设是推进电子文件管理实践创新的引领，在其发展过程中起到关键性推动作用。2021年1月1日，新修订的《中华人民共和国档案法》（以下简称"新《档案法》"）正式施行，明确了电子档案的要素内涵和合法效力，为档案管理的全面数字转型指明了方向。随之，近两年来，电子文件管理相关政策法规如雨后春笋般蓬勃发展，为进一步全面推进数字档案资源建设、提升电子文件管理在数字中国建设中的支撑力提供了法律保障和政策指引。

9.1 数据收集与分析方法

有关电子文件管理的政策法规内容不仅体现在档案领域相关文件中，还体现在支持和规范电子文件管理的相关行业领域政策法规中。因此,调研团队以北大法宝法律数据库、国家档案局政策法规库、中国政府网、各省(区、市)政府官网及档案信息网为检索平台,以"电子文件""电子档案"等主题词进行检索,时间跨度为 2022 年 1 月 1 日至 2023 年 8 月 25 日,共获取 40 份公开发布的政策法规文件。其中,电子文件管理直接相关性文件 10 份,间接相关性文件 30 份,包括行政法规、党内规章、部门规章、地方政府规章和规范性文件等多种文件类型,详细数据如表 1、表 2 所示。

表 1 电子文件管理政策法规(直接相关性文件)

序号	类 型	名 称	发布时间	发布部门
1	行政法规	《中华人民共和国档案法实施条例(修订草案征求意见稿)》	2022.04.15	国家档案局
2	部门规章	《政务服务电子文件归档和电子档案管理办法》	2023.07.30	国务院办公厅
3	部门规章	《电子档案管理办法(征求意见稿)》	2023.04.19	国家档案局
4	规范性文件	《关于进一步加强机关业务系统电子文件归档与管理工作的通知》	2022.03.22	国家档案局
5	地方政府规章	《上海市城市建设档案管理办法》	2023.03.24	上海市人民政府
6	地方性法规	《山西省档案管理条例》	2023.04.01	山西省人民代表大会常务委员会
7	规范性文件	《陕西省数字档案室建设评价办法(试行)》	2022.12.06	陕西省档案局
8	规范性文件	《广东省企业数字档案室建设评价办法》	2022.09.02	广东省档案局
9	规范性文件	《海南省电子文件归档一体化管理技术规范(试行)》	2022.06.28	海南省档案局
10	规范性文件	《深圳市市级党政机关单位电子公文归档与电子档案移交接收办法(试行)》	2022.09.29	深圳市档案局

表 2 电子文件管理政策法规(间接相关性文件)

序号	名 称
1	《中央党内法规制定工作规划纲要(2023—2027 年)》
2	《国务院关于加快推进政务服务标准化规范化便利化的指导意见》
3	《国务院办公厅关于加快推进电子证照扩大应用领域和全国互通互认的意见》
4	《国务院关于加强数字政府建设的指导意见》

续表

序号	名 称
5	《文化和旅游部办公厅关于推行应用文化和旅游市场电子证照的通知》
6	《电子发票全流程电子化管理指南》
7	《广东省数字政府基础能力均衡化发展实施方案》
8	《黑龙江省人民政府关于加强数字政府建设的实施意见》
9	《浙江省人民政府关于深化数字政府建设的实施意见》
10	《福建省数字政府改革和建设总体方案》
11	《海南省政府数字化转型总体方案（2022—2025 年）》
12	《新疆维吾尔自治区数字政府改革建设方案》
13	《江西省数字政府建设总体方案》
14	《云南省数字政府建设总体方案》
15	《河南省加强数字政府建设实施方案（2023—2025 年）》
16	《宁夏回族自治区人民政府关于加强数字政府建设的实施意见》
17	《青海省人民政府关于加快数字政府建设的实施意见》
18	《河北省人民政府关于加强数字政府建设的实施意见》
19	《湖南省"十四五"数字政府建设实施方案》
20	《山东省数字政府建设实施方案》
21	《西藏自治区加强数字政府建设方案（2023—2025 年）》
22	《2023 年上海市全面深化"一网通办"改革工作要点》
23	《四川省不动产登记电子证照及电子印章管理实施细则》
24	《贵州省税费征管保障办法的通知》
25	《上海市人民政府工作规则》
26	《天津市人民政府工作规则》
27	《黑龙江省贯彻落实〈交通强国建设纲要〉和〈国家综合立体交通网规划纲要〉实施方案》
28	吉林省文化和旅游厅关于印发《2023 年全省文化和旅游市场管理工作要点》的通知
29	《贵州省 2023 年度优化营商环境重点任务清单》
30	内蒙古自治区人民政府办公厅关于印发《全区一体化政务大数据体系建设工作方案》的通知

在分析方法方面，调研团队采用定量分析与定性分析相结合的方式开展研究。一是对所获取政策法规文件的标题、主题词进行提取、统计和阅读，明确我国电子文件管理政策法规建设的主导方向和建设重点，提炼主要特征；二是对可获取全文或关键条款的政策法规进行逐条阅读，人工提取关键词并开展词频分析，以可视化形式展示

和分析政策法规建设的关键主题；三是阅读和分析文本内容和逻辑架构，深入挖掘政策法规内容的内涵指向，总结问题与趋势，对数字中国战略背景下电子文件管理政策法规的未来建设进行展望。

9.2 近两年电子文件管理政策法规建设特征

9.2.1 势如破竹，体系日臻完善

自 21 世纪初以来，我国电子文件管理政策法规的建设经历了先缓慢发展后快速增长的过程，尤其是自 2014 年开始呈现加速发展的状态。[1] 随着 2021 年修订的《档案法》实施，这一进度得以进一步加快。随着新《档案法》的实施，电子文件与电子档案的合法效力得到广泛认可，也迫切需要建设更为完善的配套政策法规和标准规范，共同构成完备的制度体系。

近两年就有 40 项政策法规文件体现了对电子文件管理的规定，可见其发展速度之快。首先，国家档案局以新《档案法》为本，修订《中华人民共和国档案法实施办法》，形成《中华人民共和国档案法实施条例（草案征求意见稿）》，向全社会广泛征求意见。在该征求意见稿中，以更为具体的条文规定了电子档案应符合的条件，即明确"来源可靠、程序规范、要素合规"的规范性要求；[2] 其次，《电子档案管理办法（征求意见稿）》《关于进一步加强机关业务系统电子文件归档与管理工作的通知》《政务服务电子文件归档和电子档案管理办法》等部门规章和规范性文件对前端电子文件的形成和后端电子档案管理的各项业务环节都作出明确要求。此外，《山西省档案管理条例》《陕西省数字档案室建设评价办法（试行）》等地方规范性文件同样作出相关规定，在明确电子文件/电子档案合法效力的同时，规范归档、整理、移交、接收、保管、利用和处置等档案业务环节。当前电子文件管理相关政策法规已囊括宏观指引、业务指南、专门类型电子文件管理和技术规范等多类型文件，实现了从国家到地方层面对电子文件管理规范的健全和完善。

9.2.2 回应现实，紧随战略布局导向

立足国家战略与社会发展对电子文件管理的要求，适时出台相关文件是我国电子文件管理政策法规建设的主要导向。随着数字中国战略的推进，我国各行各业加速数字化转型，对电子文件管理尤其是单套制管理的需求更为强烈，多项电子文件管理政策法规的出台正是适应这一发展形势，回应现实问题。

例如，《政务服务电子文件归档和电子档案管理办法》直接回应政务服务创新需求，旨在推动各行业各领域政务服务电子文件从形成办理到归档的全流程电子化管理，提升企业和群众的获得感和满意度；[3]《关于进一步加强机关业务系统电子文件归档与管理工作的通知》提出"优化政务环境、打造数字政府，提升档案治理和服务效能"的目标，要求"规范有序开展业务系统电子文件归档与管理工作，鼓励将业务系统归

档工作成果应用于电子档案单套管理和数字档案室建设";[4]根据《国务院关于加快推进政务服务标准化规范化便利化的指导意见》等国家政策的要求,《文化和旅游部办公厅关于推行应用文化和旅游市场电子证照的通知》《电子发票全流程电子化管理指南》《四川省不动产登记电子证照及电子印章管理实施细则》等规范性文件的出台,促进数字经济、数字政务和数字社会的健康有序发展。

9.2.3 多元多级推进,拓宽实践应用场景

如前所述,我国电子文件管理政策法规的建设,不仅体现在档案领域的相关文件中,在其他行业领域的相关政策文件中也有所体现。从政策法规的发布主体来看,不仅有国家档案局、地方档案主管部门等各级档案机构主体,还有中共中央办公厅、全国人大、国务院办公厅、财政部、商务部、国家税务总局、地方立法机关、地方政府等多元主体,呈现出国家统领、多元参与、多级共进的建设发展格局。从电子文件管理政策法规所呈现的主题内容来看,在电子政务、城市建设、文化旅游、企业生产经营、医疗健康、民生和公共服务等行业领域都有所发展。例如,多地印发的数字政府建设实施方案均突出强调电子证照、电子印章、电子发票、电子签名等扩大应用领域,增强公共服务和应用支撑能力。这既反映了电子文件管理实践正在向各行各业的多种业务场景拓展,也体现了各行业领域对规范电子文件管理业务、促进行业创新发展的高度重视。

9.3 数字中国背景下电子文件管理政策法规建设的关键主题

为深入分析数字中国战略背景下我国电子文件管理政策法规建设的关键领域,调研团队对所获取的 40 份政策法规中有关电子文件管理的文本开展内容分析。通过微词云进行词频分析和关键词共现分析,分别得出如图 1 和图 2 所示的可视化结果。综合观察和比对出现频次最高的关键词和单词共现结果,结合文本阅读,总结发现近两年的政策法规建设在单套制导向、数字政务支撑、全流程业务电子化管理和专门业务类型电子文件管理等主题领域较为突出,形成了独具特色的政策法规建设成就。

图 1 近两年我国电子文件管理政策法规高频关键词词云

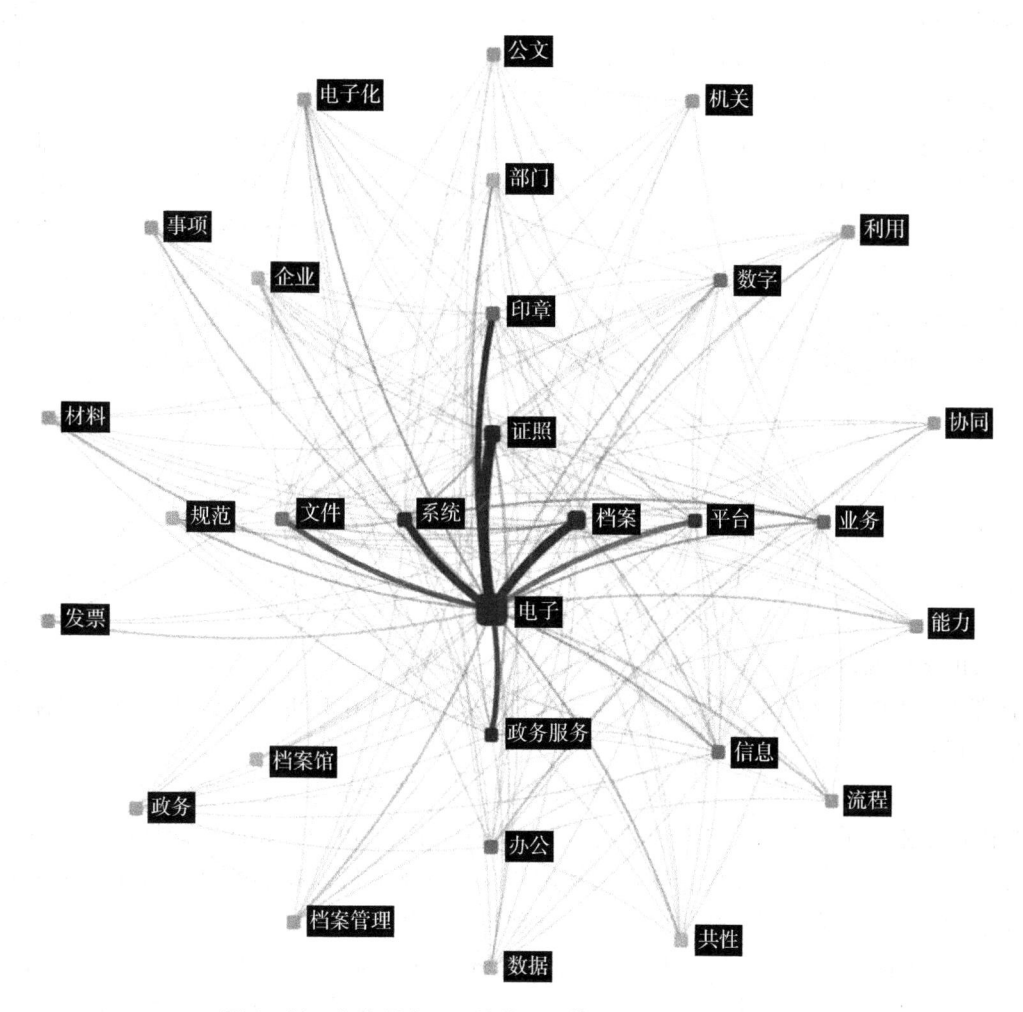

图 2 近两年我国电子文件管理政策法规关键词共现关系

9.3.1 聚焦单套制导向，明确电子文件合法合规要求

随着社会信息化进程和我国文件档案管理数字化转型的推进，面向单套制的电子文件管理是多年来档案学界与实践领域关注的焦点之一。各级立法机构、档案主管部门和行业主管部门等持续推动电子文件管理相关政策法规建设，形成了丰富成果。[1] 随着新《档案法》对电子档案合法效力的确认，我国电子文件管理政策法规的建设加速向着单套制方向推进，成果尤为显著。从关键词来看，体现电子档案合法要求的"来源可靠""要素合规""程序规范"均为高频词汇，在多份政策法规文件中均有所体现，逐渐成为业界的共识性要求。

当前电子文件政策法规在单套制导向上呈现出从鼓励性向强制性不断过渡的特征，此外，还体现为通过评估评价等措施激励开展电子文件的单套制管理。在 10 份电子文件管理政策法规的直接相关性文件中，有 9 份文件明确规定了电子文件单套制相关的要求,如《中华人民共和国档案法实施条例(修订草案征求意见稿)》明确规定了电子档案应符合的条件;《政务服务电子文件归档和电子档案管理办法》《山西省档案管理条例》《上海市城市建设档案管理办法》等明确要求符合规定的电子文件"除法律、行政法规另有规定外,不再以纸质形式归档和移交"[3,5,6];《关于进一步加强机关业务系统电子文件归档与管理工作的通知》《深圳市市级党政机关单位电子公文归档与电子档案移交接收办法(试行)》《陕西省数字档案室建设评价办法》等提出通过单套制管理可行性评估的方式逐步推进电子文件单套制。此外,在各地发布的数字政府建设规划中,也体现出将"电子文件单套制归档和管理"作为专题工作要点内容,要求推动档案工作提质增效,全面融入政府数字化转型。

9.3.2 服务数字政务,发挥电子文件共性支撑能力

发展高效协同的数字政务是数字中国战略规划"五位一体"的核心任务之一,也是我国政府治理现代化的重要命题。政府政务需要主动适应数字化趋势,运用数字技术对施政理念、方式、流程、手段、工具进行全方位、系统性、重塑性变革,推动政府治理体系和治理能力现代化。[7]电子文件作为支撑性要素渗透于数字政务建设和转型发展的全过程,包括行政审批事项办理、公文运转、社保办理、公共资源交易、税务管理等在内的广泛业务场景都需要电子文件参与其中,作为重要载体伴随业务全流程顺利运转。

从政策法规关键词词云及共现关系来看,"一网通办""政务服务""行政事项""电子票据""电子证照""电子签名""电子社保卡""电子行驶证"等词汇成为与电子文件管理高度相关的热词。在近两年国务院及各地政府发布的数字政府建设实施方案和规划中,均提到通过强化电子文件管理相关工作提升数字政府的"共性应用支撑能力",包括"推动电子证照扩大应用领域和全国互通互认""健全电子印章系统""推进电子签名应用尽用""规范电子文件管理""推广应用电子发票""推进电子公文全流程标准化管理"等重点规定性内容,要求减少纸质文件和简报资料,提升工作效率,推进各级政府机构实现政务服务电子化改革。此外,"深化电子文件资源开发利用""建设数字档案资源体系""提升电子文件归档和电子档案管理水平"等也被写入政策文件。《湖南省"十四五"数字政府建设实施方案》专门列出"档案管理专题",提出"建设全省数字档案管理服务一体化平台,开展电子公文资源库、电子文件单套归档和电子档案单套管理试点"[8]等要求,明确将电子文件与电子档案管理工作列入数字政府建设的重点任务清单。

9.3.3 关注核心业务,推进实施全流程电子化管理

电子文件管理实践稳步推进的关键,是扎实的业务能力和基础设施保障。我国较早制定发布的《电子文件管理暂行办法》《电子档案移交与接收办法》等已经对电子文件的归档、移交和保管等业务工作要求进行了规定,明确了电子文件管理"中端"的工作规范。近两年来,随着单套制的加速推进,除常规性的归档、整理、保管、利

用、鉴定、处置等电子文件管理环节外，有关系统建设和资源共享利用的业务规范也更为清晰，电子文件管理的"前端""终端"和"后端"全流程环节在政策法规中得以明确。例如，《中华人民共和国档案法实施条例（修订草案征求意见稿）》规定"确保办公自动化系统、业务系统具备归档功能，并与电子档案管理信息系统相衔接，实现对电子档案的全程管理"，[2]还对档案数字资源管理、数字档案馆建设和档案信息资源共享的工作内容进行了明确规定；《关于进一步加强机关业务系统电子文件归档与管理工作的通知》对业务系统归档功能要求、与档案系统衔接的要求、归档接口要求等提出规范；《广东省企业数字档案室建设评价办法》规定了"专题数据库建设"的要求，提出"在企业现有数字档案资源的基础上建立专题数据库"，[9]将在档案信息化中有效运用大数据、人工智能、区块链等新技术列为工作创新的加分项。推进文件全流程电子化管理的政策法规建设，从制度上为电子文件管理实践的创新发展和向单套制迈进保驾护航。

9.3.4 创新业务领域，强化专门类型电子文件管理

近两年，我国电子文件管理政策法规的建设更加关注专门业务领域电子文件管理的工作规范，强调电子文件管理与场景业务流程无缝衔接，提升全流程管理规范性。新发布的相关政策法规在建立指导性的基础上，尤其关注具体业务类型电子文件的特性管理需求，在实践工作中具备更强的可操作性。

在国家法律法规的推动下，行业主管部门和各级政府机构等制定规范性文件，明确电子发票、电子公文、电子证照等专门类型电子文件的管理路径。譬如，《电子发票全流程电子化管理指南》详细规定了电子发票从开具、接收、报销、入账到收集、归档、保管、利用、鉴定、处置等全流程业务中的规范性操作方案，可直接应用至电子发票在各行业领域的业务场景；[10]《海南省电子文件归档一体化管理技术规范（试行）》《深圳市市级党政机关单位电子公文归档与电子档案移交接收办法（试行）》等细致解读了电子文件收集、整理、移交、接收等各环节的操作要求，以及元数据要求、"四性"检测、系统功能、数据组织结构及格式要求等规范性标准；《四川省不动产登记电子证照及电子印章管理实施细则》[11]以细则的形式明确了不动产登记电子证照的签发步骤、归集要求，以及信息安全规范等业务内容，并说明其电子证照具备法律效力的前提条件，有助于引导促进电子证照应用融入不动产登记行业场景的切实需要。《贵州省税费征管保障办法》则提出"推动电子发票与财政支付、金融支付和财务核算系统、电子档案管理信息系统的衔接，推进电子发票无纸化报销、入账、归档、储存等工作，降低制度性交易成本"，[12]从多类型关联系统衔接的角度推进实现电子发票的全流程电子化管理。

9.4 我国电子文件管理政策法规建设的现存问题

尽管当前我国电子文件管理政策法规建设已取得突出成就，但对照数字中国战略

下档案信息化工作快速发展的要求，仍存在一些问题，亟待进一步优化完善。

9.4.1 协调性不足，规定性内容刚性不一

首先，电子文件管理政策法规滞后于相关标准规范的建设。在全球文档数字化转型进程中，美国、英国、澳大利亚等发达国家均出台了具有明确时间节点的无纸化进程战略规划，引领电子文件/档案管理的合法化推进。新《档案法》实施后，我国电子文件管理的相关标准建设加速推进，例如《电子档案单套管理一般要求》（DA/T 92—2022）、《电子档案证据效力维护规范》（DA/T 97—2023）等 8 项电子文件管理行业标准出台，这些标准的内容直指电子文件与电子档案单套制管理的实施方案与要求，在操作层面提出了更为具体的策略。但是从原则上应引领标准规范建设的政策法规建设相对滞后，例如《中华人民共和国档案法实施条例（修订）》和《电子档案管理办法（征求意见稿）》均尚未正式出台实施，也仍缺乏从顶层指引和规范电子文件单套制发展的专指性政策法规，在思想层面相对保守。其次，与数字中国战略衔接不足。在数字中国战略和国家大数据战略背景下，构建数据管理体制机制和畅通数据资源大循环是重要发展任务。我国丰富的电子文件资源是国家数据资产的重要构成，同时文件管理与数据管理之间存在天然的密切联系，加强数据化管理是融入数字中国实施战略的关键路径。然而，除部分地方数字政府建设规划提出"深化电子文件资源利用"和《广东省企业数字档案室建设评价办法》提出建设专题数据库的要求外，大部分政策文件对电子文件的数据化管理、数据化开发和资源共享等内容规范缺失，不利于电子文件管理的开放性发展，也未能打破档案机构与数据管理机构之间的资源壁垒。此外，相关政策法规对电子文件管理要求的刚性不足，有的文件规定"除法律、行政法规另有规定外，不再以纸质形式归档和移交"，有的则是"可以不再以传统载体形式归档和移交"，有的是经过单套制评估后"可以仅以电子形式归档和移交"。这些看似导向一致的规定性条文在具体实施时则存在较大差异，实施的效果也将大不相同。

9.4.2 政策法规内容交叉重复，缺乏创新

从电子文件管理政策法规的内容风格来看，存在明显的同质化现象，缺乏创新。这一问题突出表现为内容照搬和体例模板化，特色不足。例如，《国务院关于加强数字政府建设的指导意见》对电子文件管理的相关规定是"加强重点共性应用支撑能力……推动电子证照扩大应用领域和全国互通互认……健全全国统一的电子印章服务体系。"[13]在多个省份的数字政府建设规划中，基本复用了以上表述，或略有调整，少有结合本地数字政务发展现状和电子文件管理现状进行特别规定的表述。不同省份的政府工作规则使用了完全相同的表述如"加快实现文件和简报资料网络传输和网上办理，减少纸质文件和简报资料"。新制定的多份相关办法与先前发布的政策，使用了相似的体例格式，内容重复度较高，真正更新的条文规定较为有限。

9.4.3 对电子文件的利用服务规定不足

档案资源的开发利用是档案工作的重要内容，也是档案价值得以实现的必由路径。

电子文件作为数字化、新形态的档案资源，日益成为信息化时代档案资源的主体构成。而随着人民群众的档案信息和档案文化需求日益增长，其开发利用工作应得到更高的重视。新《档案法》对档案的开放利用作出了新规定，包括缩减档案封闭期、明确开放鉴定制度，保障公民档案利用权利。而我国现有的电子文件管理相关政策法规，重点仍放在电子文件的归档和管理层面，虽然也有相关条款内容对其利用工作作出要求，但是存在两方面的显著不足：一是规定性内容较少，虽有"电子档案的利用"相关条款，但仅有比较宽泛的要求，如"建立电子档案利用制度""积极推进电子文件和电子档案共享利用""确保档案数字资源利用安全"等概要性内容，并无具体的提供电子档案开放利用的实施方案和开放鉴定制度要求；二是缺乏利用救济制度，没有说明公众在无法按规定获取和利用电子档案资源的情况下，应通过何种途径进行申诉和维护自身权利，在实施层面无法保障电子文件资源的有效利用。

9.4.4 政策法规涉及的业务领域场景有待拓展

随着数字政府的建设发展，行政、财税、城建等领域出台了较多的电子文件管理相关的规范性文件，如《政府服务政务服务电子文件归档和电子档案管理办法》《电子发票全流程电子化管理指南》《四川省不动产登记电子证照及电子印章管理实施细则》等在本行业领域或区域领域内对专门类型电子文件管理作出了规定。然而，随着社会全面数字化转型和发展，电子文件所关及的业务领域方方面面，电子文件管理的单套制试点也不断铺开，仅有少部分行业领域的电子文件管理办法远远不够。例如，在广泛的企业经营管理实践中，纸电混用的文档管理体系严重束缚着企业规范化管理和高效率发展，专门性的电子文件管理制度缺失，对电子文件的管理实践大多处于探索进程中。诸如电力、石油、金融、交通、通信、航空航天、建筑等业务领域均呼吁电子文件管理相关政策法规的指引。此外，随着新一代信息技术在文件档案领域的深入赋能，有关人工智能、区块链、云计算、物联网等技术在电子文件管理实践中的应用规范和安全管理要求也有待进一步明确，技术应用类政策规范仍存在一定缺口。

9.5 面向数字中国战略的电子文件管理政策法规建设展望

在数字中国战略形势下，我国电子文件管理政策法规建设正在向着单套制、多元化、多融入的方向发展，体系趋于健全和完善。回应其在协调性、创新性和支撑度等方面的不足，对电子文件管理政策法规的建设仍可从以下三个视角进行展望。

9.5.1 精细化设计，体系化建设

针对电子文件管理政策法规存在的协调性不足等问题，本文认为未来的制度建设应优化设计思路，形成结构合理、内外衔接的政策法规体系，服务数字中国战略。可由国家档案局牵头，建立档案政策法规协调机制。一是处理好新制定政策法规与先前政策法规的关系。已有较为成熟的政策文件，不用重新制定，减少重复建设，而是在

先前的基础上根据新需求、新任务进行修订更新。同时应及时清理和废除已经不适应电子文件管理发展形势的政策文件,如强制双套制的相关政策规定。二是处理好上位法和地方政策法规的协调性。在有关电子文件管理单套制的刚性上进行统一,例如一致规定"除法律、行政法规另有规定外,不再以纸质形式归档和移交",避免模糊性表达。三是促进电子文件政策法规与标准规范以及相关领域制度建设的步调一致。同类型政策法规的制定应尽早部署,尽早发布实施,原则上引领标准规范的建设,为其指明方向;电子文件管理政策法规建设应及时关注国家数据管理战略需求,及时跟进和出台相关文件,将相关业务领域数据资源纳入文件管理范畴之内,同时规范电子文件资源的数据化管理举措,促进电子文件管理与数据管理的协同共进。

9.5.2 点面式推进,全场景规划

当前,我国电子文件管理政策法规建设在数字政务领域发展较快,形成了较为丰富的成果,为支撑数字政府建设提供了有力抓手。以此为经验,未来电子文件管理政策法规的建设可由点及面,向更广泛的行业和业务领域推进。其一,对应数字中国战略规划框架,系统梳理电子文件在数字经济、数字文化、数字社会、数字生态文明建设和数字治理生态等领域中的场景需求,列出重点政策法规建设任务清单,规划电子文件管理政策法规的建设目标,通过分步骤建设、按业务推进的思路逐步完善,形成面向全行业领域的电子文件管理政策法规体系。其二,深化国家档案主管部门与各行业主管部门的合作联系,从顶层推动建立政策协调规划小组,共同推动相关政策法规的制定和实施。通过深入各行业领域的实践调研,切实关注不同业务场景下电子文件管理的差异性需求,将档案专业知识与行业专业知识相结合,促进出台符合不同门类电子文件管理业务要求的政策法规文本。其三,随着档案资源从数字态向数据态不断拓展,对电子文件管理政策规范制定的侧重点应从非结构化文件导向向结构化电子文件的档案化管理不断倾斜,实现电子文件管理政策法规建设的平衡发展。

9.5.3 应用性导向,突破式研究

电子文件管理是应用实践性非常强的领域,政策法规的建设尤其注重应用性目标,提升其指导实践的科学性。首先,在国家立法机构、政府机构、档案主管部门等牵头建设的基础上,广泛吸引档案专家队伍、行业专家队伍等参与到政策法规的研究和起草中。真正结合社会发展和电子文件管理的需求,准确研判政策法规在实施过程中可能面临的障碍,尽可能避免政策法规的不适应性,减少频繁修订。其次,对现实需求强烈、涉及人民群众切身利益的条款撰写具体规定,使之具备更强的可操作性。如对电子文件开放利用的规定应具体到开放利用的范围、网络化利用服务渠道、具体检索服务途径、共享利用互操作方式、安全利用风险防控措施,以及保障公民利用权的法律救济措施等,以在实践中真正有助于指导电子文件利用工作的开展。此外,集中攻关克难,面向数字中国战略实施和档案事业长远发展需要,突破性开展政策法规研究。需要重点关注电子文件资源的多样性、档案参与主体的多样性以及档案模式创新等客

观现实，加快拓展电子文件政策法规建设的边界，在多类型数据态电子文件管理和新一代信息技术赋能应用的场景、流程、安全保障等方面加强政策建设，制定更多技术应用性规范，指引电子文件管理的创新性发展，进而带动档案管理的数字化变革。

参考文献

[1] 苏依纹，王雨晴，赵婧羽，等. 面向单轨制的我国电子文件管理政策法规建设：发展调查与推进策略［J］. 档案与建设，2023（6）：35-39.

[2] 国家档案局关于向社会公开征求《中华人民共和国档案法实施条例（修订草案征求意见稿）》意见的通知［EB/OL］.［2023-08-15］. https：//www.163.com/dy/article/H991USUT0514MEP0.html.

[3]《政务服务电子文件归档和电子档案管理办法》［EB/OL］.［2023-08-23］. https：//www.gov.cn/zhengce/content/202308/content_6899493.htm.

[4] 国家档案局印发《通知》进一步加强机关业务系统电子文件归档与管理工作［EB/OL］.［2023-08-16］https：//www.saac.gov.cn/daj/yaow/202203/3c6c285687b949b19ca998f64a68a4eb.shtml.

[5]《山西省档案管理条例》［EB/OL］.［2023-08-18］. http：//www.sxsdaj.gov.cn/xxgk/zcfg/flfg/art/2023/art_c39571af41d14a798b3b103e10cd833f.html.

[6]《上海市城市建设档案管理办法》［EB/OL］.［2023-08-18］. https：//www.shanghai.gov.cn/xxzfgzwj/20230427/bf4d927496d3481fa10800b59e6523f1.html.

[7] 祁天娇. 2021年中国电子文件管理发展报告［C］//中国人民大学档案事业发展研究中心. 中国档案事业发展报告（2022）. 北京：中国人民大学出版社，2022：198.

[8]《湖南省"十四五"数字政府建设实施方案》（全文）［EB/OL］.［2023-08-19］. https：//www.xxz.gov.cn/zwyw/tpxx/202204/t20220402_1877461.html.

[9] 广东省企业数字档案建设评价办法［EB/OL］.［2023-08-20］. https：//www.meizhou.gov.cn/zwgk/zfjg/sdaj/bmwj/content/post_2446268.html.

[10] 国家档案局办公室 财政部办公厅 商务部办公厅 国家税务总局办公厅关于印发《电子发票全流程电子化管理指南》的通知［EB/OL］.［2023-08-20］. http：//dzsws.mofcom.gov.cn/article/zcfb/202303/20230303398350.shtml.

[11]《四川省不动产登记电子证照及电子印章管理实施细则》印发［EB/OL］.［2023-08-21］. http：//dnr.sc.gov.cn/scdnr/sctpxw/2023/2/27/5b6a6487bd554761b3434ddefa36570e.shtml.

[12] 贵州省人民政府办公厅关于印发贵州省税费征管保障办法的通知（黔府办发〔2023〕9号）［EB/OL］.［2023-08-21］. https：//www.bijie.gov.cn/zwgk/zdlyxxgk/ssgl/sszc/202303/t20230327_78776852.html.

[13] 民政部印发贯彻落实《国务院关于加强数字政府建设的指导意见》实施方案［EB/OL］.［2023-08-22］. https：//www.gov.cn/xinwen/2022-09/29/content_5713653.htm.

10 2022—2023年档案出证利用：调查与思考

许晓彤[1,2]　章伟婷[2,3]　樊　华[1,2]

1. 山东大学历史文化学院；2. 中国人民大学电子文件管理研究中心；3. 武汉大学信息管理学院

摘　要：从传统纸质环境到数字环境，档案作为社会活动的原始记录，凭证价值受到广泛认可。本文梳理档案出证利用的法规沿革和相关政策，厘清了档案出证的基本制度保障，明确了民生证明和司法诉讼两类主要应用场景。本文指出，民生证明场景中，档案出证利用的模式呈现出传统固定场馆出证、跨馆"一站式"出证、跨时空全流程电子化档案出证的阶段性发展特征；司法诉讼场景中，档案材料整体采信率可观，纸质档案出证仍是主流方式，规范化的档案管理工作有助于形成完整证据链、提升档案的证据效力。

关键词：档案出证；民生档案；司法证据；档案利用

随着数字中国建设向纵深发展，各行各业的数字化转型迈向"攻坚"阶段。档案领域，单轨制、单套制管理从试点走向稳步推进，对档案凭证性的认定也从纸质档案的白纸黑字逐渐拓展到电子档案的"来源可靠、程序规范、要素合规"。无论在传统技术环境中还是在数字背景下，档案作为凭证的价值与效力获得社会广泛认可，在民生证明、司法诉讼等多种场景中发挥重要的作用。

档案出证一般指档案馆根据利用者的咨询和申请，结合档案内容记载情况出具证明的一种服务方式。信息化时代，电子档案的广泛应用与现代社会降低管理成本、提升工作效能的需求相契合，有效推动了异地出证困难问题的解决，助推档案惠及民生。按照服务场景与用途，本文将档案出证利用划分为出具民生凭证和出具诉讼证据两类。❶ 其中，作为民生凭证的档案主要用于证明公民个人身份、受教育程度、工作情况及财产情况等情形；作为诉讼证据的档案主要用于公安、司法部门审理案件、证明案件待证事实的需要。本文基于对2022年至2023年上半年档案出证利用情况的调研，着重分析了档案作为民生凭证、诉讼证据的利用现状，以明确档案出证利用服务的发展趋势，探索数字中国背景下档案现代化利用服务的高质量发展走向，助推达成《"十四五"全国档案事业发展规划》中"档案利用服务达到新水平"重要战略目标。

---

❶ 笔者主要从用途与场景维度切入，将档案出证划分为偏向日常的民生出证与偏向专业的司法诉讼出证；从证明事项本身的性质而言，二者可能存在交叉，特此说明。

10.1 档案出证利用的法规沿革

档案出证利用作为档案利用服务的重要手段，是各级各类档案馆的法定职责。《中华人民共和国档案法》（以下简称《档案法》）指出，档案馆应当"不断完善利用规则，创新服务形式，强化服务功能，提高服务水平，积极为档案的利用创造条件，简化手续，提供便利"。档案馆在履行法定职责、提供出证利用服务的过程中，应当以相关法律法规为基本遵循。梳理档案出证利用服务的发展历程，传统纸质档案的天然凭证性深入人心，其证明作用最先获得法律认可，相较于其他材料具备证明力优势；电子档案证据效力的确立与相关法律法规的完善则经历了一段漫长的渐进历程。

10.1.1 纸质档案证据效力优势显著

档案作为在社会实践中直接形成的固化信息，具备原始记录性。纸质档案的制式和保管方式均有严格规范与制度要求，在还原客观现实方面具有更高的可信度，相较于其他材料更具证据审查判断所要求的"三性"——真实性（起初也作"客观性"表述）、关联性、合法性，具备法定的证据资格所要求的条件。

司法审判领域，纸质档案的证明力优势以法律法规的形式被明确。1998年《最高人民法院关于民事、经济审判方式改革问题的若干规定》第27条中明确指出档案的"证明力一般大于其他书证、视听资料和证人证言"；2001年《最高人民法院关于民事诉讼证据的若干规定》第77条重申了档案的证明力优势；2002年《最高人民法院关于行政诉讼证据若干问题的规定》第63条指出"档案材料以及经过公证或者登记的书证优于其他书证、视听资料和证人证言"，等等。上述条款使纸质档案在相当长的时间内成为被优先采纳的书证。

10.1.2 电子文件证据效力的逐步确立

与纸质档案的境遇不同，电子文件的证据效力经历了"遭受质疑—逐步认可—最终确立"的渐进过程。彼时，电子文件处于应用与发展的初期，由于其所存储信息的流动性、虚拟性，以及信息和载体之间的分离性，难以保证其在保管过程中不被恶意篡改或者遭到无形损害等，因此一段时间内，电子文件的证据效力难以得到社会各界甚至档案领域内部的认可。解铃还须系铃人，技术发展带来的档案不信任问题也随着一系列电子文件安全技术的发展逐步得到解决，非对称加密、数字签名、时间戳等技术的发展与应用保障了电子档案传输与保管过程中的真实性及可验证性；元数据著录等管理手段有效记录了电子文件管理的过程与背景信息，等等。电子形式材料的法律效力逐渐受到社会认可，其法律层面上的证据地位也逐步"尘埃落定"。

20世纪末以来，部分实体法和司法解释中陆续出现有关电子文件、计算机数据法律效力的规定。1999年《中华人民共和国合同法》将数据电文视同书面形式，最早明确认可了电子形式的材料；同年，《中华人民共和国会计法》认可了由电子计算机进行会计核算生成相关电子文件的法律效力；2004年《中华人民共和国电子签名法》强调"数据电文不得仅因为其是以电子、光学、磁或者类似手段生成、发送、接收或者储存的而被拒绝作为证据使用"，表明数据电文的证据效力不再仅受限于其技术属性。同时，相关司法解释对电子证据的审查判断进行了具体规范，如2001年《最高人民法院关于民事诉讼证据的若干规定》第22条指出"调查人员调查收集计算机数据或者录音、录像等视听资料的，应当要求被调查人提供有关资料的原始载体……提供复制件的调查人员应当在调查笔录中说明其来源和制作经过"；《最高人民法院关于行政诉讼证据的若干问题的规定》第64条中指出"以有形载体固定或者显示的电子数据交换、电子邮件以及其他数据资料，其制作情况和真实性经对方当事人确认，或者以公证等其他有效方式予以证明的，与原件具有同等的证明效力"。这两条规定在承认将电子文件证据效力的基础上，逐渐放宽了对证据原件的限制。

2012—2014年，三大诉讼法陆续将电子数据纳入基本证据类型，电子文件的法定证据地位正式确立。《中华人民共和国刑事诉讼法》第48条将电子数据与视听资料并列为正式的证据类型；《中华人民共和国民事诉讼法》第63条将电子数据单独列为一类证据，《中华人民共和国行政诉讼法》也进行了类似规定。此后，电子文件越来越多地被应用至司法诉讼场景中。

10.1.3 电子证据相关法律法规快速增长

随着电子文件地位与效力的正式确立，法律法规也迎来了"数字化转型"。2012年以来，各实体法、程序法及相关司法解释对电子证据收集提取、固定保全、鉴定、审查判断与出示的相关规则进行了更为详细、系统的规定，为电子档案的出证利用奠定了坚实的法律基础。

在司法领域，一方面，对于电子证据概念的阐释日臻完善。例如，2014年《最高人民法院关于适用〈中华人民共和国民事诉讼法〉的解释》第116条首次明确了电子数据的概念，即"电子数据是指通过电子邮件、电子数据交换、网上聊天记录、博客、微博客、手机短信、电子签名、域名等形成或者存储在电子介质中的信息"；2016年，两高一部《关于办理刑事案件收集提取和审查判断电子数据若干问题的规定》则更加细化地列举了4类、共20项电子数据。另一方面，电子证据审查判断条款更加细化，受刑事诉讼"案件事实清楚，证据确实、充分"的高证明标准影响，《最高人民法院关于适用〈中华人民共和国刑事诉讼法〉的解释》《关于办理刑事案件收集提取和审查判断电子数据若干问题的规定》等一系列司法解释与部门规范性文件，详细规定了电子证据取证、固定、保全、鉴定、出示及审查判断细则；2019年，民事领域也有所突破，《最高人民法院关于民事诉讼证据的若干规定》详细规定了电子数据的收集、保全与审查判断规则，将电子数据生成存储、过程监测、保存、传输、提取的手段与方法纳入考量范围，特别指出"以档案管理方式保管的"电子数据能够在无反驳证据的前提下直接认定真实，完善了民事电子证据保全与认定的相关流程。

与此同时，档案领域的法律法规对电子档案法律效力的阐释逐渐明确。2018年，

《机关档案管理规定》第 23 条中明确指出"电子档案与传统载体档案具有同等效力"，第 36 条强调了电子签名、电子印章的效力，即"纸质文件不需再行实体签名、实体盖章"。2020 年新修订《中华人民共和国档案法》第 37 条明确指出满足"来源可靠、程序规范、要素合规"条件的电子档案"与传统载体档案具有同等效力，可以以电子形式作为凭证使用"，对电子档案证据效力进行了明确。

以上法律、法规、司法解释和规范涵盖了不同主体与效力层级，明晰了电子文件作为证据的概念归属、内涵及具体要求，有利于规范电子档案出证的流程，引导社会公众积极利用电子文件，降低取证成本，为电子证据在民生凭证、司法诉讼场景中发挥效用奠定了基础。

10.2 档案出证利用的政策保障

在档案出证法律法规日渐丰富完善的背景下，国家和地方陆续出台相关政策，对档案出证利用相关工作进行细化落实。国家层面，《"十四五"全国档案事业发展规划》强调，要加大跨区域档案信息资源共享平台建设力度，扩大"一网查档、异地出证"惠民服务覆盖面。[1]地方层面，2003 年，时任浙江省委书记的习近平同志在考察浙江省档案局（馆）时提出："档案工作要走向依法管理、走向开放、走向现代化"。浙江省档案系统以"三个走向"为根本遵循，进一步扩大电子档案出证的应用范围，推进各级档案馆提供电子档案出证服务，实现档案证明服务的无纸化。陆续出台的相关政策和各地的积极响应分别为档案出证利用提供了宏观政策和实际工作上的清晰指向。

10.2.1 档案出证利用政策调研概述

本文中所指政策包括政府机关制定的国务院令、部门规章、地方政府文件等；企业制定的企业章程、规章制度、内部规定等；其他组织制定的行业协会规定、行业标准等。具体类型涉及规范性文件、标准、指南、操作手册、指导书、协议书、行动办法等。本文集中关注 2022—2023 年档案出证利用现状，考虑到政策具有周期性与影响的长远性，因而对政策的检索时间限定适当放宽。政策检索范围为 23 个省、5 个自治区、4 个直辖市（港澳台地区除外）的档案门户网站。❶ 需要说明的是，"档案证明"或"档案出证"等专指性较强的关键词会被自动分解为"档案""证明""出证"等关键词，导致检索结果较为宽泛。为保证查准率，本文直接将"出证"或"证明"作为检索词。经检索发现，共 29 个省级行政区制定了与档案出证利用有关的政策文件，宁夏回族自治区、新疆维吾尔自治区、西藏自治区暂未检出；同时，档案出证利用的场景主要为民生证明和司法诉讼。

---

❶ 各省档案馆官方网站的名称有"档案信息网""档案网""档案方志网"等，为便于读者理解，统一以"档案门户网站"代称，特说明。

10.2.2 档案作为民生凭证相关政策

作为民生凭证的档案关系公众切身利益，与其日常生活息息相关。经检索，档案作为民生凭证的相关政策主要存在以下三个特点。

其一，档案作为民生凭证的政策场景主要为区域异地查档、跨馆出证。例如日照市档案馆与连云港市档案馆签订民生档案跨馆利用服务工作协议书，具体约定民生档案跨馆联动的形式与工作流程，以及档案出证利用的范围与方式[2]；黄河流域9省（自治区）59家市（州、盟）档案馆联合颁发《黄河流域城市档案馆民生档案跨馆利用服务工作协议》，规定持有合法有效证明的查档群众可在所在城市档案馆提交书面申请，由档案属地档案馆代为查阅并加盖档案利用章，支持59个签约市（州、盟）档案馆馆藏民生档案的"一站式"查阅利用[3]。此外，江西省档案局与海南省档案局、嘉峪关市档案馆与北京市海淀区档案馆也分别签订了异地利用协议，为"异地查档、跨馆出证"在资源、流程、形式等方面提供了基本依托。

其二，政策发布主体以档案部门为主。例如四川省档案局发布了《四川省国家档案馆民生档案异地查档跨馆服务办法》，鞍山市档案局发布了《关于推进民生档案信息资源共享的实施方案》等。其他部门发布相关政策的情况较少，本文检索到湖南省人民政府出台的《关于做好出具（无）婚姻登记记录证明服务工作的指导意见》、福建省人民政府出台的《福建省数字档案共享管理办法》等，从更高效力层级赋予档案出证利用以更强的推动力。

其三，民生凭证相关政策内容或独立聚焦出证工作，或嵌入档案开放利用相关政策，未形成较为系统的档案出证政策体系。档案部门专门针对档案出证的政策总体数量较少。本文检索到的仅有桂林市叠彩区档案局制定的证明（盖章）类材料目录，涉及工龄、婚姻、宅基地等12个事项，明确了证明材料的提供机关和设定依据。[4]其他部门亦根据各自工作性质对专门类型的档案出证制定了相关政策，例如郑州轻工业大学人事处制定的干部人事档案出具证明的规定，重庆市卫生服务中心制定的人事档案出具证明要求及流程等。嵌入档案开放利用相关政策的情况较为普遍，例如佛山市档案馆制定的《佛山市档案馆档案资料利用服务指南》，吉林省档案馆制定的《吉林省档案馆档案开放和利用办法》等。大多数省市档案馆的档案开放利用规定中涉及档案出证的相关条款，如"申请利用工龄、学历、职称、任职、奖励等凭证档案的，如单位利用，出具所在单位的介绍信或者查档公函；如本人利用，出具工作证、身份证等有效证件。"[5]但多为对相关程序的概括性规定，细化内容相对欠缺。

此外，在涉及民生档案出证的相关政策中，有两个系列的专题数量较多、影响广泛，值得特别关注。

一是"一网查档、异地出证"系列。《"十四五"全国档案事业发展规划》中规定"加大跨区域档案信息资源共享平台建设力度，扩大'一网查档、异地出证'惠民服务覆盖面"。基于此，各地依据实际情况纷纷在地方"十四五"规划中将民生档案的异地查档、跨馆出证作为工作要点。例如《"十四五"云南省档案事业发展规划》指出，要逐步推动民生档案的跨地区查询和跨馆际出证，实现覆盖全州（市）乃至全省的一站式网络查档服务；[6]《"十四五"湖北省档案事业发展规划》推动档案异地查档向基层延伸，实现档案利用全程网办、电子出证，扩大"馆际互联、一站检索、远程查档、审批出证"[7]惠民服务覆盖面。

二是流动人员人事档案出证系列。2021年末，国家档案局、人力资源和社会保障部等五部门联合发布《流动人员人事档案管理服务规定》，明确将"依据档案记载出具存档、经历、亲属关系等相关证明材料"列为档案管理机构应提供的服务，并规定"严禁出具虚假证明"。[8]在多年的实践探索中，各地结合实际情况陆续出台流动人员档案出证政策。如贵州省人力资源和社会保障厅发布《贵州省流动人员人事档案管理服务规范（试行）》，详细规定了流动人员人事档案的接收、转出、材料收集与整理、保管与保护、查阅、出具证明、信息化管理七个方面的工作程序和相关手续。[9]山西省就业服务局针对流动人员人事档案的办理流程发布《山西省流动人员人事档案业务办事指南》，特别列出档案出证的条件、手续、流程。[10]

10.2.3　档案作为司法证据的相关政策

相较于档案在民生出证方面的政策，档案作为司法证据的政策数量相对较少，主要集中在标准方面。如中华人民共和国司法部发布的《电子数据存证技术规范》（SF/T 0076—2020）围绕电子数据存证服务提供者、电子数据存证平台和电子数据存证过程制定相关要求，以实现电子数据存证的规范化运作。[11]与之呼应，国家档案局发布的《电子档案证据效力维护规范》（DA/T 97—2023）规定了在电子文件归档与移交、电子档案存储与保管、格式转换、提供利用等过程中维护电子档案证据效力的一般要求与方法。[12]上述标准的发布为诉讼场景中的档案出证提供了切实可行的参考做法。

同时，部分民生档案出证的政策中也涉及司法场景出证的条款。例如《安徽省流动人员人事档案管理服务规范》中规定了流动人员人事档案利用范围："公安、检察、法院、司法等国家机关或公证机构因侦查、审理、公证等需要可查阅有关人员的人事档案。"[13]《江苏省出生医学证明档案管理办法》详细提出："各级人民法院、人民检察院、公安机关、国家安全机关、纪检监察机关、审计机关依据相关法律规定，可凭单位介绍信查阅指定的出生医学证明档案。律师及其诉讼代理人在诉讼过程中，持律师执业证书、律师事务所介绍信、法院出具的受理通知书等材料，可查阅与诉讼有关的出生医学证明档案。"[14]《吉林省档案馆档案开放和利用办法》也强调："单位和个人需用档案复制件做法律凭证的，本馆同意后可加盖查档专用印章"。[5]上述政策条款为民生档案顺利发挥司法证据效力提供了强有力的政策支撑。

10.3　档案惠民生：民生凭证档案出证利用

10.3.1　民生档案出证的发展历程

档案利用的需求一般分为两个方面，一是满足研究者获取信息情报的需求，二是满足群众或法人获取证明材料的需求。民生档案出证利用以后者为目的，涉及对档案的复制、摘录、证明出具等具体工作，根据方式及渠道的不同。本文将民生档案出证利用划分为"传统固定场馆档案出证""跨馆'一站式'档案出证""跨时空全流程电子化档案出证"三种基本模式。这三种模式在时间上具有相继相续、顺承发展的关系，但受各地经济技术条件的差异性影响，目前三种模式同时存在、共同发挥作用。

10.3.1.1 传统固定场馆档案出证

传统固定场馆档案出证是最基础的模式。该模式下，档案利用者到档案馆提出档案利用申请，档案工作人员从形式、内容、查档人身份等方面对利用申请进行审查后，引导其填写档案利用登记表，由档案工作人员进行检索与证明文件审批，从而为利用者开具相关档案证明。

20世纪中后期至今，传统固定场馆档案出证一直是各级综合档案馆主要的出证利用方式。起初，由于信息技术发展水平有限，纸质档案更受社会认可，传统固定场馆档案出证严格的管理制度与严密的出证环节有效保障了档案的真实可靠，提高了档案出证的效力，但程序较为烦琐，利用者往往需要反复往返多个档案馆，才能查找到所需档案，此过程需要耗费大量时间精力，对于利用者而言便捷性不足。

10.3.1.2 跨馆"一站式"档案出证

随着档案信息化工作的广泛开展与档案目录数据库的建设与应用，档案出证程序逐步向集约化发展，部分业务开始从多地点向一地点延伸、从线下向线上转化。跨馆"一站式"档案出证是档案馆从异地调取档案并实现出证的模式，其主要特征在于档案出证的地点与该份档案所属档案馆所在地区不再绑定。该模式需要多家档案馆间达成协议，实现各馆目录数据库信息互通。部分档案馆还将查询业务受理点拓展至社区服务中心及其他政府机构。利用者需要获取档案证明时，可就近选择档案馆、社区服务中心或相关政府机构设置的服务点提交申请，工作人员确认目标档案，利用专用通道传输并接收目标档案馆提供的档案，并完成档案复制、盖章等一系列出证程序。

2010年前后，跨馆"一站式"档案出证实践如雨后春笋般频现。以上海市为例，上海市档案局于2010年提出远程服务机制共建总体方案，着手建设市与区县档案馆、档案馆与档案室、档案馆与社区事务受理服务中心"三联动"的远程利用服务体系，并于2012年末基本实现覆盖上海全市民生档案"全市通办"的服务目标。此后，上海市档案局不断拓展可共享的民生档案种类、社区中心受理点数量。[15]截至2023年，上海市实现跨馆"一站式"查询的档案种类从一开始的5种逐年增加至25种，包含婚姻登记、独生子女证、知青上山下乡、工伤认定、人才引进审批等诸多门类。[16]目前，上海市民生档案"全市通办"查档窗口已达300多个，以奉贤区为例，该区开设的15个查档窗口中，街道、社区事务受理服务中心受理点共12个，[17]为群众就近获取档案证明提供了便利。此外，江苏省、吉林省、天津市、广东省、浙江省、武汉市等越来越多的省市纷纷探索开展跨馆"一站式"档案出证服务。例如苏州市档案馆于2021年建立了民生档案全域平台，打通全市档案馆之间、档案馆与其他民生部门之间的民生档案资源共享互通渠道,并陆续实现了各综合档案馆的独生子女登记、婚姻档案、退休职工档案等民生档案数据迁移,[18]支持公众足不出户实现档案查阅出证。如今,跨馆"一站式"档案出证模式逐步成熟完善,一方面,跨馆"一站式"档案出证服务的覆盖范围经历了向基层档案馆、涉民工作相关政府部门以及社区服务中心延伸,与省外档案馆联动外拓的过程。例如,天津市档案局在2011年同全市20家档案馆达成"一站式"服务协议后,通过开展"民生档案建设年"活动、建立民生档案工作联席会,将民生档案远程出证系统专网覆盖到市级机关、街道社区;[19]2014—2022年,成都市档案馆先后与23个外省档案馆签订了民生档案跨省利用协议,逐渐扩大跨省调档的服务范围。[20]另一方面,各地档案馆根据公众的使用需求与频率,分步建立专题的民生档案目录(全文)数据库,在此基础上不断扩大覆盖面。例如,北京市档案馆于2020年、2021年开通婚姻档案、知青档案跨馆利用服务后,近年来先后增加了招工档案、调动档案、复转军人档案、独生子女档案的跨馆利用服务。[21]

值得关注的是,部分档案馆采用档案线上馆际传输方式,并采用加密技术保障档案信息安全。例如江苏省档案局与多个政府机构协同建成全省民生档案便民服务平台,在省政务外网CA登录的安全环境下,使用平台内置的电子签章系统,加盖统一的江苏省各级档案馆查档专用电子签章对外出证。[22]跨馆"一站式"档案出证服务一定程度上满足了民众异地查档的需求,迈出了便民服务新步伐,为向跨时空全流程电子化档案出证过渡奠定了基础。

10.3.1.3 跨时空全流程电子化档案出证

在"一网通办"、数字政府建设逐步推进的背景下,档案信息化工作纵深发展并积极融入国家战略。跨时空全流程电子化档案出证是在"一站式"出证基础上发展出的、全程以电子形式进行档案证明申请与开具出示的一种出证模式。利用者可以通过政务网、手机App、小程序等渠道提交查档申请,相关机构在线上收到查档申请后,调取数字化档案并进行全文上载,加盖电子签章赋予其证据效力,再传送给利用者以供出证利用,实现全程零跑腿。

近年来,安徽省、江西省、浙江省等多个省份积极开展跨时空全流程电子化档案出证的相关实践。2020年,安徽省档案局提出探索开展长三角地区国家综合档案馆民生档案跨馆跨平台在线申请与电子出证试点工作;[23]同年,江西省开通了"赣服通"应用,公众可以在该应用"我的证照"板块中"我的证明"事项内获取档案电子证明件,实现"一次都不跑"、在家就可查询并获取民生档案证明。[24]浙江省档案局不断优化电子出证服务模式,于2022年10月在"浙里办"App上线"浙里档案"便民服务应用,提高了档案出证利用的效率。

总体而言,跨时空全流程电子化档案出证有助于解决传统查档利用过程中的"难、繁、累"等难题,推进档案信息共享和数字资源整合。但是,该出证模式对经济投入要求较高,亦需要一定的建设周期,目前还未实现普遍推广。

10.3.2 案例探析:浙江省民生档案电子出证服务

浙江省是数字化转型成果最显著的省份之一,也是较早集中开展电子档案出证利用服务的省份。2022年10月，浙江省档案馆在浙江政务服务网的基础上，推出了"浙里档案"掌上应用，拓展了档案电子出证的服务渠道。截至2023年2月，"浙里档案"手机应用注册用户数达7.3万余人，信息调用229万余次，[25]具有代表性与研究意义。下文将对浙江省"浙里档案"民生档案电子出证服务展开研究，探索并展望民生档案电子出证服务的发展趋向。

10.3.2.1　从地市试点建设到"浙里档案"统筹开发

为响应数字中国战略，浙江省积极制定数字化改革方案，推进数字政府建设，于2014年上线运行浙江省政务服务网，同年完成客户端"浙里办"App的建设工作。浙江省档案局于2021年底发布《浙江省档案事业发展"十四五"规划》，并提出要"坚持以人民为中心的发展思想，优先安排民生档案接收编目、数字化、开放、查档工作……"，[26]将查档工作便捷化、现代化提上日程；在浙江省档案馆2022年重点事项任务中，明确提出要"加快建成省档案数据共享中心，实现档案查阅掌上化一体化"，[27]并列明建设省级档案数据共享中心的任务流程，为"浙里档案"的开发奠定了政策基础。

浙江省内较早推行电子档案出证试点工作的有嘉兴市、丽水市、乐清市等地。2019年底，嘉兴市档案部门联合市政务服务和数据资源管理办公室共同推进区域一体化查档、出证、办事"一条链"服务，推出"就近查档、电子出证、当即办事"工作模式，为全省电子档案出证利用工作积累了经验。[28]2020年前后，丽水市建成了全市统一的电子档案查询利用与出证平台，完善了电子档案原始性认证系统，保障了出证电子档案复制件的真实性认证。[29]2021年，乐清市完成了该市首例电子出证业务，以浙江省档案服务网为平台，为利用者提供了电子形式的婚姻登记档案。基于诸多成功试点经验与成果，2022年以来，浙江省档案馆持续推进局域网、政务网数据中台和业务中心的建设和适配工作，开发馆际馆室业务协同系统，建成全省档案部门数据仓，开展目录数据和开放档案全文汇集工作，并启动云防护和区块链应用，为电子档案出证利用服务夯实技术基础，在原有的浙江政务服务网"网上查档"模块的基础上开发移动端应用，推动"浙里档案"正式上线。

10.3.2.2　"浙里档案"应用服务内容

服务范围方面，"浙里档案"实现了跨地区、跨部门的档案资源归集共享，贯通了各类涉民部门的业务档案数据接口，搭建起覆盖浙江全省的档案利用平台，推动全省综合档案馆中的民生档案数据与各民生部门的业务民生数据"一端集成、全省共享"。

服务模块方面，"浙里档案"推出了"我的档案一键通""档案通查出证""走进档案"三个主要档案利用场景。在"我的档案一键通"中，用户可以查阅与自身相关联的各类民生档案数据，具体包含出生、上学、就业、婚育、置业、救助、就医、退养八个方面。"档案通查出证"分为网上查档、智能查档地图以及电子出证文件验证三个模块。在网上查档中，用户填写个人信息及查档线索，可阅览或获取档案复制件；智能查档地图中显示了用户所在地周边的档案馆及其联系方式；电子出证文件验证帮助用户对证明文件进行校验，并实时反馈校验结果。"走进档案"包含网上展厅、编研成果、教育基地（展览）预约、镇馆之宝等栏目，使档案馆的文化教育功能得到充分发挥。

10.3.2.3 "浙里档案"电子档案出证服务流程

目前，浙江省内多数档案馆已经基于"浙里档案"开通档案电子出证服务。用户进入"档案通查出证"服务场景后，需要点击"网上查档"并完善个人信息，根据要求选择所查询的档案类型、填写真实有效的查档需求、选择受理档案馆及利用方式，确认查档后，可在两个工作日内收到短信回复，若选择"电子出证"，则可以通过短信推送的链接下载电子证明文件；若选择"电子邮件发送"，则可以在邮箱中收到电子证明文件。出具的电子档案证明附有出证申请信息、出证流程信息、档案描述信息以及出证档案馆的电子印章，用户可以通过"档案通查出证"中的"电子出证文件验证"功能进行验证以确保在线提供的档案数据具有凭证效力。

10.3.2.4 "浙里档案"电子档案出证业务办理现状

2022—2023年，"浙里档案"应用上线后，浙江省多数基层档案馆在近两年纷纷完成了电子出证系统建设，正式面向广大群众提供电子出证服务。例如宁海县档案馆陆续完成电子印章申请、电子出证系统对接配置开通等工作，在远程档案电子出证测试中，测试人员不到10分钟便收到了包含电子档案链接的手机短信。[30]

目前，浙江省电子出证服务的办理数量较为可观。以平湖市为例，截至2023年7月，该市档案馆共受理网上查档1891人次，办理电子出证1461件。[31]同时，多地档案馆已将电子出证服务列入发展规划，从顶层设计上推动电子出证服务工作顺利开展。例如湖州市南浔区档案馆主动联系区政务服务管理办公室，将"档案电子出证服务"列入《南浔区全面优化提升政务环境行动方案》，[32]从全区层面推动档案证明无纸化，提升档案电子出证服务规范化。

整体而言，"浙里档案"实现了档案信息网上流转代替纸质证件线下传递，推动了档案出证从"最多跑一次"到"一次都不跑"的成效跃升。

10.4 档案助诉讼：档案材料发挥证据效力

10.4.1 档案用作司法证据的现状

为调研2022—2023年上半年档案用于诉讼场景、发挥证据效力的情况，本文在中国裁判文书网中进行检索。选择检索词时，先后尝试了"档案""电子档案""电子文件"等，但由于自动分词等原因导致结果较为宽泛，出现了大量不符合主题的文本；最终选定"档案证据"为检索词。选定时段为"2022年"和"2023年"（为裁判文书发布时间，非判决时间），检索时间为2023年7月20日，共检得182篇，逐一精读后剔除了23篇与档案出证无关的文书，选定了159篇符合条件的裁判文书作为研究样本

（裁判文书发布时间范围为 2022 年 1 月 13 日至 2023 年 6 月 30 日），发现档案用作司法证据时呈现以下明显特征。

第一，纸质档案出证比例总体大于电子档案。由于裁判文书中的档案证据大部分未直接声明是纸质档案或电子档案，本文根据"复印件""笔迹""档案袋"等元素结合上下文推断纸质档案的使用行为；以"机读""软件""截图"等元素推断电子档案的使用行为。梳理发现，共有 98 篇裁判文书（占比约 61.64%）未申明且难以判断其所使用的档案类型；在可判断档案类型的 61 篇裁判文书中，纸质档案出证共 54 篇（占比约 33.96%），电子档案出证共 7 篇（占比约 4.4%），差距明显，纸质档案出证频率总体高于电子档案。

第二，档案出证多用于民事诉讼场景。根据检索结果，广泛使用档案材料作为证据的场景有合同纠纷、劳动争议、继承纠纷、公司经营纠纷、借贷纠纷等，民事诉讼案由居多。以合同纠纷案为例，其中最常见的档案证据类型为工商管理类档案，依据所需要证明的具体事项，可以进一步细分为工商登记档案、工商变更档案、工商登记查询档案等。

第三，档案材料在联合证明待证事实、辅助形成完整证据链方面发挥显著作用。如在某村股份经济合作社与沈某土地承包经营权纠纷案❶中，原告提交了土地确权档案以证明其归属，包含承包地块调查表、农村土地承包经营权公示结果归户表、户口及身份证复印件、农村土地承包合同、公示无异议声明书、承包方调查表等档案材料；同时，提交了村委会会议记录、农村土地承包经营权登记公示确认表、记账单，这些证据能够相互印证，形成了完整的证据链，符合原告当庭陈述情形，具有真实性、关联性、合法性，法院予以采信。

第四，档案材料出证采信率总体较高。在 159 篇裁判文书中，仅有 2 个案例分别因档案涉及造假（质证确认公章造假）和与待证事实缺乏关联性而未被采信；而在对档案证据有争议的案件中，对方也多以"真实性认可，证明目的不认可"为质证意见。如李某1、李某2等继承纠纷案，❷ 被上诉人认可上诉人提交的被继承人李某档案本身的真实性，但不认可其证明目的，认为该份档案证据与诉争房产的归属问题无关。又如北京某商业管理有限公司与北京某超市有限公司房屋租赁合同纠纷案❸中，原告公司提交了本公司的变更档案，用于与其他证据联合证明时任公司法定代表人的谢某受原告公司委托已向被告公司支付了场地改建费用；被告认可原告所提交档案证据本身的真实性，但不认可其证明目的，即承认谢某的身份以及收到了该笔款项的事实，但声称该款项并非涉案工程的改造费。

---

❶ ×村股份经济合作社、沈××土地承包经营权纠纷案，黑龙江省兰西县人民法院（2022）黑 1222 民初 994 号民事判决书。
❷ 李××、李××等继承纠纷案，天津市第一中级人民法院（2022）津 01 民终 4320 号民事判决书。
❸ 北京睿博行卓越商业管理有限公司与北京美通美达超市有限公司房屋租赁合同纠纷案，北京市第三中级人民法院（2023）京 03 民终 3714 号民事判决书。

10.4.2　档案用作司法证据典型案例探析

为了更深入地探析档案作为司法证据被采信或未被采信的具体细节与缘由，本文选定若干代表性案例进行深入分析。

案例一：档案辅助形成完整证据链，能够有效证明待证事实。

在关某与某时装有限公司劳动争议案❶中，被告某时装有限公司破产后，管理人员接管的职工档案中仅见原告关某的录用通知，未见考勤记录、历年考评调整工资记录和工资发放的凭证，故被告认为与原告间不存在劳动关系，原告不符合认定职工身份的标准，不在安置范围之内。原告提交了某市劳动局盖章签发的录用通知书、被告主管部门和劳动部门加盖公章的某市全民合同制工人登记表，证明原告于1993年12月31日至1996年在被告处工作，且被告未提供证据证明双方之间已解除劳动关系，故法院裁判原告与被告间存在劳动关系。在该案例中，虽然被告公司的档案工作不尽完善，但档案机构保存的某市全民合同制工人登记表发挥了主要证明作用，并且与关某自主保存的录用通知形成印证，证据链完整，待证事实可信。刘某、陈某等房屋租赁合同纠纷案❷中，上诉人刘某等九人主张根据案涉"估值报告"判断的案件事实错误，并提交了包括电子档案在内的六组证据，共同证明案涉房屋的装修合同不应作为鉴定材料使用，法院综合认定了上诉人提交的证据。该案例虽未详细指出该份电子档案的具体内容，但根据审判过程可知，电子档案与其余五份证据材料互为印证，构成了完整证据链，能够联合证明案涉关键事实。

案件二：档案管理制度与方法能够有效保障档案材料的证据效力。

山东某机械有限公司、泰州某工程有限公司买卖合同纠纷案❸中，起重机的检查验收时间成为定案关键。为此，检察院向负责特种设备的专门检测的特种设备检测研究院调取了涉案起重机的起重机械安装（改造、维修）监督检验项目表、特种设备安全质量监督检验联络单等档案材料。经查证，特种设备检测研究院检验项目表中记载的日期是实际检查的日期，并非事后统一填写的日期；且整套检验档案材料早在该案诉讼前就已形成，未发现检查时间有后期修改痕迹，具备真实性。与之相反，日常档案管理工作不力则直接影响证据质量、导致不利的判决结果。例如某县农村信用合作联社与范某名誉权纠纷案❹中，原告信用社以年代久远为由，未提供相应的档案材料作为关键性证据，导致举证不能，难以完整、合理地说明待证事实，未能得到法院的支持与采信，需承担举证不能的不利后果。

案例三："档案身份"的证明力优势需要与规范化的档案管理工作相匹配。

---

❶ 关××、河南朋宇时装有限公司劳动争议案，河南省开封市顺河回族区人民法院（2022）豫0203民初163号民事判决书。

❷ 刘××、陈××等房屋租赁合同纠纷案，湖北省武汉市中级人民法院（2022）鄂01民终3579号民事判决书。

❸ 山东开元重型机械有限公司、泰州三福船舶工程有限公司买卖合同纠纷案，江苏省高级人民法院（2019）苏民再557号民事判决书。

❹ 康平县农村信用合作联社东升信用社与范××名誉权纠纷案，辽宁省沈阳市中级人民法院（2022）辽01民终11315号民事判决书。

如前所述，无论在纸质环境还是电子环境中，档案材料具有突出的证明力优势，但"档案身份"须与相关管理措施相结合，如无法证明该份档案被妥善保管，则仍面临不被采信的风险。如王某与某建设集团有限公司等确认劳动关系纠纷案❶中，原告提交档案材料作为关键证据，但受到了被告以下质疑。第一，原告提供的证据系国家武装部门保管的档案，调取该档案需档案部门审核并注明调取时间、页数、加盖单位公章，且一般提供复印件，但原告提供的档案并未显示上述管理信息，且原告从2021年4月至今一直持有"档案原件"，不符合规范程序；第二，原告提供的档案材料明显具有涂改的痕迹，其所反映的事实存在疑点；第三，原告提供档案中记载的王某虽与涉案王某同名，但其中记载的身份信息与案涉当事人的户籍档案信息不一致，无法判定为同一人。基于以上三点，法院对原告提供的档案证据不予采信。而在孙某与某公司劳动争议案❷中，原告提交了在钉钉软件上下载的人事档案用于证明工作事实，虽然在严格意义上，该份文件是否算作正规的档案材料有待进一步考证，但其通过不间断入职与工作记录，确定原告于2011年3月16日入职且在被告公司工作了3964天的事实，这一思路也侧面体现了电子档案连续性管理的思想。

10.5 结　　语

在法律法规逐步健全、政策环境逐渐完善的条件下，档案出证利用在民生证明和司法诉讼两个场景中发挥的作用日渐凸显。其中，民生档案出证与数字政府建设深度融合，依托政务服务平台"网上查档""掌上查档"模块，提供档案惠民服务，其服务场景由传统固定场所出证转向跨馆、跨时空出证，呈现出集约化、网络化的特征，档案出证更加便捷亲民。在司法诉讼场景中，虽然电子档案与纸质档案具有同等证明效力，但纸质档案的"信任惯性"仍在，纸质出证较为普遍；同时，司法判例也说明了档案工作的专业性和规范性能够有效保障档案材料的真实性。来源可靠、程序规范、要素合规的电子档案作为证据时具有可观的诉讼采信率。随着数字中国建设的纵深推进与档案工作数字化转型的持续发展，公众的法律意识、信息素养不断提升，档案作为原始凭证，将在越来越多的场景中发挥作用，推动档案出证利用走向规范化、制度化和普适化，将是数字中国背景下档案现代化利用服务高质量发展的题中之义。

参考文献

[1] 中华人民共和国国家档案局. 中办国办印发《"十四五"全国档案事业发展规划》[EB/OL]. [2023 - 08 - 03]. https：//www.saac.gov.cn/daj/toutiao/202106/ecca2de5bce44a0eb55c89076 2868683.shtml.

[2] 日照市档案馆与连云港市档案馆签订民生档案跨馆利用服务协议[EB/OL]. [2023 - 08 - 14]. http：//www.rzda.gov.cn/newsview.aspx？cid =8936.

---

❶ 王××、鑫基石建设集团有限公司等确认劳动关系纠纷案，甘肃省东乡族自治县人民法院（2022）甘2926民初166号民事判决书。

❷ 孙××、某公司劳动争议案，德州经济技术开发区人民法院（2022）鲁1491民初697号民事判决书。

[3] 59市档案馆民生档案今起跨馆利用[EB/OL].[2023-08-14].http：//www.sxdag.cn/Article/View？id=3730.

[4] 崔帆.广西桂林叠彩区清理民生档案查询证明材料[N].中国档案报,2018-03-05（2）.

[5] 吉林省档案馆档案开放和利用办法[EB/OL].[2023-08-19].http：//jlsda.cn/G_NR_W.jsp？urltype=news.NewsContentUrl&wbtreeid=1013&wbnewsid=626515.

[6] 省委办公厅、省政府办公厅印发《"十四五"云南省档案事业发展规划》[EB/OL].[2023-08-19].https：//www.yn.gov.cn/ztgg/ynghgkzl/sjqtgh/zxgh/202110/t20211016_229341.html.

[7] 湖北省委办公厅、省政府办公厅印发《"十四五"湖北省档案事业发展规划》[EB/OL].[2023-09-01].http：//www.hbda.gov.cn/info/4137.jspx.

[8] 中共中央组织部 人力资源社会保障部等五部门关于印发《流动人员人事档案管理服务规定》的通知[EB/OL].[2023-08-03].http：//www.mohrss.gov.cn/xxgk2020/fdzdgknr/zcfg/gfxwj/jy/202201/t20220110_432603.html.

[9] 关于印发《贵州省流动人员人事档案管理服务规范（试行）》的通知[EB/OL].[2023-08-14].http：//rst.guizhou.gov.cn/zwgk/jdhy/zcwj/zcwj_5864662/202107/t20210707_68933203.html.

[10] 山西省流动人员人事档案业务办事指南[EB/OL].[2023-08-14].http：//rst.shanxi.gov.cn/ztzl/jyfwj/bszn_571/202205/t20220507_5950157.htm.

[11] 电子数据存证技术规范：SF/T 0076-2020[S/OL].[2023-08-14].http：//www.moj.gov.cn/pub/sfbgw/zwxxgk/fdzdgknr/fdzdgknrlzyj/lzyjsfhybzj/202109/W020210907720568111488.pdf.

[12] 电子档案证据效力维护规范：DA/T 97-2023[S/OL].[2023-08-14].https：//www.saac.gov.cn/daj/hybz/202307/a56d9038a43b4c159bce0bdf3b66d1ea/files/97462add83d94354826d6b0e3a7e53ae.pdf.

[13] 关于印发《安徽省流动人员人事档案管理服务规范》的通知[EB/OL].[2023-08-13].https：//hrss.ah.gov.cn/public/6595721/8441945.html.

[14] 江苏省出生医学证明档案管理办法[EB/OL].[2023-08-13].http：//daj.huaian.gov.cn/upload/2020-03/2463e027-d08c-4979-8c45-6d2bbc1be8a2.pdf.

[15] 刘晶.上海市民生档案"一站式"服务研究[D].南宁：广西民族大学,2017.

[16] 罗青.上海25类民生档案"指尖可查"！查询量排名第一的占比高达7成,你猜是哪项？[EB/OL].[2023-04-13].https：//www.51ldb.com/shsldb/zdxw/content/f045e699-cfd2-4ba5-9c65-3841f823ed06.htm.

[17] 戴君文.国际档案日 | 金海街道带你学习生活中的档案知识[EB/OL].[2023-06-07].https：//mp.weixin.qq.com/s/Qu1lK3Q_cA0oBUgi0gFgWg.

[18] 苏州市档案局、苏州市档案馆举行第十四个"6.9"国际档案日主题活动.苏州档案信息网[EB/OL].[2021-06-11].http：//www.daj.suzhou.gov.cn/detail/131245.html.

[19] 张林华,潘玉琪.我国民生档案远程服务的实践发展研究[J].档案学通讯,2016,（6）：80-84.

[20] 张锦.成都市档案馆实现全国副省级城市档案馆跨馆查询全覆盖[J].四川档案,2020,（6）：63.

[21] 李瑞环.北京市档案馆推出多项宣传活动庆祝国际档案日[N].中国档案报,2023-06-12（1）.

[22] 谢微,李扬.江苏省建成民生档案便民服务平台运行平稳[EB/OL].[2019-05-29].

http：//www.chinaarchives.cn/home/category/detail/id/8715.html.

[23] 苏永峰. 安徽学习贯彻习近平总书记考察安徽重要讲话精神［N］. 中国档案报，2020-09-21.

[24] 李鹏达. 江西："一次都不跑"在家就可查询民生档案［EB/OL］.［2020-12-24］. http：//www.chinaarchives.cn/home/category/detail/id/15503.html.

[25] 浙江省档案馆电子档案管理处. 浙江省档案馆荣获2022年度浙江省改革突破奖［J］. 浙江档案，2023（2）：10.

[26] 浙江省档案馆"十四五"发展规划纲要［EB/OL］.［2021-12-07］. https：//www.zjda.gov.cn/art/2021/12/7/art_1378487_58923377.html.

[27] 2022年重点事项任务［EB/OL］.［2022-02-28］. https：//www.zjda.gov.cn/art/2022/2/28/art_1378487_58923443.html.

[28] 张仙忠，张隽. 浙江嘉兴：政务服务"一条链"破解群众查档难题［N］. 中国档案报，2019-12-09（2）.

[29] 毛清英. 全面实施电子化归档 积极推进档案数字化转型［N］. 中国档案报，2020-07-16（3）.

[30] 宁海县实现远程档案电子出证［EB/OL］.［2023-04-23］. http：//www.ninghai.gov.cn/art/2023/4/21/art_1229092285_59105926.html.

[31] 朱晓伟. 想民所想 急民所急 解民所忧：浙江省平湖市以档案查询服务助力优化营商环境工作纪实［N］. 中国档案报，2023-07-27（3）.

[32] 王娟娟. 浙江湖州南浔区档案馆积极推广档案电子出证服务［N］. 中国档案报，2023-5-29（2）.

11 数字中国背景下的档案智能化管理与服务发展

杨建梁　黄思诗　张茜雅　赵　璇

中国人民大学信息资源管理学院

摘　要：梳理档案智能化应用发展现状和未来趋势，可为数字中国建设提供有益参考与启示。基于文献回顾和案例分析，研究发现我国档案智能化发展历经萌芽起步、渐进发展和全面探索三个阶段，档案智能化管理应用主要包括档案转录识别、档案价值鉴定、档案利用控制、档案分类组织和档案长期保管五个方面，档案智能化服务应用则分布在智能检索、智能决策和智能问答三个方面。研究指出，未来档案智能化管理与服务应用的发展趋势将表现为更深度的技术应用和更广泛的流程覆盖。

关键词：档案智能化；档案管理；人工智能；数字中国

11.1　引　言

在数字化的浪潮中，档案管理也正经历一场深刻的变革。档案智能化管理与服务应用，是借助数据、人工智能等技术，使档案工作具备智能感知、学习和决策执行等能力，以满足各类需求的过程，旨在提升档案工作的水平与效能。例如，基于知识图谱的搜索引擎能够以图形方式向用户反馈结构化的知识，使档案中的社会性、机构性和技术性知识得以深度获取和准确定位。在"十四五"全国和地方档案事业发展规划中，信息技术与智能技术被赋予了重要的地位。各规划强调要深化档案信息化战略转型，强化科技和人才支撑，推动档案工作走向依法治理、走向开放、走向现代化。

在数字中国的建设中，档案智能化管理与服务应用的发展具有重要的意义。一方面，它可以提升档案工作的效率和质量，为社会提供更优质的档案服务；另一方面，它也可以推动档案行业的创新发展，为数字中国的建设提供有力的支撑。档案智能化管理与服务应用的发展，不仅对于档案行业的发展具有重要的价值，对于推动数字中国的建设也具有重要的意义。

本文旨在深入探讨档案智能化管理与服务应用的发展现状和未来趋势，以期为数字中国的建设提供有益的参考和启示。在数字化、智能化的大背景下，档案行业的发展也必须紧跟时代步伐，利用新技术提升工作效能，实现行业的转型升级。本文的撰写，正是为了推动档案行业智能化、数字化的发展，为行业的未来发展提供有益的参考和启示。通过深入研究和探讨，档案智能化管理与服务应用的发展将为档案行业的未来描绘出一幅美好的蓝图。

11.2 档案智能化发展历程

一般而言，智能化指借助物联网、大数据、人工智能等技术，使对象具备自动感知、学习和决策执行等能力以满足各类需求的过程。档案智能化可理解为面向档案工作的智能化，旨在提升档案工作的水平与效能，具体显现为两方面的内涵。一方面指利用人工智能技术展开面向档案信息资源的智能管理与应用，另一方面涉及基于档案实体管理的智能库房建设。本文所指档案智能化为前一种解释。

通过在中国知网（CNKI）、SCOPUS、WoS、EBSCO、JSTOR 等数据库中检索发现，当前学界直接对档案智能化这一表述展开的研究较为有限，分散在面向各类档案对象的业务实践中，[1,2]并初步显现出管理与服务的导向。进一步将检索词扩大为"档案"和"智能"两方面，相关研究成果则更为多元、丰富。为进一步厘清其发展脉络，基于档案智能化的概念，依据智能信息技术发展程度、档案管理对象形式并结合相关研究文章数量，本文将我国档案智能化的发展历程划分为萌芽起步阶段、渐进发展阶段和全面探索新阶段三个阶段（见图1），并辅以同期国外进展以供比较参考。

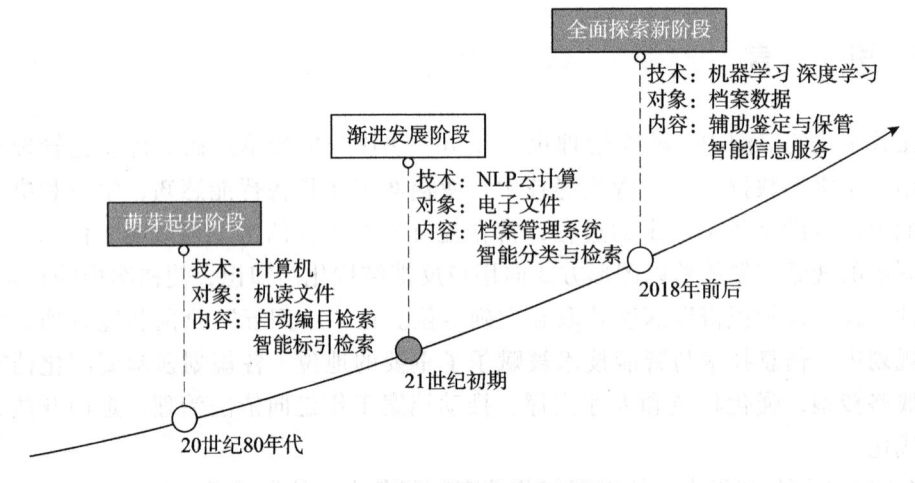

图 1 我国档案智能化发展历程

第一阶段是萌芽起步阶段（见图 2），即 20 世纪中后期的计算机辅助档案管理阶段，其特点是初步尝试实现自动化，强调借助机器减轻人工重复工作、提高效率，初步显露出智能化的思想。20 世纪 80 年代，有学者基于中央档案馆的实际情况，探索建立档案自动编目与检索系统，[3,4]相关系统在机读文件的基础上支持编制专题目录与作者索引，提供定题检索，以用户所需格式输出文件等功能；地方层面如浙江省档案馆也开展了有关档案自动标引的研究，[5]其科技成果"档案信息系统"通过采用中文自动抽取题名中关键词的算法，可实现多功能的档案自动检索，是档案管理工作中应用计算机的早期尝试。20世纪90年代，汤道銮[5]、朱久兰[6]等继续对档案智能标引、智能检索展开了试验探索，均强调运用人工智能的基本原理，通过引入知识库等使计算机检索具备一定的分析、推理和联想的能力，以提升检索的质量与效率。基于此，"智能"的性质首次在"自动"的基础上得以明确。同期，国外档案智能化的发展则相较更快，其起源也可追溯至20世纪60年代，不仅展开相应实践，更在理论层面有所铺垫与建设。伴随着计算机的出现及自动化技术的发展，相关研究通过阐明档案领域与自动化领域在使用逻辑结构方面存在共同基础，[7]指出自动化技术可用于档案管理的数据处理和信息检索，[8]具体实践如采用光学字符识别技术将纸质档案数字化。随着电子文件逐渐进入档案管理的视野，也有学者呼吁将自动化技术应用于电子文件管理，[9]同时出现了早期的电子文件管理系统，支持基本的存储和检索功能，并随实践发展不断扩展文档管理功能。

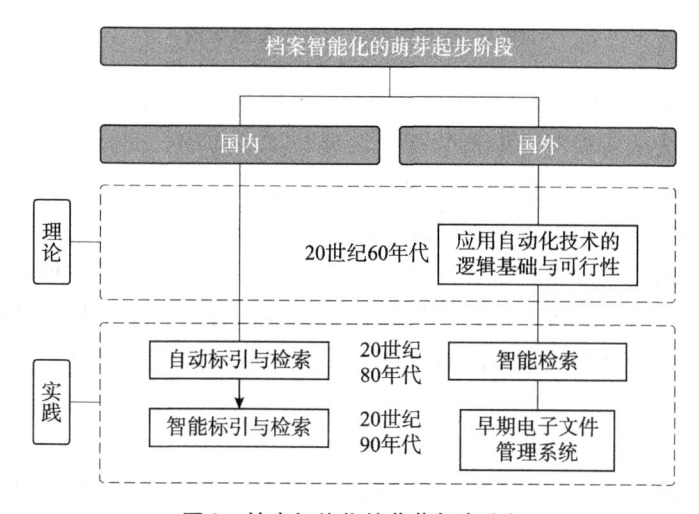

图2　档案智能化的萌芽起步阶段

第二阶段是始于21世纪初期的渐进发展阶段（见图3），这一阶段伴随着自然语言处理、云计算等技术的发展，强调实现对档案信息的数字化全流程管理，智能化的运用得到深化与扩展。国内研究显示，面向全流程的智能档案信息管理系统建设[10]有所进展，面向具体环节的如智能分类与检索服务也在自然语言处理等技术的支持下实现了相应突破，不仅探索提供基于语义、多媒体类型的搜索，还寻求个性化、社会化的搜索，[11]旨在实现精准、专业及个性的服务。同时，云存储、二维码等新兴技术在档案智能检索中的运用受到研究关注。[12,13]此外，研究同样强调业务驱动的档案智能化管理应用，例如企业场景下的个性化信息服务。[14]同期，国外的档案智能化发展步伐也在不断加快：相关档案管理系统逐渐走向成熟并得到大规模应用。具体环节上如实现文档的自动分类、开发更智能的档案搜索引擎等，支持个性化的检索和推荐以提高检索效率与用户体验。[15,16]

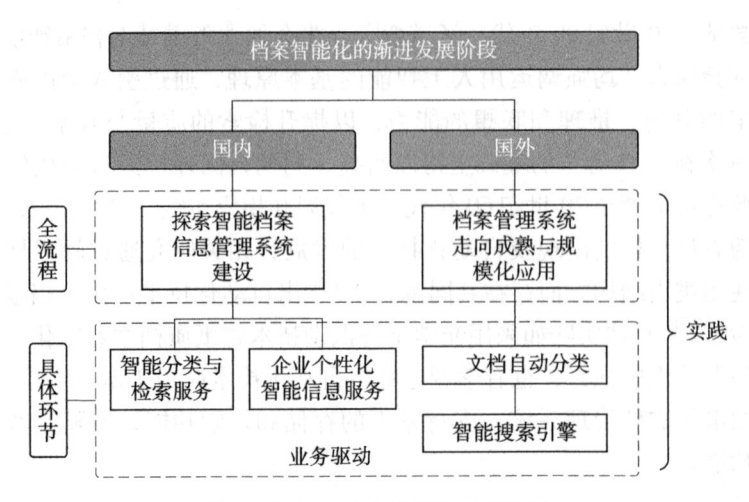

图 3　档案智能化的渐进发展阶段

第三阶段为 2018 年前后开启的全面探索新阶段（见图 4），其特征是伴随着机器学习、深度学习、大语言模型等取得的重大发展与扩散应用，同时基于档案对象迈向数据化的趋势，研究及实践开始围绕档案智能化形成一定的气候，积极探索文字及图像识别、语义分析、数据挖掘等更富智能性的档案管理与服务。这一阶段，我国的研究成果较为丰硕。首先是理论层面，通过识别智能化对档案领域的正面影响，分析档案智能化的实现逻辑及基础等，强调档案智能化的应然性。有学者提出智能化可促进档案信息价值的实现、档案管理方法的创新。[17,18]在实现逻辑上，档案管理对象从数字化到数据化的转变被认为实现档案智能化的重要基础，[19]价值属性、技术发展和政策实践跟进影响则作为人工智能嵌入档案管理的演进逻辑组成，[20]为档案智能化的实现提供一定的理论基础。其次是实践层面，主要介绍智能化在档案管理全流程的具体实践，如基于深度学习实现保管期限智能划分、智能化档案信息服务等具体场景[21-25]。其中，光学字符识别、语义技术、云计算等技术则分别在识别收集、描述检索、综合处理等环节中支持档案智能化的基础性实现。同时，档案管理人员在档案智能化中的主体性也得到一定的明确，通过实现档案管理和服务应用的智能化显现为档案职业素养的内容之一。[26]放眼国外，自 2016 年起召开的 IEEE CAS 会议可视为国外档案智能化新发展的里程碑，众多计算机及档案背景的学者在此通过各类实例探讨了智能技术应用于档案管理的实践，同期整体的研究成果也相对更为全面而深入。在理论探讨方面，进一步反思并指明档案领域在资源建设、鉴定方法等方面的专业积累可反向用于人工智能的数据建设。[27-29]同时，档案智能化所体现的将计算思维引入档案实践思想同样是计算档案学所聚焦的问题。[30]实践方面，实现了更智能的技术应用与更广的流程覆盖，涉及使用 CNN 深度学习算法智能识别手写档案、基于分布式并行计算实现档案主题智能分类、借助机器学习辅助档案鉴定等。[31-33]

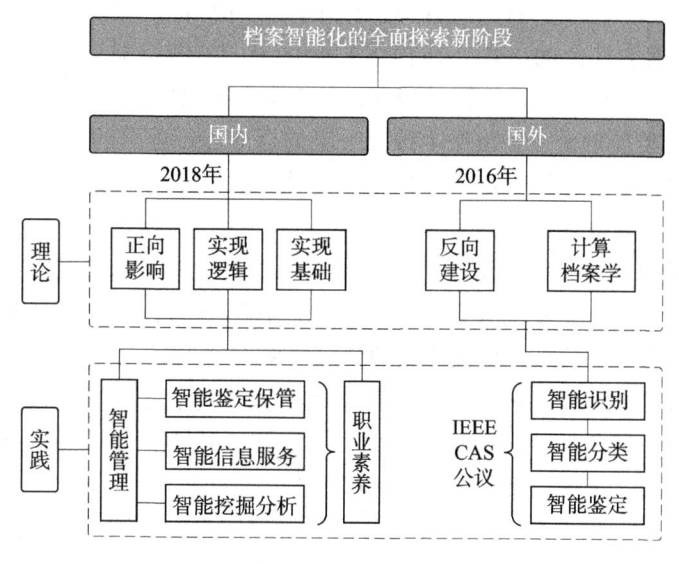

图 4　档案智能化的全面探索新阶段

整体而言，档案智能化的思想实则由来已久，并在演变中不断扩充其智能的内涵；其应用场景也从发端并聚焦于检索环节到逐渐延伸至档案管理全流程。在档案智能化的发展历程中，整体的研究涵盖理论、方法和实践多个方面，显示出一定的认知与行动基础，并呈现出国外先于国内的特点。其中，面向档案智能化的管理及应用凸显为实践的重要组成部分，本文通过综合梳理我国相关实践内容，以观照档案智能化管理及应用的整体图景，以期为实际工作以及未来档案智能化的发展提供参考。

11.3　档案智能化主要技术

在数字化时代，档案管理的智能化已经成为一种必然趋势。神经网络技术、表示学习技术、语言模型技术、图像识别技术、文本分类技术、信息抽取技术、知识图谱技术、自动问答与推理技术构成了档案智能化的关键技术。它们各自有着独特的应用场景，但又相互关联，共同推动着档案智能化的发展。

（1）神经网络技术是一种模拟人脑神经元工作的计算模型，它能够处理复杂的非线性问题，广泛应用于图像识别、语音识别、自然语言处理等领域。在档案智能化中，神经网络技术可以用于识别和分类档案，提高档案管理的效率和准确性。

（2）表示学习技术是一种将原始数据转化为易于机器学习算法处理的形式的技术，它可以帮助我们更好地理解和使用数据。在档案智能化中，表示学习技术可以用于提取档案的特征，使得档案的分类和检索更加准确和高效。

（3）语言模型技术是一种预测语言序列中下一个词的概率的技术，它在自然语言处理、语音识别等领域有着广泛的应用。在档案智能化中，语言模型技术可以用于理解和处理档案中的文本信息，提高档案的检索效率。

（4）图像识别技术是一种通过计算机程序识别和理解图像的技术，它在人脸识别、车牌识别等领域有着广泛的应用。在档案智能化中，图像识别技术可以用于识别档案中的图像信息、实现档案文本的转录识别，是档案数据化的关键步骤。

（5）文本分类技术是一种将文本按照一定的标准进行分类的技术，它在新闻分类、情感分析等领域有着广泛的应用。在档案智能化中，文本分类技术可以用于对档案进行分类，提高档案的管理效率。

（6）信息抽取技术是一种从非结构化文本中抽取结构化信息的技术，它在知识图谱构建、实体关系抽取等领域有着广泛的应用。在档案智能化中，信息抽取技术可以用于从档案中抽取关键信息，提高档案的利用效率。

（7）知识图谱技术是一种将知识以图谱的形式进行表示和存储的技术，它在智能问答、推荐系统等领域有着广泛的应用。在档案智能化中，知识图谱技术可以用于构建档案的知识图谱，提高档案的检索和利用效率。

（8）自动问答与推理技术是一种通过计算机程序自动回答用户问题和进行推理的技术，它在智能客服、智能教育等领域有着广泛的应用。在档案智能化中，自动问答与推理技术可以用于提供档案的智能问答服务，提高档案的利用效率。

上述技术虽然各自独立，但又相互关联，共同推动着档案智能化的发展。神经网络技术可以用于提取档案的特征，表示学习技术可以用于将这些特征转化为易于机器学习算法处理的形式，语言模型技术可以用于理解和处理档案中的文本信息，图像识别技术可以用于识别档案中的图像信息，文本分类技术可以用于对档案进行分类，信息抽取技术可以用于从档案中抽取实体和关系，知识图谱技术可以用于构建档案的知识图谱，自动问答与推理技术可以用于提供档案的智能问答服务。这些技术的相互配合，使得档案智能化成为可能。在实践中，这些技术都有广泛的应用。例如，国能大渡河流域水电开发有限公司结合自然语言处理技术、光学字符识别技术（OCR）及机器学习技术，设计出管理类档案智能分类模型，可以实现电子文件在电子档案管理系统中的自动分类，以提升档案分类整理的效率。福建省档案馆研发的"基于数字档案的人工智能档案开放审核系统"体现了智能技术在档案利用控制方面的应用可能。未来随着这些技术进一步在档案领域发展和落地，档案智能化将会更加高效、准确和智能。

11.4 档案智能化管理应用案例

11.4.1 档案转录识别

文档识别是指系统通过相关技术自动地对文档进行转录的过程。文档电子扫描件在系统中仍是以图片类文件存储的，计算机系统无法获取其中的文本数据，要对文档扫描件进行深度开发和利用，往往需要对扫描件进行转录。对于打印文档，结合深度学习的 OCR 技术能够较好地转录其中的文本数据。对于手写文档，OCR 技术很难正确转录其中的文本，这就需要人工智能和自然语言处理相关技术的帮助。自动化的手写文档识别能够大幅提高效率，在近年的案例中，基于人工智能和自然语言处理相关技术的手写文档识别效果甚至比人的表现还要好。一般来说，手写文档识别包括图像分隔、字符识别和语言模型修正的过程。通过图像分割和字符识别能够初步抽取扫描件中的文字，通过语言模型能够进一步优化抽取结果，使之更加符合语义逻辑。

文档识别往往需要卷积神经网络、概率图模型、N-Gram 语言模型、迁移学习语言模型等技术作为支撑。

1）业务场景

传统的档案数字化工作基本上是将纸质档案扫描为图像档案，无法对内容进行组织和检索，给深度档案开发利用造成了阻碍。随着 OCR 技术的引入，可以对档案目录和全文信息进行转录识别，为后续的数据化开发提供了可能。但受档案扫描件图像质量、手写体不规范等因素的影响，传统的 OCR 识别技术还不能很好地满足档案部门对于准确度和效率的要求。科大讯飞近年开发的"档案 OCR 识别引擎"利用深度学习和 OCR 识别技术实现了对档案扫描件中的文本（含手写体）进行全文识别，实现文本录入和著录项填充自动化，并且准确率较高，展现了智能技术在档案转录识别中的应用价值（见图 5）。[34]

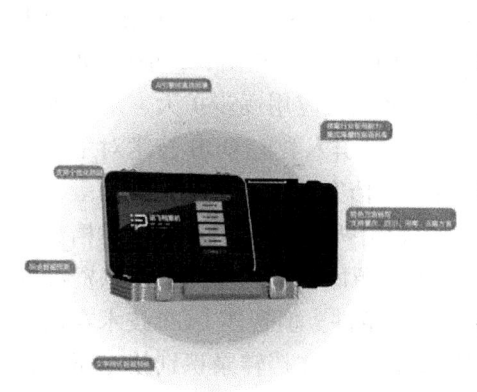

口述征集实时记录
　　实时录音、视频采集，同步生成文字稿，一键区分讲话人

重大活动全貌建档
　　录音、视频、文稿、字幕全过程记录存档，现场发言实时转写文字上屏，支持中英文混合转写记录及翻译

版式档案数据化
　　内置自研OCR引擎，对档案数字资源图像成果进行内容识别，实时生成双层PDF、Word文件

音视频档案数据化
　　利用语音识别技术，实现馆藏音视频档案数据化，长时间音视频文件能够快速出稿

图 5　嵌入"档案 OCR 识别引擎"的科大讯飞档案机

2）问题解决

传统的 OCR 技术处理环节过多，很难做到端到端的训练，尤其在手写文档识别方面的识别率表现不佳。随着采用深度学习技术的 Alex Net 在 2012 年 Imagenet 竞赛中夺得冠军，深度学习算法开始应用于图像处理领域。基于深度学习的 OCR 定位与识别通过卷积神经网络（CNN）、循环神经网络（RNN）、长短期记忆网络（LSTM）技术实现，可在灰度图像上实现文字区域的自动定位和整行文字的识别，解决了传统 OCR 技术中单字识别无法借助上下文来判断形似字的问题。[35]科大讯飞基于深度神经网络模型

开发出端到端文字识别系统，可以对各种类型文字进行高精度识别，包括印刷体、手写体、表格、发票、身份证、驾驶证等。

3）效果分析

相较于传统 OCR 技术，智能 OCR 技术在以下两方面成效显著。

第一，识别的准确率显著提升。传统 OCR 技术的识别率受限于算法对于特定场景的适应性，识别手写体文档扫描件的准确率较低。基于深度学习的智能 OCR 技术具有更强的泛化能力和适应性，可以处理复杂场景，例如非标准字体、变形、模糊、光线干扰等。科大讯飞开发的"档案 OCR 识别引擎"对简体手写体识别率达到 91.4%，对民国文书繁体字平均识别率达 85%，识别率较高。[34]

第二，识别的效率更高。传统 OCR 技术在复杂场景的识别任务中需要使用大量的规则和手工干预，工作量更大。基于深度学习的 OCR 技术可以自动学习和提取图像特征，无须手工设计特征和规则，还可以利用分布式计算、GPU 加速等技术提高识别速度，具有更高的识别效率。

4）未来启示

在数字化大潮的检验与推动下，OCR 技术实现了从手工设计特征显著到智能高效的飞跃，目前已成为传统行业数字化转型的底层支撑技术，在政务、医疗、保险、金融、教育等领域均有较为成熟的应用，未来的市场规模还将进一步扩大。美国权威机构 Grand View Research 发布的《光学字符识别市场规模报告》指出，2022 年全球 OCR 的市场规模为 106.2 亿美元，预计 2023—2030 年将以 14.8% 的复合年增长率增长。[36] 我国首份《智能文字识别（OCR）能力测评与应用白皮书》指出，目前就 OCR 应用成熟度而言，标准场景文字识别相对成熟、手写文字识别应用逐步扩大、复杂场景文字识别开始探索。聚焦到文档管理领域，逐渐有档案馆引入智能 OCR 技术对手写体档案进行全文识别，例如安徽省档案馆、北京市昌平区档案馆、江西省档案馆等。[37-39] 文档转录的实质是对数字化成果的数据化，档案馆利用智能 OCR 识别引擎对档案扫描件进行转录，识别后生成档案数字化成果文本数据资源库，实现了档案信息资源的数据化管理，为实现档案资源的深度控制和挖掘创造了条件。但智能 OCR 技术在档案领域的应用仍存在一些瓶颈。例如，现阶段基于智能技术的文档转录识别技术还存在手写文字识别和印刷文字识别无法集成为一个接口使用，印刷文字识别功能不支持识别竖排版的文字，[40] 识别准确率仍有提升空间等。此外，如何丰富 OCR 技术在档案领域的应用场景、更好地释放 OCR 能力，仍有广阔的发展前景。

11.4.2 档案价值鉴定

鉴定被认为是档案管理最具挑战性的环节，面对不断变化的社会环境和技术环境，什么样的鉴定方法是最符合文件档案管理的要求，历史上曾经出现过若干争论。自动鉴定是由系统自动地对文档价值进行鉴定，判断文档是否属于归档范围以及其保管期限的过程。

我国目前实践中的档案鉴定方法为基于多维信息的综合鉴定法。该方法中的多维信息是指文件内容、标题、责任者、业务职能等多方面的信息，这些信息反映了鉴定人员判断档案保管期限需要考虑的多种要素；综合鉴定是指采用多种鉴定标准判断档案的价值，既融合了职能分析、职能鉴定的思想，也参考其他非职能性要素，比如形成机构的重要性、业务活动参与人物职级的重要性等。

自动鉴定是一个十分复杂的分类过程，所涉及的鉴定要素广泛，特征变量复杂，对于文档的背景信息依赖较强。一般来说，自动鉴定主要以深度学习、知识图谱、环境词向量为技术支撑。

1）业务场景

档案价值鉴定决定着档案的"存"与"毁"，是档案管理中的核心业务环节。由于鉴定对象的广泛性和鉴定标准的复杂性，人工开展档案价值鉴定面临效率低、标准不一等问题。为提升档案价值鉴定的效率和规范性，四川省泸州市档案馆和泸州老窖股份有限公司联合成立"电子文件自动采集归档工具研究"课题组，致力于智能档案保管期限划分的研究，成果数据较优，充分展示了智能技术在档案价值鉴定方面的应用潜力。

2）问题解决

档案智能鉴定面临的主要问题是鉴定方法与技术操作存在割裂。一方面，单纯基于来源或职能的自动分类方式虽然便于机器执行，但误鉴的情况较多；另一方面，基于多维信息的综合鉴定法下的档案保管期限表的描述较为模糊，例如"重要的""一般的"等表述，不利于机器理解和执行。为解决上述问题，该课题组提出基于规则和机器学习的智能鉴定方法。[41]

首先，课题组根据相关规定制定出便于机器理解和操作的档案保管期限表，然后将编制的档案保管期限表、文件命名规范、所获取的专家经验等信息纳入规则知识库以实现基于多维信息的档案价值鉴定。

其次，引入飞桨（paddle）深度学习框架，开发 PaddleNLP 自然语言处理模型，并使用基于 Transformer 模型的语义相似度计算方法，自动抽取档案题名中的关键信息。如果需对文件内容进行更深层的语义分析和文本挖掘，则通过 Slor 对归档的电子文件进行全文读取，并采用热度词及词频率算法分析和排序，对排序最高的关键词进行标引和记录。

再次，需要将抽取的关键信息与规则知识库进行匹配。系统采用 Fleet 分布式训练框架自动学习保管期限表，并通过余弦相似度对归档电子文件自动进行保管期限匹配。如果匹配成功，则直接得出初步保管期限鉴定结果；如果无法匹配成功，则交由机器学习的算法模型展开进一步的识别和判定。

最后，由档案工作者对初步鉴定结果进行人工复核、干预与检查修正，得出最终鉴定结果。同时，机器学习和人工审核的相关成果也将反馈至规则知识库中，使其不断迭代优化。

3）效果分析

第一，提高了鉴定的效率和精度，减少了归档管理环节的工作量。课题组采用该方法对泸州老窖股份有限公司的 3 万多条档案数据进行鉴定，并将自动鉴定结果与人工鉴定结果进行比对，鉴定的准确率可达 99%。该智能鉴定方法满足了海量电子文件管理中进行批量鉴定的业务需求，节省了大量人力成本。

第二，规范了鉴定方法和过程，提升了档案价值鉴定的质量。档案工作者具有主观性，对于同一个鉴定标准存在不同程度的理解，导致鉴定质量参差不齐。基于规则和机器学习的智能鉴定方法将统一对所抽取的档案信息和规则知识库中的鉴定条件进行匹配，从而提供较为客观中立的鉴定结果。

第三，增强了档案工作者的业务能力。档案价值鉴定涉及多方面因素的综合考量，对于档案工作者的能力要求较高，只有少部分档案工作者才能胜任该工作。而该智能鉴定法在提供鉴定结果的同时还会解释其形成的依据和逻辑，能够辅助普通档案工作者对自动鉴定结果做出更为专业和理性的判断。

4）未来启示

该智能鉴定方法利用机器学习可以从大量的训练数据中学习到模式和规律，并将其应用于未知的分类、预测和决策等任务的优点，汲取了相关制度规范、鉴定理论、专家经验等多方面的知识，不断扩展和细化鉴定规则，鉴定精度不断提升。该方法适用于基于多维信息的保管期限划分，并且灵活性和可扩展性较高，可以对多种业务背景下形成的电子文件的保管期限进行批量划分，智能化程度较高。但目前我国将人工智能技术与复杂鉴定理论进行深度融合并且落地的案例较少，只有个别单位探索，还没有形成通用性的行业经验和大规模的商业化应用，例如中国移动通信集团江苏有限公司基于 TextCNN（利用卷积神经网络对文本进行分类的算法）人工智能算法开展档案保管期限鉴定工作；[42] 国家电网四川省电力公司利用大数据和语义网等技术实现了档案保管期限的自动划分；[43] 国家安全监督管理总局档案馆研发的"机关文书档案保管期限智能识别系统"可以实现智能化判定档案保管期限的功能。[44] 此外，还有学者开展相关实验性研究，如杨建梁利用来自某省政府办公厅、省经济和信息化厅和省生态厅的三个文件集合开展了基于深度学习的数字文书档案保管期限智能化划分研究。[45] 可见，在档案价值鉴定领域，人工智能技术的应用与推广还存在广阔的发展空间，未来应该进一步加强产、学、研合作，推动技术创新和产业升级，提升档案价值鉴定工作的自动化程度。

11.4.3 档案利用控制

利用控制是指由系统自动地对文档的合规利用进行控制，筛选出符合相关规定可以利用的文档。常见的控制因素包括密级、敏感隐私信息等。相比于传统的人工判断的方式，自动化利用控制能够帮助相关人员提高工作效率。

一般来说，利用控制的过程类似于分类的过程，以文档的内容和元数据为基础构建特征向量，然后通过训练分类器或规则引擎对文档进行分类。分类的目标是文档密级或敏感隐私程度。相比于文档自动分类，利用控制更加注重对元数据的特征向量化。

利用控制往往需要深度学习作为技术支撑。

1）业务场景

新修订的《档案法》将档案封闭期从之前的 30 年缩短至 25 年，各级国家档案馆开放审核档案的工作压力增大。面对大量待开放审核的档案，利用人工智能技术来提升档案利用服务能力成为档案部门的必然选择。人工智能在档案开放审核中的应用主要是识别出包含国家秘密、工作秘密或者个人隐私的文档信息，为档案工作者开放档案提供决策参考。福建省档案馆研发的"基于数字档案的人工智能档案开放审核系统"是较为前沿的案例，[46]如图 6 所示，它体现了智能技术在档案利用控制方面的应用可能。

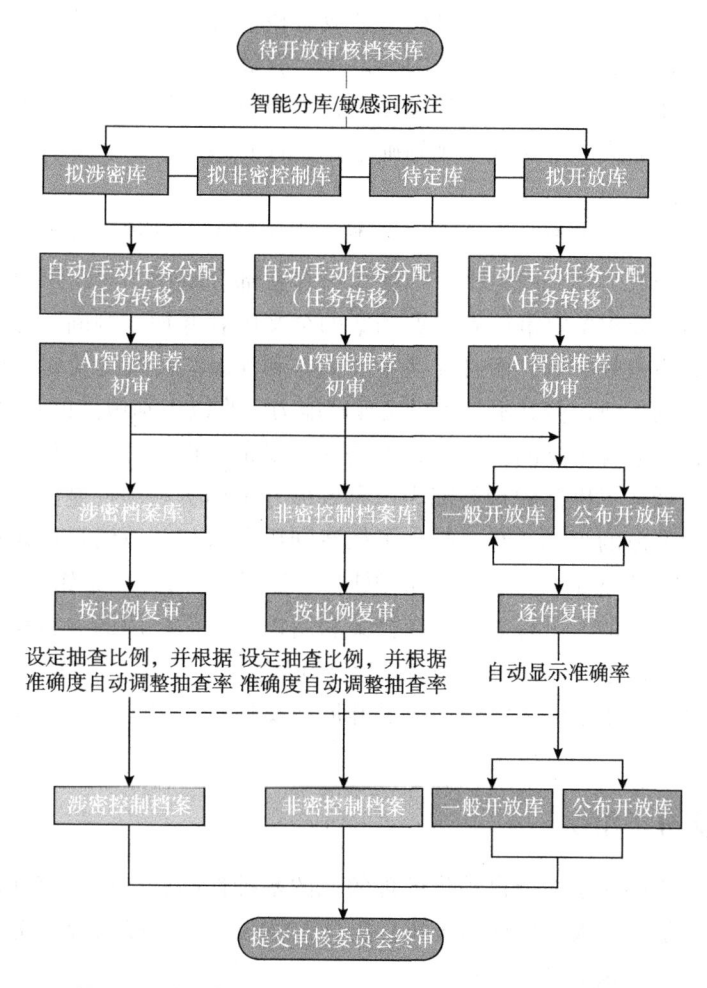

图 6 福建省档案馆的人工智能档案开放审核系统流程

2）问题解决

档案智能开放审核所要解决的关键问题是如何从海量档案中挑选出需要控制的档案，其本质是"文本分类"问题。

在神经网络的分类算法中，该项目组选择了先进的 ERNIE 模型作为分类器的预训练模型的基础模型进行测试，该模型具有很强的语义表示能力和泛化能力，可以自动学习和提取档案文本的语义信息,极大提升了对于敏感信息的识别率。在传统机器学习算法中,先使用 TF – IDF 算法作为文本特征提取算法,然后采用了朴素贝叶斯算法作为分类器,其优点是简单快速,可以处理大规模数据。

将待审核的档案导入系统后,由系统在后台自动启动预处理工作,提取档案信息文本,在关联 PDF 后进行人工智能分库,将待审核的档案自动划分为"拟涉密库""拟非密控制库""待定库"和"拟开放库"4 个库,同时根据敏感词库对导入系统的档案目录和原文进行敏感词自动高亮标注,快速挑选出需要控制的档案。

3) 效果分析

优化开放审核流程。通过系统对档案开放审核值进行智能推荐,并在工作实践中不断对模型进行训练优化,提升推荐的准确率,有效提高了档案开放审核效率和档案服务利用水平。在该智能审核系统的辅助下,福建省档案馆现已完成 150 多万件开放档案的审核任务,完成"十四五"规划确定任务的 46.9%。

4) 未来启示

若仅从主题或目录来判断一份档案是否敏感从而作为是否开放的依据,将在很大程度上影响档案开放力度,因为很多档案里只存在部分敏感信息,可以处理之后向社会提供利用。这便要求鉴定审核者掌握档案的全文内容并加以判断,如果采取人工逐一阅读的方式,不仅效率低,而且存在主观偏差和误差。传统的关键词匹配技术虽然具有应用门槛低的优势,但其不具备语义理解能力,难以识别敏感的片段信息和内容,关联之后存在误开放含风险的档案集,无法支撑复杂的档案开放审核工作。深度学习技术的应用极大增强了机器的理解能力,有效提升了档案利用控制的智能化水平,加快了档案向社会开放的步伐,有效解决了档案利用需求与开放滞后的矛盾。目前已有不少单位进行了这方面的尝试并且取得预期效果。如江西省档案馆、江苏省档案馆、安徽省档案馆所开展的人工智能技术在档案利用控制方面应用的项目均顺利通过国家档案局验收。[48-50]未来应该进一步总结和推广已有行业经验,持续迭代和优化模型,切实利用人工智能技术辅助档案管理人员开展档案划控鉴定工作,提高档案开放审核的效率和质量。

11.4.4 档案分类组织

文档自动分类问题是文档自动化处理领域的基础性问题。通过信息技术对文档进行自动分类,能够减少人工处理的负担,提升工作效率。一般来说,文档自动分类需要依赖机器学习、规则引擎等技术。

基于机器学习的文档自动分类首先需要构建文档的特征向量,再由分类器对特征向量进行有监督的分类训练或无监督的聚类分析。经过训练和调整的分类器具有文档分类能力。

常见的文档特征向量构建方法包括词袋向量、自编码向量等。常见的分类器包括朴素贝叶斯分类器、支持向量机、神经网络等。

如果以深度神经网络作为分类器,采用深度学习的方式进行训练,那么文档特征向量的构建过程往往由表示学习替代。现有研究表明，深度神经网络在文档分类问题上的表现普遍优于朴素贝叶斯分类器等机器学习分类器。

1）业务场景

科学的分类整理是方便档案利用的基础，面对大量无序的待整理档案，国能大渡河流域水电开发有限公司结合自然语言处理技术、光学字符识别技术及机器学习技术，设计出管理类档案智能分类模型，可以实现电子文件在电子档案管理系统中的自动分类，以提升档案分类整理的效率，[51]彰显了智能技术在档案分类组织中的实用性（见图7）。

图7 大渡河档案智能分类处理平台

2）问题解决

档案智能分类所要解决的问题是如何让计算机理解档案内容和档案分类标准，然后依据设定的标准对大量档案进行自动分类，从而减少重复性的手工档案分类工作。

首先，国能大渡河流域水电开发有限公司根据公司管理类档案归档范围、保管期限表及分类表，完成自动分类建模工作；其次，采用成熟的文本智能处理技术（自然语言处理技术、光学字符识别技术）对已形成分类号和保管期限的历史档案数据进行分析处理，完成对模型的训练工作，训练数据集越大准确率越高。该模型支持重复训练和自我学习功能，能够根据使用情况的反馈进行重新训练，直至自动分类结果科学、误差较低。最后，训练好的模型可以对归档电子文件进行结构化处理，提取电子文件特征信息，自动进行文件类型分类。

3）效果分析

第一，档案分类整理的效率显著提升。电子档案管理系统中嵌入智能分类模型后，可以自动对文档进行分类和管理，避免了手动分类耗时又耗力，同时提高了档案管理的精度和效率。例如6500份管理类文件的分类整理，仅需2人约1个月即可轻松完成（以往需要2个人整理约3个月）。

第二，档案分类整理的结果更加规范。基于机器学习的智能分类模型将档案分类标准固化，可有效避免因人员变动对同一类型文件前后分类不一致的问题，有效保证档案分类整理的统一性和规范性，能够为机构提供更优质的业务支持。

4）未来启示

当前，档案自动分类组织在档案管理实践中的应用较为普遍，自动分类和整理功能已成为大部分档案部门的基本需求，例如大部分企业电子文件归档和电子档案管理试点中的企业电子档案管理系统都有自动组件、自动著录、自动归档等功能。[52]但这些自动分类的标准较粗糙，通常局限于档案的外部特征，而基于语义的智能分类可以在更大程度上提升档案分类的科学性和准确性。档案智能分类模型是一种基于人工智能技术的应用模型，它可以将大量的结构化和非结构化文本数据进行智能分类和自动化处理。为了实现文本智能分类的目标，计算机需要具备对自然语言的语义理解能力和处理大量文本数据的能力。此外，由于文本中包含复杂的语义关系，需要不断学习和数据训练，以掌握更科学的分类方法，进而不断优化和升级智能分类模型。基于语义的档案数据智能分类方法、基于模糊聚类算法的智能电子档案自动分类方法等研究虽然还处于实验阶段，但也为档案智能分类贡献了重要策略。在未来，产、学、研领域应进一步加强合作，推动实验室成果落地，转化为一线档案部门的生产力，推动档案事业创新发展。

11.4.5 档案长期保管

在长期保管问题中，自动化管理可以在多个方面提高管理效率。一个典型的场景是通过相关技术实现防篡改自动验证。防篡改自动验证是指通过系统自动检测档案内容是否发生改变。传统的非对称加密哈希码往往无法解决文档格式变迁的问题，不利于在长期保管过程中验证档案是否被篡改。而利用相关技术形成档案的内容特征编码，内容特征编码不会因档案格式的改变而改变，能够更好地在长期保管过程中验证档案是否被篡改。

一般来说，防篡改自动验证是通过提取文档内容特征，通过深度神经网络形成内容特征编码。这种特征编码脱离了格式限制，能够实现跨格式的内容验证，而且对于内容自身具有一定的表征能力，在防篡改验证上具有特殊的优势。

防篡改自动验证往往需要卷积神经网络、循环神经网络作为技术支撑。防篡改自动验证技术的典型应用案例是英国的 Archangel 项目（见图8），该项目将深度学习和区块链技术结合起来探索如何验证长期保存的电子档案的真实性，可以实现跨格式的内容验证。该项目的关键之一是利用深度神经网络提取电子档案的内容特征，并计算其哈希值，然后和文件名或文件全球唯一标识符、哈希生成算法唯一识别符、补充元数据一并存储于区块链之中。[54]电子档案验证者可通过档案内容证据（哈希值）、文件全球唯一识别符、元数据在区块链平台上进行检索，验证利用者所获得的电子档案是否与最初的状态一致、未被篡改，以确认电子档案来源可靠。[55]

目前国内尚无防篡改自动验证方面的典型案例，常见的电子档案防篡改技术有文件固化技术、数字签名技术、可信时间戳技术、哈希值校验技术、区块链技术等，但这些技术的单一应用无法解决文档格式发生变迁之后的原始记录性验证。我国在此方面进展相对有限，据笔者了解，中国石化集团公司在电子档案区块链方面开展过相关探索。有限的进展也折射出相应的发展及应用困境。一方面，出于区块链技术实则无法完全保证数字档案可靠性与可用性且应用成本相对较高，档案机构的应用动力或存在不足；[57]另一方面，法规标准、服务平台、基础设施和专业人才的欠缺也是影响区块链技术在我国发展并应用于档案管理的主要原因。[58]为促进电子档案的长期保存和真实性管理，在未来或可进一步研发基于深度学习和区块链的防篡改自动验证技术。

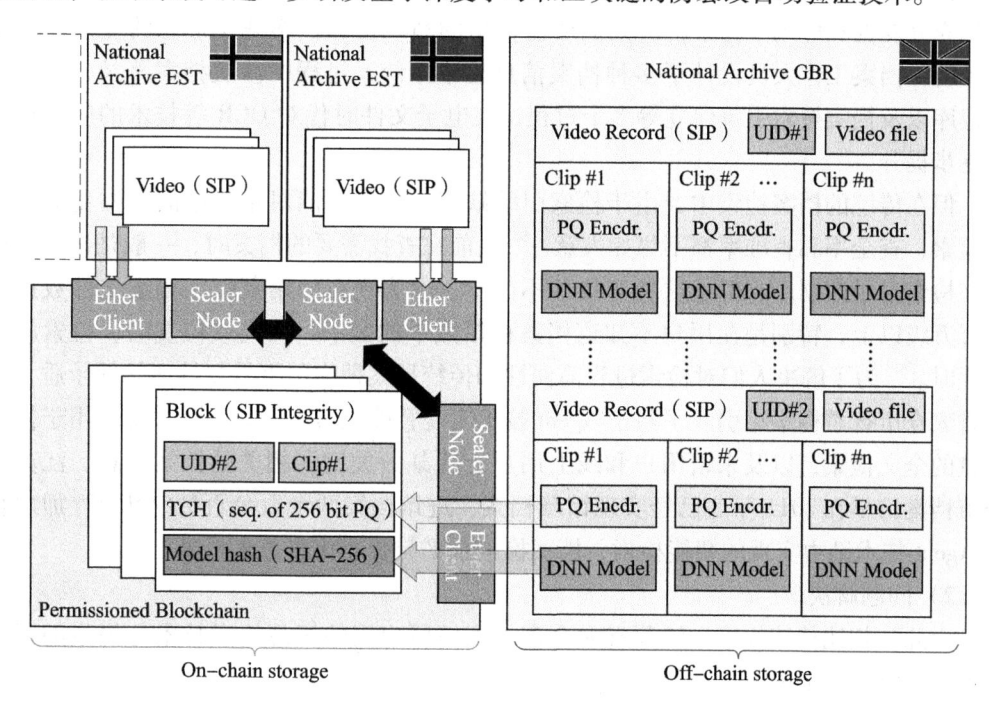

图 8　Archangel 的架构[56]

11.5　档案智能化服务应用案例

11.5.1　智能检索

智能检索是指系统能够对文档进行细粒度的检索，并且能够对提问式检索进行反馈，对检索结果进行关联。智能检索相对于目前常见的文件检索、文件全文检索，能够提供知识检索的能力，是大规模文档开发利用的重要工具，是文件档案知识化的重要过程。

一般来说，智能检索主要包括数据治理、知识抽取、知识生成、知识计算等过程。数据治理主要是指文档数据化的过程；知识抽取是指从文档中抽取特定实体和关系的过程；知识生成是指以知识图谱为主要形式构建领域知识库并与开放知识库融合的过程；知识计算是指面向用户的知识利用过程。

智能检索往往需要自然语言处理、深度学习、知识图谱等技术作为支撑。

1）业务场景

江苏省太仓市档案馆是我国较早探索利用智能技术提升档案服务水平的代表性案例之一。[59]

档案馆是我国档案的集中保管场所和提供利用场所，目前档案的存储形式仍然以纸质档案和磁带档案为主，涉及的载体形态丰富、数据量庞大、数据各方面价值高但不易充分发掘和应用。为了解决人们所需信息的精准性和档案载体形态的复杂性之间的矛盾，档案工作人员设计了多种档案信息检索系统，过程中涉及档案著录、档案信息建库以及档案搜索引擎建立等多个过程，在电子文件时代对OCR等技术的应用程度也逐步提升。

但在传统的档案检索中，由于检索引擎缺陷，往往只能对系统中的结构化信息进行检索，查全率和查准率都不尽如人意。[60]以前在查找需要的档案时，一般是按照关键字来检索目录数据库，但是这种查找并不简单，因为现在的馆藏数字档案文件数量都在百万级以上，特别是在用户不知道档案在馆藏中的全宗、门类或位置时，检索就非常耗时。[61]为了解决人们对检索过程简便性和传统档案搜索引擎繁复性之间的矛盾，江苏省太仓市智慧档案馆引入了基于Agent技术实现智能检索与服务，其主要应用于档案信息的全文检索，以及来馆用户和线上用户查找某一关键词相关的档案信息。江苏太仓市档案馆早在2011年底已经实现馆藏档案、进馆档案两个百分百数字化，[62]加之智能Agent技术助力实现的智能检索，档案检索水平与智能化服务水平显著提升。

2）问题解决

由此，相比传统检索，江苏省太仓市档案馆所应用的智慧检索技术与提供的服务能够有效解决以下两方面问题。

第一，传统档案检索效率和精确度较低。传统档案检索通常需要人工逐项查找和比对，数字化程度低的档案馆进行检索时甚至需要逐册逐页查找纸质档案，不但耗费大量的时间与人力资源，而且可能导致漏检或误检的情况发生。江苏省太仓市档案馆在系统中加入了智能Agent技术，在前期的档案数字化和OCR的成果基础上，定期扫描馆藏数字档案的存储区域，把可用的文字信息自动分类后存入指定的全文数据库（CFS文件）中。在用户检索全文时，系统在保存的全文数据库中搜索，使查询时间控制在0.1秒以下，能够有效解决传统检索效率低、准确性不足等问题。

第二，传统档案检索可扩展性和数据分析能力较弱。传统档案检索人工手动参与程度较高，得到的信息相对碎片化，难以支持大体量的检索发现与数据分析。太仓市档案馆所采用的基于Agent的档案智能检索技术可以处理大规模的档案数据，并具备强大的数据分析能力。通过对用户检索行为和偏好进行分析，智能检索系统能够优化检索结果的排序和推荐，提供个性化的档案服务，有效弥补了传统档案检索在拓展分析方面的空白。此外，在跨平台和远程访问方面，档案智能检索技术也具备明显的优势。

3）效果分析

在Agent技术支持的档案信息全文检索服务的应用下，江苏省太仓市档案馆有效提升了档案智能化服务水平，目前可利用数字化原文达1478万页，已全部纳入智能化查档系统,实现电子登记、身份证识别、原文打印、指纹确认等全程电子化查档,年均提供服务利用1.3万余人次,[63]检索效果提升则主要体现在以下三个方面。

第一,档案检索效率和检索结果准确性提升。档案智能检索能够快速处理大规模档案数据,用户可以更快找到所需的档案信息,并根据全文检索技术对档案信息进行分析和匹配,极大提升了查全率和查准率。

第二,基于档案检索的信息发现和关联性提升。档案智能检索通过语义分析和关系挖掘等手段,能够发现档案信息之间的潜在关联性,使用户可以发现与其查询相关但可能未被察觉的档案信息,为进一步研究和探索提供了更多可能性。

第三,破除了档案检索的时空限制。档案智能检索技术可以通过互联网和网络平台实现远程档案访问,用户可以在任何时间、任何地点通过网络访问江苏省太仓市档案馆的检索系统,便捷地获取所需的档案信息,无须亲自到馆办理各项手续,有效解决了传统检索方式需要用户现场到馆的时空限制,彰显了档案服务时刻遵循"想群众之所想,急群众之所急,解群众之所难"的准则。

4)未来启示

总而言之,利用智能检索实现档案信息全文检索可以有效提高档案利用的效果和用户满意度。江苏省太仓市档案馆案例说明,数字化和智能技术可以很好助推档案工作升级。它不仅解决了传统难点,也极大丰富了档案服务功能。类似地,北京市市场监督管理局利用图像识别和信息抽取技术,使得部分类型档案智能精确检索率超过90%。[64]类似技术在其他档案场景中的推广,例如档案信息智能检索在图书馆档案检索、医疗档案管理、政府机构档案馆里、企业档案管理和法律档案检索等方面,将成为新模式下档案智慧转型的一个新尝试。

梅特卡夫定律认为,网络的价值与联网的用户数的平方成正比,因此,随着档案事业的发展,拥有海量用户的档案云是新时期档案网络建设的基础保障。对标IBM的Watson、微软的Azure、谷歌的Compute Engine、亚马逊的AWS等人工智能运算单元云,智能档案云在预期功能上应实现连接所有归档单位,形成档案集群,使其中的电子档案实现分布式存储、异地调取。利用智能Agent来提高档案业务工作的效率,通过智能身份识别来杜绝非法访问,从而保证档案的安全。

与此同时,与谷歌和百度的智能Agent相比,江苏省太仓市档案馆所应用的小"爬虫"在功能和效率上相对落后,在智慧档案馆的未来建设中,它需要依托馆藏实际和用户需求,做更多的升级优化来满足大数据的挑战。在目前智慧档案馆的建设中,所应用的人工智能信息检索技术可以分为垂直检索、以语料库为基础的信息检索,以及以语义网为基础的信息检索三类。[65]其中,垂直检索主要运用深度检索全文、数据分组以及捕获核心数据等核心技术进行信息检索;以语料库为基础的信息检索主要基于人工建立的语料库,结合自然语言处理技术进行信息匹配;以语义网为基础的信息检索主要运用语义网技术进行信息检索,使其自然语言理解力得以增强。

由江苏省太仓市档案馆实现智能检索为起点延伸,新形势下要实现档案智慧转型、提供智慧服务,应致力于明确用户需求导向,通过人工智能中的异构信息整合技术,对原始档案数据进行初步处理。例如进行格式统一以及基础的排序，助力实现从垂直化档案信息全文检索逐步深入拓展到以语料库、语义网为基础的档案智能检索，实现数据的数字化与整合以及新兴技术的有机结合与应用，并在全过程注重数据安全与隐私保护，未来有望基于馆际信息共享与交换实现更大范围内、智慧程度更高的档案智能检索。

11.5.2 智能决策

智能决策自身的场景比较广泛，在档案智能化领域，智能决策是指系统基于文档中的知识，在业务流程中提供决策方案的过程。智能决策能够为业务人员或用户在决策节点上提供决策选项，有效提高业务效率和业务水平。

一般来说，智能决策包括信息抽取、知识搜寻、智能推理、决策排序等内容。信息抽取是指在流程节点或文件中提取实体信息，明确决策位置；知识搜寻是在知识图谱中查找相关信息，找到相关实体；智能推理是指根据当前环境信息进行自动推理，获得可能的决策项；决策排序是指对所有备选决策项进行排序，并推送给用户。

智能决策往往需要以自然语言处理、深度学习、知识图谱、规则引擎、决策树等技术为支撑。

1）业务场景

档案辅助决策的重要作用古已有之，档案在资政方面始终发挥出不可替代的重要作用，其能够纵贯古今、横跨东西，维系以政策制定为代表的决策的连续性、科学性，在人类社会发展的时空里系起记忆的纽带，将前人之智慧充分应用到现今事物的变化与发展之中。习近平总书记亦高屋建瓴地指出："经验得以总结，规律得以认识，历史得以延续，各项事业得以发展，都离不开档案。"[66]而时代不断变革、进步，档案资源的决策价值发挥作用的场景也越发丰富、越发智能。

谈到基于档案的智能决策，电子病历正发挥出前所未有的力量。电子病历（electronic medical records，EMR）是从护理提供机构的一次或多次接触中生成的患者健康信息的纵向电子记录。电子病历文本数据中包含丰富的信息，例如患者症状、生命体征信息、既往病史、免疫接种、药物记录、放射学报告单、入院、出院、转院记录等，由电子健康记录（electronic health record，EHR）系统进行收集、存储、管理、使用与传输。[67] EMR 是基于 EHR 的电子化患者记录，该系统提供用户访问完整准确的数据、警示、提示和临床决策支持系统的能力。

显然，电子病历具备可追溯与可审计性等重要性质，且其最本质的功能仍然是记录真实、全面、完整、可信的病历信息，其本质上依旧是用户的医疗档案或健康档案，其所具备的原始记录性使其在辅助进行智慧决策方面具有得天独厚的优势。

我国对于电子病历辅助决策系统的开发与利用正逐渐深入，并在部分地区已经取得较为显著的成果。2021 年中国医院信息网络大会（CHIMA 2021）[68]指出，北京协和医院基于庞大体量、丰富全面的电子病历，通过全系统数据整合，完善临床信息系统标准化建设，不断探索科研模式创新、构建智慧科研新生态，建设了多层次、多领域覆盖的全院级综合性医疗大数据平台,以及以专科为核心的专病数据库平台等,有效利用电子病历建立起高效、智能的决策辅助系统。

2)问题解决

相比传统诊断决策,北京协和医院所应用的智慧检索技术与提供的服务能够有效解决以下两方面问题。

第一,传统决策信息获取受限且依赖人工归集。人工处理大量的数据是一项繁重的任务,容易导致信息的遗漏、错误以及无法充分使用。传统决策诊断场景中,医院每天产生大量的就诊、检查、手术等数据,这些数据往往不能被有效归集起来进行融合处理,导致跨部门获取信息困难、信息拓展能力差、传递过程易失真。北京协和医院建立的数据平台通过 EMPI 患者主索引等功能,能够按照患者就诊类型、时间展示就诊时序的功能和按照就诊时序进行患者数据归集,有效减小了信息传递过程中人为因素可能导致的不确定性,并且将病患档案数据间的关系按照门诊、急诊、住院等就诊数据融合,可通过科室、日期选择器,对当前患者的历次就诊信息进行数据分类选择、融合选择,有助于辅助决策的高效生成。

第二,传统决策诊断受到主观影响较大。传统决策诊断场景中,医师需要花费大量时间和精力根据病患的病状、各项检验结果以及过往经验对其病情进行诊断,因而容易受到主观意见、个人经验和有限认知的影响,导致决策诊断结果的不确定性和不一致性。北京协和医院依据病患档案的大数据处理平台能够依赖自然语言处理技术,将自然语言文本数据转化为临床知识,便于原有业务系统的自然语言文本数据应用到新的临床诊疗与研究,构建临床大数据知识图谱及推理引擎,刻画临床各项知识及其关系,深度挖掘疾病症状之间的潜在关联,从而有效提高决策诊断的客观性和科学性。

3)效果分析

基于海量电子病历,北京协和医院利用人工智能技术构建的医疗大数据平台现已服务临床研究 100 余项,建立数据集 1000 余个,约 90% 的数据需求通过平台完成,已支撑多篇文章投稿和研究方案制定,涉及科室包括内分泌科、肝脏外科、妇产科、胸外科、全科医学科(普通内科)、风湿免疫科等。

针对个性化强的专科需求,该系统也能够依托其完整、真实、安全、可信的病患档案通过专病队列提供服务。北京协和医院依托院级医疗大数据平台,整合院内外数据,为科室提供了以疾病为中心的详细临床科研数据,通过全系统数据整合、加强历史数据治理、完善临床信息系统标准化建设,建设专科疾病诊疗标准,为各学科开展研究工作提供标准、优质的数据资源和高效的数据利用工具。现已搭建全国重大传染性疾病危重型多中心临床研究队列数据库,覆盖 20 余家成员单位,支撑 500 + 数据维度的高维度分析。[69]

4)未来启示

早在 2018 年,国家卫生健康委员会发布的《电子病历系统应用水平分级评价管理办法(试行)》提出,到 2020 年,所有三级医院电子病历系统应用需达到全院信息共享,初级医疗决策支持水平;二级医院要实现部门间数据交换。此后,国家卫生健康委员会在《"十四五"卫生健康标准化工作规划》中也提到，聚焦以居民电子健康档案为核心的区域全民健康信息化和以电子病历为核心的医院信息化的两大重点业务标准，是实施健康中国战略的重点领域。

要全面贯彻落实健康中国战略，居民电子病历与电子健康档案将持续发挥不可或缺的作用。最近，国家卫生健康委员会发布了《国家卫生健康委办公厅关于印发医疗机构临床决策支持系统应用管理规范（试行）的通知》，更加强调以电子病历为基础的临床决策系统建设的重要性和必要性。档案作为最可靠、最真实的信息资源，使电子病历、健康档案等具备最真实、客观、可信的力量，能够支撑以此为基点的科研领域深度创新、人工智能技术深度应用与融合。

整体而言，我国目前在电子病历辅助决策系统的研发和应用方面取得了一定的进展。除北京协和医院在该方向的探索，国内一些顶级医学院校和医院，如广州市妇女儿童医疗中心挖掘病例档案数据集训练人工智能，实现了儿科疾病的智能化诊断。[51]北京大学医学部、上海交通大学医学院和中山大学附属第一医院等也都在这一领域通过自主研发或引进第三方技术支撑的方式进行了探索与实践。较为典型的第三方技术支撑如灵医智惠提供的临床辅助决策服务，目前已覆盖13个省市，落地数百家医疗机构，服务上万名医生。[70]同类的电子病历辅助决策系统产品还包括国际知名的商业解决方案，如IBM Watson for Oncology、Google DeepMind Health以及谷歌专门训练的辅助医疗诊断大模型Med–PaLM等。从综合三甲医院到社区服务中心，以电子病历、健康档案为基础的辅助决策系统正在发挥越发重要的作用。

与此同时，也应该看到整体应用过程中存在的不足之处。首先，数据质量和互操作性是电子病历辅助决策系统面临的主要问题之一。电子病历系统通常由不同的供应商开发，不同系统之间的数据格式、标准和术语可能不一致，使得整合和共享数据变得困难。其次，现有系统在知识表示和推理能力方面也受到限制，当前决策辅助主要基于规则、模型和统计方法，而通常无法处理复杂的推理和逻辑关系，无法充分捕获和有机利用医学专家的经验和判断。最后，需要注意的是，最终做出诊断决策的责任主体仍然是医生本人，临床辅助决策系统的定位应始终明确辅助工具的属性和定位。

对于在新形势下探索档案智慧转型、提供智能服务，医疗档案方面案例的成功探索指引着档案界向深度挖掘档案数据、深入应用智能技术、提高应用的预测和预警属性、驱动实现决策智能不断发展。针对上述问题，档案界或可从推动电子病历数据标准化进程、提升数据质量入手，与临床医学界深度合作制订电子病历采集、存储与管理规范，助力推广元数据、语义技术的应用，推动档案信息由数字态转向数据态、转向语义态[71]的智慧过程，深度落实档案服务为人民的政治定位，落实新修订《档案法》所指出的档案工作走向现代化，寻求基于档案的智能决策与新时代、新技术、新方向更深、更广、更多元的融合点。

11.5.3 智能问答

智能问答是指系统能够对用户提出的问题自动作出解答的过程，被认为是人工智能发展成熟程度的标杆。常见的通用智能问答系统如苹果公司推出的"Siri"语音助手，小米公司推出的"小爱同学"语音助手等。文件档案中记录了大量的有关业务和管理的知识，而智能问答能以一种直接的方式让文件档案中沉淀的知识活化，更便于被业务人员和管理人员利用。

一般来说，智能问答主要包括信息抽取、问题分类、答案匹配、答案排序等内容。信息抽取主要包括对关键词、命名实体的抽取；问题分类用于确定该问题所属的领域；答案匹配用于搜寻问题所对应的答案；答案排序用于对候选答案进行排序，推送最优结果。

智能问答往往需要自然语言处理、深度学习、知识图谱等技术为支撑。

1）业务场景

信息爆炸时代，大众对破除信息迷航、快速获取可靠信息的需求越发强烈，并且要求在过程中注重信息获取结果的个性化与个体差异化，传统问答服务往往耗费大量人力资源和时间，因而基于智能问答与智能咨询服务正在成为解决信息多源性、冗杂性与用户需求信息确定性、综合性之间矛盾的有力工具。

要实现高效的智能问答平台构建，建立真实可信、丰富全面、安全易获取的信息来源是必不可少且极为重要的龙头环节，具备原始记录性和历史连续性的档案资源作为信息资源中最可靠、最全面的一种，能够降低用户认知压力、最大程度避免信息过载现象发生，无疑是智能问答信息来源的最佳之选。基于档案实现智能问答可以利用档案的综合性、可靠性、历史性、结构化性和持久性等优势，能够为用户提供全面、准确、可追溯和有组织的答案和信息，也可以在一定程度上减轻档案馆工作人员的负担，使他们能够更专注于一些需要复杂判断和专业知识的工作，同时也能够降低档案馆的运营成本。各级各类档案馆作为各类档案信息的集中保管场所，有必要且有义务合理、高效开发馆藏档案信息，利用本身丰富、全面且可信的档案资源为用户提供便捷、准确的服务。对高校档案馆来说，传统校园档案管理系统往往面临着学生信息繁冗、文书与教学档案数字化程度不高以及档案查找不便等问题。为了解决师生对档案信息需求的多样性与准确性的要求与校内档案数量庞大但数字化程度参差之间的矛盾，并在此基础上满足本校师生利用相对内部的资源完成自主学习、创新研究的需求，各大高校纷纷致力于开展基于本校档案馆的智能档案管理与服务系统。其中，西安理工大学建立的 AI 智能问答系统已取得较为明显的成效（见图 9）。

2）问题解决

涉及诸如学籍档案查询、教学资源获取、校园规章制度查询、学术论文检索、学生服务与咨询和学术通知等信息的问答式检索情境，西安理工大学开发的 AI 智能问答系统能够解决以下两方面问题。

第一，问答返回信息碎片化。传统搜索模式下，用户需要面对大量碎片化的信息且单次检索信息来源相对单一，需要耗费时间和精力进行筛选和整理所需的答案。通过充分发挥档案资源的丰富性和可信性，西安理工大学在该服务开发过程中通过查阅兄弟院校档案馆服务指南、查档指南、随机选取来馆利用者填写问卷三种方式，归纳总结高校档案服务中的常见问题，建立了包括学校信息、档案知识、综合业务信息、中英文成绩制作、教学档案、学生档案、党群行政档案、科研档案、基建档案、会计档案、人事档案11个门类200余个问题的档案Q&A知识库，使师生检索的信息来源更加全面、准确。通过系统精心整理、分类和归档的档案资源提供了可靠的知识基础，师生能够从该统一平台获取全面、准确和可信的信息，在检索时能够避免返回一长串搜索结果，得到相对准确的答案信息；能够降低师生认知压力，解决传统搜索模式下信息过载、信息碎片化的问题。同时，档案信息资源固有的真实可信性，也破解了传统问答式检索返回结果真假混杂、排序方式受到外来因素影响等问题。

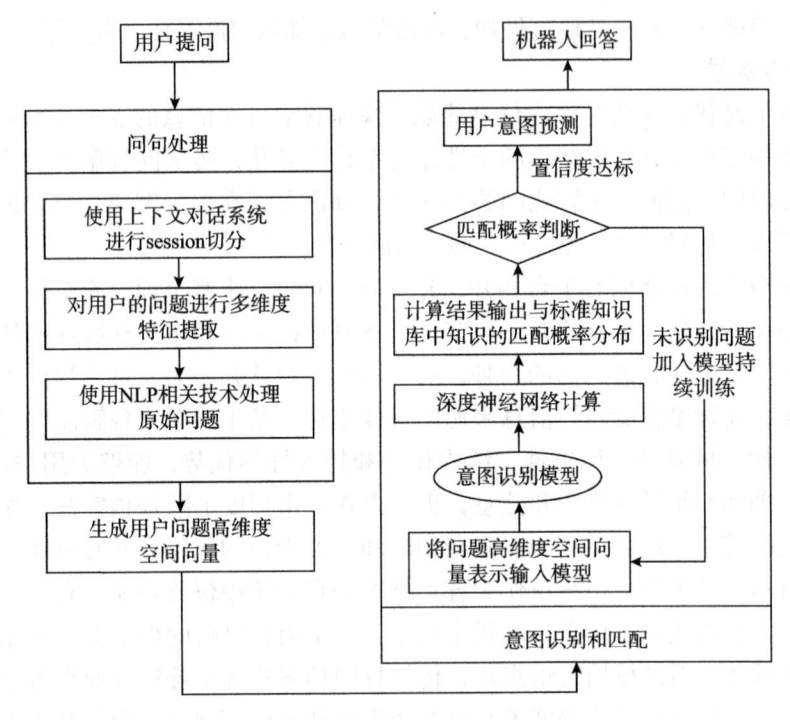

图9 西安理工大学档案馆AI智能问答系统技术逻辑设计

第二，问答返回缺乏个性化。传统搜索模式难以准确理解用户问题的语义和意图，导致搜索结果与用户检索意图不匹配，无法提供个性化的服务。而档案资源不仅是静态的文档和记录，还承载着丰富的信息和知识。利用档案资源的知识性、关联性和可发现性的属性，该系统在用户问句处理环节，系统会自动对用户会话（session）进行切分，对用户问题进行N-Gram特征、正则表达式特征、主题模型特征等多维度特征提取，并使用自然语言处理技术处理原始问题。通过智能分词、纠错、词嵌入转换等处理，结合特征提取得到多维度数据，形成用户问题的高维度空间向量表示。用户意图的识别和匹配环节使用问题意图识别模型对用户意图进行在线预测，将生成的用户问题高维度空间向量表示输入意图识别模型，进行深度神经网络计算，计算结果输出与标准知识库中知识的匹配概率分布，置信区对匹配概率判断，达标则预测用户意图，输出答案，未识别则加入问题识别模型，通过在线训练增强模型能力。[73]整个过程能够充分发挥档案资源的全面性，拓宽用户信息发现的范围，提升用户的问答体验。

3）效果分析

在上述技术实现的逻辑基础上，西安理工大学开发人员将 AI 智能问答系统接入档案馆网站平台及微信平台，在两个平台分别制作可视化标识及咨询界面，并将 Q&A 知识库导入 AI 智能问答系统，从管理端口对问题分类准确性、问题与答案匹配性进行检查，调试无误后上线系统，并持续从 PC 网站端、手机网站端、PC 微信端、手机微信端对档案馆智能咨询服务平台进行测试，通过标准问题训练、未识别问题学习、不满意问题纠错来引导机器实现自主训练，进一步优化知识库。总体而言，该系统的应用主要取得了以下两方面成果。

第一，探索了电子档案的智能化应用并取得实践成果。该系统初步测试完成后在网站平台及微信平台向利用者开放智能咨询服务功能，并通过宣传提高该功能使用。工作人员以开放后的 1 个月、2 个月、3 个月、4 个月为时间节点对用户数据进行比较分析，对高频提问进行关联性延展，对未解答问题建入知识库，对无效会话内容进行删除。通过一定时间的使用及逐月训练发现智能问答系统运行稳定，自动应答用户的各类咨询。通过对用户咨询数据的整理积累，初步形成了可以持续复用的档案馆 Q&A 知识库。对系统的实际应答效果进行统计分析，机器人直接回复标准答案及引导推荐回复比可达到 90% 以上；系统自动生成的统计数据可帮助管理者了解回话趋势、咨询热点，及时做好配套服务。[74]

第二，规范了电子档案的数据治理。该系统基本满足了西安理工大学档案馆文书和学籍档案的收、管、存、用等业务的需求，充分盘活了档案数据资源，提供了有针对性、一站式、智能化的档案数据服务保障支持。该系统充分利用数据挖掘、知识图谱、智能问答等先进技术，在深度开发及有效利用学籍档案、文书档案等大数据方面起到引领示范作用，推动了高校档案数据服务的精准化，提升了学校档案服务能级，使"档案资源库"变成"档案知识库"，为高校档案知识管理与应用工作的发展方向与改革模式指引作出了一定的贡献，有助于大范围内档案资源智能问答服务的推广和利用。

4）未来启示

西安理工大学 AI 智能问答服务以信息化建设为核心，通过人工智能、知识图谱、大数据等技术的利用，实现了档案管理与资源整合、开发与利用，极大提升现代化档案管理水平，推进了电子档案智能化管理利用的进程，为学校档案管理事业提供了新思路。与之相似的，中国知网面向全国综合档案馆、高校档案馆及企业档案馆构建了以知识服务、数字档案馆建设、智能化应用为基础的整体解决方案，通过电子档案内容的关联，充分挖掘各类型档案关联关系。运用大数据、人工智能、协同创作等技术，提供智能问答、智慧编研、精准推荐等智能化创新应用，不仅在高校档案管理系统建设方面取得了一定的应用价值，还为其他综合档案馆、专业档案馆等开展数字档案馆建设以及智能化应用方面提供了一定的建设思路与技术应用的借鉴意义。在综合档案馆网站建设方面，湖南省、广东省档案网站设置了智能回答机器人，用户可以尝试向智能回答机器人描述问题获得即时解答，[54]这也是档案界对 AI 智能问答服务的有效探索。

随着时代的不断发展，用户的多元化需求也对档案智能问答服务提出了新的要求，例如目前尚未取得明显成效的多模态支持问题。档案资源不仅包括文本数据，还包括图像、音频、视频等多种形式的数据。目前的智能问答服务主要针对文本数据，对于多模态数据的处理能力还相对较弱。为了更好地支持档案资源的多模态查询和检索，需要进一步研究和发展多模态智能问答技术。同时，目前档案界探索大多通过构建基于检索的问答系统（Retrieval – based QA）实现。[75]未来可通过机器学习、深度学习等技术构建深层语义样型，致力于实现基于生成模型的问答系统（Generative – based QA），构建档案学领域的"ChatGPT"或"文心一言"。

对于在新形势下探索档案智慧转型、提供智能服务，西安理工大学的成功探索指引着档案界向提升档案服务便捷性、提供个性化服务与定制化推荐、整合多源信息资源、智能化反馈与优化和数据驱动的决策支持不断发展，立足与实际工作相结合的开发点，逐步构建档案问答知识库直至建成档案界大语言模型。通过致力于实现基于档案的数据挖掘与知识发现、档案智能化管理以及档案数字化转型，充分发挥高校、社区、各级各类档案馆等丰富档案资源的价值，深入发掘档案资源的知识发现功能并与智能问答技术平台结合，全面提升档案智能化应用水平与决策服务能力。

11.6 未来展望

档案智能化管理与服务应用对于档案工作的影响和价值主要体现在提高档案工作的效率和质量，以及推动档案工作的现代化发展。档案智能化管理可以大大提高档案工作的效率。例如，利用人工智能技术进行档案信息的智能识别和分类，可以大大减少人工的工作量，提高工作效率。其次，档案智能化管理可以提高档案工作的质量。例如，利用大数据技术进行档案信息的大规模处理和分析，可以提高档案信息的准确性和完整性，提高档案工作的质量。最后，档案智能化管理是推动档案工作现代化发展的重要手段。通过引入新的技术和方法，可以使档案工作更加适应数字化、网络化、智能化的发展趋势，推动档案工作的现代化发展。

在数字中国背景下，档案智能化管理与服务应用的发展方向呈现出广阔的前景。然而，当前的档案智能化管理与服务应用仍面临一些挑战。首先，档案智能化管理的实践中，技术应用的广度和深度仍有待提高。例如，虽然已经有了使用深度学习算法智能识别手写档案、基于分布式并行计算实现档案主题智能分类、借助机器学习辅助档案鉴定等尝试，但这些技术的应用仍处于初级阶段，尚未形成系统化、规模化的应用。其次，档案智能化管理的理论研究还需要进一步深化。如何将计算思维引入档案实践中，如何利用档案领域在资源建设、鉴定方法等方面的专业积累反向用于人工智能的数据建设，这些问题都需要进一步探讨。

未来，档案智能化管理与服务应用的发展趋势将表现为更深度的技术应用和更广泛的流程覆盖。一方面，人工智能、大数据等新技术将在档案智能化管理与服务应用中发挥更大的作用，面向档案信息的大规模处理和分析，提高档案信息的利用效率。另一方面，档案智能化管理将覆盖档案工作的全流程，包括档案的采集、整理、存储、检索、利用等环节，实现档案工作的全流程智能化。档案智能化管理与服务应用在数字中国背景下的发展方向是充满挑战和机遇的。面对挑战，我们需要深化理论研究，提高技术应用的广度和深度。面对机遇，我们需要充分利用新技术，推动档案工作的全流程智能化，提高档案工作的效率和质量，推动档案工作的现代化发展。

参考文献

[1] 李顺芳. 大数据时代的国土资源档案智能化管理的实践概述 [J]. 档案学研究, 2017 (2): 50-52.

[2] 薛四新, 薛建团, 赵紫毫. 人物照片档案智能化管理方法研究 [J]. 中国档案, 2023 (4): 61-63.

[3] 晓钢, 俭朴. ZDBJ—档案自动编目检索系统 [J]. 档案学通讯, 1984 (4): 37-40.

[4] 邱晓威. 论档案自动检索系统的建立 [J]. 情报学报, 1985, 4 (2): 125-132.

[5] 吕筱芬. 档案自动标引的理论与实践 [J]. 档案学研究, 1988 (4): 36-40.

[6] 汤道銮, 韦思聪, 曹宇红, 等. 档案全文自动著录与智能标引初探 [J]. 档案学研究, 1994 (2): 39-41, 16.

[7] 朱久兰. 档案信息智能检索 [J]. 档案学通讯, 1994 (4): 57-58, 39.

[8] FISHER B, EVANS F. Automation, Information, and the Administration of Archives and Manuscript Collections: Bibliographic Review [J]. The American Archivist, 1967, 30 (2): 333-348.

[9] RIEGER M. Archives and Automation [J]. The American Archivist, 1966, 29 (1): 109-111.

[10] HEDSTROM M. Teaching Archivists About Electronic Records and Automated Techniques: A Needs Assessment [J]. The American Archivist, 1993, 56 (3): 424-433.

[11] 方小铁, 颜旭玲. 智能档案管理系统的设计与实现技术研究 [J]. 制造业自动化, 2010, 32 (7): 22-24, 33.

[12] 张倩. 依托智能搜索引擎构建档案信息检索系统的策略研究 [J]. 档案与建设, 2011 (6): 30-33.

[13] 尚珊, 王岩. "云存储+智能终端"的档案管理模式初探 [J]. 山西档案, 2013 (6): 52-55.

[14] 张倩. 二维码在档案信息智能检索中的应用 [J]. 档案与建设, 2012 (9): 11-14.

[15] 李泽锋. 基于智能 Push 技术的企业档案信息个性化服务 [J]. 档案管理, 2005 (1): 22-23.

[16] JANG J, RIEH H. Design of Automatic Records Classification System Using Contextual Information [J]. Journal of Korean Society of Archives and Records Management, 2009, 9 (1).

[17] HUGHES B, KAMAT A. A metadata search engine for digital language archives [J]. D-Lib Magazine, 2005, 11 (2): 6.

[18] 陈辉. 智能化社会档案价值实现新路径与档案知识体系重构探析 [J]. 档案学研究, 2018 (4): 13-17.

[19] 史江, 罗紫菡. "智能+"时代档案管理方法创新探讨 [J]. 档案学研究, 2021 (2): 54-59.

[20] 陆国强. 档案信息智能化利用: 从数字化到数据化 [J]. 浙江档案, 2023 (5): 48-50.

[21] 于英香, 赵倩. 人工智能嵌入档案管理的逻辑与特征 [J]. 档案与建设, 2020 (1): 4-8.

[22] 沙洲. 人工智能在档案工作中的应用研究 [J]. 档案与建设, 2018 (2): 36-39.

[23] 陶水龙. 海量档案数字资源智能管理及挖掘分析方法研究 [J]. 档案学研究, 2017 (6): 75-79.

[24] 杨建梁. 基于深度学习的数字文书档案保管期限智能化划分研究 [J]. 档案学通讯, 2021 (4): 108-112.

[25] 周林兴, 林腾虹. 用户画像视域下智能化档案信息服务: 现状、价值、运行逻辑与优化路径 [J]. 档案学研究, 2021 (1): 126-133.

[26] 薛四新, 袁继军, 杨艳. 新技术环境下档案从业人员技能探析 [J]. 档案学通讯, 2018 (6): 53-56.

[27] COLAVIZZA G, BLANKE T, JEURGENS C, et al. Archives and AI: An Overview of Current Debates and Future Perspectives [J]. Journal on Computing and Cultural Heritage, 2021, 15 (1): 1-15.

[28] DAVET J, HAMIDZADEH B, FRANKS P. Archivist in the machine: paradata for AI-based automation in the archives [J]. Archival Science, 2023, 23 (2): 275-295.

[29] CHABIN M A. The potential for collaboration between AI and archival science in processing data from the French great national debate [J]. Records Management Journal, 2020, 30 (2): 241-252.

[30] UNDERWOOD W, MARCIANO R. Computational Thinking in Archival Science Research and Education [C]. 2019 IEEE International Conference on Big Data (Big Data), IEEE, 2019: 2109-2116.

[31] CAN Y S, KABADAYI M E. Automatic cnn-based Arabic numeral spotting and handwritten digit recognition by using deep transfer learning in Ottoman population registers [J]. Applied Sciences, 2020, 10 (16): 5430.

[32] SHANG E, LIU X, WANG H, et al. Research on the Application of Artificial Intelligence and Distributed Parallel Computing in Archives Classification [C] //XU B., MOU K. Proc. IEEE Adv. Inf. Technol., Electron. Autom. Control Conf., IAEAC. Institute of Electrical and Electronics Engineers Inc., 2019: 1267-1271.

[33] ROLAN G, HUMPHRIES G, JEFFREY L, et al. More human than human? Artificial intelligence in the archive [J]. Archives and Manuscripts, 2019, 47 (2): 179-203.

[34] AI 档案. 又一省份档案数字化建设提速 讯飞档案 OCR 引擎助力档案现代化 [EB/OL]. (2022-10-29) [2023-09-03]. https://mp.weixin.qq.com/s/m293gplOhY0fhm0tof-hJw.

[35] 王日花. 基于深度学习的智能 OCR 识别关键技术及应用研究 [J]. 邮电设计技术, 2021 (8): 20-24.

[36] GRAND VIEW RESEARCH. Optical Character Recognition Market Size Report, 2030 [EB/OL]. (2023-08-10) [2023-09-25]. https://www.grandviewresearch.com/industry-analysis/optical-character-recognition-market.

[37] 搜狐网. 档案实务 | 人工智能已经上升为国家战略! 如何与档案结合、助飞档案现代化? [EB/OL]. (2019-05-23) [2023-09-25]. https://www.sohu.com/a/315873834_734807.

[38] 刘军. 动态 [J]. 中国档案, 2023 (6): 86-89.

[39] 胡志斌, 李鹏达, 罗贤明. 江西: 档案大数据分析应用 [J]. 中国档案, 2023 (8): 28-29.

[40] 讯飞开放平台. 印刷文字识别 API 文档 [EB/OL]. (2023-08-13) [2023-08-13]. https://www.xfyun.cn/doc/words/textRecg/API.html#%E5%B8%B8%E8%A7%81%E9%97%AE%E9%A2%98.

[41] 曾凤鸣, 袁霞, 郭嘉林, 等. 档案保管期限自动鉴定功能研究 [J]. 中国档案, 2022 (11):

72-74.
[42] 祝成. 加快人工智能技术在档案管理工作中的应用［EB/OL］.（2021-01-15）［2023-09-25］. http：//www.zgdazxw.com.cn/news/2021-01/15/content_316467.htm.
[43] 佘建新, 张伟, 张雪. 档案智能辅助整理模块建设实践［J］. 中国档案, 2017（12）：62-63.
[44] 农颜清, 周毅. 社交媒体政务文件长期保存的鉴定要素与内容分析［J］. 浙江档案, 2022（2）：24-28.
[45] 杨建梁. 基于深度学习的数字文书档案保管期限划分研究［D］. 北京：中国人民大学, 2020.
[46] 黄建峰, 颜梓森, 张枫旻, 等. 福建：运用人工智能技术搭建开放审核模型［J］. 中国档案, 2023（7）：27-29.
[47] 王琳婧. 福建出台样案开放审核办法［EB/OL］.（2023-10-07）［2024-02-08］. http：//www.fj-archives.org.cn/dazw/bsdt/202310/t20231007_949167.htm.
[48] 毛海帆, 李鹏达, 傅培超, 等. 基于数据挖掘技术构建辅助档案开放鉴定模型［J］. 中国档案, 2022（12）：29-31.
[49] 国家档案局. 江苏省档案馆智能化档案开放审核取得新成果［EB/OL］.（2022-11-15）［2023-09-26］. https：//www.saac.gov.cn/daj/c100202/202211/2c0b0698765c46df9ae33355867d81b0.shtml.
[50] 安徽省档案馆. 安徽省档案馆承担的《人工智能技术在档案划控上的应用》等两项国家档案局科研项目顺利通过验收［EB/OL］.（2022-11-07）［2023-09-26］. https：//www.ahsdag.org.cn/wdyw/396954.html.
[51] 陈功娥. 人工智能技术在档案管理中的应用与实践［J］. 四川档案, 2022（3）：26-28.
[52] 国家档案局经科司. 企业电子文件归档和电子档案管理试点案例集（管理系统卷）［M］. 北京：中国文史出版社, 2021.
[53] 霍光煜, 张勇, 孙艳丰, 等. 基于语义的档案数据智能分类方法研究［J］. 计算机工程与应用, 2021, 57（6）：247-253.
[54] 田丰, 杨洋. 基于模糊聚类算法的智能电子档案自动分类方法［J］. 微型电脑应用, 2021, 37（2）：87-90.
[55] COLLOMOSSE J, BUI T, BROWN A, et al. ARCHANGEL：Trusted archives of digital public documents［C］//Proceedings of the ACM Symposium on Document Engineering 2018, 2018：1-4.
[56] 杨茜茜. 基于区块链技术的电子档案信任管理模式探析：英国 ARCHANGEL 项目的启示［J］. 档案学研究, 2019（3）：135-140.
[57] BUI T, COOPER D, COLLOMOSSE J, et al. Archangel：Tamper-proofing video archives using temporal content hashes on the blockchain［C］//Proceedings of the IEEE/CVF Conference on Computer Vision and Pattern Recognition Workshops, 2019：2793-2801.
[58] 刘越男, 吴云鹏. 基于区块链的数字档案长期保存：既有探索及未来发展［J］. 档案学通讯, 2018（6）：44-53.
[59] 金波, 孙尧, 杨鹏. 基于区块链技术的档案数据质量保障研究［J/OL］. 图书馆杂志：1-14［2023-09-26］. http：//kns.cnki.net/kcms/detail/31.1108.G2.20230724.1501.002.html.
[60] 中华人民共和国国家档案局. 江苏太仓智慧档案管理平台项目通过初步验收［EB/OL］.（2021-12-22）［2023-08-18］. https：//www.saac.gov.cn/daj/c100202/202112/eeb223db143c477dbbf7bf46f7e5a380.shtml.
[61] 马仁杰, 谭亚楠, 王沐辉. 论我国档案检索工作中存在的问题与改进对策［J］. 档案学通讯,

2016（3）：42-45.

[62] 陈亮. 人工智能技术在智慧档案馆建设中的应用初探：以太仓市档案馆为例［J］. 档案与建设，2016（7）：80-82.

[63] 中国档案. 太仓市启动国家示范数字档案馆创建工作［EB/OL］.（2015-02-11）[2023-09-03］. http：//chinaarchives. cn/home/category/detail/id/10512. html.

[64] 读档网. 太仓市档案馆成为江苏省首家5A级数字档案馆［EB/OL］.（2022-09-16）[2023-08-18］. https：//www. dudang. com/xwg/5604/.

[65] 陈会明，史爱丽，王宁，等. 人工智能在档案工作中的应用实践与挑战：以北京市市场监督管理局为例［J］. 档案与建设，2019（7）：53-56.

[66] 夏嘉宝. 基于人工智能的智慧档案馆建设研究［J］. 兰台内外，2020（18）：5-7，4.

[67] 中华人民共和国国家档案局. 中办国办印发《"十四五"全国档案事业发展规划》［EB/OL］.（2021-06-09）[2023-09-03］. https：//www. saac. gov. cn/daj/toutiao/202106/ecca2de5bce44a0eb55c890762868683. shtml.

[68] WANG Y, STEINHUBL S R, DEFILIPPI C H, et al. Prescription Extraction from Clinical Notes: Towards Automating EMR Medication Reconciliation［J］. AMIA Joint Summits on Translational Science Proceedings，2015.

[69] 中国医院协会信息专业委员会. 北京协和医院：医疗大数据平台研究及应用［EB/OL］.（2021-09-04）[2023-09-03］. https：//chima. org. cn/Html/News/Articles/9405. html.

[70] 丁然，丁华东. AI驱动与电子健康档案智慧诊疗的功能实现［J］. 山西档案，2019（6）：57-65.

[71] 灵医智惠. 辅助决策系统［EB/OL］.（2023-09-22）[2023-09-22］. https：//01. baidu. com/cdss-basic. html.

[72] 钱毅. 在"三态两化"视角下重构档案资源观［J］. 中国档案，2020（8）：77-79.

[73] 王雪荻，刘世俭，王玉吉. AI智能问答系统在档案咨询服务中的应用与研究［J］. 陕西档案，2023（2）：18-20.

[74] 张夏子钰，周林兴. 档案网站互动性研究：以我国省级综合档案馆网站为分析对象［J］. 山西档案，2021（4）：49-63.

[75] 丁德胜. 新时代新征程档案工作呼唤智慧档案战略：智慧档案馆室数字技术创新应用20个典型场景展望［J］. 中国档案，2023（7）：24-26.

12 智慧城市建设中档案数字化转型的发展现状与展望

杨茜茜

中山大学信息管理学院

摘　要：档案数字化转型已成为影响智慧城市建设发展成效的因素之一，对智慧城市建设中的档案数字资源建设和共享利用进程进行分析，有助于理解和评估档案数字化转型在智慧城市建设中所起到的支撑效用，进一步推动档案数字化转型赋能智慧城市建设。本文以我国智慧城市建设的政策文本调查和分析为基础，梳理了智慧城市建设中档案数字化转型的总体发展过程和发展现状，并对2022—2023年上半年的10个档案数字化转型进展较为显著的智慧城市建设领域分别展开具体的调查分析。研究发现，不同地区、不同领域存在发展差异的同时，档案数字化转型已初步呈现对智慧城市建设的全面支撑态势。在此基础上，本文总结了智慧医疗健康、城市治理、政务服务、档案、教育、城建、文旅、监管、农业和司法10个领域下数字档案资源建设和共享利用的最新进展。基于上述调查，本文从我国档案数字化转型的整体统筹和事业发展视角出发，对我国智慧城市建设中档案数字化转型的现存问题进行分析，并提出未来的建设重点与发展方向。

关键词：智慧城市；档案数字化转型；档案资源建设；档案共享利用

12.1　引　言

在中共中央和国务院2023年印发的《数字中国建设整体布局规划》中，"构建普惠便捷的数字社会"是实现数字技术全面赋能经济社会发展的重要内涵之一，旨在促进数字公共服务普惠化、推进数字社会治理精准化、普及数字生活智能化，从而构筑全民畅享的数字生活。智慧城市建设作为构建数字社会的重要途径，不仅在应用层面涵盖数字社会建设的方方面面，而且是统合优化城市数字资源配置并实现整体社会善治的关键平台。进入"十四五"时期，我国在智慧城市试点建设和智慧城市转型升级等有关工作基础上，[1]大力发展新型智慧城市建设，并于2023年5月起推广实施新版《新型智慧城市评价指标》（GB/T 33356—2022），进一步明确了我国智慧城市建设的发展方向和发展目标。这一背景下，我国也提出要积极探索智慧档案发展战略，有效对接智慧城市、智慧政务等各行业智慧发展，努力打造档案工作新模式。[2]当前，数字档案资源建设及其共享利用正在以更加广泛的形式嵌入智慧城市建设之中，并对其深化发展起到越来越重要的作用。

我国已有部分针对智慧城市建设中关于档案数字化转型的相关研究，主要包含以下五个方面：一是档案事业和档案工作参与或赋能智慧城市建设的研究；[3,4]二是智慧城市建设背景下智慧档案发展、智慧档案馆（室）建设以及档案信息化的相关研究；[5,6]三是面向智慧城市的档案资源建设、共享和服务创新的相关研究；[7-10]四是智慧城市建设背景下各类专门档案管理问题的研究，例如城建档案、民生档案、自然资源档案等；[11-13]五是与智慧城市建设相融合的档案事业发展问题研究，包括业态发展、标准规范建设、平台建设、制度建设等。[14-18]总体而言，现有研究从多个角度对智慧城市建设背景下的档案管理问题进行了探讨，但对于智慧城市建设中的档案数字化转型现状缺乏更加具体而全面的调查和分析。本文拟从总体政策和实践领域两个层面，对智慧城市建设中的档案数字化转型现状进行剖析，并提出未来发展展望。

12.2　智慧城市建设中档案数字化转型的总体发展现状

本文以"北大法宝"法律法规数据库为基础，对我国智慧城市政策文件及其涉及的档案内容情况进行了调查分析，调查截止时间为2023年7月20日。检索策略主要包括两个步骤，一是以标题含"智慧"且全文含"智慧城市"和"档"为条件进行检索，并根据政策中与"档案"相关的句子进行人工筛选；二是在此基础上进一步补充检索并筛选标题含"智慧"且全文含"档"的政策文本。从政策检索和数据整理结果看，自2010年以来，我国共出台了至少228份智慧城市建设相关的法规政策性文件，地方层面更是发布了至少758份工作文件用以推动智慧城市建设的各项工作。在这些政策文件中，至少有287份涉及数字档案资源建设及其共享利用相关的内容、要求或规定，约占智慧城市相关政策总数的29.11%。进一步以句子为单位对政策文件的内容进行提取、梳理和去重，发现至少有503条具体内容涉及数字档案资源建设及其共享利用。通过分析这些具体内容，可以从不同维度反映出我国智慧城市建设中档案数字化转型的总体发展现状。

12.2.1　阶段式发展：从资源积累到集成融合

从政策内容的发布时间与数量的关系上看，智慧城市建设中的档案数字化转型呈现出一定的发展阶段性（见图1）。这一阶段性变化与我国智慧城市建设的发展阶段相关。

2021年发布的《百度智慧城市白皮书》将我国智慧城市建设发展阶段分为概念导入期（2008—2012年）、试点探索期（2013—2016年）、统筹推进期（2017—2020年）和集成融合期（2021年之后）。这四个时期分别以数字城市、智慧城市、新型智慧城市和数字孪生城市为核心建设概念，其信息共享特征则分别经历了"单个系统搭建和自发共享""数据共享交换平台和项目应用驱动共享""城市大脑和依职能共享""城市信息模型平台和主动共享"等发展阶段。[19]伴随这一发展过程，结合相关政策内容分析，可以在总体上将智慧城市中的数字档案资源建设及其共享利用发展分为资源积累期（2010—2013年）、集成共享期（2014—2019年）、融合发展期（2020年之后）。不同的智慧城市建设领域在具体发展上则存在一定差异。

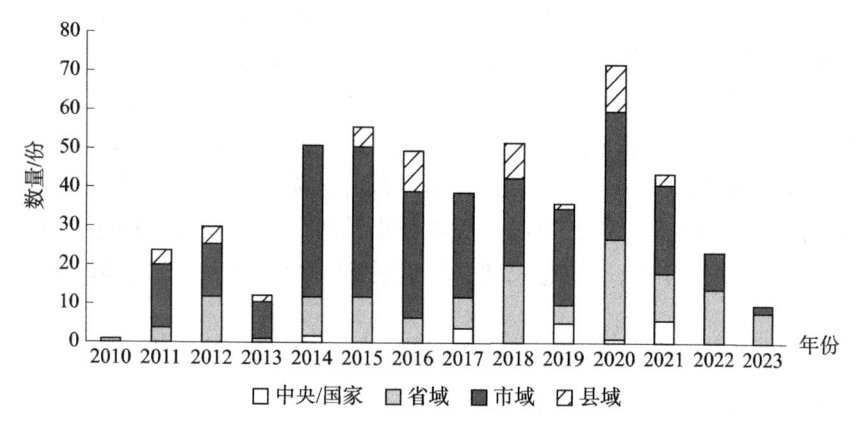

图1 我国智慧城市政策文件中涉及档案要求的内容数量

资源积累期的主要特征是以数字档案资源建设工作为主，推动档案资源从纸质向数字形式转化，并体现出以单一系统平台建设驱动数字档案资源建设的特点。数字档案资源建设优先出现在利用或共享需求较为突出的领域，例如居民健康档案建档、政府电子公文归档、建立电子信用档案、档案馆馆藏档案数字化，以及建立旅游机构的运营和客户档案等。

集成共享期的主要特征是开始出现以实际场景为需求导向的数字档案资源整合共享，并出现跨部门、跨地域共享调阅的尝试。例如档案馆数字档案服务网络化、"互联网+"市民数字档案集成、居民健康档案调阅、市民文化体育足迹档案建设、城市管理重点对象档案及其挖掘利用、"一企一档"、"一品一档"、"一园一档"、"一档管理"等，这些档案共享大多以存量档案数字化形成的累积资源为基础，突出档案资源的整合。除此之外，这一时期也开始出现领域智慧化驱动的专门数字档案资源体系化构建，例如伴随智慧教育而建立的教师专业发展档案、学生成长档案、教学考试档案和校园管理档案等。

融合发展期的主要特征是由智慧城市大模型计算和应用需求驱动的数字档案资源生成和共享，表现为档案类型更丰富、数据属性更突出、共享导向更明确。例如健康档案"一码一档"，"行政审批一份档案存集"，楼盘"图、档、证、簿"一体化管理，均强调以智慧城市中的人、事、物及其应用服务场景为中心的数字档案资源集中化；例如建立学生体质健康、心理成长和阅读成长档案，建立"房、车、人、物"数字档案，均突出面向领域智慧化需求建档；例如建立5G+人口、车辆、房屋、安防设施全息档案，以及建立社区矫正对象时空档案，均体现数据型档案资源建设和利用的新趋势。

12.2.2 涉及领域广：呈现全面支撑态势

从这些涉及档案要求的政策内容所指向的智慧城市具体建设领域来看，共涵盖了 31 个不同领域，表明数字档案资源建设及其共享利用已至少在 31 个智慧城市建设领域中有所体现。除智慧档案之外，智慧医疗健康、智慧教育和智慧校园、智慧政府和智慧政务是体现档案要求最多的几个领域（见图 2）。除此之外的其他领域则包括智慧社区、智慧城管、智慧市场监管、智慧文体、智慧城区园区街区、智慧住建、智慧养老、智慧旅游、智慧城建、智慧人社、智慧农林、智慧法院、基础数据整合、智慧社会治理、智慧药监、智慧产业、智慧交通、一般数据治理、智慧安防、网络治理、智慧公共资源交易监管、智慧广电、智慧民政、智慧仲裁、智慧扶贫、智慧城市群建设和智慧生态。

可以说，数字档案资源建设及其共享利用已基本涵盖了我国智慧城市建设的主要领域，初步呈现出我国档案数字化转型对于数字社会建设的全面支撑，但在不同领域中的支撑程度和转型进程则存在较大差异。

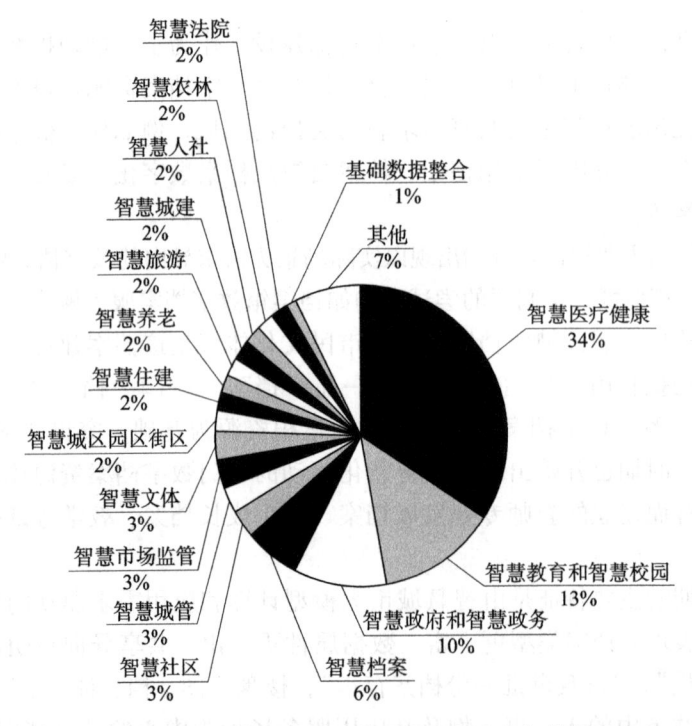

图 2 我国智慧城市政策文件中涉及档案要求的相关领域分布

12.2.3 地区差异大：优势领域有所侧重

目前我国至少已有 29 个省级行政区、110 个城市在智慧城市建设的相关政策文件中涉及数字档案资源建设及其共享利用要求，但不同地区的政策文件中涉及的相关内容数量和所属建设领域差异较大（见图 3）。其中大部分地区的政策文件主要覆盖省市两级行政区,如江苏省、山东省、广东省、河南省、四川省、江西省、福建省、宁夏回族自治区、甘肃省、陕西省、河北省、黑龙江省、湖南省、山西省等地;也有部分地区覆盖至县域,如浙江省、安徽省、湖北省、辽宁省和上海市、北京市等地;少部分地区仅覆盖省域或市域,如重庆市、广西壮族自治区、内蒙古自治区、吉林省、青海省、海南省、贵州省等地。

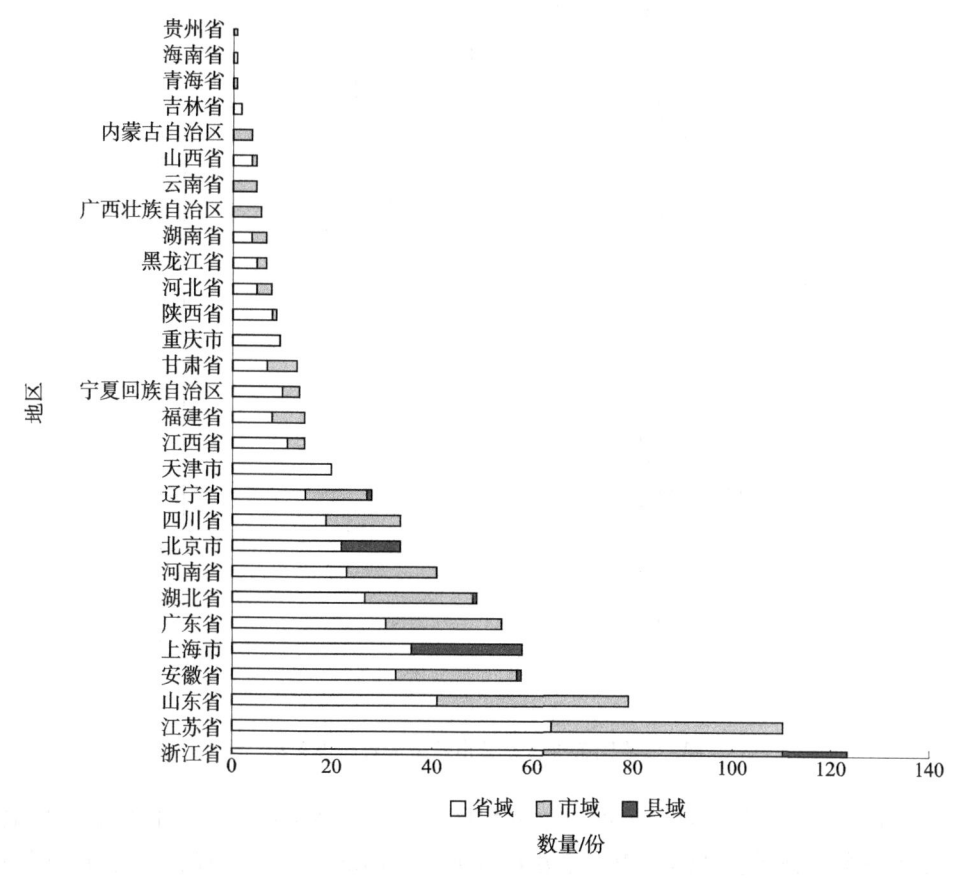

图3 涉及档案要求的智慧城市政策内容数量及其所属地域

以各省级行政区智慧城市相关政策中档案要求所支撑的智慧建设领域为特征,使用Ward算法对各省级行政区的政策特征进行聚类分析(见图4),可以进一步将上述地区归为四类。

一是档案数字化转型发展程度较高的地区,包括浙江省和江苏省,其特点是档案应用支撑领域广、政策内容多,涉及的智慧城市建设领域达15个以上,数字档案应用要求主要集中在智慧医疗健康、智慧政府和智慧政务、智慧教育和智慧校园、智慧档案和智慧文体等领域。

二是档案数字化转型发展程度次高的地区,包括北京市、上海市、广东省、天津市、湖北省、四川省、河南省、山东省、安徽省等地,其特点是档案应用支撑领域较广、政策内容较多,但其数量级不及第一类地区。在这些地区的政策文件中,数字档案应用支撑领域主要集中在智慧医疗健康、智慧政府和智慧政务、智慧教育和智慧校园、智慧档案、智慧养老、智慧城管、智慧住建、智慧社区等领域。

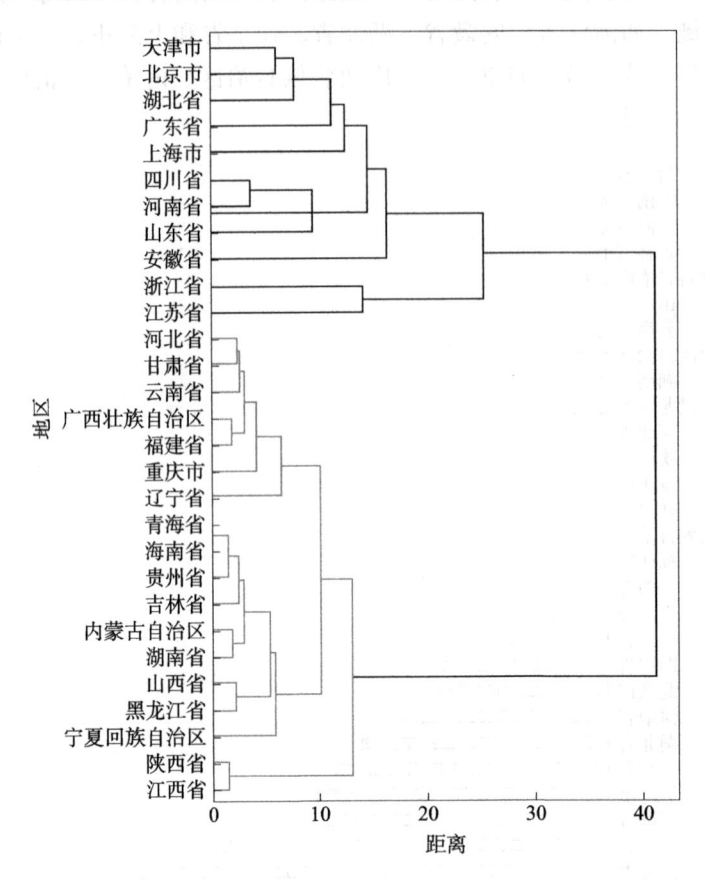

图4 我国各地智慧城市政策内容聚类关系

三是档案数字化转型发展程度居中的地区，特点是政策内容不多且档案应用显著集中于支撑个别领域。具体分为两个建设方向：①河北省、甘肃省、云南省、广西壮族自治区、福建省、重庆市、辽宁省等地，数字档案应用主要集中于智慧医疗健康，其余少量分布在智慧政府和智慧政务、智慧市场监管、智慧城管等领域；②陕西省、江西省、宁夏回族自治区等地，数字档案应用主要集中在智慧教育和智慧校园或智慧扶贫，其余少量分布在智慧农林和智慧药监等领域。

四是档案数字化转型发展程度较低的地区，包括青海省、海南省、贵州省、吉林省、内蒙古自治区、湖南省、山西省、黑龙江省等地，特点是数字档案应用支撑领域和相关政策内容都比较少，主要体现在智慧医疗健康、智慧政府和智慧政务、智慧社区等领域。

一方面，上述趋势与国家层面出台的政策导向相关，如健康档案、政务档案的集成共享是大部分地区优先关注的主要领域。另一方面，上述差异与各地智慧城市建设的重点或优势发展领域相关，如浙江省的智慧政府和智慧政务建设较为突出，天津市、安徽省、江西省和陕西省等地的智慧教育建设较为突出，江苏省的智慧文体建设较为突出等。

此外，智慧城市对于数字档案资源建设及其共享利用的要求与智慧城市建设发展水平也存在一定的相关性。在"2021—2022中国新型智慧城市百强榜"[20]中，至少有49个城市在相关政策文件中提出了明确的档案要求，并且在百强榜中排名靠前的北京市、上海市、广州市、杭州市、无锡市、宁波市等城市对于数字档案资源建设及其共享利用的要求也体现在更多领域且更为详尽。

12.3 智慧城市各领域下档案数字化转型的发展现状

具体到智慧城市建设的各个板块领域，数字档案资源建设和共享利用呈现出不同的发展现状和发展特点。结合政策分析结果看，2022—2023年上半年数字档案资源建设和共享利用进展较为突出的智慧城市建设板块主要有以下十个。

12.3.1 智慧医疗健康：建档覆盖率高，走向多元数据共享

智慧医疗健康和智慧养老板块作为智慧城市建设的重点和优先发展领域，其数字档案资源建设和共享利用程度也受到高度关注。该板块涉及的数字档案资源类型和概念主要包括居民健康档案、电子病历、诊疗档案、医院运营管理档案、老年人健康档案、养老服务机构运营管理档案等。其中以居民健康档案和电子病历资源建设和共享为核心。国家卫生健康委员会统计信息中心2020年对全国各区域和医院信息化调查的结果显示，省、市、县三级平台居民电子健康档案库建档率主要集中在70%以上，其中44.8%的省级平台建档率达90%以上，高于市、县平台，下级区域卫生信息平台和基层机构信息系统是健康档案库的主要数据来源。2019年1—6月健康档案共享和调阅量最高的是东部地区的省级平台，平均值达713.8万次；电子病历库建设最好的东部省级平台建设率达100%；中部、西部或市、县级平台与之发展差距较大。2019年1—6月电子病历库调阅量最高的是东部地区的省级平台，平均值达725万条。[21]

尽管居民健康档案建档率在持续提升，但共享应用存在较大不足。不同医疗机构间信息化水平仍有差距，数据标准有待统一，且共享利用规范有待完善，就跨区域、多主体间的健康档案、电子病历和诊疗档案共享及动态管理和调用互认这一目标而言，还存在一定差距。对此，《"十四五"全民健康信息化规划》强调通过档案数据标准化建设进一步实现档案跨区域共享，推动健康诊疗档案信息向个人开放并实施授权开放利用，鼓励通过区块链技术为健康诊疗档案共享查阅提供保障。[22]在智慧养老方面，一些地方在标准化层面推动卫生部门与养老服务机构间的档案数据共享，例如浙江省丽水市于2020年发布地方标准DB3311/T 128—2020对智慧养老服务平台建设作出规定，明确平台应具有健康档案数据接口，并与卫生健康部门的老年人健康档案信息留有同步接口，为多元化的健康档案数据共享和动态维护奠定基础。

总体而言，健康诊疗档案已成为智慧医养发展的核心支撑。国家致力在"十四五"

时期进一步显著提升全国医疗信息化水平,各层各端信息化需求持续释放,智慧医养走向生态化构建。[23]在此背景下,跨机构、跨区域、跨主体间的健康诊疗档案安全开放共享机制建设方面的瓶颈问题也越发突出,亟待以标准化体系建设为抓手打通数据孤岛,并结合"卫生健康部门—个人—医疗机构—社会健康管理机构"多方之间的多种档案共享场景,完善档案共享调阅和动态维护机制,从而为贯通智慧医养全生命周期、促进医养服务均等化提供重要支撑。

12.3.2 智慧城市治理:面向"一网统管"的档案资源精细化建设和集成化应用

智慧城市治理板块包括智慧城管、智慧社区、智慧生态、智慧交通、智慧安防和智慧广电等多个领域,主要涉及的档案类型包括:城市管理重点管理对象档案,供水、排水、燃气、电力、通信、广播电视等公共基础设施档案,绿地档案,城管执法档案,"房、车、人、物"数字档案,人口、车辆、房屋、安防设施全息档案,社区工作者档案,社区矫正对象及其时空档案,工业园区环保档案,污染源档案,网格化环境监管档案,广电设备维修档案,交通运输管理业务档案等多种类型档案,同时也有高速公路档案可视化等实践探索。

住房和城乡建设部于2022年3月发布《关于全面加快建设城市运行管理服务平台的通知》,全面推动城市运行管理"一网统管",提出构建国家、省、市三级平台体系,遵循统一的技术标准、数据标准和平台运行管理标准,实现数据有序汇聚互通,强化城市运行实时监测、风险防范和及时处置能力。[24]

在此背景下,数字档案资源建设及利用呈现出对象化、动态化、关联性特点。一是针对城市运行管理重点对象、空间要素及其管理过程逐步全面建档,例如成都市、武汉市、宁德市等提出"一桥一档"、"一路一档"、"一井一档",户外广告设施"一户一档"和"一店一档";无锡市梁溪区提出城市治理"一要素一档案";杭州市滨江区基于数字孪生治理城市内涝并建立"积水点档案"。二是汇聚多维实时数据,建立城市管理要素的动态全息档案,例如山西省提出针对社区治安防控建立5G+全息档案,司法部于2020年发布《智慧矫正 总体技术规范》(SF/T 0081—2020),提出对社区矫正对象形成实时人脸时空档案,并整合数据实时更新社区矫正工作档案。三是基于城市运行管理要素间的内在关联对多源的、精细的档案数据进行集成,为及时监管、精准执法提供支撑。例如深圳市龙华区将企业环保数据集成至企业档案,形成动态"环企码"应用;杭州市滨江区实施楼宇智慧安防,对楼宇内"房、人、车、企"档案进行挂接集成,实现全方位安防。

12.3.3 智慧政务服务:面向"一网通办"的"一档管理"

智慧政务服务板块包括智慧政务、智慧人社、智慧公共资源交易等主要领域,其中涉及的档案资源概念主要包括电子公文、证照档案、行政审批档案、人社档案和公共资源交易档案。基于无纸化的信息资源协同共享是我国建设协同办公智慧政府、实现智慧政务服务的关键支撑，因此智慧政务服务领域中的档案数字化转型更突出以政务服务场景为导向、以全流程无纸化为目标的档案资源数字化集成共享。

存量证照和审批文书档案数字化及增量电子证照和审批档案在线存用是我国智慧政务服务建设的重要切入点之一。中央党校电子政务研究中心2022年发布的调查结果显示，截至2021年底，国家政务服务平台统一电子证照系统已汇聚地方部门证照近900种，提供电子证照共享服务50亿余次，[25]群众办事少跑腿、减材料成效显著。

在此基础上，当前智慧政务服务建设中的数字档案应用更注重面向个人"数字市民"与"一人一档"、企业"一企一档"和项目"一项一档"的"一码集成"、"一档管理"及多场景利用。[26]一些地方更是从增量档案的源头上采取措施以破除档案共享障碍。"一档管理"实质上是按照个人或组织机构的唯一身份标识，将分散于不同职能部门的个人和企业证照、业务数据和审批档案予以集成，实施基于身份识别和统一标准的授权查询和共享利用，实现自动调用和"无证明""零跑腿"。浙江省湖州市更是提出"行政审批一份档案存集"，旨在进一步促进政务服务事项"一档管理"，避免涉及同一事项的档案记录分散在不同机构而对共享造成阻碍。

与此同时，智慧政务服务建设正逐步完善原生型电子档案管理规范。例如在公共资源交易智慧化建设及其电子档案管理领域，河北省、山西省两地出台了省级地方标准，合肥市出台了市级地方标准对公共资源电子档案管理或服务作出规范；广东省、安徽省、湖北省、云南省、甘肃省、广西壮族自治区、北京市等地出台了专门的省级公共资源交易电子档案管理办法；上海市、陕西省、宁夏回族自治区等地则是在省级公共资源交易管理办法中设置了专章或专门条款对电子档案管理作出规范；地方基层则以电子档案管理系统建设的方式推动公共资源交易档案数字化转型工作。这为其他类型的原生电子档案管理提供了范本。

12.3.4 智慧档案：大力提升档案利用服务，全链产业生态构建趋势初显

智慧档案板块不仅包含传统核心档案事业的数字化转型，也包括档案行业数字化转型对于其他智慧城市建设领域的支撑。智慧档案正被逐步纳入智慧城市建设的领域范畴。从调查情况看，我国至少已有18个城市、5个省（直辖市）将智慧档案写入智慧城市建设相关政策文件。当前智慧档案建设实质上以综合档案馆及其业务的数字化转型为主要内容，具体包括四个方面：一是档案馆馆藏档案资源数字化建设，二是实体档案馆智慧化管理，三是数字档案馆平台和系统建设，四是面向民生或公共文化需求的档案利用服务数字化和网络化建设。在国家大力实施数字档案馆建设的宏观背景下，上述建设内容初步取得发展成效。据统计，截至2023年4月，全国有近80家单位通过测试获评"全国示范数字档案馆（室）"。截至2023年7月底，全国有1601家档案馆接入"全国档案查询利用服务平台"，具体接入情况如表1所示，实现以民生档案为主的跨区域档案查询利用。

表 1　我国综合档案馆接入全国档案查询利用服务平台情况
（截至 2023 年 7 月 31 日）

省（区、市）	省级档案馆是否接入	地级档案馆接入数量/个（接入率/%）	县级档案馆接入数量/个（接入率/%）	其他档案馆接入数量/个（如开发区档案馆等）
安徽省	是	6（37.50%）	8（7.69%）	—
北京市	是	—	0（0）	—
重庆市	是	—	38（100.00%）	2
福建省	是	9（100.00%）	84（100%）	—
甘肃省	是	14（100.00%）	79（91.86%）	—
广东省	是	21（100.00%）	122（100.00%）	—
广西壮族自治区	是	1（7.14%）	0（0）	—
贵州省	是	9（100.00%）	88（100.00%）	2
海南省	是	0（0）	0（0）	—
河北省	是	7（63.64%）	39（23.35%）	—
河南省	是	0（0）	0（0）	—
黑龙江省	是	1（7.69%）	0（0）	—
湖北省	是	12（92.31%）	103（100.00%）	4
湖南省	是	1（7.14%）	0（0）	—
吉林省	是	2（22.22%）	6（10.00%）	—
江苏省	是	13（100.00%）	94（98.95%）	—
江西省	是	1（9.09%）	0（0）	—
辽宁省	是	2（14.29%）	0（0）	—
内蒙古自治区	是	9（75.00%）	0（0）	—
宁夏回族自治区	是	5（100.00%）	18（81.82%）	—
青海省	是	0（0）	0（0）	—
山东省	是	16（100.00%）	135（99.26%）	—
山西省	是	11（100.00%）	117（100.00%）	—
陕西省	是	6（60.00%）	19（17.76%）	—
上海市	是	—	16（100.00%）	—
四川省	是	13（61.90%）	72（39.34%）	—
天津市	是	—	16（100.00%）	—
西藏自治区	是	0（0）	0（0）	—
新疆维吾尔自治区	是	3（21.43%）	75（79.09%）	—
云南省	是	15（93.75%）	129（100.00%）	—
浙江省	是	11（100.00%）	88（97.78%）	—

智慧档案建设离不开产业的支撑，以上述内容为核心的档案行业智慧化产业生态链正初步显现。2023年6月，国内首家档案行业智慧产业园区在上海市松江区开启运营，[27]该产业园涵盖档案寄存/托管、档案数字化加工、档案产品展示与交易、档案业务培训、红色党建教育、产学研合作基地等多项综合性服务。以科大讯飞"人工智能+档案"为代表的企业力量也在探索档案智慧收集、存储、管理和利用的全生命周期解决方案。智慧档案产业生态链的构建将有利于进一步加强智慧档案与智慧城市各建设领域的深度融合，全面推动档案数字化转型。

然而，目前行业对于智慧档案的发展内涵、远景目标、发展路径、应用场景和产业板块尚不清晰，智慧档案建设领域有待进一步细分，产业生态闭环有待形成，以综合档案馆数字化转型为主的建设范畴也有待进一步向企业、专业档案管理及其智慧化转型拓展。

12.3.5 智慧教育：走向全程记录和基于档案数据的教育治理

智慧教育和智慧校园不仅是智慧城市建设中的重要模块，也是国家教育数字化战略的核心内容。我国于2022年启动实施国家教育数字化战略行动，突出智慧教育平台的关键作用。[28]智慧教育和智慧校园建设中涉及的档案资源主要包括教师专业发展档案、学生成长档案、学校运营管理档案和终身学习档案。其中，学生成长档案又可进一步细化为学习成果档案、阅读成长档案、体质健康档案和心理成长档案。这些档案资源主要用于教育评价和教育过程监测，旨在进一步提升教育治理水平。

从发展基础来看，我国具有较好的教育信息化基础，中国教育科学研究院发布的2022年中国智慧教育发展指数达0.74，其中，基础环境指数0.73，教育治理指数0.84。目前已经建成学校、教师、学生三大教育基础数据库，数据覆盖率达100%，这为智慧教育领域的数字档案资源建设和共享奠定了较为良好的环境基础。但就数字档案管理体系而言，还存在一些亟待解决的问题。首先，基础教育和职业教育学校数字档案管理体系化和规范化程度不及高等学校，前者大部分仍处在系统平台部署阶段，数字档案资源管理体系化和规范化程度不足；其次，长周期、跨场域、多维度的师生成长档案以及包含非正式学习在内的终身学习档案均有待采集和建立，终身学习档案的永久存储问题和就业利用问题也有待解决。

从国家教育数字化发展战略发展趋势来看，面向教学过程、教育评价和就业服务的数字档案资源建设和共享利用是未来智慧教育领域档案数字化转型的重点方向。一是构建以多方参与师生成长档案全过程记录为主线的数字教育档案资源建设机制，并利用这些档案数据实施以育人质量为导向的教育评价和监督反馈。二是积极应用区块链等技术建立并打通个人终身学习记录，实现与社会人才需求的对接，并探索终身学习档案的多源数据采集、记录认证、永久存储和通行互认。

12.3.6 智慧城建：多方协同和质量管理下的数字档案单套制探索和集约化管理

智慧城建板块包括城建和住建两大领域，涉及的档案类型主要包括工程项目档案和城建档案、住建行业企业信用和诚信档案、物业诉求处置业务档案等。城建和住建行业产业链长，项目工程周期长，涉及多方参与，因而存在数字化转型协同难度较大的问题。对此，近年我国智慧城建板块下的数字档案资源建设和共享利用主要以促进多方协同、优化行业治理、提升质量管理为导向，围绕三个重点展开相关工作。

一是着力推动建设工程项目档案的单套制转型。截至2022年底，国家档案局已遴选三批共69个建设项目开展电子文件归档和电子档案管理试点工作。住房和城乡建设部于2022年11月公布的《关于进一步做好建设工程档案归档管理工作的通知（征求意见稿）》中更是首次明确"对于加盖电子签章、具备法律效力、符合归档要求的电子文件，可不移交相应纸质档案"，为下一步推动单套制归档移交提供政策支持。与此同时，一些实践探索表明，当前建设工程档案数字化转型主要面临工程参建多方主体的电子签章推广应用和规范性、协同性不足的瓶颈，因而亟需确立与之相关的政策和行业规则，为形成完整、可靠、易用的城建电子档案提供支撑。

二是促进基于BIM或CIM模型对异构档案资源的归一化整合利用。例如广州市智慧城建"十四五"规划提出建立"云上"城建档案系统，以BIM数字建筑模型为载体实现建设过程中城建档案数字化表达和云端存储，计划2025年底前实现以房屋建筑电子身份证为识别标志的基于"云存储"的城建档案智能管理；青岛市2021年发布的《推动智能建造三年行动计划》中也明确提出推行BIM档案交付；《湖北省数字住建行动计划（2021—2025年）》提出依托CIM模型建立全省统一的城市房屋安全管理信息系统并提供相关档案查询服务。

三是针对城建和住建行业主体建立并运用监管档案。例如湖北省提出在2022年底前建立工程质量终身负责追溯档案、企业业绩和诚信评价档案；潍坊市于2022年试行智慧物业诉求处置管理，基于统一平台办理的物业诉求处置业务由街道收集归档，集中形成物业服务及监管业务档案，用于促进物业行业治理。

12.3.7 智慧文旅：构建新型数字档案资源，赋能多领域智慧化建设交叉融合

智慧文旅板块包括智慧文化、智慧体育和智慧旅游，涉及的档案类型主要包括档案馆文化资源馆藏、市民文化体育足迹档案、体育档案、运动员档案、景区档案、导游档案、旅游者档案、投诉案件档案等。

智慧文化建设主要关注文化旅游资源的数字孪生"档案化"。目前数字孪生技术已较多应用于文化遗迹和生态旅游景观的数字化构建中，由此形成文化旅游资源的"数字孪生档案"，并用于虚拟沉浸式体验等智慧旅游场景中，例如西安城墙、龙门石窟、北京太庙、敦煌数字藏经洞的数字孪生构建等。除此之外，一些地方也在"十四五"规划中提出要积极梳理并开发档案馆馆藏文化资源，面向区域文化旅游数字化体系资产构建，完善数字档案文化资源库。但从实践看来，跨文化机构的数字文化资产体系仍有待进一步打通和集成。

智慧体育建设中主要关注以个人运动轨迹和运动数据记录为核心的个人运动档案

管理和共享利用，旨在实现具有针对性的健康管理和决策。在国家层面，2023年国家体育总局集中开展"全民健身运动码"标准工作，计划铺开全民运动"一张网"，通过运动码建立全民运动档案，为全民健身政策和健康政策提供数据支撑。地方和产业层面，在工业和信息化部和国家体育总局联合公布的"2022年度智能体育典型案例"中，有许多案例都是以个人运动档案数据收集和共享利用为核心，为学生、老年人等特殊群体或一般人群优化运动方案、控制运动风险、制定矫正康复或诊疗方案提供依据，并实现了与智慧教育、智慧养老、智慧医疗的融合。可以说，个人运动档案及其与相关平台的关联已成为智慧体育建设及相关行业智慧化的关键所在。

智慧旅游建设主要关注智慧景区或智慧园区内的数字档案体系化管理和涉旅服务主体信用档案体系化管理两个方面，但尚未实现相关档案资源的整合共享。例如山西省出台《智慧景区建设指南》（DB 14/T 2512—2022）指出应建立景区资源电子档案、购物场所电子档案、安防档案和会员档案。《甘肃省"十四五"智慧文旅发展规划》提出针对旅行社和导游、A级旅游景区、星级饭店场所建立信用档案，并根据档案情况实施差异化监管。

12.3.8 智慧监管：依托平台化建设提升跨域档案汇集共享和查询服务

智慧监管板块包括智慧市场监督、智慧药监等领域，涉及的档案类型主要包括企业登记档案、信用档案和药品、医疗器械、化妆品档案。与智慧政务服务建设相似，智慧监管是较早采用"一档管理"的实践领域，例如企业登记"一企一档"、个人信用"一人一档"等。近年各地也开始建立药品、医疗器械和化妆品品种"一品一档"和关键人员"一人一档"等。上述三个领域的发展现状特点如下。

企业登记档案是我国"放、管、服"背景下较早实现数字化的一类档案，近年我国智慧市场监督建设更注重完善企业登记档案的查询利用服务。我国各地提供在线（零跑腿）企业登记档案查询服务的基本供给情况如表2所示，数据来源于各地省级政务服务网站，由笔者通过事项检索窗口检索后对检索结果进行统计得出。从调查情况看，总体有两种建设模式：一是依托所在地政务服务网提供在线企业登记查询服务，如河北省、湖北省、湖南省、广西壮族自治区、黑龙江省等地；二是在政务服务网平台之外，单独建立自助查询的服务平台，如江苏省、广东省的许多地市便采用该模式。在此基础上，成渝、京津冀等地已在区域内初步实现企业登记档案查询"跨省通办"。

信用档案是伴随我国信用管理体系建设起来的重要支撑资源体系，目前已形成围绕个人、组织机构、地方、项目等不同单元及不同目的的多种信用档案体系。2022年3月，中共中央办公厅、国务院办公厅联合印发《关于推进社会信用体系建设高质量发展促进形成新发展格局的意见》，提出"加快信用信息共享步伐，构建形成覆盖全部信用主体、所有信用信息类别、全国所有区域的信用信息网络，建立标准统一、权威准确的信用档案"。[29] 2022年11月，《中华人民共和国社会信用体系建设法》公开征求意见，列出四大模块共38个领域的诚信建设要求，并对信用信息管理和公共信用信息共享作出规定。2023年3月，《从业人员信用档案建设与管理要求》（GB/T 43507—

2023)正式实施,首次形成不针对特定行业的从业人员信用档案建设通用标准。目前我国仍然普遍存在信用信息"孤岛"问题,因此在"十四五"期间,各地更加注重公共信用信息的汇聚、共享和公开查询,以及围绕地方、行业等更大范围的信用档案体系标准化建设,旨在为智慧监管提供公平可靠的信息基础。

表2 我国企业登记档案查询服务供给情况
(统计时间:截至2023年7月31日)

省(区、市)	地方政务服务平台					独立查询平台建设情况(部分)
	窗口总数/个	涵盖地市数量/个	省级窗口数量/个	地级窗口数量/个	县级窗口数量/个	
安徽省	—	—	—	—	—	芜湖市、合肥市等地
北京市	18	—	1	—	17	—
重庆市	6	—	1	—	5	—
福建省	—	—	—	—	—	厦门市、石狮市等
甘肃省	—	—	—	—	—	—
广东省	21	9	1	8	12	广州市、深圳市、珠海市、东莞市、中山市等
广西壮族自治区	123	14	—	14	109	—
贵州省	8	6	—	—	8	—
海南省	—	—	—	—	—	—
河北省	128	11	—	—	128	—
河南省	7	2	1	1	5	—
黑龙江省	114	13	—	11	103	—
湖北省	130	13	—	13	117	—
湖南省	145	14	—	13	132	—
吉林省	26	8	—	—	26	—
江苏省	—	—	—	—	—	南京市、南通市、常州市、盐城市、宿迁市、无锡市等
江西省	2	1	—	—	2	赣州市下辖区县
辽宁省	58	14	—	4	54	—
内蒙古自治区	108	14	—	12	96	—
宁夏回族自治区	—	—	—	—	—	—
青海省	—	—	—	—	—	海东市

续表

省（区、市）	地方政务服务平台					独立查询平台建设情况（部分）
	窗口总数/个	涵盖地市数量/个	省级窗口数量/个	地级窗口数量/个	县级窗口数量/个	
山东省	13	3	—	—	13	—
山西省	—	—	—	—	—	—
陕西省	1	1	—	—	1	—
上海市	17	1	1	—	16	上海市
四川省	216	21	1	21	194	—
天津市	—	—	—	—	—	天津市
西藏自治区	—	—	—	—	—	—
新疆维吾尔自治区	—	—	—	—	—	—
云南省	—	—	—	—	—	昆明市呈贡区
浙江省	83	10	—	—	83	—

药品、医疗器械、化妆品品种档案是我国"十四五"时期所要建立的一类重要档案资源体系。国家药品监督管理局2022年印发的《药品监管网络安全与信息化建设"十四五"规划》中明确提出"进一步完善'两品一械'品种档案"，由国家局统一建设药品品种档案，各相关职责部门向品种档案汇集数据信息，并参照这一模式建立医疗器械和化妆品品种档案。[30] 目前已发布《医疗器械品种档案建设工作方案》《医疗器械品种档案数据资源项》《医疗器械品种档案建设技术指南》等文件用以推动地方品种档案建设标准化，未来将进一步结合品种档案和企业信用档案形成药监大数据，支撑智慧药监建设。

12.3.9 智慧农业：面向产业链构建的档案来源数据化

智慧农业板块主要包括智慧农林、智慧农贸等领域，涉及的档案类型主要包括农产品生产档案、土地档案、农林监管档案、农贸市场管理档案等。这些档案基本涵盖了从农业资源保护到生产经营的完整链条。近两年我国的工作重点也在总体上呈现出源数据化的特点。主要工作包括以下三个方面。

一是注重基于农产品生产档案全生命周期管理的智慧溯源体系建设。国家市场监督管理总局于2023年3月出台《农产品生产档案记载规范》（GB/T 42478—2023），首次对包含作物种植、畜禽养殖、水产养殖在内的农产品生产者、生产环境、生产管理过程和产品特性等方面的信息记录规范和档案管理使用作出规定，鼓励建设网络化档案查询平台，为智慧农业建设及其数据共享、流通提供重要支撑。

二是注重结合物联网建立土地档案，提升土地保护、管理、生产的精准性。例如

2022年6月颁布实施的《中华人民共和国黑土地保护法》明确"建立黑土地档案"，在多地的智慧农业政策中将此作为黑土地智慧保护"一张图"的主要数据基础。

三是注重基于商户管理档案和农产品追溯档案的智慧农贸建设。例如深圳市于2022年出台全国首个《智慧农贸市场管理系统建设规范》（DB4403/T 229—2022），对智慧农贸市场的数据采集和管理作出详细规定，为形成标准统一、可分析、可共享的农贸市场商户档案、交易档案、产品追溯档案等资源奠定良好基础。

12.3.10 智慧司法：电子卷宗的自动化生成、智能化归档与深度应用成趋势

智慧司法板块主要包括智慧法院和智慧仲裁两大领域，涉及的档案类型主要包括电子卷宗、风险和特殊代理人档案信息数据库等。该领域的进展主要集中在电子卷宗的生成和无纸化归档探索。

目前，我国法院电子卷宗的"单套制"管理还处在发展之中。首先，在总体实践模式方面，2021年起，我国智慧法院建设走向4.0版本，建设重点从"推动实现业务网上办理"转向"全面建设在线法院"。[31]2022年1月，最高人民法院发布《人民法院在线运行规则》，进一步明确了智慧法院信息系统群当中的电子卷宗生成、管理和利用规则，并要求非原生电子型卷宗材料应当及时转换为电子形式，纳入相关信息系统予以管理。从实践情况看，2022年各级法院已基本实现随案制作电子卷宗，开始更注重提升文书自动生成、电子卷宗自动分类编目和在线归档等应用。[32]一些最新实践正在实施以电子形式为主、纸质形式为辅的"混合单套制"。如上海市、重庆市等地在近年开展了相关探索，正通过业务流程、共享机制的试点建设完善和推动这一模式向全电子"单套制"转型。[33,34]

其次，中国社会科学院国家法治指数研究中心项目组对2022年全国智慧法院建设情况展开评估，其中涉及电子卷宗及其生成和利用情况的数据如下。2022年全国人民法院网上立案率39.1%，网上开庭率37.3%，网上证据交换率32.2%，网上调解率93.9%，移动微法院使用率99.7%，通过电子签章签发案件占年度受理案件数的92%，全国支持电子卷宗随案同步生成的法院占比为98.7%，电子卷宗随案同步生成率83.4%，全国近52.7%的法院实现了电子卷宗随案同步生成100%覆盖，电子卷宗自动编目率73.9%，实现网上阅卷功能的比例达98.7%；在电子卷宗深度管理和应用方面，支持电子卷宗案件信息自动回填功能、支持电子卷宗质量检查以及支持上下级法院调卷功能的法院占比分别为97.4%、94.1%和97.7%。[35]这组数据表明，目前各级法院的电子卷宗管理功能已较为完善，但案件办理过程的线上化程度有限，总体上多种载体形式混合的情况仍然普遍存在。但从发展趋势看，通过线上流程办理的案件数量和比例都在逐年攀升，相应的电子卷宗材料生成方式也更多地向带有电子签章的原生电子形式转型，并且有大量卷宗内容及数据可以由自动化方式填入，电子卷宗的自动化生成正在成为趋势，电子卷宗的生成、归档和深度应用正在逐步与智慧审判及其相关的各项流程相融合。

除此之外，值得注意的是，最高人民法院于2022年出台《最高人民法院关于规范和加强人工智能司法应用的意见》，提出加强人工智能在辅助审判和卷宗整理等事务性工作中的应用。人工智能的介入一方面将增加卷宗材料形成背景的复杂性，也可能加强经办人员对于材料采纳、认定或形成的责任性，电子签章的应用管理或将更加规范；另一方面也对电子卷宗自动化管理的质量和监督带来新的挑战。

12.4 智慧城市建设中档案数字化转型的现存问题

从我国档案数字化转型的统筹建设和事业发展视角看，当前智慧城市建设中档案数字化转型存在的不足总体上表现为以下四个方面。

12.4.1 电子档案单套制管理推进方式有待优化

对于过往存量档案资源积累较为丰富的智慧城市建设领域而言，存量数字化和增量电子化是其推进电子档案单套制管理的主要思路。其中，存量数字化的主要方式是对纸质档案实施数字化扫描及目录、条目或全文数据挂接并提供查询利用。增量电子化的主要方式则包括两种，一是在业务办理初期尽早将原生纸质材料转化成规范化的数字化材料，例如智慧司法建设中部分立案材料的处理；二是通过建设数字业务平台，将部分原本以纸质形式生成的材料转化为以电子形式生成，例如智慧城建中部分建设项目归档材料的形成。在当前智慧城市建设的诸多领域中，上述两种方式往往同时存在，造成了多种单套制推进方式混合的现状。这种混合的电子档案来源对于档案资源可靠性尺度的把握、深度利用的效率以及档案管理体系的复杂程度都带来挑战，不利于档案资源作为"可用资源"支撑或赋能智慧城市建设中各种应用场景的高效运转。因此，针对存量纸质档案积累丰富且既定业务流程相对固化的领域，需要注重优化电子档案单套制管理的推进方式，将档案数字化转型放置在整体的业务数字化转型框架下实施，推动混合式单套制向原生电子式单套制模式转型，加强原生电子档案的生成管理，从而提升数字档案资源的规范性和易用性。

12.4.2 行业性数字档案资源建设标准有待完善

智慧城市建设呈现突出的行业板块聚集性特征，即围绕同一服务链或系列相关应用场景的行业领域发展更趋于协同，从而形成相对大范围的智慧化建设板块。随着行业性、板块性智慧化建设的发展，一系列面向特定应用场景或专业治理需求的新型档案资源涌现，例如城市管理要素档案、师生成长和终身教育档案、"两品一械"档案、农产品生产及溯源档案、居民健康档案和电子病历等。这些档案具有十分明确的建档目的和跨主体共享需求，因而采用协同的标准进行档案资源建设规划。明确元数据范围和要求，是避免造成共享困难的重要前置手段。当前，行业性数字档案资源建设标准化工作尚不成熟，相关标准建设多见于地方标准或团体标准之中，大范围内的信息孤岛现象仍然普遍存在，难以满足一些档案资源跨地域应用、社会化利用乃至未来档案数据开放的发展需求。因此,迫切需要通过行业统筹、顶层规划、标杆牵头与多方协作,加强行业性数字档案资源建设的标准化工作,尤其是推动明确行业公共性数字档案资源的界定原则、识别方法、采集范围和管理规范。

12.4.3 跨主体及多场景档案利用服务有待提升

智慧城市建设注重用户体验与整体治理效能的提升,因此在许多智慧城市建设领域中都致力于解决过往档案资源割裂分散导致的调用难、共享难等问题,尝试采用"一档管理"模式,实现面向跨主体、多场景的档案利用服务,例如医疗健康领域的个人健康档案与电子病历建设、政务服务领域的电子证照建设、监管领域的企业登记档案建设等。尽管建设思路已较为清晰,但从当前发展现状来看,仍然面临利用服务效果不佳的问题,具体包括三个方面。

首先是档案资源整合不足。目前智慧城市中许多档案资源仍是以小范围的建档利用为主,跨主体、跨区域、跨模态的整合还存在较大的完善空间,例如健康档案主要以县区或地市区域范围内的基本信息整合共享为主,更大地域范围的健康管理记录、病历和医学影像整合共享仍是一大挑战;又如,城建档案也面临二维图纸、表单、声像、三维模型等复杂模态间整合的挑战。因此亟待解决不同地域、不同类型、不同模态间的档案资源整合问题。

其次是公共服务平台接入覆盖面有待进一步提升。例如全国档案查询利用服务平台地级档案馆总体接入率为55.86%,县级档案馆总体接入率为47.49%(由笔者调查统计得出,统计时间截至2023年7月31日),接入覆盖率有待进一步提高,且不同地区接入率差异较大,不同地区档案馆基于各地方公共服务平台或设施提供的"一站式"档案查询利用范围差异较大,亟待提升档案公共查询服务范围的覆盖面和均等性。

最后是档案资源服务场景及其利用机制有待细化完善。例如,在智慧城市建设场景中,居民健康档案和电子病历可能面向个人、卫生部门、医疗机构、社会健康管理机构等多种利用主体,教育档案可能面向个人、家长、教师、学校、教育管理部门、社会教育机构等多种利用主体,城建档案则可能面向建设管理部门、业主、设计单位、监理单位、承建单位等多种利用主体等,不同场景下的利用需求和信息安全都需要通过利用机制的细化协同来加以保障,而当前大部分智慧城市建设领域中的档案利用都沿用传统的"申请—审核"制,总体效率较低,亟须探索建立规范化、智能化的数字档案利用服务机制。

12.4.4 平台生成式档案的管理及应用有待加强

当前我国档案数字化转型所依据的行业规范大多仍是以传统的组织机构档案形成及管理过程的数字化转型为焦点,对于互联网环境下数字档案形成及管理这一新范式中面临的问题则缺乏足够的关注。"互联网+"平台是智慧城市建设的重要依托,相较于过往档案资源积累已较为丰富的传统领域而言,依托平台而聚集的行业正在或即将基于这些平台生成、管理并运用大量新型档案资源,例如城市管理要素档案、个人运动档案、农产品生产溯源档案等。这类档案的主要特征是基于统一平台由多主体参与共建，并依据特定规则提供共享和查询利用，通常具有一定的公共属性、数据属性和较大的现时价值性与动态性。目前这类档案主要由相关的业务主管部门建立维护，随着档案资源不断积累，其公共价值和利益相关范围也将被扩大，并将与数据治理规则产生关联，因此需要积极调动行业力量关注这些档案资源的生成、维护与应用，促进行业新型档案管理规则的构建与完善。

12.4.5 智慧档案管理全链产业生态有待构建

从总体发展现状看，当前智慧城市建设中的档案数字化转型仍主要集中体现在建档、整合、共享、查询等环节，尚未真正进入档案知识服务与深度挖掘的发展阶段。然而，随着数字档案资源在智慧城市建设中的支撑作用越发显著，档案产业也亟须从信息化、数字化建设迈向智慧化发展。智慧城市建设不仅要求更加丰富多元的档案资源积累，未来更需要大规模的档案整合共享与深度的档案挖掘利用。然而，从服务供给来看，我国当前的档案服务产业主要聚焦于档案数字化、档案托管和档案管理系统平台等业务，对档案的生成和挖掘服务涉入不深，时常面临系统平台和数据对接困难的问题。从政策供给来看，档案分级分类和开放利用服务的相关政策细化程度不足，使得面向智慧城市建设的数字档案资源管理总体趋于保守，不利于智慧档案管理产业链的延伸与拓展。因此，一方面亟须培育或吸纳面向新需求的创新型企业和创新型人才，支撑并丰富智慧档案产业服务供给；另一方面亟须细化完善多样态、多类型的档案管理政策规范，为智慧档案管理产业生态构建提供更加充足的发展空间。

12.5 智慧城市建设中档案数字化转型的发展展望

基于上述分析，未来智慧城市建设背景下的档案数字化转型可以从四个重点切入，加强档案事业发展对于智慧城市建设的有效赋能。

12.5.1 业务与档案数字化转型整体统筹，加强档案规范化生成

当前，智慧城市建设中的档案数字化转型与城市管理和服务的智慧化建设存在一定程度的割裂，随着智慧城市建设走向整体式发展，档案数字化转型也应当与业务数字化转型走向深度融合。对于智慧城市建设而言，规范化的档案生成不仅有益于特定领域中数字档案资源的有效积累，更往往直接作用于智慧城市建设领域及其应用场景的实际运转，特别是周期长、主体多、流程复杂的智慧城市建设和应用领域，例如智慧公共资源交易、智慧城建、智慧法院等领域。其中的智慧化建设场景实质上都是以"生成式档案"的形成过程为主线贯通的，对这些业务流程进行智慧化改造实质上也是对数字档案的生成方式和生成过程进行智慧化改造。因此，具有生成式特征的数字档案管理更应当强调档案生成过程的规范化，树立"生成式"档案管理的理念，更多地与业务数字化转型乃至智慧化建设相融合，推动业务平台和档案平台数据标准的整体

规划和管理功能协同，促进混合式单套制管理向统一的原生电子单套制管理转型，从而更好地保证数字档案来源可靠、程序规范、要素合规，提高电子档案的可用性和易用性，通过整体统筹提升总体成效。

12.5.2 以数据标准和服务机制为抓手，着力强化档案整合利用

当前，智慧城市建设中的数字档案资源整合与利用仍然是相对薄弱的环节，数字档案资源的分散性和割裂性在很大程度上阻碍了档案公共价值的发挥，使得智慧城市建设中的许多领域缺乏应有的信息支撑，导致城市建设与服务效率难以提升。一方面，针对增量档案资源自发建设、类型繁多、规模扩大等现状，应当强调数据标准制定和应用的重要性，着力推动专门性、行业性公共基础档案信息及数据标准的制定和采纳，使同一或关联的多个领域之间能够更好地识别、汇集和运用具有公共价值的档案信息资源，加强城市建设运行与服务领域的聚集性、连续性。另一方面，针对存量档案资源较为分散、质量不一等问题，则应着眼于构建跨主体的数字档案服务机制，尝试引入数字身份认证和基于大语言模型的人工智能等前沿技术，通过建设完善智能化档案查询利用服务基座、平台与应用，构建更加智慧便捷易用的档案利用服务"中介"体系，从而为城市智慧化建设运行与服务提供更加高效的信息服务支撑。

12.5.3 立足智慧化平台建设，促进行业链式档案资源共建共享

基于互联网的多边平台建设是当前智慧城市建设的重要内容之一，旨在通过智慧城市应用平台建设重塑城市管理、运行和服务的流程与机制。在这一过程中，智慧化平台也逐渐成为各类数字档案资源生成、流转、管理和利用的基本环境，因此智慧城市中的数字档案资源建设与共享利用也将与这些智慧城市应用平台产生更大的联系，甚至直接嵌入平台当中。智慧城市应用平台针对不同的应用领域和应用场景进行设计，往往能够通过流程重塑和角色界定，高效聚集与特定业务相关的多方主体，促进解决城市管理运行和服务过程中跨主体、跨地域带来的信息鸿沟问题，并结合物联网、区块链等多种技术形成自动记录的可信信息数据，例如智慧农业产品溯源及智慧农贸平台，智慧教育领域尝试打造的终身学习档案与社会用人需求对接应用等。这对于数字档案资源的规范生成与共享利用奠定了良好的条件基础，同时将带来大量行业性公共档案资源和机要档案资源的大规模积累和利用，需要对此予以关注。本文认为，应当在智慧城市应用平台设计框架的基础上，构建完善面向特定场景、特定领域和特定行业板块等不同层次的档案资源共建共享机制，明确档案的建立和应用目的，规范建档过程、建档范围和数据要素等标准，界定建档、管档和用档职责，从而实现数字档案资源在城市管理运行和服务中的有序深度应用。

12.5.4 细化档案智慧化管理框架，加强智慧档案产业生态构建

智慧城市建设中的档案数字化转型离不开档案产业的支撑。当前我国的档案产业总体上由档案整理、数字化服务、寄存服务、档案咨询、教育培训与用品销售等主营

业务构成。其中，数字化服务则以档案数据存管、档案数字化整理和档案软件系统服务为主。可以说，我国当前的档案产业整体上仍以相对传统的档案管理方式为基础，与智慧城市建设前沿所需求的信息技术服务相比，在产业结构和产业业态方面均存在一定差距，难以充分支撑智慧城市建设中的档案数字化转型需求。对此，可以从三个方面加强建设。一是在总体架构和概念认知层面，细化档案智慧化管理的整体框架，包括涉及的生产环节、生态要素、运作机制等，从而为档案产业中各类主体明确自身定位和寻求发展路径提供参考。二是在供给方面，重视面向多模态档案资源管理和深度知识服务的档案技术研发，提升产业创新能力，引领标准建设，加快智慧型档案服务企业和人才培育，鼓励档案产业从提供产品向提供专业服务扩展，促进档案产业转型升级和产业链优化，为档案行业充分支撑智慧城市多领域建设塑造有效供给。三是在需求方面，细化城市智慧建设和智慧服务中的档案类型及其管理和开放利用要求，强化数字档案资源及其智慧化管理成果的资产保护政策与要素化政策，更大程度鼓励数字档案资源建设及其多途径利用，从而为档案产业更好地支撑我国智慧城市建设塑造良好的需求环境。

参考文献

[1] 杨梅，赵丽君. 数据驱动下智慧城市建设研究［M］. 北京：九州出版社，2020：25－29.
[2] 新华网. 国家档案局：将加快数字档案馆（室）建设［EB/OL］.（2023－02－17）［2023－07－28］. http://politics.people.com.cn/n1/2023/0217/c1001－32626102.html.
[3] 张珺. 档案部门在智慧城市建设中的角色定位与措施［J］. 档案管理，2014，(5)：31－32.
[4] 徐丹丹，方鸣. 城市精细化治理逻辑下档案信息赋能路径探究［J］. 北京档案，2021，(8)：15－18.
[5] 吴加琪. 智慧城市背景下智慧档案建设原则、顶层设计及推进路径研究［J］. 档案与建设，2015，(1)：30－33，53.
[6] 刘永，赵旺，任妍. 跨界融合模式创新驱动档案信息化建设探讨：以智慧城市档案管理云平台体系建设为例［J］. 档案管理，2017，(3)：4－9.
[7] 杨智勇，周枫. 智慧城市背景下数字档案资源的来源分析［J］. 北京档案，2018，(3)：12－16.
[8] 吴加琪，陈晓玲. 智慧城市背景下区域档案信息资源共建共享模式研究［J］. 档案管理，2015，(1)：33－35.
[9] 杨智勇，费美荣. 智慧城市背景下档案资源集中与分布可控模式的理论探究［J］. 档案学研究，2017，(5)：59－64.
[10] 杨智勇. 智慧城市背景下的档案信息服务模式研究［J］. 档案学通讯，2019，(1)：97－99.
[11] 朱俭. 智慧城市建设背景下的地下管线档案管理对策思考［J］. 档案与建设，2020，(10)：64－65.
[12] 朱思霖，张林华. 基于民生档案远程服务的馆际联动机制现状研究［J］. 档案管理，2017，(2)：31－33.
[13] 戚文来，韩娟. 智慧城市时空大数据平台下自然资源档案管理系统的升级与改造［J］. 测绘通报，2020，(11)：155－157，166.

[14] 黄清晨. 智慧城市建设背景下档案新业态发展［J］. 浙江档案，2019，(4)：25-27.

[15] 王蕊，刘永，武利红，等. 智慧城市融合型档案标准规范建设思考［J］. 档案管理，2020，(4)：36-37.

[16] 蒋建峰. 与智慧城市"数字底座"融合的档案管理平台构建［J］. 档案与建设，2020，(11)：56-59，66.

[17] 李姝熹，李潼，王建祥. 论智慧城市框架下的档案管理服务平台建设［J］. 档案管理，2021，(1)：53-54.

[18] 杨茜茜. 数字社会背景下的档案制度优化研究：以智慧城市建设为例［J］. 浙江档案，2023，(6)：32-33，36-37.

[19] 百度智能云，中国信通院. 百度智慧城市白皮书［EB/OL］.（2021-07-31）[2023-07-21］. https：//bce-doc-on.bj.bcebos.com/bce-documentation/analyst-reports/%E7%99%BE%E5%BA%A6%E6%99%BA%E6%85%A7%E5%9F%8E%E5%B8%82%E7%99%BD%E7%9A%AE%E4%B9%A62021.pdf.

[20] 中国信息化研究与促进网，太昊国际智库，国衡智慧城市科技研究院. 2021—2022年中国新型智慧城市建设与发展综合影响力评估结果通报［EB/OL］.（2022-10-10）[2023-07-24］. http：//www.ceirp.cn/pgzq/pgjg/2022-10-10/9133.html.

[21] 国家卫生健康委统计信息中心. 全民健康信息化调查报告：区域卫生信息化与医院信息化（2021）［M］. 北京：人民卫生出版社，2021：20-28.

[22] 国家卫生健康委，国家中医药局，国家疾控局. 关于印发"十四五"全民健康信息化规划的通知［EB/OL］.（2022-11-07）[2023-07-25］. http：//www.nhc.gov.cn/cms-search/xxgk/getManuscriptXxgk.htm?id=49eb570ca79a42f688f9efac42e3c0f1.

[23] 艾瑞咨询. 中国医疗信息化行业研究报告［EB/OL］.（2022-03-04）[2023-07-25］. https：//report.iresearch.cn/report_pdf.aspx?id=3942.

[24] 住房和城乡建设部办公厅. 住房和城乡建设部办公厅关于全面加快建设城市运行管理服务平台的通知［EB/OL］.（2021-12-17）[2023-07-27］. https：//www.gov.cn/zhengce/zhengceku/2022-03/29/content_5682177.htm.

[25] 中央党校（国家行政学院）电子政务研究中心. 省级政府和重点城市一体化政务服务能力调查评估报告（2022）［EB/OL］.（2022-09-08）[2023-07-26］. http：//zwpg.egovernment.gov.cn/xiazai/2022zwpg.pdf.

[26] 中国信通院. 数字政府典型案例汇编（2022年）［EB/OL］.（2023-02-15）[2023-07-28］. http：//www.caict.ac.cn/kxyj/qwfb/ztbg/202302/P020230215518101160564.pdf.

[27] 中国经济网. 助力城市数字化转型 长三角智慧档案产业园开园［EB/OL］.（2023-06-21）[2023-07-26］. http：//www.ce.cn/cysc/zljd/dzsw/202306/21/t20230621_38600182.shtml.

[28] 中国教育科学研究院. 中国智慧教育发展报告（2022）［M］. 北京：教育科学出版社，2023：20-21，30-34，46-47.

[29] 新华社. 中共中央办公厅 国务院办公厅印发《关于推进社会信用体系建设高质量发展促进形成新发展格局的意见》［EB/OL］.（2022-03-29）[2023-08-04］. https：//www.gov.cn/zhengce/2022-03/29/content_5682283.htm.

[30] 国家药监局. 国家药监局关于印发《药品监管网络安全与信息化建设"十四五"规划》的通知［EB/OL］.（2022-04-24）[2023-08-04］. https：//www.nmpa.gov.cn/xxgk/fgwj/gzwj/gzwjzh/20220511110329171.html?type=pc&m=.

［31］最高人民法院.《最高人民法院工作报告》解读系列全媒体直播访谈第二场［EB/OL］.（2022-03-08）［2023-08-10］. https：//www.court.gov.cn/fabu-xiangqing-349631.html.

［32］中国社会科学院国家法治指数研究中心项目组. 2022年中国法院信息化发展与2023年展望［M］//陈国平，田禾，吕艳滨，等. 中国法院信息化发展报告No.7（2023）. 北京：社会科学文献出版社，2023：1-18.

［33］曹红星，陆诚，高忠伟. 上海法院电子卷宗单套制改革试点实践［M］//陈国平，田禾，吕艳滨，等. 中国法院信息化发展报告No.6（2022）. 北京：社会科学文献出版社，2022：282-294.

［34］重庆市高级人民法院课题组. 建设"全流程网上办案系统"调研报告［M］//陈国平，田禾，吕艳滨，等. 中国法院信息化发展报告No.7（2023）. 北京：社会科学文献出版社，2023：186-199.

［35］中国社会科学院国家法治指数研究中心项目组. 中国法院"智慧审判"第三方评估报告（2018—2022）［M］//陈国平，田禾，吕艳滨，等. 中国法院信息化发展报告No.7（2023）. 北京：社会科学文献出版社，2023：19-38.

13 数字中国建设背景下档案学术期刊数字化转型的现实状况与发展路径

张 帆[1] 杨晴晴[2] 李倩楠[2] 刘鸿浩[1]

1. 江苏省档案馆；2. 南京大学信息管理学院

摘 要：作为档案事业的重要组成部分，档案学术期刊在数字中国战略背景下也面临着数字化转型的现实要求，从而促进期刊品牌建设，助力档案学术研究，服务档案事业发展。本文采用网络调研法，从出版形态、内容生产和期刊传播三个方面对当前档案学术期刊的数字化转型情况进行统计分析。调研结果表明，当前档案学术期刊已对数字化转型有所探索，且部分档案学术期刊已走在前列，但大部分档案学术期刊本质上仍是传统的出版思路，整体尚处于初步探索阶段，在理念认知、工具应用、自身条件、政策环境上存在不足。今后档案学术期刊可以加强期刊自我建设为基础，以外部制度环境建设为保障，并基于行业全局构筑档案学术期刊共同体来推动共同发展。

关键词：档案学术期刊；数字化转型；数字出版；学术共同体

13.1 引 言

随着新一代信息技术应用广度和深度的逐渐拓展，档案工作环境、对象、内容发生巨大变化，迫切要求创新档案工作理念、方法、模式，加快全面数字转型和智能升级。[1]档案数字化转型是推动档案事业高质量发展的必然途径，也是落实数字中国战略的时代要求。建设数字中国是党中央迎接数字时代，全面革新生产生活和治理方式的重大国家战略；其以"2522"的整体框架布局推动国家社会实现整体性、系统性和协同性的数字化转型，为推进中国式现代化提供重要引擎。因此，档案事业全面融入数字中国战略，不仅要以档案工作数字化转型实现档案资源的基础性和支撑性价值，而且要以档案事业全方位的变革同步政府、社会、经济、文化等领域的数字化转型进程，从而为中国式现代化贡献档案力量。

在档案事业的内在构成体系中，档案行政管理工作、档案管理工作、档案法制工作等固然扮演着关键角色，但档案宣传出版等工作也是书写档案事业现代化答卷不可或缺的内容，档案学术期刊工作便是其中重要一环。中共中央宣传部、教育部和科技部联合印发的《关于推动学术期刊繁荣发展的意见》（以下简称《意见》）指出，学术期刊是开展学术研究交流的重要平台，是传播思想文化的重要阵地，是促进理论创新和科技进步的重要力量。[2]可以说，档案学术期刊在档案事业发展中具有重要意义。实现《"十四五"全国档案事业发展规划》提出的档案科技创新实现新突破、档案人才队伍建设取得新发展目标，离不开档案学术期刊的价值发挥。而这与《数字中国建设整体布局规划》所强调的"强化人才支撑""营造良好氛围"不谋而合，培养创新型、应用型、复合型人才，建立数字中国研究基地等政策的推行同样需要学术期刊提供的舞台。[3]档案学术期刊的数字化转型除了会推动自身发展外，也是在档案领域贯彻落实绿色、协调、可持续发展理念的必然要求。

在信息化、数字化、网络化和移动化等多"化"叠加的生态下，学术期刊的数字化转型问题早已受到了学界和业界的广泛关注，我国学术期刊以理念层面的转变、渐进式的全流程变革、基本设施层面的保障等措施逐步转变传统运营模式，试图利用数字化工具和手段向在线期刊、开放存取、数据库等形态发展。[4]也有部分档案学术期刊紧跟数字化转型趋势，如《档案学通讯》《档案学研究》《山西档案》等杂志社建立了在线采编系统提升工作效率。《档案管理》杂志社的微信公众号以高频率的推文互动推送学术文章、服务广大读者。但必须承认的是，我国档案学术期刊总体上并未在学术期刊数字化转型的浪潮中激流勇进，也未能较为深度地融入我国档案工作信息化、数字化进程，整体还处于较为传统的期刊运营模式。因此，立足数字中国建设大背景，本文在明确档案学术期刊数字化转型的内涵及意义的基础上，通过网络调研档案学术期刊在数字化转型方面的现状，总结存在的不足，最后基于档案学术期刊的发展环境指明发展方向，以期促进档案学术期刊的高质量发展，为档案事业现代化贡献期刊力量。

13.2 档案学术期刊数字化转型的内涵及意义

不同于一般认知上的学术期刊，档案学术期刊基于创刊历史、办刊环境及当下现实需求等因素，其认定范围应当有所拓展。而档案学术期刊的数字化转型，也必将在促进其自身发展的基础上，为档案学科建设和档案事业发展带来积极影响。

13.2.1 档案学术期刊数字化转型的内涵

2014年，新闻出版广电总局下发的《关于规范学术期刊出版秩序促进学术期刊健康发展的通知》指出，学术期刊是"经国家新闻出版行政主管部门批准，持有国内统一连续出版物号，领取期刊出版许可证，以刊载研究发现和创新成果的学术论文、文献为主的定期连续出版物。"[5]但本文认为，档案学术期刊的界定要素除审批单位权威性、手续齐全性、连续出版性外，刊载内容的纯学术性可适当放宽。回顾档案类期刊出版物的发展史，《中国档案》是新中国成立后创设的第一个档案刊物，其前身为中共中央办公厅秘书处1951年创办的内部资料《材料工作通讯》，后于1953年改名为《档案工作》，于1957年正式成为对全国档案工作进行业务指导的综合性刊物。其除组织学术研究外，国家档案局原局长杨冬权曾指出《中国档案》一直以来通过坚持舆论宣传阵地角色、收集信息舆论的方式，发挥辅助国家档案局各职能部门开展工作的"喉舌"作用，以及辅助国家档案局决策的"耳目"作用。[6]这一办刊模式深刻影响了改革开放后，如雨后春笋般成立的地方性档案刊物。因此，考虑到档案类期刊出版物的实际情况，对档案学术期刊的界定可放宽至刊载学术研究性文章的连续出版物，否则将面对仅有《档案学通讯》和《档案学研究》两本档案学术期刊的境地。

简而言之，数字化转型就是指以数字化技术全面革新一项具体工作、一个组织机构乃至整个社会的过程。在出版学领域，学术期刊的数字化转型问题已形成了一定共识。学术期刊数字化转型，就是将数字化技术融入传统期刊出版中，以数字化手段革新整个学术期刊的工作流程，包括内容生产数字化、管理过程数字化、产品形态数字化和传播渠道网络化四个方面，最终实现数字出版的新样态。其不仅涵盖学术期刊实体形态和采编发行全工作流程的数字化转型，而且涉及期刊工作人员思维理念意识层面的数字化转型，可以说，期刊数字化转型是学术期刊面对数字化时代媒介多元化挑战的必然选择，为学术期刊获得可持续发展提供了成长契机。[7]相较于其他领域的学术期刊，大部分档案学术期刊由于体制机制上的依附性、办刊环境的严峻性以及发展理念的依赖性，其数字化转型整体发展较慢、外在表现也较为单一。因此，结合档案学术期刊的发展现状，档案学术期刊的数字化转型具体表现可以归纳为出版形态、内容生产和期刊传播三个方面。出版形态涉及网络期刊库的选择、具体的出版形式和发行形式；内容生产具体表现为采编系统的使用情况；期刊传播则涉及官方网站、微信公众号和微博的使用情况。这也为档案学术期刊数字化转型的现状分析提供了调研要素。

13.2.2 档案学术期刊数字化转型的意义

数字时代带来了新的阅读方式、传播方式、学术交流方式，迫切需要知识生产链条中的相关环节实现数字走向的变革。在新形势下，档案学术期刊的发展方向无疑是以数字化转型为路径，最终走向数字出版。档案学术期刊通过内容生产全流程、外部传播全渠道、经营运转全环节的数字化转型，在推动自身高质量发展的同时，也能够促进档案学术研究的进步，并为档案事业发展贡献力量。

具体而言，首先，适应外部环境，促进期刊品牌建设。在信息技术快速发展、媒介融合逐渐深入的环境下，读者的阅读方式、知识和信息获取方式和传播方式等发生了巨大变化，学术期刊内在传播机制的各环节（接受—筛选—发布—反馈）都面临冲击，传统的学术期刊出版模式不仅难以实现学术成果的快捷、有效传播，而且难以实现与受众的及时互动交流。[8]在此背景下，档案学术期刊的数字化转型带来了三个变化：第一，改变期刊信息的传播模式。学术期刊的信息传播由单向性的期刊发行、读者等待转向了即时、交互、多渠道的信息传递，进而适应数字时代的信息快速获取的要求。第二，缩短成果发表时滞。文章见刊速度是影响档案学术期刊认可度、学术引领性和权威性的重要因素，无论是仅作网络数据库电子版上传的出版形式，还是全出版流程的数字化，都有助于以"学术成果高速公路"的形式提升期刊影响力。第三，延长期刊产业价值链条。随着数字化转型的深入，学术成果传播与扩散将不再是档案学术期刊的终点，针对内容层面的知识服务、基于用户画像的精准服务、面向问题需求的知识供给将是新的增长点。其次，加速学术周期，助力档案学术研究。档案学术研究的进步离不开档案学人的共同努力，也离不开诸多档案学术期刊的平台供给、学术传播以及学术引导。随着在线编审平台的使用以及数字优先出版等出版形式的创新，档案学术的知识生产周期得到了加速，同时学术交流的时空局限也被打破，更加便于知识传播。并且随着如增强出版、语义出版等数字出版手段的应用，一些难以通过文字表述的新型的档案管理手段也可借助多媒体的表现形式集成在论文中，数字形态的新型期刊内容将使档案学术成果有更好的表现力和更佳的知识传播效果，对于建构我国档案学自主知识体系将有着极大的推进作用。最后，提升赋能效果，服务档案事业发展。档案事业各项工作的发展离不开学术理论的指引、实践经验的总结和档案人才的培养，除前文所述对于学术交流、研究进步的积极作用外，档案学术期刊同样是培养档案学术人才、档案业务人才等的重要平台，而在数字化转型下，这一功能无疑将被更大放大，为打造中国档案学派、培育档案人才贡献更大力量。

13.3 我国档案学术期刊数字化转型的现状

参考期刊领域已有研究成果，本文结合档案学术期刊的发展现状，构建了档案学术期刊调查项，如表1所示。

表1 档案学术期刊数字化转型表现调查项一览

一级指标	一级指标	二级指标	指标描述
档案学术期刊数字化转型表现	出版形态	网络期刊库	是否被知网、万方、维普数据库收录
		出版形式	是否提供电子版下载 是否支持网络首发和增强出版（以知网标识情况为统计标准）
		发行形式	是否有数字发行渠道，即已印刷出版的正规出版物经过数字化处理后通过网络进行传播销售的模式
	内容生产	采编系统	是否采用在线采编系统
	期刊传播	官方网站	官方网站（包含二级网站）的开通情况 是否展示静态信息、动态信息 是否提供开放下载、在线办公功能
		微信公众号	微信公众号的开通情况、功能模块、推送内容及频率
		新浪微博	新浪微博的开通情况

据前文所述，本研究对档案学术期刊的定义，是指由国家新闻出版总署正式批准出版（具备 CN 刊号）且当前仍在公开发行出版的、以刊发档案学领域理论研究和实践问题等研究成果为主（占当期刊发文章总数的 50% 以上）的刊物。以国内最具权威性、收录学术期刊数量最多的中国知网数据库为检索平台，按照"期刊导航＞学科导航＞信息科技＞档案及博物馆"的检索路径，共检索到 54 种期刊，根据本研究对档案学术期刊的定义依次对期刊栏目设置情况、期刊刊登学术文章情况进行分析，最终人工筛选出 20 种期刊作为研究样本。❶ 样本的相关调查数据于三大期刊数据库、微信客户端、新浪微博客户端等网络平台检索采集，数据采集时间为 2023 年 7 月 21 日。相关数据如表 2 和表 3 所示。

表 2　档案学术期刊数字化转型表现的相关数据

期刊名称	网络期刊库 知网	网络期刊库 万方	网络期刊库 维普	出版形式 电子版下载	出版形式 网络首发	出版形式 增强出版	发行形式 数字发行	采编系统	传播渠道 官方网站	传播渠道 微信公众号	传播渠道 新浪微博
北京档案	√	√	√	√					√		
档案	√	√	√								
档案管理	√	√	√	√						√	
档案记忆	√	√	√						√		
档案天地	√	√	√								
档案学刊	√	√	√								
档案学通讯	√	√	√		√			√	√		
档案学研究	√	√	√								
档案与建设	√	√	√						√	√	
黑龙江档案	√	√	√								
机电兵船档案	√	√	√						√		
兰台内外	√	√	√								
兰台世界	√	√	√		√				√	√	
四川档案	√	√	√								
山东档案	√	√	√	√							

---

❶ 根据本研究对档案学术期刊概念的界定，《历史档案》《民国档案》因偏向历史学类而不被纳入样本；原《城建档案》期刊于 2022 年 1 月正式更名为《未来城市设计与运营》，"城市档案"仅成为非固定性质的一个栏目，且开设时档案类文章占比不及当期文章总数的 50%，因此不被纳入样本；《广东档案》《科技档案》《贵州档案》《档案春秋》《航空档案》《档与社会》《安徽档案》《江西档案》《西安档案》等这些比较熟悉的档案类期刊或是停刊，或是内刊，《中国档案研究》为辑刊，因此同样不被纳入样本。

续表

期刊名称	网络期刊库			出版形式			发行形式	采编系统	传播渠道		
	知网	万方	维普	电子版下载	网络首发	增强出版	数字发行		官方网站	微信公众号	新浪微博
山西档案	√	√	√	√	√			√	√	√	
陕西档案	√	√	√								
云南档案	√	√	√								
中国档案	√	√	√						√	√	
浙江档案	√	√	√	√					√	√	

表3　档案学术期刊传播具体情况

期刊名称	官方网站				微信公众号					微博
	开办情况	静态信息	动态信息	开放下载	在线办公	开办情况	论文检索	稿件查询	资讯推送	月度频率/次	公众号名称
北京档案*	√		√								
档案											
档案管理						√	√		√	12	档案管理杂志社编辑部
档案记忆*	√		√	√							
档案天地											
档案学刊											
档案学通讯	√	√	√		√						
档案学研究	√	√			√						
档案与建设*	√	√	√			√	√		√	3.42	档案与建设
黑龙江档案											
机电兵船档案*	√	√	√								
兰台内外											
兰台世界	√	√	√			√	√		√	4	兰台世界杂志社

续表

期刊名称	官方网站					微信公众号					微博
	开办情况	静态信息	动态信息	开放下载	在线办公	开办情况	论文检索	稿件查询	资讯推送	月度频率/次	公众号名称	
四川档案												
山东档案												
山西档案	√	√	√		√	√	√		√	1.12	山西档案	
陕西档案												
云南档案												
中国档案	√		√			√	√		√	12.17	中国档案杂志	
浙江档案	√	√	√			√	√		√	3.75	浙江档案杂志	

注：（1）＊表示该期刊无独立网站，依托主办/主管机构的官方网站发布期刊相关信息。

（2）微信公众号的月度频率＝2022年公众号推送频次/12，一次推送多篇文章按一次计算。

13.3.1 出版形态：立足期刊纸本形态，数字形式有所拓展

数字化技术快速发展，从纸本出版走向数字出版已成为期刊转型发展的主要态势。[9] 目前我国档案学术期刊依赖于网络数据库，基本形成了"以纸本发行为基、电子上传为辅"的出版形态。网络数据库具有独特的数字出版优势，故档案学术期刊在完成传统的纸本出版与发行后，普遍选择与成熟的数字出版平台合作，上传电子版稿件，拓展自身受众面。数据显示，三大期刊数据库对档案学术期刊的全文收录比例达到90%或以上。同时，部分期刊为了克服纸本出版"排刊"带来的滞后性问题，对"网络首发"这一出版形式进行了探索，被中国知网认证为加入"网络首发"的档案学术期刊有6种，实际出版形式有应用"网络首发"的档案学术期刊仅《山西档案》《档案管理》2种。此外，尚未有档案学术期刊开始尝试应用"增强出版"来实现研究内容的深度融合。在发行形式方面，尚未有期刊推行真正意义的电子刊物发行，但也有2种期刊打破了传统以电话订阅、邮政订阅为主的发行方式，分别是《档案与建设》的微信小程序征订渠道与《中国档案》的官方网站征订渠道。总体而言，我国档案学术期刊初步实现了出版形态的数字化，但是数字出版的形式仍是以电子版上传为主，对数字出版与发行形式的探索有限，与相邻学科学术期刊的数字出版还有一定差距。

13.3.2 内容生产：采编系统有所应用，资源开发尚待开辟

数字化内容生产具有传统模式下的内容生产所不可比拟的优势，前端环节可应用采编系统提升编审效率、缩短出版周期，后端环节则借助数据库对内容进一步组织与开发，便于读者利用。就前端采编系统而言，在 20 种档案学术期刊中，具有在线采编系统的 3 种期刊均与第三方合作，采用北京玛格泰克科技发展有限公司设计的系统实现内容生产的数字化，没有期刊采用中国知网研发的腾云期刊协同采编系统；多数期刊借助邮箱进行沟通以完成投稿、审稿工作，编辑、排版工作再转移到其他软件或平台进行。就后端资源开发而言，档案学术期刊通常是在纸本出版与发行的同时，将论文定稿的电子版上传至期刊数据库中，至此内容生产工作即宣告结束。而在数字时代，学术文章的定稿出版不仅只有发行传播一条出路，其蕴含的细颗粒度知识、用户信息等内容资源也有着广阔的发掘空间。在这一方面，档案学术期刊还未有进一步探索。总体而言，当前档案学术期刊在线采编系统方面有所应用，内容资源的深度挖掘与开发还未展开。

13.3.3 期刊传播：数字媒介纳入视野，传播效力初步彰显

为避免数字阅读时代期刊数据库影响下"见文不知刊"的现象，部分档案学术期刊尝试通过数字媒介的方式跨媒体传播，以提高期刊知名度。本研究对应用较为广泛的官方网站、微信公众号、新浪微博三种平台进行了调研。第一，建立官方网站的期刊有 10 种，但部分期刊是依托于主办单位的官方网站发布当期目录等信息，实际有 6 种期刊建立了独立的官方网站。其中，3 种期刊在官方网站中嵌入了在线采编系统，具有在线办公的功能。仅有 1 种期刊（《档案记忆》）提供同期刊发行同步的在线开放浏览，1 种期刊（《档案学研究》）在近 1 年"封闭期"后提供开放下载，其他档案学术期刊均是通过设置"过刊浏览"模块提供论文题目与摘要信息，并不提供全文的免费阅读或下载。第二，开通并经官方认证的微信公众号有 6 种，面向用户提供的服务包括论文检索、资讯推送、期刊订阅等，暂无期刊公众号提供在线投稿、稿件查询等功能，可见对微信公众号的定位聚焦在传播功能。《中国档案》《档案管理》2 种期刊推送频率最高，达到每月 12 条，除最新目录、征稿启事等期刊信息外，也会推送精选文章、行业动态、热点新闻等信息。第三，虽然在微博中能够检索到以"档案学通讯杂志社""浙江档案杂志社"等为名称的 ID 账号，但均未经官方认证，且目前均已停用，因此，不作为本研究参考数据。总体来看，应用数字媒介进行传播的档案学术期刊仍是少数，但是足见档案学术期刊的目光已不再仅仅停留在使用传统纸媒传播信息，新媒体传播的效果初步显现。

13.4 我国档案学术期刊数字化转型的局限

根据调研数据可知，在我国，每种档案学术期刊至少与两家数字出版平台建立了

合作，通过上传电子版稿件实现数字出版，且有部分期刊走在前列，通过开发运行自己的采编系统、官方网站、微信公众号、微博等平台实现内容生产的数字化和期刊传播的网络化，在数字化出版和发行上取得了一定的发展成效。但大部分档案学术期刊本质上仍是传统的出版思路，没有真正地发挥数字媒介的优势，对学术期刊数字化转型的探索有限。总体来看，我国档案学术期刊数字化转型尚处于初步探索阶段，在政策、认知、现实、应用方面存在诸多局限。

13.4.1 政策之匮：边缘化学术期刊地位，规范性政策制度缺失

政策环境影响着学术期刊的发展走向和运行模式，对学术期刊数字化转型升级具有指导意义。在推进档案数字化转型的过程中，我国出台了《档案数字化规范》《文献档案资料数字化工作导则》《档案数字化光盘标识规范》《中国档案机读目录格式》《档案数字化外包安全管理规范》等一系列相关标准、政策和技术指南，为档案数字化转型提供了政策支持，但尚未涉及档案学术期刊领域，缺乏对档案学术期刊数字化转型的规范和指导。虽然国家层面出台了一系列推动学术期刊发展的政策文件，提出要"推动数字化转型""推动融合发展平台建设"等要求，[10]但档案领域尚没有对应的指示。纵览历次档案事业"五年规划"文本以及历年的全国档案局长（馆长）会议讲话文本，其中鲜见有关"档案学术研究"的字眼，档案学术期刊更是少之又少，档案学术期刊数字化转型整体上面临着规范性政策缺失的窘境。此外，档案学术期刊是档案学术共同体的重要组成部分，但受传统观念、基础性保障、附属性地位等种种因素影响，档案学术期刊流动性受限，常缺席于学术研讨会、专题讨论会等学术共同体活动，整体处于边缘化、隐形化的状态，未能形成与学术共同体充分融合的发展环境，使得其在档案数字化转型过程中缺少存在感。

13.4.2 认知之缺：数字化转型理解不足，独特性定位制约动力

整体来说，当前档案学术期刊对数字化转型的迫切意义认知不足。如前文所述，在数字时代，档案学术期刊的数字化转型不仅有助于期刊自身发展，而且有助于推动档案学术研究和档案事业高质量发展，但大多数期刊对此未有全面的理解，即便有所认知，也缺乏更进一步的自觉性、主动性和前瞻性，缺乏打破现状的动力。具体而言，一方面，对数字化转型的推进背景认知不足。档案学术期刊的数字化转型，不仅源于新技术环境下阅读方式和信息传播模式的变化，而且源于档案学术研究和档案事业发展对高水平内容质量、高效率内容生产和深层次内容开发的需求。但从当前档案学术期刊对在学术成果生产和传播方面的数字技术应用来看，整体尚存在积极性不足、运营不佳等问题，未能充分认识到阅读环境变化下读者个性化、多样化、灵活性、即时性的知识服务需求，缺乏对学术期刊资源进行深层次开发以及与作者、读者等主体之间的互动交流。另一方面，对数字化转型的实质内涵认知不足。我国档案学术期刊数字化转型的现有实践虽然打破了传统的唯"纸本出版"形态，但优先数字出版和增强出版等革新传统出版工作的理念和方式尚未完全纳入期刊发展视野，并未理解数字化

转型指向的是以全新的思维推动学术期刊工作在数字技术和工具的全面转向，其本质上仍是传统的出版思路。究其根本，我国档案学术期刊在刊载内容上具有综合性，受办刊环境、现实需求等因素的影响，具有各自独特的办刊宗旨和定位，对学术期刊信息的聚集和"一体化"发展的态势存在认知误区，[11]变革动力不足，一定程度上限制了学术期刊数字化转型的步伐。贯通前后端环节，集选题策划、协同审编、资源开发于一体的内容生产流程有待进一步探索。

13.4.3 现实之困：稳定化内容来源有限，基础性条件保障堪忧

在档案学术期刊数字化转型的过程中，期刊自身基础性、保障性条件限制带来的现实之困尤为值得关注。第一，学术期刊是科学研究过程中知识传播与交流的重要载体，无论是在传统出版时代还是在数字期刊出版时代，其核心要素始终是内容。[12]不同于一般意义上的"学术期刊"，我国档案学术期刊在刊载内容上具有综合性，除《档案学通讯》《档案学研究》2种期刊是全本刊载学术研究性文章之外，其他期刊刊载内容主题广泛，在栏目设置和版面分配上具有特殊的考量，读者和作者来源广泛，更为复杂。因此，相较于一般意义上的学术期刊，我国档案学术期刊难以形成集聚效应，在吸引学术研究性文章上存在劣势。此外，在调研的20家档案学术期刊中，有9家为双月刊，出版周期较长，从作者投稿到出版见刊往往要经历数月甚至一年之久，严重影响了学术成果时效和投稿意愿，难以获得稳定的内容来源，往往需要约稿以获得优质稿源。第二，学术期刊数字化转型离不开资金、技术、人员等基础性保障条件的支持，数字化设施的建设、运营和维护不仅需要大量的资金投入，还需要专业的人员进行管理和操作。然而，我国大多数档案学术期刊的办刊力量来自档案部门、高校和学会等单位，其运行主要依赖于主办单位拨款；也有部分档案学术期刊进行了企业化改革探索，自给自足的现实要求带来更大的生存压力。另外，档案学领域本身较为小众，档案学术期刊发行量有限，且学术期刊编辑人员普遍较为短缺、工作繁重。人力、财力等多方面的限制使得档案学术期刊本身生存环境堪忧，难以稳步推进数字化转型的进程。

13.4.4 应用之失：工具化表层应用为主，实质性内在变革鲜见

网络期刊数据库、官方网站、微信公众号、微博等平台在学术期刊数字化转型上发挥着各自的优势，为学术期刊的出版发行、内容生产和传播提供了更大的发展空间。而在调研的20家档案学术期刊中，采编系统、官方网站、微信公众号、微博开通率分别为15%、50%、30%和0，新技术、新媒体应用程度并不高；出版形式也未结合数字技术进行更为深入的拓展；传统渠道的使用方式也较为死板，整体使用情况较差。总体而言，我国档案学术期刊主要侧重于新媒体工具的表层应用，表现为将纸质期刊内容数字化，并上传至新媒体平台，其本质是传统纸质版本的网络化。虽然相关实践扩展了档案学术期刊的传播范围和途径，提升了学术成果生产与传播的速度，但缺乏对内容的深层次开发和延伸加工，难以满足学术研究对期刊资源开放共享的实际需求，

没有真正发挥新媒体的优势,可以说距离全方面革新学术期刊工作流程的数字化转型目标还有较大的距离,尚未真正实现实质性的内在变革。

13.5 我国档案学术期刊数字化转型的发展路径

对于学术期刊而言,数字化转型意味着一种从理念到具体工作的全方位变革。除了学术期刊共性的理念困境、资金保障、人才队伍等因素外,档案学术期刊长久以来形成的发展模式决定了其转型不仅仅是期刊编辑部自身的单独考量,需要着眼于更高的维度、更全的角度和更大的格局加以审视。因此,档案学术期刊的发展应当同我国档案事业走向现代化的发展脉络相同步,以加强期刊自我建设为基础,以外部制度环境建设为保障,并基于行业全局构筑档案学术期刊共同体来推动共同发展。

13.5.1 转变办刊理念,以数字化转型要素建设助力高质量发展

学术期刊发展创新最根本的就是一个观念创新问题。[13]在我国的档案事业体系中,档案学术期刊作为档案学术研究和档案宣传工作的重要平台,其数字化转型除受到学界推动、编辑部的自我认识影响外,更为重要的是上级档案主管部门的理念转变。加之在当前的办刊模式下,虽然部分档案学术期刊完成了企业制转向,且高校也越发成为重要的办刊力量,但绝大多数档案学术期刊还是同专业主管部门密不可分。这也就对各个层面的办刊主体的认知提出了要求。办刊者需要充分认识到,迈向数字出版的数字化转型是新环境中档案学术期刊的必然发展趋势,也是实现档案学术期刊使命和价值的必然路径,要把握新技术为学术期刊内容获取、编辑出版和发行传播等方面革新创造的条件,[14]以理念转变为基础,实现三个转向。

第一,推动内容层面的形态多样化转向。档案学术期刊应加速实现从"期刊上网"向全方位数字出版技术应用的变革。鉴于大多数档案学术期刊的办刊模式,短时间内转向纯粹的网络学术期刊有多方面的障碍,但可在出版形式上加以拓展。首先,大力推动网络首发等数字优先出版形式的应用。相较于图书馆学、情报学、出版学等一级学科下的兄弟刊物,网络首发等形式在档案学术期刊中的应用范围较窄。据调研,被纳入北大核心的档案学术期刊中,收稿至见刊的平均发刊周期为5—6月,甚至不乏1年的情况。而以武汉大学主办的《信息资源管理学报》为例,"信息资源管理"一级学科更名不久便网络首发了数篇重磅专题文章,打破了版面、刊期等的限制,产生了极大影响力。档案学术期刊也应当加以借鉴。其次,深入探索增强出版、语义出版等出版形式的应用。档案学是一门源于实践的学科,档案学术研究也应当以问题为导向。在数字技术快速迭代和深入应用的环境中,一些档案工作的优秀做法和经验已然无法通过文字和简单图表来描述和推广,如果能以动图、影像、声音等多元化符号代替单一的文字,[15]必将更好发挥档案学术期刊的价值。最后,积极推进数字化的期刊办公流程变革。期刊表现形式的外在变化,离不开内部管理层面的效率提升以及意识培养。当前,大多数档案学术期刊编辑部尚无在线办公系统,电子邮箱承担了对外沟通的重

任，整体缺乏数字化的意识以及关于转型的认知。需要以内部管理的数字化转向逐步筑牢办刊者的数字意识，为内容的多样化拓展奠定基础。

第二，推动传播层面的媒介多形态转向。在媒介融合的环境中，档案学术期刊的高质量发展不仅需要期刊在内容生产和内部管理方面加以变革，而且需要积极拓展传播阵地，提升自身知名度和影响力，赢得竞争优势。一方面，推动"两微一端"社交平台常态化、创新化运作。相较于依托中国知网等学术平台，学术期刊自建官方网站更能体现学术期刊的定位、品位和文化传承，微信公众号、微博，甚至豆瓣、抖音等均是如此。档案学术期刊应当在逐步丰富自身传播渠道的同时，规范化、稳定化渠道运营，保持同读者和作者的联系，并结合自身特色丰富平台内容，增强运营效果。另一方面，基于传播渠道拓展推进档案学术研究社会化。促进学术传播、推动学术研究、推广档案工作经验，促进档案事业发展是档案学术期刊固有的使命担当，但当前以纸刊为主、网络期刊数据库付费下载为辅的传播方式实则构成了阻碍。推动自建网站的学术论文开放下载、其他社交媒体定期全文推送、提供在线即时性学术交流平台等不失为一种应对之策，也为今后可能的学术社区构建、知识服务等探索奠定了基础。

第三，推动经营层面的期刊品牌化转向。学术期刊品牌建设旨在凸显学术期刊的学术水准和学术影响力，彰显学术品质，增强其辨识度，提升核心竞争力。[16]首先，明确定位，凸显特色。当前，档案学术期刊的内容版面安排大致有四种模式："学术研究类""学术研究类+业务介绍类""学术研究类+业务介绍类+文化历史类""业务介绍类"。在定位趋同的情况下，如何在信息获取越发便利的环境中增加用户黏性的关键就在于，独特定位和文化带来的用户关注。这不仅要求档案学术期刊必须注重内容的权威性、不可替代性和差异性，体现专业化特色，尤其要强调学术水准和学术影响力，彰显学术品质；[17]更应当通过专题或者专栏建设，形成不同于其他刊物的特点，引领品牌建设。其次，内容为王，广拓稿源。无论技术环境如何变化，学术期刊的核心还在于高质量的内容。这要求档案学术期刊除主动开展约稿外，充分利用现有资源，拓展选题、组稿形式，例如以自建网站在线论坛的形式促进读者交流，激发研究灵感；组织在线学术活动，引导选题策划，引领研究方向。最后，高效经营，人才保障。档案学术期刊应当逐步拓展发行形式，更新经营理念，逐渐形成"纸刊+电子"双轨的经营模式，满足不同读者群体的需要；并且加强人才队伍建设，更新办刊队伍，特别是编辑队伍的工作思维，逐步适应数字环境的工作需求，全方位保障期刊品牌建设。

13.5.2 优化保障措施，以整体性制度体系建设营造确定性环境

档案学术期刊数字化转型工作的推进，不仅在于编辑部自身的重视和全行业的共同努力，更在于外部政策制度环境的推动和保障。首先，纳入学术期刊等宣传平台。纵览近年来国家层面的档案政策文件，期刊等宣传平台的出现频率非常少。例如2022年全国档案宣传工作要点仅指出"加强对档案报刊、网站和讲坛、论坛、讲座、年会、报告会、研讨会等各类宣传阵地管理，发挥《中国档案报》《中国档案》杂志等档案行业宣传主阵地作用，做好学报用刊工作"。《"十四五"全国档案事业发展规划》无

相关内容。陆国强局长于 2023 年的《在全国档案局长馆长会议上的报告》也未对相关平台建设提出要求。整体而言，档案学术期刊发展处于一种自发自为的探索发展状态，国家政策即便关注到档案学术期刊，也仅是从宣传舆论阵地的角度加以考量，而非从学术研究等角度来着手制度安排，这一政策缺位的现状同档案学术期刊的重要价值并不相符。

其次，纳入学术期刊数字化转型工作。档案学术期刊的数字化转型工作迫切需要政策的规定加以推进。虽然当前已有中共中央宣传部、教育部、科技部印发的《意见》，中国科学技术协会、中共中央宣传部、教育部、科技部印发的《关于深化改革培育世界一流科技期刊的意见》等文件为学术期刊的数字化转型指明了方向，但因条口不一、实践不同的因素，档案学术期刊领域应当有更为明确和契合的政策保障，而就当前国家层面的相关政策来说，即便是立足于宣传舆论阵地角度，也未有通过数字化转型来提升舆论宣传能力的考虑。

最后，纳入关键问题。第一，成果认定问题。当前无论是高校还是档案部门，对于网络首发或者电子期刊的认定标准尚未达成一致；除此之外，网络首发等因为强调出版速度，一方面影响了编校质量，另一方面也会出现一些频发撤稿的问题，特别是在成果认定评奖评优后加以撤回，造成了严重影响，这都有待政策的统一规定。第二，版权保护问题。网络出版的版权问题不仅是困扰学术期刊数字化出版的重要问题，而且是制约整个数字出版产业快速发展的瓶颈。这对于档案学术期刊也是如此，需要以有效的监控平台、高效的版权授权和使用机制以及相关数字传播等方面法律法规的完善加以解决。[19]第三，假冒防伪问题。档案学术期刊饱受假冒期刊网站的困扰，其以假乱真的网站表现以及一些搜索引擎的排名机制，极大影响了学术生态。如何打击假冒伪劣网站、明确档案学术期刊的网络出版资格，规范转型后的行业发展，需要统一政策规划。

13.5.3 推动集群发展，以学术期刊共同体建设带动全行业发展

据调研，档案学术期刊的数字化转型普遍面临人力、物力、财力等方面问题，集群式发展有其必要性，以此实现资源共享、经验交流和带动发展。第一，全面认识档案学术期刊集群发展的重要意义。无论是在人文社会科学之中，还是在一级学科内部，档案学术期刊的数量规模均与其他学科有一定距离，特别是在两大"核心期刊"数量方面的差距更为明显，这在一定程度上导致了优质稿源的流失问题。在一级学科更名的情况下，虽然档案学术期刊有了更大的舞台，但来自各方面的竞争和挑战也会更加突出。档案学术期刊联合起来，以学术期刊共同体的形式推动集群发展有着一定的现实背景，并且这一趋势在数字化转型环境中更为明显。在纸媒环境中，因期刊定位的趋同，各档案学术期刊在稿源等方面的竞争较为明显，而随着数字化转型工作的推进，各档案学术期刊有了更为深入的合作与交流空间，从而推动全行业整体发展。

第二，积极探索档案学术期刊集群发展的联盟形式。当前虽然已有档案期刊微信群等沟通渠道，但并未形成一个具有紧密联系的档案学术期刊联盟。我国学术期刊的

集群化运作已然有了探索，如中华医学会期刊群（近 200 种医学类期刊）、首都医科大学期刊联盟（20 种医学类期刊）便取得了一定成绩。前者以中华医学会杂志社自身主办的杂志为主体，在差异化发展的前提下，统一办刊思想、管理制度、办刊标准和出版经营；[20] 后者则是《首都医科大学学报》编辑部联合首都医科大学附属医院所办的其他 20 多家期刊编辑部共同发展，在立足自身专业领域的基础上，推动资源共享、网站共建、稿件互相推荐和编辑人员互相学习、交流。[21] 这为档案学术期刊共同体的建设提供了参考经验。但对于档案学术期刊而言，因办刊体制不同、主管主办单位不同、办刊考量范畴不同，所以中华医学会期刊群和首都医科大学期刊联盟的集群式发展模式都有不适用之处。结合我国的档案事业管理体制，可依托中国档案学会，成立第十个专业学术（技术）委员会[22]——档案学术期刊委员会，从而突破体制机制上的困境，促进迅速形成影响力和引领力。档案学术期刊委员会可以档案学术期刊编辑部为主要成员，以知名专家学者及全国各级档案机构的宣传部门业务骨干为其他成员，以经验交流、资源共享、共同发展和话语引领为目标。

第三，逐步推动档案学术期刊资源经验的共建共享。针对数字化转型，无论是内部管理制度还是在线办公系统的建设等，档案学术期刊的经验基本是共通的。建立档案学术期刊共同体更为深远的目标在于，数字出版走向的是知识出版和知识服务，这就要求档案学术期刊推动语义出版，并建立知识库，最终建立知识服务社区，为读者提供针对性的精准服务。而这对于单个档案学术期刊而言，不仅没有对应的基础条件，也无法保障充足全面的档案文献知识来源，而依托档案学术期刊共同体实现档案领域全范畴的知识出版，无论对于档案学术研究，还是档案事业发展，都有着重要的推进作用。

13.6 结　　语

在我国档案事业发展的历史中，档案学术期刊以国家方针政策舆论宣传阵地、学术研究和经验交流的平台、学界和业界的纽带等角色发挥着自身价值。在数字中国战略下，档案学术期刊的数字化转型大有必要，也正逢其时。当前已有部分档案学术期刊在数字化转型道路上进行了一定探索，但大部分档案学术期刊本质上仍是传统的出版思路。这一现状的改变以及国家有关期刊建设等政策在档案界的落地，不仅需要期刊编辑部自身的努力和学界业界的关注，而且需要档案学术期刊共同体的推动，更需要在国家档案事业发展层面逐渐形成共识，共同推进档案学术期刊的发展，使其更好地为档案事业高质量发展贡献自身力量。

参考文献

[1] 中办国办印发《"十四五"全国档案事业发展规划》[EB/OL]. [2023-07-11]. https：//www.saac.gov.cn/daj/toutiao/202106/ecca2de5bce44a0eb55c890762868683.shtml.

[2] 中宣部、教育部、科技部印发《关于推动学术期刊繁荣发展的意见》[EB/OL]. [2023-07-12]. http：//www.moe.gov.cn/jyb_xwfb/s5147/202106/t20210628_540716.html.

[3] 中共中央 国务院印发《数字中国建设整体布局规划》[EB/OL]. [2023-07-11]. https：//

www.gov.cn/xinwen/2023-02/27/content_5743484.htm.

[4] 史拴拴. 推动学术期刊数字化的三重向度［N］. 中国社会科学报, 2023-02-28 (5).

[5] 国家新闻出版广电总局. 关于规范学术期刊出版秩序促进学术期刊健康发展的通知［EB/OL］. [2023-07-11]. https://gbdsj.gd.gov.cn/zxzx/tzgg/content/post_1764438.html.

[6] 杨冬权. 在纪念《中国档案》创刊60周年座谈会上的讲话［J］. 中国档案, 2011 (6): 16-17.

[7] 张青. 学术期刊数字化生存的困境与对策［J］. 出版广角, 2012 (5): 64-65.

[8] 游滨. 学术期刊数字化发展趋势及因应策略［J］. 编辑之友, 2016 (11): 36-41.

[9] 初景利, 张薇, 田宏. 数字化与新媒体时代期刊发展的困惑与出路：第八届两岸期刊研讨会暨期刊展观感与思考［J］. 中国科技期刊研究, 2018 (8): 761-764.

[10] 胡政平. 学术期刊数字化的本质及其相关问题［J］. 甘肃社会科学, 2011 (5): 202-206.

[11] 武迪. 我国学术期刊的数字化发展研究［D］. 北京：北京印刷学院, 2015.

[12] 王华生. 数字网络环境下学术期刊创新发展研究［J］. 河南大学学报（社会科学版）, 2014 (5): 144-156.

[13] 薛晓彪, 许加彪. 数字时代学术期刊的危机与转型路径探析［J］. 保定学院学报, 2016 (4): 83-89.

[14] 金平. 数字时代学术期刊的品牌建设：挑战与应对［J］. 中国编辑, 2020 (4): 83-87.

[15] 开创中国特色、世界一流医学期刊集群建设的新路：魏均民总经理兼总编辑访谈录［EB/OL］. (2022-06-29) ［2023-07-22］. https://mp.weixin.qq.com/s?__biz=MzA4Mzg4ODE3NA==&mid=2247551966&idx=2&sn=1b76ec963225c7a7c0fab17a5adb9d21&chksm=9fedda9fa89a53892453233089c840de0faf127eec9d2ee9f07f232d61974aaf6d9449a78b3a&scene=27.

[16] 张建军, 张俊敏, 王晓民. 首都医科大学期刊联盟介绍：新形势下的一种期刊联合［J］. 首都医科大学学报, 2011 (6): 865-869.

[17] 中国档案学会［EB/OL］. ［2023-07-22］. http://www.idangan.cn/intro.html.

14 综合档案馆网上展览建设

赵 跃[1] 郭玉祥[1] 马晓玥[2] 潘雪萍[1] 李 琪[1] 马园懿[1]

1. 四川大学公共管理学院；2. 四川省档案馆

摘　要：网上展览依托弱化时空限制、资源共建共享等优势，日益成为综合档案馆开发利用档案资源的重要形式，在数字化转型背景下亟待融入服务党和国家事业发展并推进档案文化在网络空间的建构。基于文献调查与网站观察，全面考察中央级、省级、副省级等49个综合档案馆推出的575个网上展览，归纳并对比得到网上展览在资源建设、规划设计、平台设计以及运营维护四个方面的特征与不足。目前，综合档案馆网上展览的档案资源主题与来源逐渐丰富，以协作设展的永久展览不断增多，办展技术日益更新，多依赖档案馆官方平台构建叙事环境，拓展交互功能与宣传推广，取得一定成效。但仍存在网上展览资源禀赋缺陷、网上展览规划筹备不足、网上展览平台功能欠佳、网上展览运营推广支撑乏力等问题。因此，综合档案馆可在推进网上展览资源的建设与开发，构建展览规划设计的框架与模式，凸显展览平台设计的数字与人文以及强化展览运营推广的力度与效度等方面进一步优化拓展。

关键词：档案展览；网上展览；档案开发利用；档案文化建设；综合档案馆

14.1 引　言

档案展览作为档案宣传和利用工作的重要组成部分，担负着档案文化建设与文化传播的使命，在发挥档案"存史、资政、育人"功能方面作用显著。随着档案网站建设的兴起，网上展览凭借观看门槛低、易于访问等优势成为档案展览的重要方式之一。自20世纪末以来的档案展览工作数字化转型无疑是整个档案事业数字化转型的缩影，在档案事业数字化转型的整体推进中，建设网上展览也逐渐引起各地档案部门的关注。

近年来，国家文化数字化战略的提出与实施，为档案展览工作的数字化转型提供了无限可能，网上展厅极有可能成为诸多新技术的试验场，其要求展陈形式、展陈技术、数字叙事等方面取得更多的突破。综合档案馆可充分挖掘、组织馆藏档案资源，通过多媒体、360°全景、Web3D等技术助力网上展厅建设，这是国家文化数字化战略背景下推动档案文化资源开发利用的应有之义。本文以中央级、省级及副省级综合档案馆为调查对象，梳理我国综合档案馆网上展览建设情况，发现当前我国综合档案馆网上展览建设中存在的问题，提出优化建议，为我国综合档案馆高质量开展网上展览建设提供参考。

14.2 综合档案馆网上展览建设概述

网上展览（online exhibition），有时也被称为线上展览或虚拟展览，是指"利用网络技术，以互联网为传播媒介，以数字形式展现档案信息的展出方式"。[1]我国综合档案馆网上展览的发端可追溯至20世纪90年代中后期开始的档案网站建设。1998年，北京市档案局、北京市档案馆分别申请了独立域名，建立了全国最早的档案网站。[2]1999年10月29日，上海市档案信息网初步建成并投入试运行。[3]2001年5月，临沂市档案网站开通，并且在中国共产党成立80周年之际，首次举办档案网上展览"临沂市纪念建党80周年馆藏历史照片资料展"。[4]2002年，上海市档案信息网推出"勿忘一·二八——纪念一·二八淞沪抗战70周年图片展""浦江风暴——纪念上海工人三次武装起义75周年""走近西藏——来自档案馆的精品""中国皇陵的绝唱——世界遗产地清东陵精华展"4个网上展览。[5]此后，浙江、江苏、广东等省级综合档案馆及其省内的部分地市级档案馆均推出网上展览，将其作为提供档案信息利用的新渠道。

综合档案馆网上展览的建设得益于互联网技术的应用与档案信息化工作的实施，既服务于党和国家事业发展、档案文化空间建设，也致力于满足公众的精神文化需要。在早期实体展览空间向线上虚拟空间扩展的过程中，展览主要以图文排版的多媒体形式为主，只有少数综合档案馆对360°全景技术等进行了探索性的尝试。网上展览栏目设置较为简单粗略，侧重馆藏精品资源的开发利用，围绕宏大叙事集中安排革命历史与民族文化等相关主题，对档案材料加工和编排较为粗浅，在独立办展的基础上也逐渐出现馆际资源的共享传递乃至合作办展的情况。近年来，网上展览逐渐脱离场馆线下实体展览，通过引入3D建模、互动游戏等体验性技术，内容呈现更为丰富，表现形式更有趣味，突破线下展览的时空限制。展览主题与时事政治、社会热点、人民生活、城市记忆等结合日益紧密，面向社会征集档案、多组织合作办展更为常见，展览关注度不断上涨。同时，网上展览的平台扩展到社交媒体，宣传推广力度更大，公众对展览的交流参与意识也更强。

据国家档案局统计，截至2022年底，全国共有综合档案馆3301个。[6]2006年12月，在全国364个省级和地市级综合档案馆中，有209个档案馆网站能正常浏览，占总数的57.4%。[7]经调查组统计，2023年档案门户网站正常访问率为54.67%，整体变化不大，但网站覆盖率在行政层级与地区分布上均存在差异（见图1）。总体而言，各个省级综合档案馆均支持正常访问，但包括唐山市、鞍山市、湖州市、新余市等15个地级市的综合档案馆均出现访问错误。同时，地级行政区的档案门户网站覆盖率存在地区差异，例如江苏省实现了综合档案馆门户网站在地级行政区的全覆盖，除了江苏省仅5个省份所属地级行政区档案网站覆盖率达80%，7个省份覆盖率不足20%，其中青海省、西藏自治区所属的地级行政区均未设置任何档案网站。

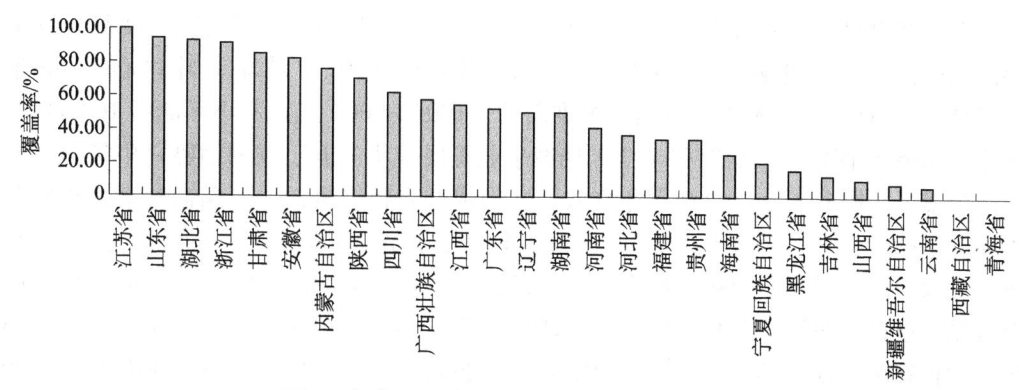

图 1 各省所属地级行政区档案网站覆盖情况

网上展览栏目在省级和地市级综合档案馆网站中的设置情况存在差异。31 个省级综合档案馆（港澳台除外）网上展览栏目的正常访问比例从 2016 年的 87.1%[8] 上升到 2023 年的 100%。截至 2023 年 8 月 11 日，仅 86.9% 的地市级综合档案馆依托门户网站，同步推出了网上展厅栏目及相关展览内容。东部地区、中部地区、西部地区和东北地区所属地市网上展览覆盖率分别为 62.35%、50%、32.31%、27.78%。各地区中表现较好的省份为江苏省、湖北省、浙江省、山东省、甘肃省；新疆维吾尔自治区、宁夏回族自治区、云南省、西藏自治区、青海省则较差。地市级综合档案馆网上展览受限情况主要有两类：一类仅推出部分馆藏精品且办展规模较小，如天水市、银川市、广元市等综合档案馆仅在相关栏目中推送珍品介绍；另一类则是网上展览栏目版块访问受限，如遵义市、凉山彝族自治州等综合档案馆无法读取网上展览内容。

基于此，本文选择的调查对象为 31 个省级（港澳台除外）、15 个副省级综合档案馆以及中央档案馆、中国第一历史档案馆和中国第二历史档案馆共计 49 个综合档案馆。调查使用观察法，涵盖综合档案馆发布于各个官方门户或媒体平台（包括门户网站、微信公众号、微信小程序、微博等）上的网上展览、网上展厅、在线展厅、档案展厅、数字展馆、三维展厅、虚拟展厅、专题展览等，截至 2023 年 8 月 11 日，得到符合要求的网上展览共计 575 个。其中东部地区 285 个，占比 49.57%；西部地区 128 个，占比 22.26%；中部地区 88 个，占比 15.3%；东北地区 74 个，占比 12.87%（见图 2）。

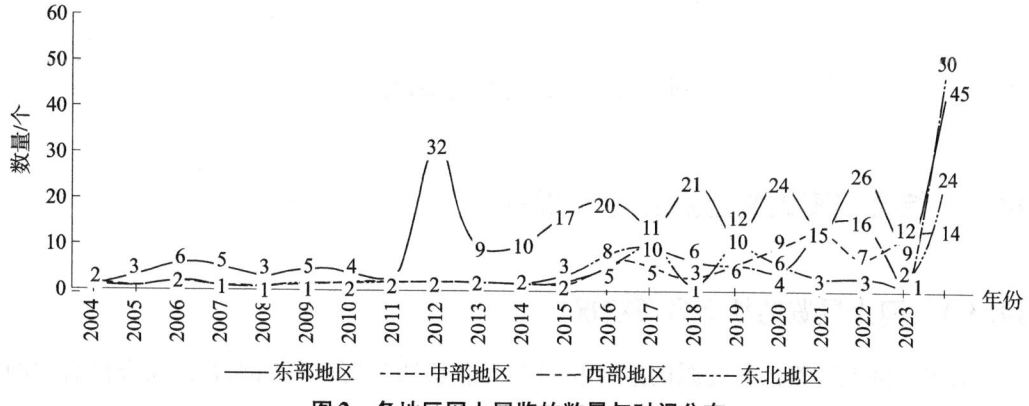

图 2 各地区网上展览的数量与时间分布

调查结果显示，在当前各地档案网站上，发布较早且仍能访问的网上展览为 2004 年湖南省档案馆"湘魂——湖湘人杰与近现代中国"展览、"黄埔魂 中国心——黄埔军校档案史料展"，以及青岛市档案馆推出的"1904—2004 纪念邓小平诞辰 100 周年"展览。2016 年国家档案局发布《全国档案事业发展"十三五"规划纲要》中指出"要提高档案公共服务能力，创新服务方式，多渠道开发档案资源，不断向社会推出精品力作和举办受公众欢迎的活动"，而档案线上展览正是档案提供服务的一种方式。[9] 从图 2 可以看出，受政策影响，各地区（尤其是中部、西部、东北地区）自 2016 年起网上展览数量存在明显的上升发展趋势。2018—2019 年，党的十九大后，国家档案局倡导全国档案馆开设"不忘初心、牢记使命"主题教育档案文献展，加之新中国成立 70 周年等重大时间节点，网上展览建设规模持续拓展。2020 年以来，受新冠疫情影响，网上展览作为线下实体展览有效延伸而发展扩散。从经济地区划分来看，东部地区综合档案馆经济发展技术水平较高，网上展览建设能力较强、活跃度较高。

同时，本文使用"微词云"对 575 个网上展览的标题进行词频分析，剔除无特殊意义的词语后，词云图显示网上展览标题出现频率最高的前 10 个词分别为图片展、纪念、记忆、红色、中国、文献、成立、史料、馆藏、庆祝（见图 3）。可见各地区综合档案馆汇集了文件、手稿等各类馆藏珍品，并基于档案资源的数字化成果推出了丰富立体的图片展览。展览结合新中国成立周年纪念等重大时间节点，一方面还原了中国革命的历程，表达了红色文化的多重内涵；另一方面突出了中国作为文明古国的辉煌历史与传统，有利于构建社会记忆。

图 3　各地区网上展览主题词词云

14.3　综合档案馆网上展览建设现状

14.3.1　网上展览的档案资源状况

首先，网上展览档案资源的选择相对多元。从档案历史分期来看，综合档案馆网上展览所利用的档案资源涵盖现行档案、革命历史档案、旧政权档案三种类别,是全面展现社会历史和变革的基础。约40.52%的展览使用了多种类型档案,其中半数为东部地区档案馆所设展览,可见档案馆偏向于组织不同时代特征的跨类型档案资源用以设展。利用现行档案与革命历史档案的展览数量相仿,分别占比28.5%、21.9%,只有6.2%展览单一使用了旧政权档案。从档案资源主题来看,近三成的网上展览采用了跨主题的档案资源,占比最多;单一使用政治、文化、社会、军事、经济类档案资源的展览分别占比25.22%、14.61%、15.13%、8.7%、3.83%;仅2%的展览选择了外事、生态等类别的档案资源,例如山东省档案馆的"公务外事礼品展"、西安市档案馆的"美丽的西安曲江"展览等。从档案载体形式来看,70.96%网上展览集合了实物档案、照片档案、纸质档案等多种载体形式的档案资源,录音录像等载体形式的档案资源利用较少。

其次,网上展览所用档案资源来源相对广泛。57.39%的网上展览使用本馆馆藏档案,另有32.35%的展览除了馆藏档案,还面向其他馆藏单位或社会征集档案。仅约6%的展览只使用面向社会征集的照片档案或实物档案等载体形式的档案资源。例如江西省档案馆举办的"家庭档案展"、陕西省档案馆举办的"寻找最美家庭,变迁见证发展"展览均面向社会征集了普通公众的家庭生活变迁相关照片;再如辽宁省档案馆的"众志成城 共克时艰"展览、江苏省档案馆的"白衣天使战'疫'档案图片展"则对疫情期间征集的档案材料予以展示。

最后,展览中档案图像的展出质量有了一定提升。以页面或图片的分辨率为判断基础,当前网上展览中有36.17%的档案图像内容高清,且提供了点击缩放的功能;另有33.74%的档案图像内容清晰度较高,但不具备缩放查看功能。从整体分布来看,超过75%的综合档案馆提供了高清且可缩放的网上展览,覆盖东部地区、中部地区、西部地区和东北地区。其中,中部地区总体资源展出质量较高,模糊的情况只占11.36%;在整体发展速度较慢的西部地区,也有56.25%网上展览内容清晰可辨,模糊不清的情况在宁夏回族自治区、青海省档案馆较为集中。

14.3.2 网上展览的规划设计状况

第一,网上展览涉及的相关主题广泛。纵观样本展览,其涵盖了革命历史事件、城市记忆、风土人情、行业特色、重大活动、重要人物等多种主题。其中,革命历史事件主题占19.83%,主要描述了局部抗战、地区解放、建党建国等内容。重大活动与重要人物主题展览中亦有部分内容与革命历史事件主题联系紧密。城市记忆类展览占17.91%,既包括如河南省档案馆的"河南战疫"展览等特定时期的社会记忆,也包括黑龙江省档案馆的"非凡十年看龙江"展览等城市发展变迁类记忆。跨主题的档案展览占12.87%,主要是各个地区的特藏档案展和表现历史变迁的多主题混合展览。另外,围绕字画、书法、票证、文物等相关的历史文化类展览与表现行业发展的行业特色展也较为丰富。

第二,协作开展的永久展览稳定增长。有34.61%的网上展览明确展览有多个主办方或责任者,既包括档案机构间的合作,如上海市档案局和贵州省档案局合作推出

"黔姿百态"展览，以及宁波市档案馆、江东区档案馆推出"档案在你身边——宁波市社区与家庭档案展"；也包括档案局馆联合各个政府部门、企事业单位等共同推出的展览，例如由国家档案局指导、四川省档案馆联合十余个省级综合档案馆主办、中共四川省直属机关工作委员会和四川日报社支持的"'江河奔腾 红色追寻'长江黄河流域红色珍档联展"。合作办展实现了资源共享，也形成了共同策展，此类模式自2016年以来一直处于整体增长的趋势。另一方面，无论是独立办展还是合作办展，综合档案馆发布的网上展览多属于永久展览，通常不限制在线展出时间。

第三，信息环境下办展技术不断更新。网上展览的形式可以概括为独立展览、数字孪生型展览和数字衍生型展览三种。数字孪生型展览和数字衍生型展览在东部地区和西部地区更为集中。其中，数字孪生型展览是指线上对线下展览的复刻，这部分展览占24.17%；数字衍生型展览则是对线下展览的扩展，占31.13%。68%的网上展览仅仅使用多媒体技术予以设计，展览只是简单的图文排版；在运用360°全景技术、Web3D技术、H5技术的展览中，有近半数来自东部地区，中西部地区占近三成。例如，江苏省档案馆的"南京长江大桥建成通车50周年档案史料展"就运用了H5技术的独立展览，公众可以如阅读纸质书一般，翻阅查看南京长江大桥建成的风采，还能通过搜索、语言切换等强化交互性的体验。河南省档案馆推出的"中福公司档案史料展云虚拟展厅"则使用了Web3D技术的衍生型展览，公众可以选择沉浸体验模式，化身为场景中的虚拟人物多角度查看中福公司有关的档案资料。

14.3.3 网上展览的平台设计状况

第一，办展栏目对官方平台依赖性较强。各个综合档案馆均未设置独立的办展平台，而是选择在门户网站醒目位置设立相关展览栏目，例如出现在首页下方，或在档案文化等相关栏目中。命名方式则包括网上展厅、网上展览、档案展厅、三维展厅、专题展览等。二级菜单如"厦门档案信息网—网上展厅"；三级菜单如"安徽省档案馆门户网站—档案文化—网上展览"；四级菜单如"宁波档案网—资源—网上展览—三维展厅"。东部地区部分展览还实现了跨平台复展，即在其他官方网站、官方社交媒体账号上同样设置了相应的网上展览链接，通过丰富平台站点的方式提高了公众观展的便捷性和自由度。

第二，网上展览中的叙事环境得以初步构建。近八成的网上展览使用了外聚焦的叙事视角，即多用第三人称的独立个体视角客观表述事件，例如重庆市档案馆的"珍档展示"展览、沈阳市档案馆的"100周年档案史料展"等均强调对档案材料的客观阐释、如实表达。同时也有部分人物精神展、书画展等采用零聚焦或内聚焦的视角，即用全知的上帝视角或某个固定人物视角叙述故事，例如云南省档案馆的"南侨机工回国抗战档案图片展"运用照片档案，结合文字展示表达了侨胞的内心活动和精神世界，为公众带来了丰富的情感体验。在叙事结构方面，64.17%的网上展览结合人物、主题等多种线索开展非线性叙事，其余则为单一时间线索的线性叙事。在叙事修辞方面，仅约6%的网上展览采用了修辞手法进行文字表达。例如青岛市档案馆推出的

"《树魂》——青岛崂山古树名木欣赏（吴新元）"展览以用典修辞结合展示古木照片档案与各种名家名作，烘托富有艺术性和人文气息的观展氛围。

第三，网上展览的交互设计和功能设计有所强化。网上展览相关的交互设计、功能设计和导航设计较为丰富。近四成的展览设置背景音乐、在线点赞、在线分享、在线打印、字体调整等交互性设计。34.43%的网上展览提供了小地图、章节导览等在线的导航功能，在使用360°全景技术的展览中还有45.13%提供了有声解说词。另外，6.09%的展览进行了知识拓展、全文翻译、互动小游戏、测量工具等功能设计，例如辽宁省档案馆推出的"机关档案工作主题展览"中，附加了"文件必须归档吗"等档案知识的拓展内容；湖北省档案馆推出的"伟大壮举 中国脱贫攻坚成就展"中，公众可以点燃蜡烛纪念英雄；浙江省档案馆推出的"生死大营救——浙江民众救助'杜立特'飞行员"展览的互动厅则提供了救助的互动小游戏。

第四，网上展览整体稳定的同时仍有缺漏。调查显示，84.87%的网上展览访问与浏览较为稳定。其余展览存在链接无法访问、内容加载缓慢、档案材料丢失、设备与插件依赖等情况。在存在上述缺陷的展览中，有67.82%属东部地区所在档案馆网上展览，东北地区则占据了17.24%，中部地区和西部地区较少。值得一提的是，四川省档案馆、深圳市档案馆展览无法访问较多；杭州市档案馆图像不可加载的情况较为突出；宁波市档案馆、天津市档案馆的部分内容存在兼容性问题。

14.3.4 网上展览的运营状况

一方面，设展主体面向社会媒体平台宣传与推广网上展览。有四成的网上展览进行了不同程度的宣传与推广，涉及的平台包括门户网站、微信公众号、微博等。例如中央档案馆的"党的群众路线档案展览"、北京市档案馆的"残奥之光——从海德堡到北京"展览、广州市档案馆的"档案见证小康路——广州脱贫攻坚展"、成都市档案馆的"天府文脉 家风传颂"展览等均通过网站、微信公众号、微博等平台发布了相关的文章推送。

另一方面，网上展览中产权意识得以发展，但用户隐私保护有所滞后。有半数的网上展览在不同程度上采用了知识产权保护的相关措施，例如在简介中进行创作者和编研者说明，在页面底部标注版权所属，在图片和背景板中添加"××档案馆""××档案信息网"的水印等。另外，仅有7.65%的网上展览提供用户登录验证、匿名留言的功能保护用户隐私。例如浙江省档案馆推出"百年潮涌——浙江省庆祝中国共产党成立100周年大型展览"，公众可以选择输入手机号或邮箱登录，并可选择在虚拟展厅任意位置留言，留言不会泄露昵称且可联系创作者删除；再如上海市档案馆推出的"江山就是人民 人民就是江山"展览，用户留言的手机号被隐去了中间四位，且可自由删除留言。

14.4 综合档案馆网上展览建设问题

14.4.1 展览资源禀赋存在缺陷

首先，网上展览的档案资源结构失衡。基于样本展览所反映的情况，网上展览存在资源内容偏向、载体类型局限等问题。一方面，展出馆藏虽然涵盖现行档案、革命历史档案、旧政权档案三种类别，但多以文书档案为主，与文化、社会、生态等主题相关的具有较高历史文化价值的资源明显偏少，使得网上展览展出的资源具有内容偏向性；另一方面，馆藏载体以纸质档案为主，照片档案、录音录像档案、实物档案等载体形式数量占比较少，网络或社交媒体档案资源也涉及甚少，因而网上展览的素材选择有限。馆藏资源结构固有的局限性，加之对资源价值和意义的认识和挖掘不足，可供展览选择的资源显得匮乏。

其次，网上展览的选材途径有待补充。57.39%的样本展览来源仅为本馆馆藏档案，剩余来源或面向社会征集或由其余单位提供，网上展览的选材途径可以再加扩展。"分级管理"原则下海量档案被不同的档案馆所保存，但单一馆藏的承载规模有限，多数不足以支撑宏大叙事主题展览的广度与深度，档案馆在面向国内外各馆藏单位在补充完善用以策展的档案资源方面还待拓展。同时，有关热点事件的网上展览更为偏少，重大活动与突发事件等档案的征集与展出工作存在困难。

再次，网上展览的图像处理质量不佳。33.74%样本展览图像虽然具有高清晰度但无法缩放，30.09%样本展览图像十分模糊，加之较为刻板的图文堆砌，部分档案馆网上展览的展出内容呈现效果不佳，影响用户的阅读体验。通过高清扫描形成的数字复制件图像虽然可以经过缩放呈现诸多细节，然而，多数网上展览或是将线下展览直接迁移线上，或是使用多次扫描复制后的数字复制件图像，档案上的文字或内容已模糊不清，使得展览中的"档案味道"因技术限制或操作不当层层流失，难以体现档案直观、可视、形象地反映客观历史的优势。[10]

最后，网上展览的背景信息挖掘粗浅。网上展览需要通过对馆藏档案特殊内涵进行精准的文字揭示，赢得受众群体普遍的思想认同。[11]大多数样本展览缺乏对展览主题及其档案的背景信息揭示，具体表现为文字解说笼统甚至缺失、展出内容的检索功能缺少等。一方面，部分展览的文字说明过于简单，所呈现的信息量较为浅显，无法深刻全面地阐释主题的内涵与意义，用户能获取的信息非常有限。涉及专业知识的主题与用户的认知背景相关，展品的专业性和特殊性对用户的知识储备和文化水平有一定要求，如书画类的展览若缺失背景信息补充，用户多只停留于单纯欣赏；另一方面，网上档案展览对展品来源、历史背景、现实价值的考证不充分，不仅降低展览真实感及可信度，更无法找寻档案间的联系，难以拓展档案故事的内涵与外延。

14.4.2 展览规划设计准备不足

其一，展览主题设置同质化。样本展览主题虽然广泛但同质性明显，创新不足，同一主题的展览内容重复出现，难以真正突出地域特色、馆藏特色和档案特色。展览主题既需要突出档案，也应当具有诠释展览精神的作用，切中用户需求与社会取向。近20%的展览偏向于抗日战争、解放战争等革命历史事件以及党史历程的主题。样本展览对反映地域特色文化、贴近民众生产生活的民生类、科学文化类等主题设置较少。此类选题倾向与综合档案馆"为党管档"的使命息息相关，综合档案馆围绕党和国家中心工作服务，需要通过紧贴大局、弘扬主旋律的网上展览更好地践行职能。但目前档案馆对更易吸引用户关注的展览选题挖掘较少，不利于较大规模地培育档案展览的用户群体。

其二，合作主体类型单一化。单个档案馆主体举办网上展览所支撑的馆藏档案资源与策展基础条件存在一定局限，多元主体联合办展能够充分融合馆藏档案资源，丰富网上展览内容。仅有34%样本展览明确自身属于合作办展，主要包括档案馆馆际合作或与党政机关团体合作，网上展览合作主体的范围有待进一步扩展，社会公众的力量还待进一步发挥；美术馆、图书馆、博物馆、高校等机构很少参与建设网上展览；档案馆同样还缺乏与市场主体的合作等。此外，在合作办展的样本展览中：一方面，共同办展模式并未体现各自馆藏的地域特色，仅作同一展览内容的跨平台展出；另一方面，部分展览合作主体的交融程度不深，仅提供馆藏资源或进行展览指导，并未实现1+1>2的展出效果。

其三，线上与线下共融互驱较弱。多数网上展览作为实体展览的衍生形式或存档方式，二者间的联系并不能因为网上展览的传播优势而分割。[12] 约55%的数字衍生型或孪生型展览的内容与方法并不明确，二者无法发挥线下与线上展览各自的天然优势与特点，达到共同融合、相互驱动的效果。展览主体将实体档案展览通过网络二次开发，图文进行重新排版，因数字环境或平台的介入本应获得与实体档案展览相同的甚至更好的展示效果。但样本展览中的孪生型展览多用360°全景技术复刻线下展览场景的某一视角，既无法精细化线下展览布展环境的氛围感，也尚未融入用户网络参展的需求、操作习惯等。

其四，资源与技术应用融合生硬。当前档案网上展览的技术应用重还原、轻构建，尚不具备资源内容深度关联的内核，展览主体多是将碎片化的档案资源分别作为单独的展示要素，未能真正充分利用数字技术的优势，对更大规模的档案资源进行充分的关联性整合。在展示效果方面，多以图片集合的方式，将实体档案展览的展板底稿图片平铺排列呈现；各展览没有单独的展厅页面，将内容在原页面以新闻稿的方式平面排列，更像浏览图文结合的网页文章。在利用效果方面，具有如浏览器插件等的设备限制，用户体验受一定的影响；部分全景展览没有提供全景列表便于快速进行切换场景，只能通过点击旋转或设置切换节点移动观看，切换节点数量较多、场景移动卡顿且切换逻辑不明；部分展览的视角包括实地馆外、馆内部分，从室外场景进入展馆需要花费较长时间。

14.4.3 展览平台设计功能欠佳

第一，图文型展览模式凝滞。文献收藏机构展览不宜直接展示真实且唯一的文献，而需在解读并重构文献的基础上，将信息转化为能被用户感官感知的可视化和空间化表达。[13] 档案作为文献的类型之一，近70%的样本展览偏向于文本结合图片形式的档案，导致展览信息多局限于平面化的文本形式，缺乏多样立体的感官刺激。一方面，展览缺乏对档案文本信息的转译。用户接收的信息量滞后于档案展览信息的负荷量，[14]

多数样本展览仅为对档案文本的复刻和重构，文本并置罗列，缺少对信息的组织与编码，把用户作为单纯的信息接收者，对用户是否内化档案文本信息缺少考察。另一方面，展览中图文间的互文性单薄。"互文性"是指任何文本均为其他文本的吸收和转化，[15]即任意文本都能对其他文本进行一定程度的吸收与渗透，构建新的叙事表意。样本展览的图文型展览模式通常以文释图，围绕图片组织简短的配文加以阐释，简单揭示事件，对呈现的展览故事或主题未进行视觉和空间上的转化和表达，使用户停留于图文形式的桎梏中，无法揭示出更宏观的思想内涵。

第二，故事化叙事模式支离。网上展览采用叙事模式讲述档案中记载的真实故事，对档案隐性知识的挖掘与传播，推动档案的原始记录性与故事的情节性相结合。[16]但目前虽有部分展览有意识采用叙事模式展现档案，但故事化叙事模式并不成熟，思路分散。其一，叙事素材彼此孤立。在数字平台中的叙事文本本应多维，然而样本展览的叙事素材所讲述的故事或反映的历史事件片段化，一定时空范围内的素材间的联系并不明显。其二，叙事视角相对单一。样本展览中近74%的展览采用外聚焦的叙事视角，客观叙述档案事件，不涉及人物心理，不解读思想情感。无论是以图文形式还是音视频形式呈现的故事代入感弱、难以给人身临故事之感。此外，近19%的展览采用零聚焦叙事视角，以"全知全能"的角度平铺直叙，一定程度上弱化了故事发展的情节化。其三，叙事结构较为固化。样本展览中近69%的展览以非线性结构设置主题分支以讲述档案故事，一部分展览呈现板块化的主题子项划分，但也存在部分展览只有总主题统揽全篇，事件内容间未存在明显的逻辑关联，无法形成呼应叙事主题的规模效应。

第三，交互性服务形式匮缺。在数字环境中的网上展览，用户不仅是展览信息的接收者，也可能成为信息传播的参与者与情感反馈者。然而，目前多数网上展览交互性服务多为单向交流，形式较为匮缺。一是互动渠道较少。约41%的样本展览未设置任何互动功能，用户没有渠道向档案机构反馈信息，也没有渠道同其他用户分享交流。而有互动形式设置的展览大多仅提供了分享链接、在线点赞的功能，针对网上档案展览开设专门的交流渠道缺失，9.5%的样本设置单向的评论留言等观点互动方式，用户仅能够以信息接收者的身份来参观展览，存在感和话语权较低，难以完全建立起同档案之间较为活跃的精神交流和情感互动。二是互动即时性与友好性不足。从互动的时间来看，用户通过在线留言等服务与展览主体开展沟通联系时，往往需要一定的时间才能够得到信息反馈，或无反馈互动信息。多数样本展览主要为单向展示，没有用户与档案馆的留言反馈，没有参观者之间的交流，更缺乏参与活动的设置，只有少数展览设置了分享到社交媒体的链接。

第四，人性化功能设计欠缺。实现无障碍浏览，为所有用户提供公平的访问手段，保证用户获取档案信息的权利，是档案网上展览的智能化体现和基本要求。[17]但目前网上展览无障碍浏览、多语种服务等人性化信息服务功能有限。仅27%样本有解说词，部分网上展览直接将图片嵌入网页中，没有添加文字说明予以介绍，依靠读屏软件工具获取信息的视障群体只能了解到网页中有图片，而无法知晓其中具体的语义信息；仅5%样本支持字体缩放，部分内容因字体模糊不全无法获取其完整信息；仅5个样本支持双语服务，多分布在外事主题展览，多语种的网上展览能够打破语言不同带来的信息壁垒，目前多语种服务罕见，展览内容的传播范围、利用范围、影响范围无法得到扩展；66%的样本无任何人性化功能设计，展览输出内容十分有限，传达范围及效果欠佳。

第五，周期式平台更迭失时。网上展览嵌入档案网站中，利用浏览器访问网站为公众提供参展平台的情况较为常见。[18]目前通过此类途径提供展览存在诸多弊端。一方面是维护不及时。84%的网上展览较为稳定可靠，所有图像可加载、功能可用，但是其余样本长期存在链接无法访问、内容加载缓慢、设备与插件依赖、图像加载问题、音视频播放问题等。另一方面是更新无规律。微信公众号、微博等社交媒体工具逐渐成为档案馆展览内容传播的重要渠道，但极少数样本展览在门户网站以外平台进行复现；同时，55%展览源于档案馆线下展览的复刻与拓展，部分集中将线下展览迁移至线上时更新迟滞或者甚至没有更新。

14.4.4 展览运营推广支撑乏力

一是传播媒介延伸局促。国家鼓励档案馆通过开展专题展览等活动，基于数字化程度较高的档案资源和极具便利性的互联网传播途径，网上展览的运营推广可操作性较高，但目前样本展览呈现出传播媒介延伸局促的现象，多数展览的点击量、互动次数较少，不足以形成广泛的影响力，展览的传播范围与价值力度受限。全流程、广渠道的推广与宣传缺失是重要原因。一方面，近六成样本展览在网页、微信公众号、微博等渠道的前期推广较少，文章、视频等介绍性、预告性信息较为缺乏；另一方面，有关网上展览展出效果的宣传类新闻更多聚焦其复刻、拓展来源的线下展览，鲜有针对网上展览的相关报道。此外，推广与宣传的渐进性与持续性安排缺少，仅在当天推进，依托互联网和社交媒体开展的宣传活动碎片化，无明显发展规划与内容框架。

二是展览用户研究缺位。用户需求与受众反馈是衡量档案展览内容传播效果的重要指标。若一直以被动等待公众"走进来"的形式开展展览，不仅会降低公众的参与热情和积极性，还会增加时间与经济成本，档案信息传播效果也将大打折扣。用户体验受信息传播内容、传播方式、传播媒介的影响，档案资源建设与展览形式不到位也将直接影响受众体验。[10]多数样本展览的访问人数模糊、留言反馈缺少，用户的观展需求被迫隐藏。此外，展览主体几乎没有基于用户代际差异设置展览的不同风格。代际差异是指在社会时间中的不同时代阶段，未共同经历过某一固定时间段的可识别社会群体所构建并保存的记忆具有显著差异。[19]受群体所处的时代境遇与社会条件影响，不同代际主体的信息能力、兴趣偏好与接受程度均有差异，若展览主体无法准确把握不同代际受叙者的分众化、圈层化需求，对不同群体的传播语境理解有偏差，则将影响传播效果。但目前展览较少从受众层面的不同特点开展设计，忽视了展览对不同时代的社会群体可能产生不同的认知与记忆影响。

三是安全保护意识薄弱。一方面，对用户的个人隐私保护意识亟待加强。网上展览应具备和遵循隐私声明，保证用户访问网上展览过程中的安全性。其一，超92%样本展览因其未向用户提供任何信息输出的功能，并未出现与用户隐私相关的内容；其二，出现与用户隐私相关内容的网上展览仅提供用户登录验证、匿名留言的功能。这虽然阻隔了个人隐私安全隐患，但也完全忽视了用户体验的反馈信息，网上展览需要在与用户充分交互内容的基础上确保其个人隐私的安全。另一方面，对档案资源的知识产权保护意识仍待提升。档案信息资源具有密级特性、不完全公开性，因此在展览开放、利用和宣传档案时应注意其安全性和版权保护。[20]多数样本展览有意识地设置图片水印、版权声明等方式保护档案的知识产权，但仍有约34%的样本展览未设置任何文字说明或知识产权标识，没有标明其资源来源；在合作设展的样本中，多数未注明所引用档案图片权属主体和使用权限控制等。此外，图片下载也没有任何技术控制手段，下载后的图片的属性资料并没有出处等信息。知识产权保护意识的缺失既不能满足公众的知情权，也不够尊重创作者的劳动成果。

14.5 综合档案馆网上展览建设策略

14.5.1 推进网上展览资源的建设与开发

评估馆藏档案，匹配资源主题。搭建好适宜的档案资源结构框架是建设与开发网上展览资源的首要前提。首先，依据网上展览的展陈要求，做好存量馆藏档案文献遗产的二次价值评估与意义陈述，为展览资源选择提供决策信息支持。其次，定位馆藏资源的展览方向，将网上展览主题的内容架构与档案匹配，必要时辅以联合办展、跨界办展等弥补资源缺口。

拓展档案来源，丰富展览素材。不仅要做好地方档案资源普查摸底工作，还要做好重大事件档案资源、红色档案资源的收集与价值鉴定工作，多渠道征集具有地域特色、文化特色等的档案资源，例如民间珍贵档案、家庭档案、族谱档案、口述档案、非遗档案资料等；政府可将档案领域的交流合作纳入政府间交流计划，开展国际合作与交流项目，共享档案资源；结合线下开展关于档案收集与展示的主题活动，邀请公众提供档案、讲述故事、上传作品，以此加强档案馆与公众的互动，提升社会对档案网上展览的关注和社会档案意识。

做好数字仿真，优化图像质量。良好的图像呈现效果是网上展览内容展出的基本要求。其一，网上展览要尽可能展出高质量的档案数字仿真复制件，依据现有或制定本馆的网上展览的图像质量标准，确保内容清晰，以及稳定图像的可视状态。其二，网上展览应尊重档案原貌，避免对原始档案的消解，对字迹图像原本已不清晰的档案要先采取适当的保护修复措施，在保留原始材料的历史痕迹的基础上利用数字技术复原图像。

深挖档案信息，辅助内容输出。加强对馆藏档案的深入挖掘，首先，档案馆要注重接收档案的完整性与系统性，策展人员才能对档案内容进行挖掘和分析后系统化、逻辑化呈现。其次，揭示档案的有机联系，强化网上展览的拓展性。档案工作人员要与主题相关专业人员合作，运用所属领域的专业知识对档案来源、内容、价值进行考证，挖掘档案背后的故事，建立档案之间的联系，有意识地还原历史背景，为用户搭建立体丰富、背景充实的历史"情境"，并以用户能够理解和接受的方式呈现出来。再次，网上展览不能只是展品的罗列堆积，通过合理的内容计算和叙事编码可以提升数字馆藏档案对于用户的可及性，如运用多媒体技术、口述历史等将档案信息转化为生动故事，有意识地传递文化观念，引导用户在观展过程中思考展览背后的内涵。

建立著录标准，完善资源组织。网上展览的故事化虚拟世界的构建需要对档案资源进行元数据著录、挖掘和聚合，分析各种元数据之间的关联，将同一主题的档案数据聚合，通过与虚拟情节的交互，让档案展览更有代入感。档案馆可基于 DC、EAD、VRA、CDWA 等元数据著录标准，因地制宜地建立一套易理解、可扩展、能连接的简练元数据集，规范资源的存储和组织方式，使用户能够在展览或搜索引擎中快速检索到相关档案资源，也可以帮助构建用户友好的展览界面和导航系统，提升用户的体验感和满意度。

14.5.2 构建展览规划设计的框架与模式

厘清展览目标，定位发展模式。档案馆藏规模与策展条件各异，单个策展主体无法承载过于宏大的展览体量和表达，不同时代与类型的档案在展览中发挥的作用亦各不相同。因此，借助数字平台或媒介，档案馆可因地制宜，发展"档案主导"和"用户主导"两类模式。"档案主导"模式即以档案馆馆藏数字资源为基础，主导串联分散的资源集中展示一定时空范围内的主题。"用户主导"模式即由档案馆提供档案并制定相应规则，由用户发挥公众智慧探索档案叙事方式。用户不需要按照档案馆策展的分类或规划亦步亦趋，可主动选择档案组织故事、解读价值、分享感受，提升展览的个性化与创新性。

深耕资源特色，丰富展览主题。在资源特色方面，首要前提是做好对相关内容的充分研究与论证，然后基于馆藏档案资源特色向地域特色延伸，如著名人物、民族特色、民俗文化、生态文明等。在展览主题方面，一是基于资源特色持续推出匹配程度较高的展览，做好资源结构的安排；二是基于用户需求定期征集呼声较高的主题，记录与用户的互动反馈；三是基于机构合作扩展展览内容，共享机构间的馆藏资源与展览模式。

积极参与合作，提升展览质量。合作办展可以实现优势互补，优化馆藏资源是提高展览质量的一个重要途径。目前，我国综合档案馆的网上展览的合作对象主要是兄弟档案馆与党政机关团体，合作对象范围有限。因此，档案馆可以积极地与不同地区、不同领域的机构团体合作，从不同的视角确定展览选题，解读档案内容，从而实现展品数量扩充、质量优化。例如，档案馆可以和美术馆联合策划，由档案馆提供文献、照片等资源，美术馆提供艺术品等，使档案和其他资料相互印证补充，增强展览的立体性、生动性。同时，档案馆亦可尝试与专业的策展公司、技术公司等合作，适度让渡技术压力，从认知与表达方面构建专业合作链条。

定位双线展览，延展平台复现。首先，档案馆需要根据自身条件与展览要求清晰规划馆内线下与线上展览的侧重，线下展览具有时效性与体验实感偏向，网上展览则可以突破时空与虚实界限。网上展览再现实体展览时，不能仅作为其留痕和复刻，需要形成独具特色、富有表现力的新展览，更新呈现形式，跟进用户反馈。其次，档案馆可推进延展档案资源的管理工作的跨平台复现，不仅局限于档案资源之于线上平台参展的历史文化价值，也可融入线下工作中围绕其背后的收集故事或修复历程等全面构建档案资源的价值体系。如阿姆斯特丹国立博物馆在展出荷兰著名画家伦勃朗·范·莱因代表作《夜巡》时，将画作部分修复过程命名为"夜巡行动"，使用户沉浸体验了展品艺术价值及其保护过程。

合理选择技术，把控展览尺度。随着计算机技术尤其是 AR、VR 等技术的发展，目前大部分档案馆能利用先进技术进行网上展览，但不能过度依赖数字手段使得档案本身的文化内涵让位于表现形式，如果过度强调技术以追求感官刺激，很可能把展览打造成大众娱乐的游乐场。因此，在积极拥抱先进技术的同时，更要考虑技术与展览的有机结合。首先，根据展览的主题和内容，以是否能更好地阐释和展示档案及构建档案文化空间为评价标准，合理选择展览技术。例如，H5 技术更适用于展出图片，配以文字或语音解说以及相关的口述档案、视频档案等，既避免了单纯图文展览的枯燥性，又能对档案资源进行关联性整合；地理信息系统（GIS）技术更适用于展现地貌与规划，将档案按照同空间不同时期进行组织和优化。其次，考虑技术的易操作性，选择能够提供良好用户体验的展览技术，将抽象的过程可视化，离象的事物临场化。例如在进行全景展览时，选择操作界面简洁、控件灵活、导航清晰的平台能够大大提高展览效果和用户的观展体验。最后，根据展览预算、技术要求和资源限制，选择适合的技术方案。如果资金和后期维护条件允许，可以考虑使用更新的技术。

14.5.3 凸显展览平台设计的数字与人文

转译档案内涵，链接要素互文。图文型展览作为最广泛应用的网上展览模式之一，图文互为支撑、信息互为补充，因此对档案文本信息的转译是网上展览策划中的重中之重，应辅以资料考据、学者观点，以输出完整、表达准确的标准复述甚至拓展原档案信息。同时要注重展览各要素之间的适配度，字体大小、颜色搭配、排版结构、音效画面等与主题内容相匹配，让观展对象感到舒适。此外，展览模式基于图文型但不限于图文型，档案馆可以尝试改变传统的以文字+图片为主的展览呈现方式，利用先进技术优化视听效果，例如虚拟展厅辅助沉浸式观展、主题游戏丰富观展体验、线上讲座拓展观展信息接收等。

完善叙事手法，强调故事体验。叙事应用于档案展览讲述真实故事较为常见，网上展览需转向观者内心的情绪和展览的文化精神内涵，以此构建联觉思维与精神共情。其一，网上展览可尝试多种视角叙事，基于展览素材依据故事情节性或人物代入感选择不同视角，把档案中的故事置入现代语境建构的感知行为中，利用技术交互在合理的视角中达成过去故事与当下场景的共鸣；其二，网上展览可尝试不同叙事类型，为了展览内容的完整输出和用户阅览的故事体验,不同展览主题恰当匹配结构叙事、文本叙事、空间叙事、互动叙事等叙事类型,并做好相应的展览内容数字化设计、展项互动性设计、展览空间情景化设计、展览的人际互动设计等;[16]其三,档案馆可以积极引入不同的叙事理论与模型进行创新探索,以各类叙事模式作为实现具身感知与虚实交互的切入点。

增设交互功能,深化互动参与。网上展览的接收、传播与反馈离不开用户的互动参与。在档案网上展览全流程设计中,可以适当引入用户参与展览选题提议、展览素材提供、展览内容分享、互动游戏参与、展览效果反馈等,催生用户的反馈式、游戏式、观点式参与,提升其在认知、情感和社交维度的共鸣。一方面,网上展览需要提供足够多的互动渠道,考虑互动的即时性与友好性,循序渐进地进行建设分享、点赞、留言、资料上传等功能,并注重互动舆论氛围构建与引导;另一方面,网上展览放大了线下展览与用户互动的范围与尺度,档案与用户都是展览的中心,与用户参与后形成的内容也可以添加进展览的迭代版本中,实现历史故事与现实观念的情感交互与时空对话。

增补访问方式,广纳受众群体。网上展览需要考虑为所有用户提供公平的访问手段。其一,需要清晰设置展览导引,利于用户进行阅览,提供如"网站帮助""联系我们"等指南或在线帮助;其二,需要完善平台功能,利于用户循序操作,诸如语音解说、字体缩放、多语言转换等;其三,需要设计特殊服务版本,多数社交媒体已经落实关怀模式等,网上展览可依据特殊群体特征设计不同特殊版面以方便更广范围的受众进行阅览。

关注平台维护,保障展览效果。目前网上展览由于缺乏定期维护和修正,存在链接无法访问、展览内容缺失、需要特定插件、更新滞后等问题,也无法实现网上展览内容可更新迭代的优势。对此,可以从以下三方面进行改善:第一,建立专业的策展团队,定期对网站和展览进行检查和优化,在技术和内容上保证网上展览能够正常访问,例如在保证页面和场景清晰度的情况下尽量压缩文件的加载量,避免加载时间过长影响观众的观展体验;第二,培养主动办展意识,根据自身实际情况和特定时期的工作需要,举办反映档案馆性质、城市发展历史等的永久展览,以及有关纪念活动等的临时展览;第三,制定合理有效的更新计划,包括展览主题、展览时间、展览方式等,在保证展览效果的同时实现网上展览的可持续发展。

14.5.4 强化展览运营推广的力度与效度

精准宣传推广,增强展览渗透。目前采用宣传报道是常规的推广选择,但宣传更多作为官宣通稿,应当转变为展览叙事的有机构成部分。第一,检视宣传媒体的全面性。除广播电视、户外广告等大众媒体,还可关注领域相关的期刊、行业报纸等专业媒体,以及公众号、视频号等新媒体,搭建媒体矩阵。第二,注重宣传推广的落脚点。档案馆应将展览的不同节点与落点提供给媒体或领域专家进行联合推广。如敦煌研究院与《人民日报》新媒体、腾讯联合推出"云游敦煌"小程序,与政府网站、商业网站的历史文化等板块链接，有的落笔"数字敦煌"，有的关注"公众考古"，有的强调"敦煌文化"。第三，提升宣传推广的转化率。档案展览的宣传投放要考虑合适的时机，尽量选择公众观看数最多的时间段宣传投入，也要结合实践活动引导用户参与，开设志愿讲解活动或展览研学活动，吸引用户走进档案馆；开发主题鲜明的文创产品与纪念品，借此提高馆藏信息的交互传播。

深入用户研究，实现分众传播。网上展览要坚持以人为本，针对不同群体特征，充分了解不同人群的需求，使展览受众更多样、服务范围更广阔、影响力更深远。在展览前，以档案网站或公众号的常规用户画像为基础，结合合作主体的用户特点深入用户研究，考虑面向特定群体的设计。如对于学术研究者，网上展览应提供可开放、系统性的档案资源，并提供检索等功能以满足研究需求；对于专业人士，提供领域相关的专业档案资源以及可视化工具等，帮助更好地进行分析和研究档案；对于教育机构和学生，可开展线上讲座，允许进行评论、提问等以促进学习和交流；对于普通公众，设计易于理解和浏览的表达，避免晦涩难懂的术语和内容，通过故事化的方式呈现档案资源，以提高公众的观展兴趣。

重视信息保护，保障主体权益。网上展览主要涉及用户的隐私权和档案部门的知识产权。在保护用户隐私权方面，可以在展览中明确隐私政策，告知用户个人信息的收集、使用和保护方式，以及用户的权利和义务；对于展示的档案资源中涉及个人信息的部分，进行匿名化和脱敏处理；在平台建设中，采取必要的安全措施，如加密传输、访问控制、防火墙等，保护用户个人信息的安全。在保护档案部门知识产权方面，可以在展览中添加"版权声明"，包括原始版权所有者和使用许可；采用数字版权管理技术，如数字水印、访问控制等，防止未经授权的复制和传播；还可以通过制定相关规章制度，确定网上展览制作标准，规范工作人员的工作，从而维护档案部门的知识产权。

参考文献

[1] 国家档案局. 国家档案馆爱国主义教育基地工作规范：DA/T 34—2019 [EB/OL]. [2023-08-30]. https://www.saac.gov.cn/daj/hybz/201903/7576e5e951f846349b4ee016bf134e1a.shtml.

[2] 周耀林, 费丁俊, 徐青霞. 北京市档案信息门户网站建设历程与发展思考 [J]. 中国档案, 2019 (4): 80-82.

[3] 赵刚. 上海档案信息网站开通 [J]. 上海档案, 2000 (1): 18.

[4] 李文彬. 档案展览的发展趋势 [J]. 北京档案, 2004 (10): 32-33.

[5] 中共上海市委宣传部. 上海文化年鉴 [M]. 上海：上海新闻出版局, 2003: 225.

[6] 国家档案局. 2022年度全国档案主管部门和档案馆基本情况摘要 [EB/OL]. [2023-08-30]. https://www.saac.gov.cn/daj/zhdt/202308/b2d8cfbede0546c68b4bfdb0889f2702.shtml.

[7] 吴建华, 刘明, 王斌, 等. 中国档案网站建设概况与重点分析 [J]. 档案学通讯, 2008 (4): 50-54.

[8] 何亚洁. 国内网上档案展览研究 [D]. 昆明：云南大学, 2016.

[9] 赵佳慧, 李颖. 我国省级综合档案馆线上展览研究 [J]. 北京档案, 2019 (6): 31-33.

[10] 赵凌云,谢海洋. 基于网上展览的档案信息传播现状分析与对策研究［J］. 山西档案,2020（5）:144-151.
[11] 张锐. 论档案展览活动的创意与策划［J］. 档案学研究,2011（5）:24-27.
[12] 周婧景. 展览:让文献资源"活"起来［N］. 社会科学报,2022-05-29（5）.
[13] 周婧景. 文献收藏机构展览的开发利用［N］. 中国社会科学报,2022-09-27（6）.
[14] 王俞菲,耿志杰. 从"离身"到"具身":档案展览的身体转向与行动逻辑［J］. 档案与建设,2023（3）:51-54.
[15] 龙迪勇. 空间叙事学［M］. 北京:生活·读书·新知三联书店,2015:9.
[16] 刘欣悦,戴旸. 叙事性传播在档案展览中的应用与分析［J］. 档案与建设,2021（10）:22-25.
[17] 陈晓楠. 长三角地区省级综合档案馆网上档案展览研究［D］. 合肥:安徽大学,2022.
[18] 周昊. 档案虚拟展览标准规范与平台构建研究［D］. 郑州:郑州航空工业管理学院,2021.
[19] EYERMAN R. The past in the present:Culture and the transmission of memory［J］. Acta Sociologica,2004,47（2）:159-169.
[20] 赵雪芹,张奕萍. 我国省市级档案网站在线展览调查研究［J］. 档案学研究,2018（6）:110-117.

15 我国档案开放数据资源的建设进展与展望

周文泓　吴一凡　刘鹏超　代林序

中国人民大学信息资源管理学院

摘　要：调查我国档案开放数据资源建设进展，旨在明确档案领域参与公共数据开放的优化策略。通过调查档案机构在档案官网以及公共数据开放平台开放数据的情况，数据全面性、数据可获取性、数据及时性、数据可用性以及数据互操作性等方面相应得到解析。本文发现，我国档案开放数据资源建设目前存在数据开放规模不足、数据资源价值有待提升以及开放程度有限的问题。因之，本文进一步提出优化策略来充分构建数据资源体系，包括完善档案开放数据制度，深化主体参与并协同推进档案开放数据资源对接融通以及完备档案开放数据资源建设流程。

关键词：开放数据；数据平台；档案数据；档案机构

15.1 引　言

作为数字时代推进中国式现代化的重要引擎，数字中国建设已上升至我国的重点发展战略，数据资源体系于其中为两大建设基础之一，档案机构的参与空间随之日趋显著与扩展。国家至各地的档案事业"十四五"规划中，开放档案数据、融入数据战略、数据归档等成为高频词，亦是指向档案机构充分参与数据资源体系建设。因此，以档案官网上线历史档案目录与全文数据、参与政府开放数据平台建设等制作为焦点实践的档案开放数据被视作关键行动，且正逐步显现实践呈现。同时，档案机构如何更全面参与开放数据、如何平衡档案领域的专业要求与公共数据开放的通用方法、如何凸显档案机构在公共开放资源建设中的重要地位等亦显示出现有实践局限，如档案馆纳入开放数据平台的数据集不足、公共开放数据资源体系建设中档案话语有限。因此，基于现有的实践进展洞察档案开放数据的问题与发展策略极为必要，以充分贡献档案机构对数字中国的建设。

理论层面，有关开放数据的研究可为档案开放数据资源建设提供探索框架与成果参照的同时，档案领域亦逐步深入其特定场景展开讨论。研究成果主要集中在以下两大方面：一方面是明确政府开放数据行动下档案机构的角色定位与目标。要求档案机构积极主动参与政府开放数据行动，承担制定数据政策、监管数据机构并提供数据集的任务，[1]并追求在开放数据背景下实现档案数据价值提升、档案数据资源整合[2]等档案数据发展目标。另一方面是立足实践调查的具体问题给出针对性建议，强调案例调查与数据分析，[8,9]发现实践局限与问题，由此从政策制定、法律推行、平台构建等多个方面提出相关策略。[4,7-9]然而，当前的研究更多在于理论分析或是参考国外案例，缺乏对我国实践现状的充分调查分析，有待形成更具针对性的建议。

因此，本文将对档案开放数据资源建设进展展开调查，明确现有行动、成效、问题，由此展望更优实践策略，以期更加充分参与数字中国建设背景下的数据资源体系构建。

15.2 数据收集与分析方案

首先，调查对象的确定：①依据文献调研与预调查，档案机构开放数据主要体现为三种方式，即档案局于公共数据开放平台开放数据、档案馆于公共数据平台开放数据、档案馆于其官网发布档案目录与全文数据，这三类为主要调查内容；②调查方式主要是在线观察，范畴为公共数据开放平台与档案官网；③为确保调查的代表性与全面性，省级地区作为调查范畴；④通过逐个访问现有省级平台，对其进行筛选，剔除档案机构未进行数据开放的平台，以及目前无法访问的平台，最终选定山东省、浙江省、河北省、北京市、江苏省、天津市、重庆市这 7 个省级公共数据开放平台，以及海南省、安徽省等 21 个省级地区的档案官网作为此次的调查对象。

其次，调查内容的设计：由于目前档案开放数据资源建设并没有明确的评估体系，因此主要参考"全球开放数据晴雨表"[11,12]等评估指标以及代表性研究，[13,14]最后选定从数据全面性、可获取性、及时性、可用性以及互操作性这五个方面确认调查内容。具体数据收集内容如下。①数据全面性。调查档案开放数据资源是否足够丰富、完整，关注档案数据集的数量和内容的多样性。具体指标包括开放档案数据数量、提供 API 数量、各类型数据集数量以及提供的元数据要素。②数据可获取性。强调用户能够方便、快速地获取所需的档案数据资源，主要围绕下载数据集是否需要注册登录、能否批量获取以及是否需要付费获取这三个方面进行调查。③数据及时性。重点关注档案数据资源的更新频率和时效性，主要对数据集的更新频率展开调查。④数据可用性。体现在数据格式的规范性以及数据开放权限上。因此对可用性的调查主要围绕数据格式以及数据集授权群体来展开。⑤数据互操作性。强调不同数据之间相互链接和协同工作的能力，主要围绕数据集是否为关键元素提供唯一资源标识符这一指标来进行调查，并对比不同地区元数据元素的差异性。调查框架如表 1 所示。

最后，数据分析主要从以下五个部分展开：①由各个调查指标确认档案开放数据资源建设情况；②对不同类型的档案开放数据进行对比分析；③分析档案开放数据资源建设实践的特点；④解析档案开放数据资源建设实践的不足；⑤展望更优的实践策略。

表1 档案开放数据资源建设调查框架

一级指标	二级指标	指标说明
全面性	数据数量	用户在平台上可以检索到的档案数据数量及数据容量
	API 数量	开放 API 的数量
	各类型数据集数量	档案数据集的类型，包括档案内容数据、档案目录数据、机构业务数据与其他
	元数据要素	档案数据集所提供的元数据类型
可获取性	注册登录	用户下载数据集时是否需要注册登录
	批量获取	是否可以批量获取档案数据集
	付费情况	是否存在付费获取档案数据集的情况
及时性	更新频率	档案数据的明确更新频率与实际更新频率
可用性	数据授权	档案数据的授权群体：全体/特定
	数据格式	是否提供机读的数据格式
互操作性	关联数据	是否为数据集的关联数据提供唯一资源标识符
	元数据差异	不同地区提供的元数据要素之间的差异性

15.3 我国档案开放数据资源建设情况

15.3.1 数据全面性

数据全面性衡量的是各平台开放数据的数量与内容，并明确是否提供相应的数据集信息与元数据信息来帮助数据利用者清楚理解档案内容，更好地对其加以利用。因此，数据全面性主要从数据集数量、API 数量、各类型数据集数量以及元数据要素四个方面进行调查。

15.3.1.1 数据集数量

截至 2023 年 7 月 12 日，各平台中档案机构提供的数据集数量如图 1 至图 3 所示。

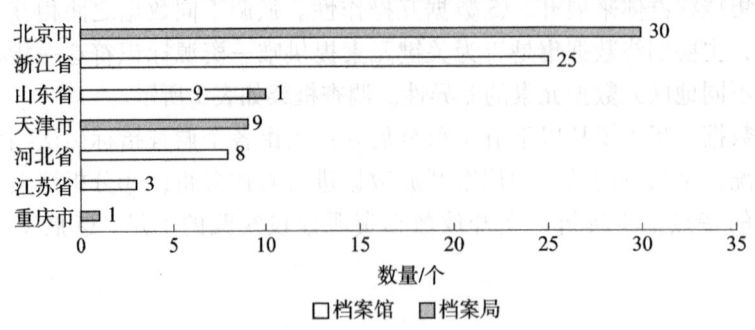

图 1 公共数据开放平台开放数据集数量

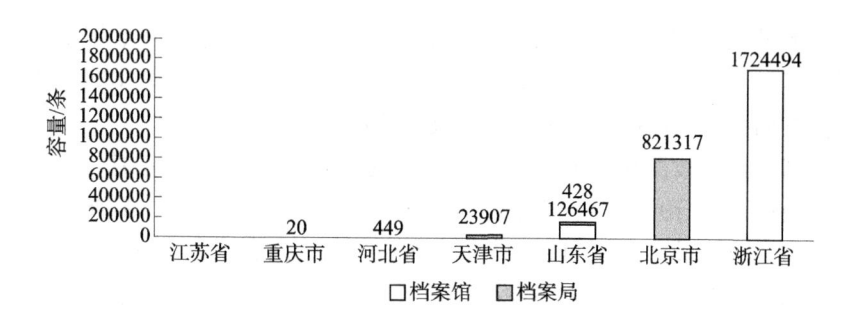

图2 公共数据开放平台开放数据容量

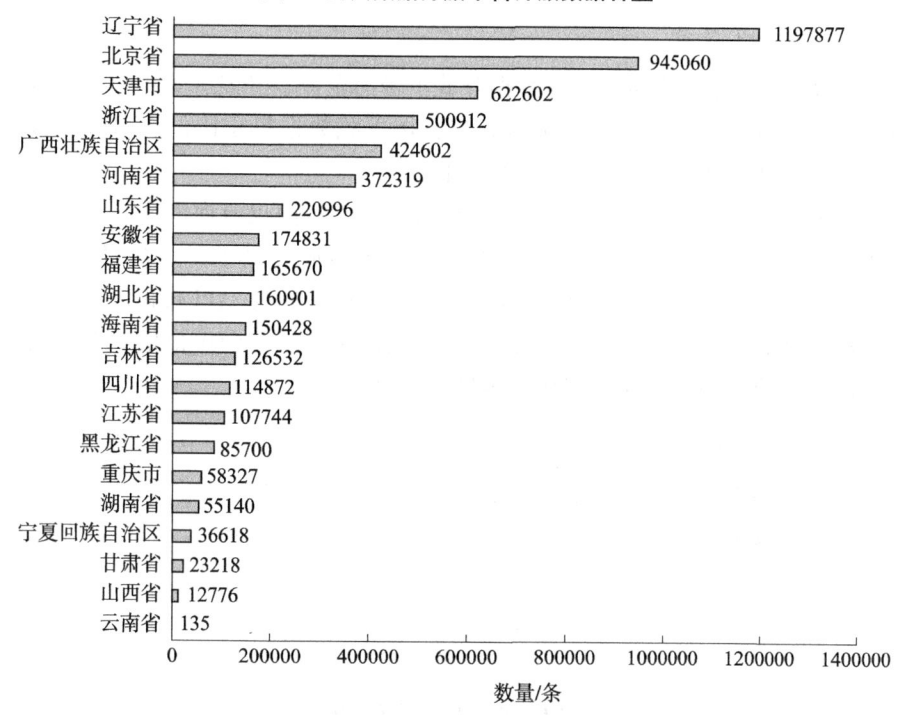

（江苏省、重庆市20、河北省449、天津市23907、山东省428/126467、北京市821317、浙江省1724494；图例：档案馆、档案局）

图3 档案官网开放数据总量

地区	数量/条
辽宁省	1197877
北京省	945060
天津市	622602
浙江省	500912
广西壮族自治区	424602
河南省	372319
山东省	220996
安徽省	174831
福建省	165670
湖北省	160901
海南省	150428
吉林省	126532
四川省	114872
江苏省	107744
黑龙江省	85700
重庆市	58327
湖南省	55140
宁夏回族自治区	36618
甘肃省	23218
山西省	12776
云南省	135

在调查的7个省级公共开放数据平台中，共有5个平台提供的数据集数量不多于10个，仅北京市与浙江省的公共数据开放平台开放了超过20个数据集。其中，北京市公共数据开放平台所提供的数据集数量最多，共可检索到30个；而重庆市公共数据开放平台仅提供了1个数据集。

数据容量主要用以衡量一个数据集中包含的数据条数。根据图2显示，除江苏省未显示数据容量外，浙江省提供了1724494条数据，遥遥领先于其他省份。北京市提供了821317条，山东省提供了126895条。最少的重庆市仅提供20条。总体来看，各地区公共数据开放平台能够检索到的档案数据数量依然较少且存在显著的差异。

档案局与档案馆在省级公共数据开放平台中开放的数据数量也存在较大不同。调查结果显示，7个调查对象中，有3个公共数据开放平台仅由档案馆提供档案数据，分别为浙江省、河北省、北京市公共数据开放平台。此外，山东省公共数据开放平台中档案馆开放的档案数据集数量占其开放数据的90%。其余3个公共数据平台仅档案局提供档案数据。从数据容量上看，省级档案馆开放的数据总容量为1851410条，远远多于同级档案局在公共数据开放平台中开放的数据数量。

档案官网与公共数据开放平台在开放数据的方式上存在一定区别。档案官网更多以单条记录的形式进行开放，因此主要统计分析其开放数据容量。调查发现辽宁省档案馆官网发布的数据最多，共1197877条，而最少的云南省档案馆官网仅135条，差距显著。而从总体来看，21个调查对象中，17个档案官网提供的数据量均小于50万条。因此应该加大开放力度，尽可能多地提供相应的档案资源，以满足不同用户需求。

15.3.1.2 API 数量

API是指应用程序编程接口，是数据开放平台向企业、开发者等用户提供的，通过Web方式获取数据资源静态文件的接口。与直接下载数据集相比，使用API接口能够更加高效获取，并在此基础上创造数据的价值。

调查结果如图4所示。在所有28个调查对象中，目前仅有海南省、北京市、浙江省与山东省这四个省份的公共数据开放平台为档案资源提供了一定数量的API接口，即在所有调查对象中接近七成未进行相应的API开发。同时，API接口数量最多的为山东省公共数据开放平台，为27个；而海南省公共数据开放平台仅提供4个接口。无论是在数量还是在地区的覆盖面上都存在明显的不足。

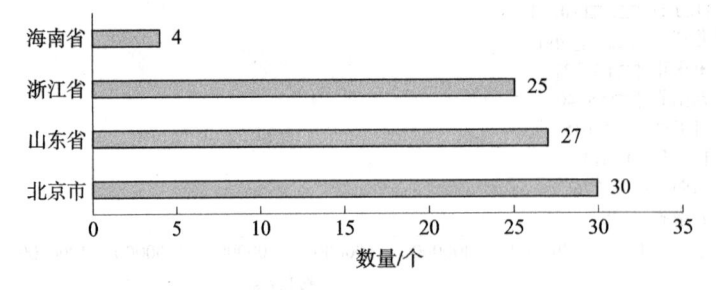

地区	数量/个
海南省	4
浙江省	25
山东省	27
北京市	30

图4 各地提供 API 数量

15.3.1.3 各类型数据集数量

公共数据开放平台的调查结果如图5所示。各公共数据开放平台提供的档案数据集主要集中在档案目录数据，即记录了档案的名称、主题、责任者、创建日期等基本信息，用于描述档案馆收藏的档案种类和档案编号等信息的数据。在调查的7个公共数据开放平台中，江苏省、天津市、浙江省的公共数据开放平台开放的档案数据集全部为档案目录数据。除此之外，山东省公共数据开放平台开放的档案数据集中70%为目录数据。档案目录数据资源较为丰富。

除了档案目录数据外，公共数据开放平台开放的档案数据集还涉及机构业务活动中所产生的业务类数据，例如档案馆查档指南、档案异地利用办事指南等。北京市与河北省公共数据开放平台开放的机构业务数据在其开放数据集总数中占比超过75%。与此同时，仅有重庆市公共数据开放平台开放了1个档案内容数据。

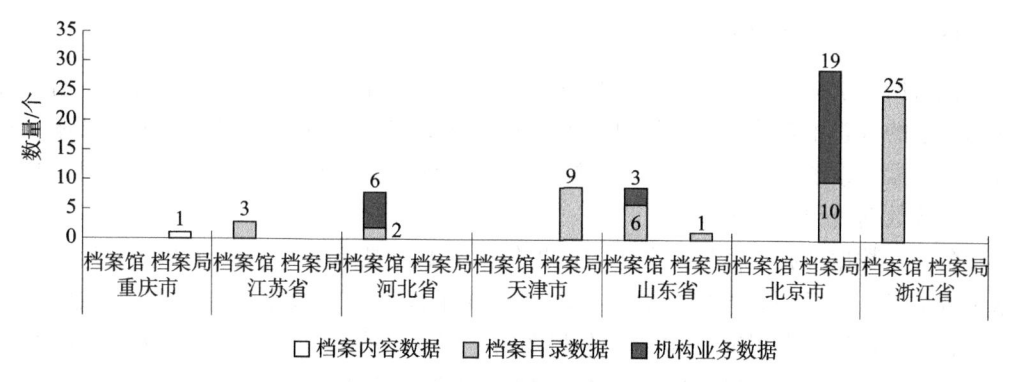

15 我国档案开放数据资源的建设进展与展望

图5 公共数据开放平台开放各类型数据集数量

档案局相较于档案馆而言，在参与政府数据开放的过程中提供的数据集类型更加全面，范围涵盖档案目录数据、档案内容数据以及机构业务数据，且将重点放在开放机构业务数据上；档案馆则仅涉及档案目录数据与内容数据，当前其在公共数据开放平台中开放的目录数据占其总开放数量的70%。

根据图6所示，各档案官网提供的档案数据更多集中于档案目录数据与内容数据。总体来看，目前档案馆开放的数据依然以档案目录数据为主，共18个档案馆官网提供了档案目录数据，仅8个档案馆官网提供了档案内容数据。除了江苏省，同时提供这两种类型数据的站点所提供的目录数据数量均超过内容数据。由此看来，档案馆在开放档案内容数据上依然存在欠缺，应积极践行"十四五"规划，完善数据结构，提高档案内容数据的比例。

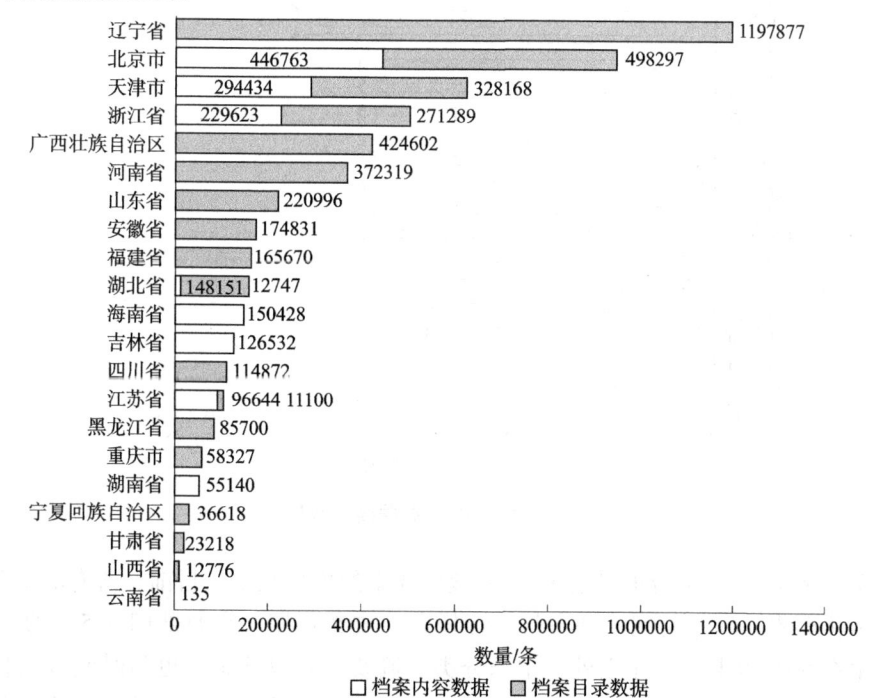

图6 档案官网提供各类型数据总量

15.3.1.4 元数据要素

元数据要素提供了对元数据的描述与定义，能够帮助用户准确理解信息。对于元数据要素的调查主要从各平台提供的元数据要素数量，以及元数据要素出现频率来进行。元数据要素越多、越全面，则越能帮助用户更加全面准确地了解数据信息，从而提高开放数据资源的利用效率。

各公共数据开放平台与档案馆官网提供的元数据要素数量如图7和图8所示。根据调查结果，省级公共数据开放平台均提供6个以上的元数据要素，其中，浙江省、山东省的元数据要素超过了10个。各档案馆官网提供的元数据要素大部分在5个以上，但也有少数地区的平台提供数量较少，例如云南省、浙江省、吉林省。

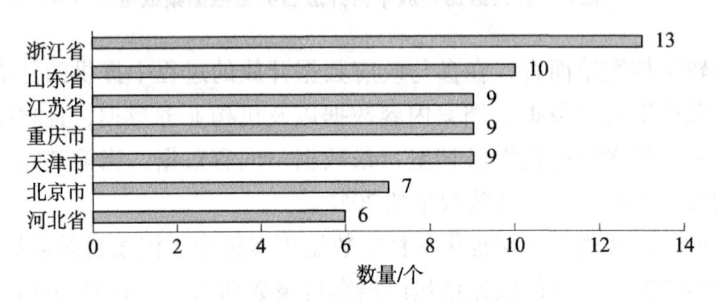

图7 公共数据开放平台元数据要素数量

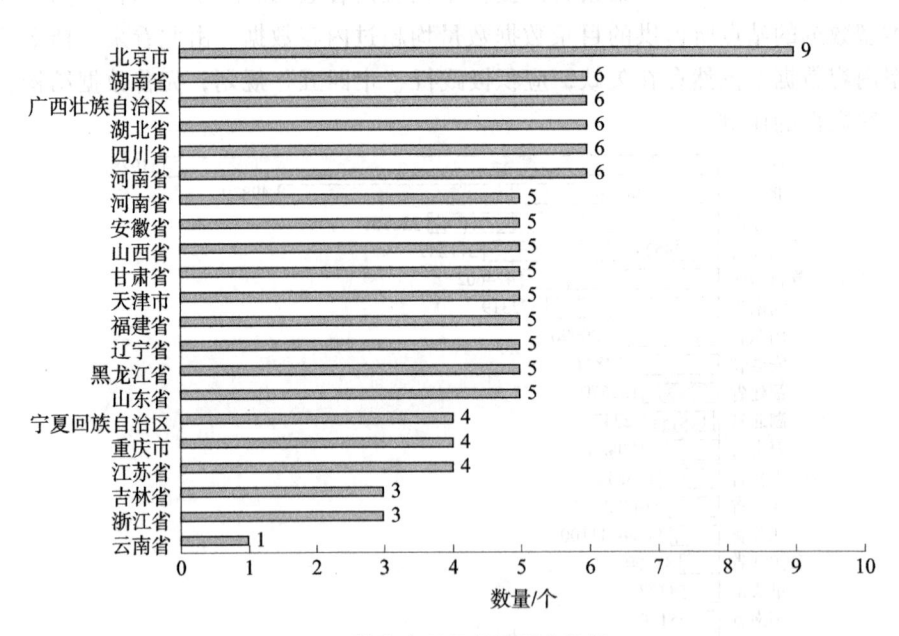

图8 档案官网元数据要素数量

图9显示了28个平台提供的32类元数据要素的出现频率。目前，所有的平台都提供数据名称要素，发布时间、档案号、责任者、成文日期、来源部门这5个要素的平台覆盖率在50%以上。除此之外，主题分类、摘要、开放状态、更新时间以及标签要素的平台覆盖率为15%—30%。其余21个元数据要素提供的平台均小于5个，例如文

号、更新频率、所属行业、数据量等。目录名称、保管期限等 11 个元素仅 1 个平台提供。

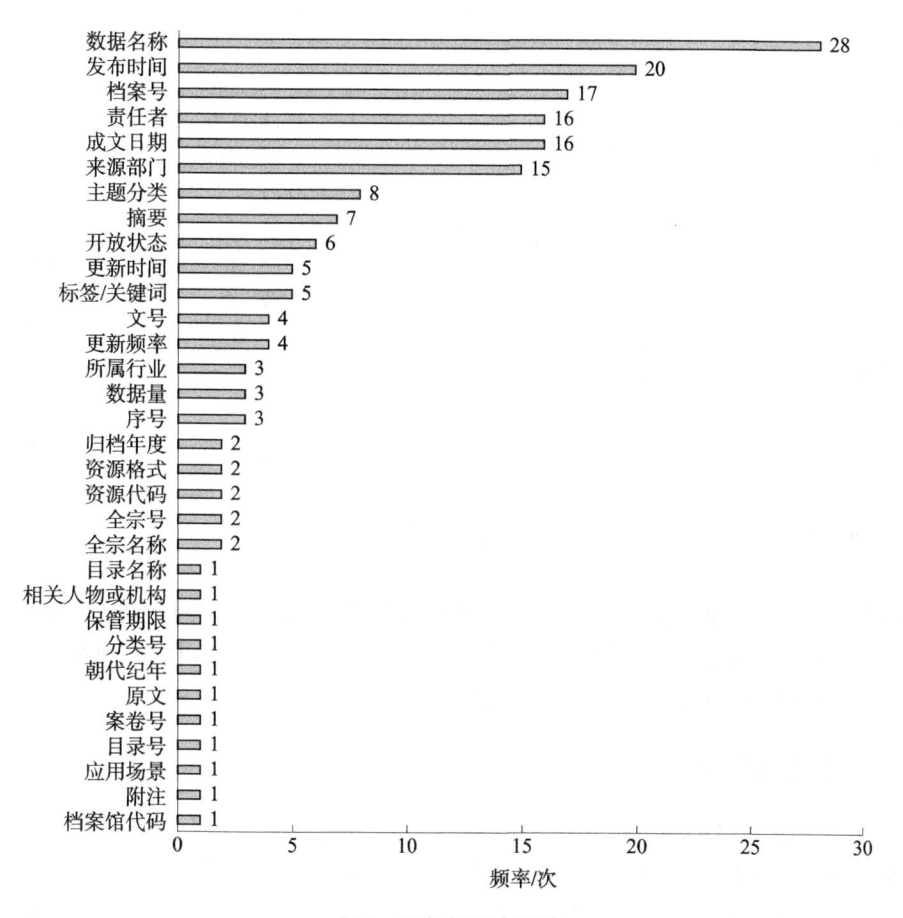

元素	频率/次
数据名称	28
发布时间	20
档案号	17
责任者	16
成文日期	16
来源部门	15
主题分类	8
摘要	7
开放状态	6
更新时间	5
标签/关键词	5
文号	4
更新频率	4
所属行业	3
数据量	3
序号	3
归档年度	2
资源格式	2
资源代码	2
全宗号	2
全宗名称	2
目录名称	1
相关人物或机构	1
保管期限	1
分类号	1
朝代纪年	1
原文	1
案卷号	1
目录号	1
应用场景	1
附注	1
档案馆代码	1

图 9　元数据要素频率

15.3.2 数据可获取性

在易获取性方面，若该地区站点上所提供的数据集无须注册登录即可获取，支持批量获取，且不存在需要付费获取的情况，则认定该地区站点的档案数据集为易获取。反之，则认定其为难获取。介于二者之间的为受限获取。

经过对采集数据进行整理统计，在提供档案开放数据集的 28 个站点中，易获取档案数据集的站点共有 2 个，分别是山东省公共数据开放平台与北京市档案馆官网。另外 26 个站点均受限提供档案开放数据集。无难获取平台。

在 26 个受限获取站点中，有 8 个站点需登录后才可下载利用档案数据集，分别为河北省公共数据开放平台、浙江省公共数据开放平台、北京市公共数据开放平台、江苏省公共数据开放平台、天津市公共数据开放平台、重庆市公共数据开放平台，以及湖南省档案馆官网和广西壮族自治区档案馆官网。有 24 个站点不支持批量获取档案开放数据集。所有站点均不存在需付费才可获取数据集的情况，具体如表 2 所示。

表 2 受限获取平台注册登录与批量获取状况

站点	注册后登录获取	不支持批量获取		
公共数据开放平台	河北省 浙江省 北京市 江苏省 天津市 重庆市	河北省 北京市 重庆市		
档案官网	湖南省 广西壮族自治区	浙江省 北京市 福建省 江苏省 四川省 云南省 广西壮族自治区	山东省 黑龙江省 辽宁省 吉林省 河南省 湖北省 湖南省	天津市 重庆市 甘肃省 宁夏回族自治区 山西省 安徽省 海南省
数量/个	8	24		

总体来看，在数据可获取性上，公共数据开放平台与档案官网之间存在较大差异。公共数据开放平台的限制更多在于要求注册并登录，而绝大部分档案官网都无须注册登录，其受限原因主要在于未开发批量获取功能。

15.3.3 数据及时性

在 28 个提供省级档案机构开放数据的站点中，仅有 5 个站点在数据集简介页面明确了数据集的更新频率，而其中能够按照规定的频率定期更新数据集的站点有 4 个。更新频率为每年的数据集有 3 个，分别是山东省、江苏省和天津市公共数据开放平台的档案数据集。更新频率为每半年的高频更新地区 1 个，为海南省公共数据开放平台。重庆市公共数据开放平台的档案数据有规定的更新频率，但实际并未按照规定进行更新且无法明确其频率。其余站点的数据均未明确更新频率，而在实际调查中，这些未明确更新频率平台的档案数据基本处于不更新状态。此外，21 个档案机构官网站点均未明确数据的更新频率。虽然不同类型的数据集更新速度存在不同，但目前的更新频率显然是滞后的（见图 10）。

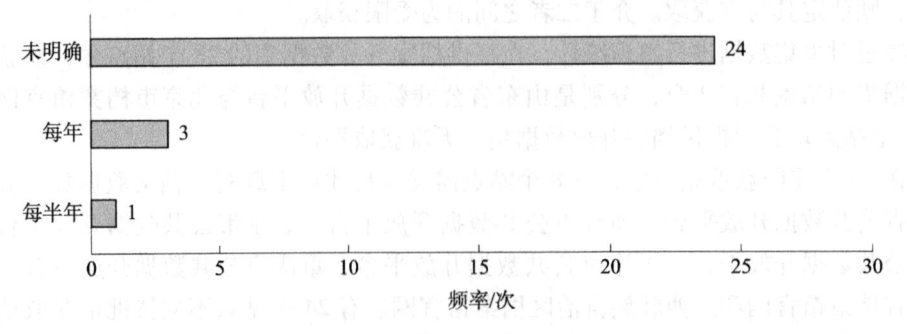

图 10 数据集更新频率统计

15.3.4 数据可用性

调查的 7 个公共数据开放平台中，在数据授权方面，6 个平台提供的档案数据集均面向全体用户开放，未限定数据集的特定用户群体。仅河北省公共数据开放平台存在使用数据需申请的情况，申请理由限定于行政依据、工作参考、数据核查、业务协同以及其他。虽然该平台给出了申请的通道，但根据实际调查的情况，个人申请均显示请求失败且无明确的操作步骤及反馈，在数据获取上依然存在困难。而在数据格式上，所有的公共数据开放平台均提供可机读的数据格式。

而在 21 个被调查的档案官网中，所有的平台数据都面向全体用户开放，但在数据格式上，山东省、黑龙江省、辽宁省、河南省以及福建省的档案馆官网目前未提供可机读的数据格式。因此从整体的情况来看，公共数据开放平台应更多着眼于数据授权方面的便捷性，在维护档案开放数据资源安全的前提下为用户提供更加方便的获取渠道；档案官网则应更加重视数据格式的提供，为档案资源利用打下良好的基础。

15.3.5 数据互操作性

15.3.5.1 唯一资源标识符

数据互操作性由是否提供唯一资源标识符（URI）这一指标进行衡量，通过使用 URI，可以实现不同数据的互联互通，提高数据的可访问性和可用性。

调查显示有 5 个站点未提供唯一资源标识符，分别为山东省公共数据开放平台、浙江省档案馆官网、辽宁省档案馆官网、吉林省档案馆官网与北京市公共数据开放平台。其余 23 个站点均采用了唯一资源标识符对数据集的关键要素进行标记。

15.3.5.2 元数据互操作

档案元数据互操作是在数字转型、数据资源全国一体化的背景下的新需求，也是档案资源整合和提供多元利用服务的必经之路。[14] 该指标主要考察不同地区档案数据集提供元数据的差异性，元数据越一致，数据互操作性越好。

表 3 为调查的 7 个公共数据开放平台的具体元数据状况。可以看出，目前各地公共数据平台元数据框架、数量各不相同，但基本涵盖 11 类元数据元素：数据名称、来源部门、摘要、标签、开放状态、主题分类、更新时间、发布日期、行业分类、更新频率与数据量。其中，山东省、天津市与北京市提供的元数据要素均包含在这 11 类之中。浙江省、江苏省、重庆市与河北省则在这 11 类元数据外还提供了一些独特的元数据。

表 4 为各地档案官网提供的元数据情况。北京市、山东省、福建省与海南省的档案馆官网均提供了数据名称/题名、档案号、责任者、成文日期、来源部门/所属档案馆这 5 类元数据，而北京市在此基础上还提供了 4 类元数据。因而这四个地区的档案官网元数据较为一致。河南省、广西壮族自治区、湖南省、辽宁省、安徽省、江苏省以及重庆市这 7 个地区的档案官网均提供数据名称/题名、档案号、责任者与成文日期

元数据，而除了江苏省，其余省份均在此基础上提供了其他元数据，因而存在一定的一致性。而剩余地区档案官网在元数据设置上虽有部分重合但同样存在一定的差异性。

表3 各地公共数据平台元数据情况

地区	数据名称、来源部门	摘要	标签	开放状态	主题分类	更新时间	发布日期	行业分类	更新频率	数据量	其他
浙江省	√	√	√	√	√	√	√	√	√	√	资源代码、资源格式、数据范围
山东省	√	√	√	√	√	√	√	√	√	√	
江苏省	√							√			应用场景、版本号
重庆市	√	√						√			资源格式分类
天津市	√	√	√	√	√	√		√			
北京市	√					√				√	
河北省	√	√		√	√						信息资源代码

表4 各地档案官网元数据情况

地区	数据名称/题名	档案号	责任者	成文日期	来源部门/所属档案馆	其他
北京市	√	√	√	√	√	档案馆代码、原文、附注、文号
河南省	√	√	√	√		全宗名称、归档年度
四川省	√	√				全宗号、目录号、案卷号
湖北省	√	√		√	√	全宗号、全宗名称
广西壮族自治区	√	√	√	√		序号、文号
湖南省	√	√	√	√		文号、保管期限
山东省	√	√	√	√	√	
黑龙江省	√	√				序号
辽宁省	√	√	√	√		朝代纪年
福建省	√	√	√	√	√	
天津市	√	√	√	√	√	专题类型
甘肃省	√	√	√	√		分类号
山西省	√	√		√		序号、相关人物或机构
安徽省	√	√	√	√		文号
海南省	√	√	√	√	√	
江苏省	√	√	√	√		
重庆市	√	√	√	√		
宁夏回族自治区	√		√	√	√	
浙江省	√	√	√	√		数据类型、摘要
吉林省	√		√			归档年度
云南省	√					

15.4 我国档案开放数据资源建设的问题分析

15.4.1 数据开放规模不足

数据开放规模不足主要体现为以下两个方面。

一方面，参与开放的档案机构有限。在全国34个省级地区中，仅有7个地区的档案机构在公共数据开放平台中进行档案开放数据，以及21个地区的档案馆通过档案官网开放档案数据。这意味着仅20%左右的档案机构在公共数据平台实现了档案开放，档案官网的开放也仅覆盖60%的地区。在档案开放数据的参与方上存在明显的规模较小的问题，尤其体现在档案机构参与公共数据开放中。

另一方面，多数参与开放的档案机构所开放的数据同样规模较小。从开放数据资源的数量上看，各地档案机构之间存在较大的差异。与开放了超过20个数据集的北京市和浙江省相比，其余5个平台均只提供了不超过10个数据集。开放数据集数量最多的北京市也仅提供30个数据集，在开放数量上还存在非常大的提升空间。档案馆在其官网上开放的数据量存在同样的情况，超过75%的档案官网发布的数据量在50万条以下，与馆藏内容相比开放的数据资源仅占其很小一部分。

15.4.2 数据的资源价值有待提升

从调查结果来看，所开放数据未有充分的资源价值，主要体现在内容层面。

第一，开放数据的内容在所涉及领域、主题等方面有待多元化。这一问题尤其体现在档案机构参与公共数据开放平台所发布的数据中。调查发现，各地区档案机构开放的档案数据主要集中在历史文化领域与机构业务活动领域。例如浙江省档案馆在公共数据平台上开放的25个数据集均为历史文化类数据，包括浙江历史名人信息、浙江省粮价信息等。与馆藏类的开放数据相比，机构业务数据涉及的主题较为多元，但也基本仅涉及综合政务、教育科技与文化休闲，如科技项目计划明细表、办事指南、执法检查信息等，开放较少涉及民生保障等其他多领域的数据。

第二，全文类的数据有待增加，这主要是指数字化为数据颗粒度的资源的发布。根据调查结果，各地区档案局与档案馆开放的数据中，档案目录数据与机构业务数据占其总开放数据的大部分，仅重庆市档案局在公共数据开放平台上开放了一个档案全文数据集，以及8个省级档案馆官网提供了档案全文数据，且在数据量上远远低于目录数据。档案全文数据在总量以及地区覆盖面上均存在明显缺陷。

15.4.3 开放程度有限

由开放的性质着手，笔者发现当前发布的各类档案资源同样存有不足。

第一，未充分与公共数据开放平台数据实现整体的资源对接。根据2022年国务院办公厅印发的《全国一体化政务大数据体系建设指南》，我国提出要充分整合现有政府数据资源和平台系统，加强数据统筹管理。档案机构作为政府部门同样需要参与到政务数据资源一体化建设中，而公共数据开放平台是该目的得以实现的重要渠道。但从调查对象来看，当前共有 21 个省级档案馆在档案官网中进行了数据开放，但其中仅有 4 个档案馆同时也参与公共数据开放平台的数据开放。档案机构在选择开放平台时更加倾向于通过自身官网来进行，较为忽视其在公共数据开放平台的开放职责，因此在整体的资源对接上存在明显欠缺。而公共数据开放本身也存在更多重视现行数据的开放，而忽视其与历史数据的对接问题，从而导致数据资源建设的整体性受到影响。

第二，数据更新频率间隔时间过长。由于档案官网本身以开放馆藏档案数据为主，因此基本处于不更新状态。而公共数据平台中档案机构的数据存在更新频率过长的问题，当前 7 个地区的数据更新频率以年度为主，其他则主要为半年、不定期更新与未明确更新频率，无实时更新数据集。对于开放数据而言，过长的更新频率可能会影响其开放质量，甚至影响数据的有效利用与价值实现。

第三，开放数据获取便捷性有待提高。数据获取的便捷性也影响着数据的开放程度，易获取站点的开放数据能够更及时有效地满足用户需求。在各调查对象中，仅两个平台为易获取站点，即获取数据资源无须注册登录、无需付费，以及可以对数据资源进行批量获取。其余站点均为受限获取站点。而主要的受限原因在于未开发批量获取数据功能，这降低了用户在获取开放数据的实践中的便捷性。

第四，数据互操作性不足。从当前各平台的元数据情况来看，平台间未形成较为统一的元数据方案。虽然存在一些共同的元数据元素，例如数据名称、来源部门等，但整体框架各有不同，异质性较高，因此在数据互操作性上存在明显的问题。数据互操作能够实现平台之间的数据交换与共享，避免"数据孤岛"，更好实现档案开放数据资源的整体性建设，而互操作性不足则会显著影响数据的开放程度。

15.5 我国档案开放数据资源的优化策略

根据分析，我国当前档案开放数据资源建设在开放规模、内容价值与开放程度上均存在不足，这直接关联于档案领域开放行动存在不足，如缺少相应的宏观政策指导与标准规范制定来对整体的资源建设进行调控并形成一致性的方案；各参与主体未能实现有效参与与积极协作，导致各地区行动差异显著；开放数据的主要依托平台未能实现有效对接，以及没有形成系统性与标准性的流程等。基于以上问题以及问题产生的主要原因，本文提出如下策略。

15.5.1 完善档案开放数据制度

根据调查可以发现，目前我国档案开放数据资源建设存在开放意识、行动、能力、效果的多方差异，这些问题很大程度在于制度的缺失，如更具针对性宏观政策与标准规范的指导。因此，制度完善可从如下两方面着手。

一是强化政策法规引导。一方面，出台鼓励档案机构开放数据的政策，明确档案开放数据资源在整体数据资源体系建设中的重要地位。包括为数据开放提供支持和资源、设立激励机制、明确具体的数据开放计划以及构建数据开放指标等。这能为档案机构提供积极的推动力，促进数据开放的意愿和行动。另一方面，政策法规需要用于推进不同地区、领域、层级档案开放数据建设的一体化，实现不同数据平台的互联互通，更要推动档案开放数据资源在建设过程中有意识地融入整体数据资源体系建设，据此精神制定适应性的战略、规划与实施方案，实现完善统一的数据资源整合。最后，建立档案开放数据资源的管理框架。通过相关法规与指导性文件，明确档案开放数据的责任主体与组织架构，明确档案开放数据资源的管理范围、内容和规则。

二是健全标准规范。其中，为了实现优质的资源建设，围绕数据对象制定元数据标准和数据格式规范极为必要。元数据是描述数据资源特征和属性的信息，统一的元数据标准可以提高数据的可用性，而统一的数据格式规范有助于不同数据源的数据集成和共享。对于元数据标准而言，需要在深入了解和借鉴现有元数据标准的基础上，根据需求与特点，尽可能全面与完善地描述档案资源重要和常用的核心元数据元素，并采用统一的协议与接口，以便实现不同系统之间的元数据交换和共享。同时，档案开放数据相关的流程、保障等同样需要标准规范的支持，如数据分级分类、开放平台、开放流程、质量要求等。

15.5.2 深化主体参与并协同

档案开放数据资源建设既涉及各类档案机构，也同其他的利益相关者关联，它们的协同程度一定程度上决定了行动广度、深度与效果。因此，需要针对档案开放数据资源建设中的各方主体提出相应的优化建议。

第一，推动档案机构的全面参与。档案室、档案馆、档案主管部门等档案机构有着不同的档案管理分工，档案机构的协同并进是档案数据资源得以建设的根本。一方面，不同类型的档案机构均需要开放各自的数据，参与开放数据的整体行动之中。另一方面，依据各自职责发挥档案数据资源建设的作用。例如，档案室要从内部推进所在机构的现行数据与档案数据的双重开放、档案馆要合规地充分开发与发布数据、档案主管部门要加强政策与规范引导。

第二，实现多元主体协同。协作层次体现为：①档案馆之间的协同。具体而言，地方档案馆应在相关政策与标准规范的指导之下，开展开放数据的业务学习，明确开放数据的共识与共同的流程与质量要求，在数据描述、元数据、编码规则等方面达成一致，在开放意识的指导之下积极与同级档案馆进行协作。此外，可以搭建档案馆之间协同合作的通道，如协作性的数字档案管理系统或数据共享平台，提供共享文档、协同编辑、数据集成、内容交流等功能，促进档案馆之间的协同合作。②各类档案机构之间的相互协同，主要考虑档案馆与档案局的分工。档案馆与档案局同时肩负数据资源体系建设责任，但在实际建设中需考虑自身数据资源特点，明确作为数据发布者的开放责任，开放不同类型的数据资源。例如档案馆更多进行特色馆藏资源开放，实现馆藏资源价值最大化；档案局则更多开放在档案行政管理中形成的机构业务数据，更是要在政策与指导监督上发挥作用。

第三，深化多方参与协作。在我国目前政务数据一体化的大政方针之下，档案机构，乃至整个公共数据开放活动的利益相关者如档案形成机构、数据管理机构、社会各方，都应共建协作框架。例如，档案机构、数据管理机构、业务机构建立跨部门的合作机制，包括定期召开会议、成立工作组或项目组等形式。通过提供一个沟通和协调的平台，促进档案机构与数据管理部门间的互动与合作。再如，在当下数据管理机构作为开放数据主导者的背景下，档案机构可从数据资源质量要求、管理经验等方面参与并贡献。

15.5.3 推进档案开放数据资源对接融通

在实践中，我国档案开放数据资源建设互通不足，尤其是缺乏集成性或连通性的平台集群建设。因此，优化方向要着眼于资源的互通。

第一，推动公共数据开放平台与档案官网连接。档案官网作为档案资源的主要发布和展示平台，在数据开放方面具有重要的角色。首先，档案官网可优化开放平台及其机构，在资源开放层面对标公共数据开放平台，如数据格式、元数据标准和数据上传流程与要求等，有助于确保数据在这两类平台中的一致性和可互操作性。其次，需要进行数据整合清洗工作，解决不同数据源的数据冲突问题，处理重复、缺失或不准确的数据，从而提高数据质量，使其符合共同的标准和要求。最后，应建立数据链接和索引机制，将数字档案馆中的数据资源与公共数据开放平台进行连接。这可以通过公共数据开放平台和档案官网约定一种统一的标识符来实现。

第二，实现公共数据开放平台与数字档案馆对接。数字档案馆作为数字化档案资源的存储和管理平台，承载着重要的数据资源。实现公共数据开放平台与数字档案馆的对接，可以整合并向用户开放数字档案资源，提高档案资源的可利用性和可访问性。具体而言，数字档案馆同样需要做到进行数据清洗和标准化以及数据链接。但与档案官网的不同之处在于，数字档案馆需要建立授权与权限管理机制，确保敏感和受限制的档案数据得到适当的保护。公共数据平台对相关数据的权限管理一般按照无条件开放、依申请开放，以及不允许开放三个级别进行管理，因此在实现平台对接的过程中，应同时考虑数据权限的对接，尤其是数字档案馆也应在权限设置方面向公共数据开放平台寻求参考。根据对当前档案数据的权限要求，统一访问控制和数据权限规则，确保数据权限设置上的有效对接。

15.5.4 完备档案开放数据资源建设流程

从现实来看，各地档案机构未充分建立可供参考的系统化、标准化流程，有待完备。

一方面，建构系统化流程。这涉及档案开放数据的全过程活动，从数据筛选、准备到发布和更新，形成一套清晰、规范的流程。这样的流程应该覆盖数据采集、处理、清洗、标准化、元数据管理、访问控制、发布和更新等环节。系统化流程的建立可以确保数据质量和一致性，降低数据处理的复杂度和错误率，提高数据可用性和可信度。同时，它还有助于规范档案开放数据的发布和更新，以及数据权限的控制和管理。

另一方面，强化标准化流程。这是指基于一定的规范和标准，对档案开放数据的处理和管理进行优化。这样的流程应该建立在相关的数据标准、元数据标准和数据交换格式等基础上。标准化流程的建立可以提高数据的互操作性和一致性，使不同的档案机构和平台之间的数据能够无缝集成和共享。它还有助于增加用户对数据的理解和使用便捷性，提高数据的可发现性和可重用性。

此外，在具体的流程设计中，主要但不限于以下几个方面。第一，明确流程环节和责任主体。确定涉及档案开放数据的各个环节，明确每个环节的具体工作内容，以及相关责任主体，确保数据流程的连贯性和工作的顺畅进行。第二，优化数据质量管理。制定数据质量管理规范和流程，包括数据清洗、校验、纠错和质量评估等环节，保证数据的准确性、完整性和及时性。第三，设计元数据管理流程。制定元数据的录入、管理和维护流程，确保数据资源的描述和搜索能力。尤其需要对元数据的格式和内容进行标准化，提高数据的互操作性和可用性。第四，规范访问控制和权限管理。建立适应开放数据资源特点的访问控制和权限管理规范，确保数据的安全性和隐私保护，明确对不同数据类型和敏感数据的访问限制和权限要求，并形成统一化的规定。第五，加强监控和持续改进。建立流程监控机制，对流程环节进行监控和评估，及时发现和解决问题。持续改进流程，根据用户反馈和需求，不断优化流程，提高效率和用户满意度。

15.6 结　语

本文从整体性的视角对我国档案开放数据资源的建设进展进行了调查与分析，明确了当前建设中存在的问题并提供了相应的优化建议。总体来说，我国档案开放数据资源建设已初步展开，不少地区在相关政策的指导下采取了档案数据的开放行动。然而，在整体建设进程中仍存在一些明显不足，包括开放规模不足、数据内容质量有待提升以及各地之间存在明显的差异化等。限于本文主要依靠调查分析来明确当前的建设进展与优化方向，因此更为具体的建设策略与方案的提出需要更加细致的调查研究与理论分析；同时，档案开放数据资源建设需要进一步考虑制度、平台、主体与流程的多方面建设与协调。这些方向都呈现为广阔的研究空间，有待未来更加系统与全面的研究。

参考文献

[1] 董芳菲. 开放数据环境下新西兰档案馆的角色定位及其启示 [J]. 档案与建设, 2018 (10)：24-28, 23.

[2] 曹筠慧, 管先海, 孙洋洋. 基于大数据时代的档案价值及其开发利用探究 [J]. 档案管理, 2017 (1)：27-29.

[3] 金波, 陈坚, 李佳男, 等. 大数据时代档案数据资源整合探究 [J]. 档案与建设, 2022 (9)：

18-23.
[4] 马海群. 档案开放数据的发展路径及政策框架构建研究 [J]. 档案学通讯, 2017 (3): 50-56.
[5] 胡大伟. 国有档案开放中个人信息处理活动的法理逻辑及规范架构 [J]. 档案学研究, 2023 (2): 59-66.
[6] 王协舟, 尹鑫. 英美法系国家档案开放数据法律与政策调研及经验借鉴: 基于文献、文本和案例的省思 [J]. 档案学通讯, 2019 (4): 48-57.
[7] 李姐. 大数据时代档案开放数据共享机制及推进策略探析 [J]. 档案与建设, 2023 (3): 13-17.
[8] 唐长乐, 王明明. 我国档案开放数据研究: 基于政府数据开放平台的调查 [J]. 浙江档案, 2022 (1): 44-47.
[9] 唐长乐, 武亚楠. 国外档案开放数据研究: 基于政府数据开放平台的调查 [J]. 档案管理, 2022 (5): 109-112.
[10] 代林序, 熊小芳, 陈淑涵, 等. 档案机构开放档案数据的实践策略研究: 以美国国家档案与文件署为例 [J]. 档案与建设, 2023 (5): 52-56.
[11] World Wide Web Foundation. Open Data Barometer Global Report [EB/OL]. [2023-08-4]. http://opendatabarometer.org/doc/leadersEdition/ODB-leadersEdition-Report.pdf.
[12] 郑磊, 吕文增. 地方政府开放数据的评估框架与发现 [J]. 图书情报工作, 2018, 62 (22): 32-44.
[13] 朱晓峰, 盛天祺, 程琳. 服务接触视角下政府数据开放平台的评估框架与实效研究 [J]. 电子政务, 2021 (10): 2-14.
[14] 林平, 何思奇, 段尧清. 数据与用户视角下政府开放数据服务水平评价研究 [J]. 图书情报工作, 2020, 64 (2): 23-29.
[15] 孔祥盛. 我国档案元数据互操作的现状、问题和对策研究 [J]. 档案管理, 2023 (1): 45-49.

16 数字中国建设背景下我国省级档案馆重特大事件档案资源建设与服务现状调查

祝 洁[1,2]

1. 中国人民大学信息资源管理学院；2. 郑州航空工业管理学院信息管理学院

摘　要：重特大事件档案资源建设与服务的高质量发展是推动我国国家治理体系和治理能力现代化的保障。重特大事件档案数据的开发利用与共享有助于提升数字中国战略下的重大突发公共事件处置保障能力和公共安全治理水平。本文采用网络调研法和文献研究法，辅以电子邮件等咨询方式，以突发性公共卫生事件为切入点，调查我国31个省级综合性档案馆疫情防控档案资源建设与服务的现状。调查发现，90.3%的省级综合性档案馆门户网站提供疫情防控相关档案资源与服务，但仍有待进一步改善。应加强与法规制度之间的协同，建设重特大事件档案数据库，积极融入城市应急管理体系，为数字中国战略下的公共安全治理作出新贡献。受限于研究方法、调查样本数量、网站信息的时效性以及档案开放程度等因素，本文所得数据与实际情况可能存在一定差异。

关键词：重特大事件档案；资源建设；利用服务；专题数据库

16.1 引　言

重特大事件档案是党和国家组织应对自然灾害、事故灾难、公共卫生事件、社会安全事件等突发事件所形成的具有保存价值的历史记录。[1]在面临重大变革和风险挑战的新时代背景下，重特大事件档案对于总结历史经验教训、维护国家安全和社会公共利益、推进国家治理体系和治理能力现代化具有重要意义。新修订的《中华人民共和国档案法》规定，档案馆应加强对突发事件应对活动相关档案的研究整理和开发利用，为突发事件应急活动提供文献参考和决策支持。《"十四五"全国档案事业发展规划》提出"健全重大活动、突发事件应对活动档案工作机制，着力健全重特大事件应急处置档案管理机制，做好相关材料归档和档案接收、征集、整理工作"。2023年2月，中共中央、国务院印发了《数字中国建设整体布局规划》，明确提出推动公共数据汇聚利用、建设公共卫生等重要领域国家数据资源库、促进数据资源价值释放等重要意见。重特大事件档案数据的汇聚利用既有助于提升政府的公共安全数字治理效能，又能够为数字中国背景下的韧性城市风险抵御与恢复重建赋能。但是，受资源形态、整合共享程度等因素掣肘,其"赋能"效应尚未充分实现,资源实存形态及共享、利用状况有待进一步梳理和揭示,以探索新时代重特大事件档案数据价值实现的有效路径。

16.2 文献回顾

目前学界相关研究主要从理论、机制及业务三个方面对重特大事件档案展开研究。一是从社会记忆、后现代理论等视角,认为公共卫生事件公众档案有利于维护社会记忆完整性,[2]提倡全面系统、多角度、多途径地收集防疫过程中的档案资料是其能够建构真实完整、立体丰富的社会记忆的首要前提;[3]二是从管理机制角度,认为档案部门应发挥政策指导、平台建设和质量控制的主导作用,协同相关部门、研究机构、高等院校等机构共同记录重大公共卫生事件,[4]依照档案行政管理机构、综合档案馆和各涉及业务部门的档案机构三个层次构建了社会突发事件档案机构职责模型,并提出了更为具体的突发公共卫生事件档案管理模式和响应体系;[5]三是从具体业务角度,探讨了突发事件档案的资源规划、信息采集、开发利用等业务流程,[6-10]并参考"肯尼迪遇刺档案群"、Webarchiv 项目等国外重大事件档案管理实践,[11,12]提出我国重大事件信息存档的具体方法。

上述研究为重特大事件档案管理研究奠定了一定的理论基础,但已有研究大多着重于理论探索,实践层面则以国外单个档案项目介绍为主,且大部分研究以定性研究为主,缺乏相关数据支持。基于此,本文对我国省级档案馆重特大事件档案资源建设与服务现状进行系统调查,归纳存在的问题,提出档案馆重特大事件档案资源建设与服务高质量发展的建议,以更好地融入数字中国建设整体框架。

16.3 调查设计

16.3.1 调查对象与方法

2020 年 2 月 7 日,国家档案局发布《国家档案局关于做好新型冠状病毒感染肺炎疫情防控期间档案工作的通知》,强调疫情防控档案是党和政府领导人民抗击疫情的真实记录,对工作查考研究、经验借鉴具有十分重要的价值。本文以 31 所省级综合性档案馆(不包括港、澳、台)为调查对象,以全国性突发公共卫生事件(如非典、新冠疫情等)为切入点,通过访问档案馆门户网站及微信公众号的网络调研方法,辅以邮件咨询等方式,对其疫情防控档案资源建设与服务情况进行调查分析。

16.3.2 调查内容

本文分别从疫情防控档案资源建设、整合与共享路径以及利用与服务方式三个方面,对 31 个省级综合性档案馆借助门户网站及微信公众号开展疫情防控档案资源建设与服务的情况进行调查分析。资源建设指网站或微信公众号通过新闻动态或征集公告开展疫情防控档案资源收集、疫情防控档案案例库或专题数据库建设；整合与共享路径指区域内以及跨区域的疫情防控档案资源整合与共享路径；档案资源的利用与服务方式既包括在线检索、信息推送和咨询服务等方式，也包括将疫情防控档案加工制作为视频或出版物、举办主题展览等方式。调查时间为2022年1月至2022年12月。

16.4 研究发现

16.4.1 疫情防控档案资源建设

2020年2月7日，国家档案局发布《国家档案局关于做好新型冠状病毒感染肺炎疫情防控期间档案工作的通知》，提出要"做到疫情防控档案应收尽收、应归尽归"。2020年2月14日，江苏省档案馆率先在其网站上发布了"关于面向社会各界征集抗击新冠病毒肺炎疫情防控工作档案资料的公告"，开始向社会各界征集疫情防控档案。[14] 据统计，截至2022年12月31日，已有30个省（自治区、直辖市）档案网站向社会公开发布征集疫情防控档案公告（新疆维吾尔自治区档案馆未在其门户网站发布征集疫情相关档案公告，但是乌鲁木齐市等地市级档案馆发布征集"战"疫档案公告），占全国的96.8%。由此可见，在面临新冠疫情这一重大突发公共卫生事件之时，各省档案馆都高度重视疫情防控档案的收集工作，积极履行档案机构的职责和义务。

16.4.1.1 疫情防控档案资源的收集途径

从调查结果来看，疫情防控档案资源的收集途径主要有三种方式：①按制度接收。各省省委办公厅、抗疫指挥部、卫健委、公安局等政府机关在疫情防控工作中直接形成的、有利用和保存价值的各类文件材料应按规定移交归档。各省疫情防控处置领导机构是文件材料收集主要负责部门，负责集中收集疫情防控所产生的文件材料，经规范整理后向同级国家综合档案馆移交。[14] 例如云南省档案局规定"疫情正式宣布结束之日起90日内，各疫情防控工作小组形成的档案应由疫情防控指挥部统一向所在地国家综合档案馆移交，各部门（单位）产生档案向上级主管部门或本部门（综合）档案室移交，按照专卷单独管理"；②主动征集。主动征集的方式有两种：一是通过档案网站、微信公众号或新闻媒体等渠道向社会各界发布征集公告，广泛征集各类疫情防控档案材料。征集范围一般包括除接收范围之外的反映疫情防控时期的医疗卫生、城市变化、百姓生活的文档、照片、视频、实物等档案资料。[13] 二是向指定机构或特定人员重点征集。例如安徽省档案馆向公安警察、基层工作人员、志愿者等征集档案，与安徽省媒体联合，联系书画名家征集抗疫画作；河南省档案馆积极动员国医大师张磊捐赠防治新冠肺炎中医药方的手稿进馆。③网络信息采集。部分省级档案馆充分认识到围绕疫情防控工作形成的重要网络信息也是疫情防控档案的重要组成部分，制定网络信息采集工作方案，积极运用网络信息采集系统对政府部门、重要媒体等门户网站和社交媒体信息进行采集。例如浙江省档案馆依托浙江省网络信息采集系统，结合专业流媒体检测软件，对浙江省人民政府及相关重要部门、重要媒体官方门户网站等指定网站发布的有关各地疫情防控工作开展的通知、公告、通报、新闻报道等内容进行采集。[15]江西省档案馆利用电子文件采集系统，采集大量战"疫"网页档案，包括网页59245页、微博信息2727条、微信公众号1943条。[16]征集渠道主要采取线下移交、邮寄、电子邮箱或信息采集系统。

16.4.1.2 疫情防控档案资源的主要来源

疫情防控档案记载了社会各界与新冠疫情斗争的真实过程，其来源涵盖国家机构、社会组织以及个人。具体来源及示例如表1所示。

表1 省级综合性档案馆疫情防控档案主要来源

来源	示例
政府部门及其下属机构	省委办公厅；省卫健委；省委宣传部；省民政厅；省公安厅
疾控机构及医院	省疾病预防控制中心；疫情防控工作指挥部；省人民医院
一线医务、支援医疗队	一线医务；定点驰援医疗队
一线警务、安防	一线警务工作者
基层组织	街道；居委会；社区；乡镇；村
志愿者	参与防疫工作的志愿者
媒体	电视；报纸；网站；微博；微信公众号
文艺工作者	文学家；艺术家；文艺爱好者
科研机构与科研工作者	高校、科研机构和科研人员
普通民众	治愈者；居家隔离者；协助防疫工作的各界民众

其中，各省疫情防控处置领导机构是疫情防控档案收集归档的主要来源。虽然各省疫情防控档案资源各个来源的比例难以获取准确数据，但从各省档案馆发布的征集公告来看，征集对象有不同的侧重范围，街道、居委会、社区村镇等基层组织和一线医务、支援医疗队均是重点征集对象，约占征集公告样本的75%和60%。

16.4.1.3 疫情防控档案资源的内容和类型

以新冠疫情防控档案资源为例，依据国家档案局"关于做好新冠疫情防控档案工作的通知和要求"，结合各省档案馆门户网站疫情防控档案调查结果，可将疫情防控档案内容主题分为以下六类，如表2所示。

表2 省级综合性档案馆疫情防控档案主题及具体内容

主题	具体内容	示例
抗疫一线	主要涉及我国国家机构、社会组织和个人采取的疫情防控措施形成的档案	政府机构、疫情防控指挥部发布的关于疫情防控的通知、公告等；抗疫一线的社会各界工作人员和志愿者的照片、视频、工作日记、信函（家书）、先进事迹材料、实物等；患者医治过程中形成的病历档案，以及康复者的"战疫口述史"资料等

续表

主 题	具体内容	示 例
物资及民生保障	主要涉及在区域化封闭管理期间满足居民生活需求的物资供给和资源调配政策以及保障公共服务等工作形成的档案	政府物资供给及调配政策文件；社区、村镇等基层组织生活物资配送、困难群众帮扶形成的文件材料；企业退税、居民税费减免、免费诊疗等民生保障工作相关档案材料
对口支援	主要涉及对口支援（如湖北等地）开展医疗救治工作形成的档案	支援湖北一线医疗队或医护人员的照片、请战书、抗"疫"日记、信函、开展医疗救治工作的照片视频、防护用品等实物
社会捐赠	主要涉及社会各界、海外人士捐款捐物、助力抗击疫情过程中形成的档案	反映慈善机构、爱心企业、个人等捐款捐物的档案资料，包括信函、捐赠证书、照片、视频等
科研攻关	主要涉及医学研究领域在疫苗研制以及传染源溯源过程中形成的档案	省内各高校、科研机构和科研人员在疫情防治、科研攻关过程中形成的记录和数据、研究成果等
宣传报道	主要涉及电视、报纸、杂志以及网络媒体、自媒体形成的各类纪实性、宣传报道材料	反映各级党组织和广大党员干部在疫情防控中先进典型和感人事迹等有关记录；专家在主流媒体普及预防病毒知识的音视频资料；对一线医务人员、防疫工作者、患者及治愈者的采访音视频资料等

而从载体类型来看，各省档案馆的馆藏疫情防控档案资源基本包括文字、图表、音频、视频、照片、实物、电子数据七大档案类型。在各类疫情防控档案资源载体类型中，文字类材料所有档案馆均有收集进馆，其次是照片、音视频档案，分别约占调研样本的96.8%和93.5%。仅有浙江省、江西省、安徽省采集网络信息资源进馆（依据门户网站检索及政府机构新闻报道），占比约9.7%。但是，值得一提的是，部分省档案馆创新思路，积极采集口述档案、实物档案和文艺作品等。例如江苏省、河北省、广东省、重庆市等地档案馆向支援湖北医护人员开展专题口述档案采集，通过医护人员口述分享抗疫珍贵经历，档案馆将其进行完整记录并保存。云南省档案馆保存有380余件抗疫实物档案，包括"请战书"、医疗队队旗、队徽、防护服、个人日记等。安徽省档案馆收集有安徽体育运动职业技术学院新冠疫情防控微视频《体院心灯汇聚成光》、央视新闻、安徽省新闻办、连接安徽官方抖音视频及1357个视频封面截图、安徽广播电视台抗击疫情期间播出部分音频节目等。[17]江西省档案馆征集抗疫美术作品，并组织专家评选出88幅作品，由江西省档案馆永久收藏。总之，各省档案馆馆藏疫情防控档案仍以文字类档案为主，照片、音视频档案及实物数量较少，例如云南省档案

馆纸质载体形式的疫情防控档案是照片和音视频档案的 4 倍左右，网页、社交媒体等网络信息资源更为罕见。

16.4.2 疫情防控档案资源整合与共享程度

疫情防控档案资源的整合与共享关系到其开发利用的成效，但是从调研结果来看，我国疫情防控档案资源的整合和共享程度尚显不足。一方面，疫情防控档案的属地管理使疫情防控档案实体具有一定的分散性，同时在纵向和横向的管理上存在割裂现象。一般移交之前的疫情防控档案被保存在其形成机构内部，如政府机关、医院、科研机构、基层组织、媒体等，甚至分散在不同的部门或下属单位。移交后的档案或整理为专题档案、专题数据库形式，或分散保存在不同的全宗中。另一方面，各地档案信息化发展不平衡，尤其是由于数据库系统及软件标准规范不统一，各部门、地区的系统与平台间形成壁垒，档案信息不能联通。即便建有疫情防控档案专题数据库，也基本局限于某一档案馆开放利用，缺乏馆际之间、跨地区、跨领域的交流与合作机制。

部分地区得益于信息化基础较好，例如上海市、浙江省、江苏省等长江三角洲区域，数据共享较为领先，较易打破数据壁垒，建立跨部门、跨层级的数据整合与共享机制。例如上海市积极依托"一网通办"平台推进科学防疫、复工复产，各渠道疫情防控专栏访问量累计已超 859 万次，利用档案数据做到防疫工作精准施策、科学高效。[18]

16.4.3 疫情防控档案的利用与服务方式

利用与服务是档案工作的最终目标。据调查，疫情防控档案的利用服务方式一般包括提供在线检索目录或全文、咨询服务、信息推送、网上展览和编研成果展示等。调查结果综合档案网站开放档案、专题目录查询以及微信公众号推送信息、政府机构新闻报道多种方式。

调查发现，83.9%的省级综合性档案馆网站提供疫情防控档案的检索渠道，且以通用性检索渠道为主。民众可以借助网站首页的开放档案、数字档案馆等栏目的目录或全文检索等渠道检索。但是由于疫情防控档案的开放和保密相关规定，以及跨部门的利用授权等原因，导致通用性检索渠道的检索效果并不理想，开放档案数量有限，部分已有相关疫情防控档案收集归档报道的省级综合性档案馆门户网站却未能查询到疫情防控档案信息。74.2%的省级综合性档案馆网站提供疫情防控档案的编研成果展示。如江苏省档案馆联合媒体推出大型开放式的抗"疫"全媒体档案产品《战疫·苏史记》，展现江苏支援湖北医务人员的工作生活。[13]辽宁省档案馆录制《最美逆行者——辽宁援鄂医疗队名册》上部分人员口述档案，并制成系列微视频在网站及公众号上发布，结合精准的资料用影像的形式将档案从库房推向大众。[19]

此外，部分省级档案馆建有实体形式的抗击疫情专题档案全宗或数字形式的疫情防控专题档案数据库。例如辽宁省档案馆建有抗击疫情专题档案全宗，主要包括辽宁省支援湖北省疫情防治工作前方指挥部、辽宁省疫情防控指挥部及 44 家成员单位形成的文书、实物、音像等档案,以及面向社会征集的各种门类、载体的抗疫档案资料和在辽宁省各门户网站抓取的通知、公告、新闻报道等网页档案。其中实物档案包括医疗队队旗、队服、书画作品、锦旗、警用摩托车模型等;面向社会征集来的照片、视频、抗击疫情诗歌、书画作品等;援鄂医疗队相关照片4496张、视频时长5小时24分钟。[20]辽宁省档案信息网上的3D展厅还展示有题为"众志成城 共克时艰"的辽宁省援鄂医疗队驰援湖北抗击新冠疫情档案实物陈列展。将辽宁援鄂医疗队抗击疫情过程中形成的珍贵照片、实物、视频等资料提供网上展览,如图1和图2所示。

图1 辽宁省档案信息网"众志成城 共克时艰"3D展厅首页

图2 辽宁省档案信息网"众志成城 共克时艰"3D展厅局部

16.5 问题及建议

在以疫情防控档案为示例的重特大事件档案资源建设与服务中，各省级综合性档案馆开展了积极行动，取得了不少成果，但也存在一些问题尚待解决。在数字中国建设大背景下，重特大事件档案亟待以数字化转型为目标，不断完善资源、管理及服务，积极融入城市数字治理，为实现更精细化、智能化的社会管理提供强大的工具，提升公共服务的效率和质量。

16.5.1 档案数据缺乏深层次组织与加工

重特大事件档案数据价值的发挥需要解决档案资源"存量数字化、增量电子化"的问题，更需要解决档案信息内容粗粒度、碎片化的问题，将有形的档案实体转化为无形的档案知识，凸显其价值。为满足数字时代对重特大事件档案内容的利用需求，应从语义层面对档案内容进行深层次的组织与加工，改变以档案文献作为管理对象的陈旧模式，将档案内容进行细粒度、语义化的知识描述与组织。调查发现，重特大事件档案内容描述与组织仍采用传统档案著录，一般用主题词、分类号或摘要等项目描述档案的内容特征，最低层级的著录以文件为单位，总体仍是粗粒度的语义构建形态。因此，一方面，应着重揭示档案数据内部蕴含的细粒度信息。例如利用主谓宾 RDF 三元组构成语义关联最小的结构单元，通过不同类型的属性关系连接在一起，利用丰富的链接种类和数量使得语义关系表达更精确。另一方面，应实现档案描述的多层次和关系性。例如，面向关联数据的著录内容不仅包括了针对实体本身的纵向多级著录，还包括了与实体相关的责任者、职能业务等诸多实体及其属性、关系等，能够描述出资源本身的丰富层级和资源之间的关联关系。

16.5.2 主体之间缺少沟通与合作

在数字中国建设一盘棋的形势之下，重特大事件档案资源建设与服务应理顺各主体之间的关系，机构内部有效合作，机构外部积极互动。调查发现，从档案机构自身来看，分级、分专业的档案事业管理体制极易导致地方档案机构在重特大事件档案管理依照行政区划分而治之，彼此之间缺乏有效的沟通与合作。从除档案机构外的多元参与主体来看，在重特大事件档案管理中，他们往往陷入角色模糊和动力不足的困境，其"弱参与"状态难以形成多主体之间的良性互动。因此，应积极与各级地方政府的应急管理、公共卫生管理、民生保障、媒体宣传等部门协调联动，在资源收集、整合、开发利用等方面构建平等参与、协同高效的多主体参与协同机制，以档案部门作为重特大事件档案管理的核心力量，联合图书馆、博物馆等文化事业机构，引导社会组织和公众积极参与，从程序、激励机制及权利和义务关系等方面促成主体间良性互动。

16.5.3 整合与共享机制不健全

由于我国实行的是"统一领导、分级管理"的档案管理体制，反映同一重特大事件的档案移交不同部门和系统的档案部门,由不同类型和不同地区的档案馆分散保管。调查发现,以疫情防控档案为例,不同档案部门或档案馆之间缺乏共建共享机制,[21]造成重特大事件档案数据分布和流动的"烟囱"现象。应加强重特大事件档案工作顶层设计和技术支持。中共中央办公厅、国务院办公厅印发的《关于加强重特大事件档案工作的通知》作出规划,重特大事件应对管理的主管部门分别建设自然灾害、事故灾难、公共卫生事件、社会安全事件等专门档案数据库,各地区根据需要规划建设本地区的重特大事件档案数据库。[22]各省档案馆应制定统一的标准规范,包括目录数据结构规范、全文数据结构规范、分类规范等,为数据库建设提供标准基础。[23]

16.5.4 尚未充分赋能城市数字治理

重特大事件档案资源的开发利用应以赋能城市数字治理为主要方向,为促进政府决策科学化、社会治理精准化及公共服务高效化提供数据支持与保障。新闻报道中提及,新冠疫情暴发后,国家档案局印发通知,要求各地档案局、档案馆充分发挥档案资料的资政作用。全国各省市档案馆深入挖掘馆藏档案资料,特别是将抗击"非典"疫情的经验和做法汇编成参考资料,为各级党委和政府以及有关职能部门提供参考。[24]但是,据疫情防控档案利用的调研结果来看,其编研成果和利用手段仍多以宣传教化为导向,如各省级档案馆较采用举办展览、录制微视频等方式展现抗疫精神,开展主题教育。此外,从城市应急管理体系及政府综合应急平台的建设现状来看,本应在综合研判、决策指挥等方面发挥重要作用的重特大档案资源却并未列入其中。因此,重特大事件档案资源建设与服务应积极融入城市应急管理、社会治理等公共服务领域,成为重大突发事件和城市韧性治理的重要工具。通过重特大事件档案数据的应用,实现城市治理体系和治理能力创新,推动精准决策、精细管理和精确服务。

16.6 结 语

本文以新冠疫情防控档案为例,调研了我国31所省级综合档案馆疫情防控档案资源建设与服务现状。为当下重特大档案研究提供了所需的数据支持,也促进档案学界更多关注城市公共服务领域,以重特大事件档案资源赋能城市管理。另外,在调研中,发现省级档案馆门户网站中疫情防控档案工作取得一定成效,但在法规制度、主体合作、资源共享、利用服务等方面仍存在一些问题。其中资源共享以及利用服务问题较为突出,可通过建设全国重特大事件档案数据库建设、嵌入城市应急管理体系等措施改善。以上问题和对策的提出,对我国重特大事件档案工作事件具有一定的参考意义。

本文尚存在一些局限,调查样本选择31个省级综合性档案馆门户网站,其结论有一定的合理性,但无法代表全国整体情况;受限于研究方法、网站中可见数据的不确定性以及网站信息的时效性、档案开放程度等因素,导致调查设计必定存在一些瑕疵,所得数据可能与实际情况存在一定差异。未来可采用多种研究方法,更加系统地对重特大事件档案资源建立与服务进行调查研究,推动我国重特大事件档案管理和利用水平进一步提升，配合数字中国建设战略部署，以高质量的档案数据供给为中国式现代化提供动力。

参考文献

[1] 中共中央办公厅、国务院办公厅印发《关于加强重特大事件档案工作的通知》[EB/OL]. [2023 – 08 – 06]. http: //www. gov. cn/xinwen/2022 – 12/12/content_5731572. htm.

[2] 李子林，王玉珏，许佳欣. 公共卫生事件公众档案记忆建构研究 [J]. 河海大学学报（哲学社会科学版），2020，22（3）：52 – 57.

[3] 郭若涵，徐拥军. 后现代档案学理论在突发公共卫生事件档案管理中的应用 [J]. 档案学通讯，2020（3）：60 – 67.

[4] 聂勇浩，郑俭. 社会共建视角的重大突发事件数字档案资源建设 [J]. 档案学研究，2021（1）：96 – 103.

[5] 任越，唐启. 公共卫生安全事件下防疫档案四维响应体系研究：以 COVID – 19 疫情防控工作为例 [J]. 北京档案，2020（11）：5 – 9.

[6] 吴加琪，周林兴. 面向社会突发事件的档案部门应急管理体系研究 [J]. 中国档案，2012（7）：38 – 39.

[7] 李萍. 浅谈突发公共卫生事件档案的收集与利用 [J]. 档案与建设，2016（8）：90 – 91.

[8] 范敏，冉朝阳，宋慧蓉. 论重大突发事件档案收集的困境与策略 [J]. 档案管理，2015（4）：52 – 53.

[9] 李美芳. 综合档案馆创作微视频服务重大活动和突发事件：广州市国家档案馆的经验与展望 [J]. 浙江档案，2021（10）：52 – 54.

[10] 舒忠梅，张萍，李小霞，等. 数字记忆视角下重大社会事件档案知识图谱开发：以中山大学抗疫专题档案为例 [J]. 浙江档案，2021（4）：46 – 48.

[11] 祁天娇. 美国突发事件档案体系建设策略研究：以"肯尼迪遇刺档案群"为例 [J]. 档案管理，2018（3）：32 – 36.

[12] 周文泓，苏依纹，贺谭涛，等. 重大事件网络信息存档的全球实践进展研究及其启示 [J]. 情报理论与实践，2021，44（1）：42 – 49.

[13] 黄新荣，杨艺璇. 从抗击新冠病毒肺炎疫情档案的收集看专题档案的建设：基于国内 31 个省级档案馆的网络调研 [J]. 档案与建设，2020（6）：4 – 9.

[14] 董书忆，周龙婷，方鸣. 重大突发事件中的档案服务：围绕疫情下苏州市档案部门展开的调研 [J]. 兰台世界，2022（2）：68 – 70.

[15] 省档案馆：及时采集抗"疫"网页档案 [EB/OL]. [2023 – 08 – 05]. https: //www. zjda. gov. cn/art/2020/2/24/art_1229005493_41978056. html.

[16] 江西省档案馆. 省档案馆多措并举保存抗"疫"中的珍贵记忆 [EB/OL]. [2023 – 08 – 10]. http: //www. jxdag. gov. cn/id_4028ec816fcc731f0170e77f13f72f78/news. shtml.

[17] 裴佳越. 安徽省新冠疫情防控档案征集工作研究 [D]. 合肥：安徽大学，2022.

[18] 张玉昭. 新冠疫情防控背景下档案数据治理效能提升策略研究 [J]. 山东档案，2021（3）：10 – 13.

[19] 辽宁省档案馆为 2054 名最美逆行者建档制册 [EB/OL]. [2023 – 08 – 06]. http: //ln. people. com. cn/n2/2021/0824/c400018 – 34880434. html.

[20] 辽宁省档案馆抗击疫情专题档案全宗建成 [EB/OL]. [2023-08-02]. https://baijiahao. baidu. com/s? id=1673515386398571121&wfr=spider&for=pc.

[21] 蔡娜. 重大事件档案管理机制研究 [J]. 档案学通讯, 2012 (3): 65-67.

[22] 建设档案专题数据库 推进重特大事件档案资源整合: 全面贯彻实施《关于加强重特大事件档案工作的通知》之三 [EB/OL]. [2023-08-02]. http://dag. dingxi. gov. cn/art/2023/7/6/art_10552_1662757. html.

[23] 姚楚晖, 周耀林, 衡情, 等. 大档案视角下我国省级综合档案馆新冠疫情档案征集工作研究 [J]. 档案与建设, 2021 (2): 4-8, 25.

[24] 档案中的抗"疫": 上海、山东、内蒙古抗击"非典"疫情的经验做法 [EB/OL]. [2023-08-09]. https://mp. weixin. qq. com/s? __biz=MzAxNTU2OTUwMA==&mid=2247487716&idx=1&sn=f18f1a2c8ec80650d184b8cb1cffc476&chksm=9b8357d7acf4dec15370e6fc4551aced63aa1289fca8fe447e6dd68e16de1920e9ada8941601&scene=27.

数据环境中亦喜亦忧的档案事业发展之路

我是一名 IT 行业的老兵、档案行业的新兵。进入档案行业后一开始就是从事档案的底层实践工作。我对于档案行业面临的环境和发展，无论是外围视角还是内部视角都有一定的认知。我仅从个人视角谈一下对于数字中国战略下档案事业发展的浅显体会。我很有可能是中国最早一批做专业数据项目的 IT 人。2004 年起开始做数据挖掘项目，当时发现业界所拥有的技术工具和技术流程都非常漂亮，但是没有项目的灵魂——数据的积淀。没有沉淀大量数据的状态也使得当时的 IT 项目运营得并不完美。那时候我就在思考中国和未来世界发展所需要的数据到底在哪里？2010 年在机缘巧合下，我走进了档案行业。只不过那时档案中数据的承载形式多数是纸质的，但它也确实是数据。这是我人生中档案与数据融合的起点。

接下来，我从外部和内部介绍看到的档案事业蕴藏的一喜一忧。喜的是指我国档案事业中的国家综合档案管理机构有完整的建制，一方面从国家档案局（馆）、省档案局（馆）、市档案局（馆）到区、县甚至镇档案（局）馆，其延伸度从顶层跨到基层，这样的机构完整管理机制在世界上也是比较少见的。另一方面，中国的档案领域有良好的教育建制。我们拥有这么多好的大学、优秀的老师和优秀的学生，在世界范围内这也是非常少见的。这是我从外围能感受到的档案事业中的喜，但同时也有担忧，我现在所从事的业务范围中有一部分是为电子政务提供服务，例如政务数据服务管理局的"一网通管"的数据治理项目等。实施过程中我们跟用户开会，调研他们对数据的需求时，民政部门来人了，应急管理部门来人了，财政部门也来人了，甚至刚刚成立不久的退伍军人事务部门也来人了，但是档案部门没有人来，而我们的数据最后全部是要汇集到档案这个端口，但档案部门却没有人来。这就是我的忧。目前，档案领域同前端数据领域割裂开来了，档案行业只收文件和元数据。多年来，我的研究和实践主要是两方面，一是前端，在文件形成阶段，数据是如何进行档案化管理的；二是后端，档案是如何被数据化的。我有幸参与了这两方面较多的项目实践，尤其是很多档案数据化的项目中完成文件内容数据的著录，例如广东省的户籍档案数字化，其中对于档案著录已经不是停留在卷内目录和题名，而是深入整个内容层面的，户口本里文件的每一页、每一个字段都是要被著录的。因为实践中对户籍档案的查询有很大的需求。现在全国的户籍系统需要做到多维度查询。另一个例子是全国的不动产数据查询正是源于多年不间断的档案数据化的基础工作，现在，广州市不动产的某类档案从 2016 年时每卷平均 65 页纸质档案减少到如今的每卷 8 页，因为银行的贷款合同、发票、税票等已经以数据形式推送给不动产管理中心，不再形成纸质文件了。这是十年间最明显的变化之一,在前端业务系统中不少都是数据进、数据出,已经不形成电子文件了。我们现在很清晰地认识到增量数据的档案化管理面临较大的缺失,所以前端负责业务系统数据的人会说,前端都有数据,而且保存和利用得很好,为什么一定要形成档案人认为的文件?这种非结构化的文件管理对系统来说是很大的负担。按照现在归档的管理机制,文件归档时只需要收集文件和元数据而把前端、结构化的内容数据都过滤掉了,档案在后端再花费精力和金钱做文件的数据化,从而可以变成结构化或半结构化数据,这是一个从逻辑上比较难以理解的事情。那么,对我来说这是一个很大的忧患,这个问题亟须被解决。

  我想说的是,尽管如今中国每个行业都在转型,但是从来没有一个行业像档案这样掌握了很多的数据资源,却只按照档案管理的思维来利用。其实档案领域确实有很多的事情可以做,但是可能在政策层面、理论层面等方面没有给档案实践足够的引领。我也希望在前端的数据"一网通管"等这些数据管理流程中有更多的档案青年学者能够站出来,做一些有用的、有益的研究和实践。同时,我认为档案行业未来的影响力可能来源于档案领域对数据的深度了解和认知,希望未来能有更多的档案青年学者投身到档案与数据的研究中。

李新功